U0153589

大家講堂

學術・民國選書

十力語要

熊十力／著

五南圖書出版公司 印行

學識之法門・智慧之淵藪

——序五南「大家講堂」

五南圖書陸續推出一套叢書叫「大家講堂」。這裡的「大家」，固然不是舊時指稱高門貴族的「大戶人家」，也不是用來尊稱漢代才女班昭「曹大家」的「大家」；但也包含兩層意義：一是指學藝專精，歷久彌著，影響廣遠的人物，如古之「唐宋八大家」，今之文學、史學、藝術、科學、哲學等等之「大家」或「大師」；二是泛指衆人，有如「大夥兒」。而這裡的「講堂」，雖然還是一般「講學廳堂」的意思，只是它已改變了實質的形式，既沒有講席，也沒有聽席；因爲這講席上的大師已經化身在書本之中，只要你打開書本，大師馬上就浮現在你眼前，對你循循善誘；而你自然的也好像坐在聽席上，悠悠然受其教誨一般。

於是這樣的講堂，便可以隨著你無遠弗屆，無時不達。只要你有心向學，便可以隨時隨地學習，受益無量。而由於這樣的「講學廳堂」是由諸多各界大師所主持的講席，是大夥兒都可以入坐的聽席，所以是名副其實的「大家講堂」。

長年以來，我對於五南出版公司創辦人兼發行人楊榮川先生甚爲佩服。他行年已及耄耋，猶以學術文化出版界老兵自居，認爲傳播知識、提升文化是他矢志的天職。他憂慮網路資訊，擾亂人心，佔據人們學識、智慧、性靈的生活。使往日書香繚繞的社會，呈現一片紛亂擾攘的空虛。於是他親自策畫「經典名著文庫」，聘請三十位學界菁英擔任評議，自民國一〇七年，迄今已出版一一〇種。他卻發現所收錄之經典大多數係屬西方，作爲五千年的文化中國，卻只有孔孟老莊哲學十數種而已，實屬缺憾，爲此他油然又興起淑世之心，要廣設「大家講堂」，再度興起人們「閱讀大師」的脾胃，進而品會大師優異學識的法門，探索大師智慧的無盡藏。潛移默化的，砥礪切磋的，再度鮮活我們國民的品質，弘揚我們文化的光輝。

我也非常了解何以榮川先生要策畫推出「大家講堂」來遂他淑世之心的動

機和緣故。我們都知道，被公認的大家或大師，必是文化耆宿、學術碩彥。他們著作中的見解，必是薈萃自己畢生的眞知卓見，或言人所未嘗言，或發人所未嘗發；任何人只要沾溉其餘瀝，便有如醍醐灌頂，頓時了悟；而何況含茹其英華！或謂大師博學深奧，非凡夫俗子所能領略，又如何能夠沾其餘瀝、茹其英華？是又不然，凡稱大家大師者，必先有其艱辛之學術歷程，而爲創發之學說，而爲建構之律則；但大師之學養必能將其象牙塔之成果，融會貫通，轉化爲大衆能了解明白之語言例證，使人如坐春風，趣味橫生。

譬如王國維對於戲曲，先剖析其構成爲九個單元，逐一深入探討，再綜合菁華要義，結撰爲人人能閱讀的《宋元戲曲史》，使戲曲從此跨詩詞之地位而躐之，躋入大學與學術殿堂。魯迅和鄭振鐸也一樣，分別就小說和俗文學作全面的觀照和個別的鑽研，從而條貫其縱剖面、組織其橫剖面，成就其《中國小說史略》、《中國俗文學史》，使古來中國之所謂「文學」，頓開廣度和活色。又如胡適先生《中國古代哲學史大綱》，誠如蔡元培在爲他寫的〈序〉中所言，他能夠先解決先秦諸子材料眞僞的問題。又能依傍西洋人哲學史梳理統緒的形式；

因而在他的書裡，才能呈現出「證明的方法」、「扼要的手段」、「平等的眼光」、「系統的研究」等四種特長，要言不繁的導引我們進入中國古代哲學的苑囿，聆賞先秦諸子的大智大慧。

也因此榮川先生的「大家講堂」一方面要彌補其「經典名著文庫」的不足，便以收錄一九四九年以前國學大師之著作為主。凡其核心之學術代表著作，既為畢生研究之精粹，固在收錄之列；而其具有普世之意義與價值，經由大師將其精粹轉化為深入淺出之篇章者，其實更切合「大家講堂」之名實與要義，尤為本叢書所要訪求。

記得我在上世紀八〇年代，也已經感受到「學術通俗化、反哺社會」的意義和重要，曾以此為題，在《聯副》著文發表，並且身體力行，將自己在戲曲研究之心得，轉化其形式而為文建會製作之「民間劇場」，使之再現宋元「瓦舍勾欄」之樣貌，並據此規畫「民俗技藝園」（今之宜蘭傳統藝術中心），作為維護薪傳民俗技藝之場所，並藉由展演帶動社會及各級學校重視民俗技藝之熱潮，乃又進一步以「民俗技藝」作文化輸出，巡迴演出於歐美亞非中美澳洲列國，可以說是一個很成功的例證。近年我的摯友許進雄教授，他是世界甲骨學名家，其學術根柢之深厚、成就之豐碩無須多言，他同樣體悟到有如「大家講堂」的旨趣；乃以通俗的筆墨，寫出了《字字有來頭》七冊和《漢字與文物的故事》四冊，頓時成為兩岸極暢銷之書。其《字字有來頭》還要出版韓文翻譯本。

已經逐步推出的「大家講堂」，主編蘇美嬌小姐說，為了考量叢書在中華學識和文化上的意義和價值，因此其出版範圍先以「國學」，亦即以中國文史哲為限。而以作者逝世超過三十年以上之著作為優先。而在這裡我要強調的是：「大家」或「大師」的鑑定務須謹嚴；其著作最好是多方訪求，融會學術菁華再予以通俗化的篇章。如此才能眞正而容易的使「大家」或「大師」在他主持的「大家講堂」上，如「隨風潛入夜，潤物細無聲」的春雨那樣，普遍的使得那熱愛而追求學識的一大夥人，都能領略其要義而津津有味。而那一大夥人也像蜜蜂經歷繁花香蕊一般，細細的成就，釀成自家學識法門的蜜汁；而久而久之，許許多多大家或大師的智慧，也將由於那一大夥人不斷的探索汲取，而使之個個成就為一己的智慧淵藪。我想這應當更合乎策畫出版「大家講堂」的遠猷鴻圖。

榮川先生同時還策畫出版「古釋今繹系列」和「中華文化素養書」做爲「大家講堂」的姐妹編，爲此使我更加感佩他堅守做爲「出版界老兵」的淑世之心。

曾永義序於台北森觀寓所

二〇二〇年元月二十九日晨

目次

附錄傳文六首志一首

十力語要　卷二

附錄勉仁通訊

十力語要　卷三

十力語要　卷四

手札

增訂十力語要緣起

《十力語要》，始於乙亥在北庠時。云謝二子錄吾筆語成帙，錫以斯名，爲第一卷。丙子至丁丑，舊京淪陷前，此類集稿又盈帙。避寇攜入川，旅居壁山，鍾生芳銘集諸同志，爲講習會。諸子隨時記錄，及余手答者，又不少，併入北來稿，已輯成《語要》卷二至卷四。己卯夏，攜赴嘉州，毀於寇彈，余亦幾不免。是秋反壁，旋定居北碚金剛碑勉仁書院。世事日益艱危，問學者漸少，余手札亦稀。昨春由川返漢，復略有酬答。友人孫穎川學悟，擬於黃海化學社附設哲學研究部，請主講席。黃海舊在津沽，戰時移川之五通橋，沿未北遷。余重入川，棲遲橋上，乃取積年舊稿覆閱一過，多爲番禺黃艮庸所選存。因屬威海王星賢匯成兩卷，次第一卷之後，又以昔時高生所記《尊聞錄》編入《語要》，爲卷之四。此四卷之書，雖信手寫來，信口道出，而其中自有關於哲學思想上許多問題及作人與爲學精神之砥礪者，似未容拋棄。今當返教北庠，友人桐廬袁道沖慫恿付印，余亦不忍遽藏吾拙。嗚乎！吾老矣！唯此孤心，長懸天壤間，誰與授者？

中華民國三十六年三月十五日黃岡熊十力

編按：本書最早於西元一九四七年編定刊行。本版依原著整理，僅於異體字作統一。

十力語要　卷一

十力語要卷一印行記

病後返北庠，文昌雲生（頌天）邵陽謝生（石麟）間來共處。吾每當筆札與人，値兩生在座，輒簡有關論學者，錄副存之，積久盈帙，請付印。曰：「布帛之言，菽粟之味，此其庶幾。」余覆視之曰：「何敢云爾，但不妄語而已。」然當今之時，吾與同好所遊意者，果爲何事，即此亦可略見，是不可棄也。遂如其請，命名《十力語要》，爲第一卷。他日如有續輯，當以次分卷云。

中華民國二十四年乙亥九月十日
熊十力記於舊京莽蒼室

答張季同

作文與讀覽，兩不能廢，兩不可廢。然眞工夫實有在作文讀覽之外者。《論語》「默而識之」，《易》曰：「默而成之，不言而信，存乎德行。」此是何等工夫，賢者大須留意。子曰：「學而不思則罔，思而不學則殆。」此「思」字，不是常途所謂思想；此「學」字，亦非讀書之謂。《論語》「博學於文」，「文」不謂書冊也。凡自然現象皆謂之「文」，（如云無文與鳥獸之文等。）人事亦曰人文。《易．繫傳》言：「仰觀於天，俯察於地，近取諸身，遠取諸物。」皆博文之謂，皆學之謂也。故學則不外感官經驗，而思則不限於感官所得，其默識於不言之地，炯然自明。而萬物之理，通於一而莫不畢者，故貞信而無所罔也。此思也，吾亦名爲證會。如唯限於感官經驗，則可以察物則之分殊，而萬化根源終非其所可窺也。令兄前有信來，以謂今人只知張目求見，不悟閉眼始有深會。見處甚高，時賢哪得語此。又東方學術歸本躬得，孟子「踐形盡性」之言，斯爲極則。（形謂身。身者道之所凝，修身以體道，此身即道之顯也，是謂踐形。性亦道也。人稟道以生，既生而能不拘於形氣之私，乃有以復其性，即弘大其道，而性分無虧欠，故曰盡性。）故「知行合一」之論，雖張於陽明，乃若其義，則千聖相傳，皆此旨也。歐風東漸，此意蕩然。藐予薄殖，無力扶衰。世既如斯，焉知來者？前函令兄，欲賢者得暇且圖把晤，想尚未見此函也。

與張君

昨承枉過，深覺賢者有篤厚氣象，至爲欣慰。力蹉跎忽忽將老，稍有窺於此土先哲遺文，返在當躬體驗，益信此理昭然，無可置疑。遭時衰亂，吾先哲之緒，殆已垂絕。端居深思，若有隱痛。此種隱痛，初不能明其所以，直爲愛護眞理，而恆怦然側然，不能自已。宗門大德，傳授衣缽，必勖其徒曰：「好自護持，毋令斷絕。」少時不知此意，今每展覽語錄至此，未嘗不愴然悲從中來也。承屬撰一短文，略述東方思想與西洋思想根本異處。此事烏能以短文言之。即欲表以長文，又誰肯留意。此土先哲，深窮宇宙人生眞際，其入處，要在反之身心踐履之間，卻不屑衍爲理論。雖未始遺棄知識，（儒家不反知，道家卻反知。）要其歸極，在體眞理而與之爲一。所謂形色即天性者，固非徒事知識可臻斯詣。曾見一譯本，述羅素語，哲學不能爲禽獸講，亦不能爲一般人講。此可謂知語者，實語者。凡夫無深廣智慧，無卓特眼光，無高遠胸抱，便於無上無容眞理（至極絕待，故云無上無容。）不生希求想，根本不能與之談此理。況欲其能相契入耶？今日學子，安於卑陋怠散，雖剽竊西學，而於知識方面實不曾作過有根據有體系的探求。彼對其所標榜所崇信者尙如此，若更欲引之以其所不及，則適爲彼所詬詈已耳。此正佛家所謂末法時代。吾儕唯有留心物色善類，相與護持，任重道遠，毫無恐怖。此自是久遠事業，不必規規於目前影響。報章何足言耶？來示所謂昏昏悶悶之苦，昏悶只是心爲物役之故。若此心不爲物役，即念念昭昭明明，昏悶從何而有？人心本自昭明，本轉物而不爲物轉。其所以爲物役，而至如莊子所呵「直爲物逆旅」云者，則緣習心用事，而全障其本心，即已失眞昭昭明明之本體故也。仁者已精察到此。幸其深勘到底，抉發賊窩，用快刀斬亂絲手段，切莫隨順他去。君子無終食之間違仁，造次顚沛必於是。要在一念振起，不甘墮落而已。欲言不盡，諸維亮詧。

答李生

前次談話，謂《論語》好處只是記錄孔子日常生活間事，不空談道理。然吾恐記者見地，亦只合及此。子貢曰：「夫子之言性與天道，不可得而聞也。」子貢且不得聞，況其他乎？但證以子貢之言，孔子未嘗不談高深的道理，只是能聞者少爾。《論語》底記者，當是很老實的人，只是他聞得著的，便爲記錄；他所不可得聞的便不妄傳。他於夫子底態度和語氣很能作切實的描寫，似是不曾妄下一字的。吾人由《論語》底紀錄，亦可尋玩孔子哲學思想的根柢與體系。

楊仁山居士疑《論語》有後人攙加字句處，常舉「廄焚，子退朝，曰：傷人乎？不問馬」。以爲「不問馬」句，後人妄增，記者必不無端置此閒語。蓋夫子入朝，必以馬駕車，今方退朝，馬不在廄可知，何須問馬？記者置「不問馬」一語有何意義？吾謂楊氏說未妥。此處正見記者記錄必求詳實，其於夫子一言一動，直是仔細留心，樸實描寫。夫子不曾問馬，他便據當時情態記錄。然已於上文記子退朝，則所以不問馬之故，自可見得，並非如朱注所謂「貴人賤畜」也。

《大學》、《中庸》爲孔學總綱，蓋七十子後學所述，漢儒亦有攙雜。二書言治理之部分，皆以太平大同爲歸趣，實《公羊》所本。來問，舉凡有血氣，莫不尊親，疑尊親爲尊王。大誤。

蓋謂大同之世，人莫不互相尊、互相親也。此章首「唯天下至聖」云云，非謂太平大同時，猶有王者君臨天下。儒者本以王道寓其至治之理想，必人人皆有王德，然後天下可言太平大同。

與張申府

胡煦之《易》，茲因謝石麟由北大借出，乃匆匆一讀。其人確具有哲學頭腦，而其立說則毛病極多，無從說起。此由當時環境所限，困難過責。渠主象數，而根本反對王輔嗣。實則王氏之「得意忘象」是乃深於《易》者也。胡《易》宗邵氏先天圖，而更以己意補伏羲圖，似可不必。吾意自漢以來，除輔嗣外，言象數者，大抵承術數之遺，曲意穿鑿，勞苦而無功，繁瑣而無理。吾意《易》之始興，本緣占卜，及經孔子修定，則純為哲學思想之書，永為吾民族玄之鴻寶。今之言《易》者，但據《周易》，即辭以究義，毋取拘牽象數。六十四卦，以類萬物之情，以盡萬化之故，其根本原理，則以太極之一元，顯為陰陽對待，相反相成，而變動不居也。老子「一生二，二生三」之說，蓋本於卦。每卦皆以三爻明變，老氏申述此旨也。莊子尊孔而述老，其學淵源於《易》，又不待言。魏晉人推本《周易》、《老》、《莊》，謂之三玄，不為無見。

與張君

前見某文，言中國哲學以「一」字或「本根」、「本原」等詞，爲本體之代語，此皆有據。但於此等字，似尚欠訓釋。「一」者，絕對義，顯無分別相。「本根」等者，則克就現象而推原其實相之詞。（實相，猶云本體。）此等處，大是困於言說，卻須善會。若錯解時，便將現象本體打成二片，便成死症。從來哲學家談本體者，都於「體」字不求正解，而與原因意義相混。須知言因，則以彼爲此因；言體，則斥指此物之體，無所謂彼也。故體非原因之謂，即是現象之本體，固非立於現象背後而爲其原因也。自來談本體者，多與原因意義混淆，實足使人迷惑也。中國儒道諸書極難讀，須會通其整個的意思乃得之。至云向、郭是無體論，亦未諦。彼所謂「獨化」特遮遣造物主耳，非遂謂無體也。無體即無用，何化之云？物各獨化於玄冥，有味哉斯語也！用則萬殊，故謂物各獨化也。玄冥者無物也，無物而非空無，只是不同於情見所執爲實物之有耳。物各獨化於玄冥，不是無中生有，實乃大用流行，歷然眾象，而實泊爾皆寂，故謂玄冥也，若果無體，如何杜撰得有來？魏晉人言《老》、《莊》，大抵主從無肇有。原彼所謂無，亦不爲本體空無，大概計宇宙元始有個萬物都無的時候，故謂之無；其後萬象滋生，乃謂之有。

此等意見，由其根本執著現實界，故有這般推論。若眞見體者，則了一眞現起萬變，（宛然有物。）萬變皆即一眞。（本無實物。）於此說有說無，只是戲論，而況可云從無肇有乎？但如在科學上說，則假定宇宙萬象爲實有，而尋其發生，如由無生物以至生物，似亦可逆而推求，最初有一個無物時，即無生物亦未形成老時，而可謂之無矣。然世間知見可作此量度，玄學家卻要超過這般見地，未知吾賢以爲如何？

答友人

《般若》空諸行相，（行者，如物的現象，心的現象，皆說為行；行相者，謂諸行之相狀。參考《新唯識論》語體本〈轉變章〉。）正爲執著行相而不了諸行實性者遮其執耳。故空者，空其所執也；所執既空，則悟即諸行相即眞實相，更無可空。肇公云，覿目皆眞。彼遊什公門下，已得正解，發語不妄。佛法原無多子，見到時亦惡用紛紛者爲耶。佛是遍智，及一切智智，謂其已究了一切法眞實相，（即謂本體。）故以是稱之。若謂佛於萬事萬物無所不知，則今科學上所發明及佛滅以後世變，皆佛盡所預知，有是事耶？又云，護法清辨之爭，多少問題，俟諸異日。力亦未敢聞命。護、清兩公皆千年前陳死人，理爲彼爭個什麼？吾唯自求此理之眞而已。吾自求之，而誠得乎其眞，則彼立說之是者，吾亦以爲是也；其非者，吾不忍謂是也。是非以理爲準，不容以人爲準。這家那家是非之爭，此是考據家食古不化者所作活計，孰有智人究心理道，而肯爲此者耶？兄若疑弟未見到眞處，則須將鄙說不合處，眞指而痛斥之，敢不拜嘉？若不直指其失，而橫斷爲妄見，何以服人？

文字般若是從清淨心中流出，終古不見自心，終古翻弄文字，文字則文字矣，般若則未也。朋友之義，存乎直諒，採納與否，是在吾兄。

答敖均生

來函不主離器而言道，此說甚是。吾向閱譯籍。細玩西洋哲學家言，私懷以為現象與本體，名言自不能不析，而實際則絕不可分成二界。哲學家於此，總說得欠妥，由其見地模糊故耳。實則現象界即其本體之顯現，猶言器即道之燦著。苟於器而識道，則即器即道，而道不離器之言，猶有語病。夫唯即現象即本體，故觸目全眞。宗門所謂「一葉一如來」，孟子所謂「形色即天性」，皆此義也。佛家《般若》，說「照見五蘊皆空」，（五蘊通心物兩方面現象言之，亦現象界之𢀖異名。）即來書所謂「呵形器為虛妄」是也。然佛氏所以如此說者，正以眾生皆迷執形器為實在的物事，而不悟形器無自體，皆道之所凝也。故於形器而不作形器想，即於形器而識道者，此唯大覺能爾，而眾生不知也。以是故，佛乃呵破形器，以除此妄執，欲眾生悟形器無實，只是道之燦著而已。「一葉一如來」，色色現成，頭頭眞實，何不當下識取？豈可騎驢覓驢？此其歸趣，與儒宗亦自不二。唯儒家直下於形色顯天性，故不必呵形器為虛妄，即俗詮眞，融眞入俗，所謂「極高明而道中庸」是也。釋子必欲卑儒崇佛，非唯不知儒，又豈得為知佛者乎？

與張季同

前次與李君枉過，匆匆未盡欲言。嗣承李君寄《論山水畫》一冊，撥冗展閱，見其擇精語詳，足以快意矣！但亦有極待商榷者，略舉二事。如第五段「畫境與眞境」中有云：「但造物所造世界，都不如畫家所造世界之完全。蓋因造物所造之世界，即現實世界中，萬類均爲個體；畫家所造之世界，即藝術世界中，一切概屬共相。個體多具缺陷，共相則甚圓滿。」此一段話，頗覺不安。李君謂「造物所造之世界」，辭亦欠妥。宇宙豈眞有造物者耶？然姑不深論，第以推原萬象，而不得其朕，乃假爲造物之名，則亦未始不可，但須知是假名耳。然李君謂造物世界即現實世界，萬類均爲個體，此則不應道理。須知現實世界與造物世界，不可並爲一談。何謂現實世界？即吾人在實際生活中一切執著的心相是已。如說窗前有一棵樹，這一棵樹在吾人意計中是與其他底東西互相分離而固定的，這樣分離而固定的東西絕不是事物底本相，只吾人決計中一種執著的心相而已。李君所謂現實世界即此是也。至於事物底本相，本非可以意想計度而親得之者。此處恕不及詳談。李君所謂「造物世界」當是指事物底本相而言，此即實理顯現，法爾完全，（法亦猶言自然。）本來圓滿。吾人必須蕩除執著，悟得此理，方乃於萬象見眞實，於形色識天性，於器得道，於物遊玄。如此便超脫現實世界，而體合造物世界。雖無妨順俗，說有個體的東西，而實不執著有個體相，並共相之相亦復不執，蕩然泯一切執，更何缺陷可言？總之，眞正畫家必其深造乎理，而不縛於所謂現實世界，不以物觀物，善於物得理，故其下筆，微妙入神，工侔造化也。豈唯畫家，詩人不到此境，亦不足言詩。「鳶飛戾天，魚躍於淵」，《中庸》引此而申之曰：「言其上下察也。」「上下察」者，即實理昭著之謂。故未嘗滯於物，而乃妙得此理矣。如果畫師、詩人執著有現實世界，即妄計有個體的缺陷的世界，不能入理證眞，此等人哪得創造藝術世界來？李君此處失不在小，顧虛懷一究此事。又其第二段有云「國人思想向重二元」，而引《周易》「立天之道曰陰與陽」等文爲證。此復甚誤。《易》之乾元坤元，實是一元，非有二元。坤之元即乾之元也。自來《易》家言象者，以乾爲天，以坤爲地，然皆曰天包地外，地在天中，則坤非離乾而別有其元。此義甚明，如何不察？〈繫傳〉言：「立天之道，曰陰與陽；立地之道，曰柔與剛；立人之道，曰仁與義。」夫道，一而已。立天者此道，立地者此道，立人者此道。然道本不貳而至一，但其發見則不能不化而爲兩。陰陽柔剛仁義者，言乎道之發見耳，本非謂陰陽柔剛仁義之即道，然亦不妨說陰陽柔剛仁義爲道者，以其爲道意發見故也，不能外陰陽柔剛仁義而求道故也。若不明乎此，而遂謂陰陽爲二元，則道將成兩片死物，又安得有圓神不滯、變動不居之大用耶？至老子言「大道廢，有仁義」，明與〈繫傳〉立人之道曰仁與義之旨相反。蓋以爲道之散著而爲仁義，則已失其渾全，此老氏之誤也。道非頑然的物事，隨在發見，皆其全體流行。其發而爲體物之仁，（仁者會物為己，無差別相，故云體物。）仁即道也；其發而爲制事之義，義即道也。吾嘗言老子之學本出於《易》，而往往立異以反《易》，喜爲偏至，終乖至道，故並論之。昨日病發，意緒不佳，寫此未能達意，願賢者相與究明。

答劉生

《易》者象也。象義云何？吾嘗因此別有會心，欲俟作《量論》時別明象義。如吾意中觀想天上一顆星時，即現星相，而此星相明明非天上之星，只是彼星之一種徵符，應即名之以象。但此象者，實交綰意義與物而爲之名，並不可分別爲在意之象或在物之象，又且不可分別執定有實意與實物。此義當別詳。總之，意與物無非依變化流行的全體之過程中所詐現爲二方面的能所相，而假名意及物。所以說到象，自然有能所相。無所相，能不獨構其象；無能相，所亦不自顯其象。故象是依能所之交而成。但能者非有實意之謂，所者非有實物之謂，只是詐現爲此二方面。然雖詐現，卻是能所宛然，非無力用。故當能所相詐現時，其所的方面，自有勢用引發能；而能的方面，即緣所的方面底接觸而起一種勢用，現似所的相狀，即此名爲象。故知象者是能所融一相，所以說象是交綰意與物而爲之名。

又來稿云：「器未有時，已有其器之理在。」余以爲「理」字看如何說法。若克就本體而名之以眞理，則此理乃絕待，是爲器之所由成，（王輔嗣《老子注》云，道者，萬物所由之而成。道猶言理也。萬物之本體，名為理，亦名為道，故曰「物由之以成」。）備眾理而不窮。所謂一爲無量，（一理含無量理，即無量器之所資始，其妙如是。一理謂本體。）無量爲一，（無量理統於一理，無量器資始於一理。）其妙有如此者。若克就本體之流行而言理，於此當云「理者器之理」，不可離理與氣而疑其有無不相俱也。於一眞實流之過程中有眾相現，謂之器；（相者，流行所現之跡象。相萬殊故，曰眾相。如燃香楮，猛力旋轉，有火輪相現。由此譬喻，可悟宇宙間眾相皆非實物，元是流行不住。器即眾相之稱。）器有其則，謂之理。（俗所見為每一器之現，只是一真實流之過程中之一種節序，而甲乙等等節序，相互間莫不有則。蓋所謂流行，元非亂衝而無則者。無則即無以成其流行。易言之，無則即無以成為眾相或器。《詩》云「有物有則」，其義深遠極矣！則亦名為理。）一眞之體，含蘊無量理，即含蘊無量器之可能。（此處吃緊。）謂器未有而理先在，是離理與器而使之可不相屬也。其實器未形時，即其理俱隱；器之已形，而其理俱顯。然則器只有未形已形之分，不可云先無後有。器之理隨其器之未形已形而爲隱顯，故不可析理與器爲二，謂理先在而其器尙無也。無量理與無量器之可能，皆爲一眞之全體內所含蘊而無或虧。器未形時，有將形之可能性在，不得曰先本無是器，但其理固在也。（「不得曰」三字一氣貫下。）須知克就流行言，器之理與是器本不可離。即此眞實流，現似眾相，則曰器；（「現似」之「似」字吃緊。似有其相而已。實則流行不住，原無實物。）眾相有則而不可亂，斯曰理。理與器安可離之，使或不相屬乎？余頗欲於作《量論》時更詳之。

與張君

李教授曾爲一文，就中國歷史甄明循環之理。此文吾未之見，唯吾意有與彼不同者。聞彼編持循環論，則吾主張循環與進化交參互涵而已。進化論創自達爾文，然後之談進化者，猶以達氏爲堆集論，而以生源動力、創造不息明進化，（生源動力特複詞耳。動力即是生源。此「動」字義即變化義，生生義，非是如物體依一定時間通過一定空間之為動。）此實合於吾《大易》之旨。吾言進化，義主《大易》。循環者，俗計萬象周而復始，所謂重規疊矩是也，此亦說得過於死煞。吾謂循環，事象推遷，有若一往一復而已。雖萬化之情，往必有復，然後之往復持較前期，自不必質量相等。此其所關甚大，不容忽視。

進化、循環兩詞含義略加上述。今更略明二者交參互涵之妙。先徵自然現象。日月交推，寒暑迭更，此屬循環，莫爲異議。然前刹那日月未嘗延續至後，後刹那日月乃是創起，乃屬新生，特與前狀相似續流耳。故日月現象，實即動力新新健創之表現。即此日月，刹那刹那，恆是進化。若徒據循環一方面之觀察，將謂今茲日月，猶是故物復現，云何應理？準此而談，循環法則實與進化法則交相參，互相涵。道以相反而相成也。日月如是。推之寒暑，乃至萬象，成虧生滅。消息盈虛，化機往復，莫匪循環。往者未嘗暫留，復者創新而不用其故，則亦何適而非進化耶？

次徵人事。世間無絕對之美，善惡治亂，亙古相待。《易》言「既濟」而必終以「未濟」，斯義玄微，小知難喻。夫「未濟」者，「既濟」之始也；「既濟」則「未濟」之兆也。故積惡之世，善若不復，而善幾實潛焉。浸假惡往，而善來復矣。積善之世，惡若不復，而惡幾實隱焉。亡何善往，而惡來復矣。善惡往復，故謂循環；治亂相待，亦應準知。夫治亂善惡，恆相往復，此其往復，即率由乎循環法則，而萬象若無甚殊怪詭異者。然必謂後後之治亂與前前之治亂同其質量，後後之善惡與前前之善惡同其質量，則又審事甚膚，而無以察夫進化之理也。如今之黨治獨裁，或中央集權，亦可謂爲革命自由以後，仍復於專制之形式。又如蘇俄共產，亦得說爲原始社會共產制之復興，此皆受循環法則之支配，莫之預期而自爾者。然經過資本主義之技術及工場組織等等積累而復興之共產，其與原始社會共產制質量迥別，此稍有識者所共知也。革命自由以後之中央集權或黨治獨裁，與往昔君主專制異其質量，又不待煩言而喻也。則安得偏執循環之論，而不究其進化之實耶？此就人事推徵，亦足證成循環與進化本交參互涵而成其至妙。

循環之理，基於萬象本相待而不能無往復；進化之理，基於萬象同出於生源動力而創新自不容已。進化之中有循環，故萬象雖瞬息頓變，而非無常軌；循環之中有進化，故萬象雖有往復而仍自不守故常，此大化所以不測也。

答韓生

吾前日面譚，一般人不曾自察識他曾否有思維作用，吾子卻不肯印可，以謂人都是善用思的，何可如此菲薄人！子之意固厚，然於「思」字未了在。王船山先生《讀四書大全說》云，只思義理便是思，便是心之官。思食思色等，眞非心之官，則亦不可謂之思也。孟子曰「先立乎其大者」，元只在心上守定著用功，不許寄在小體上用，以耳目有不思而得之長技，一寄其思於彼，則未有不被其奪者。此段話精察入微，才分明顯出思之所以爲思了。須知思之發雖不能不藉耳目官能爲用，（此中「用」言，猶云工具。）但思確是一心內斂，主宰乎耳目官能，專一融攝義理才叫做思。若心外馳而不得爲主，即寄其思於耳目官能，便以小體役其心，而奪心之用，（小體謂耳目官能。）乃爲食色安佚等等是殉焉。此殉於食色安佚等等之思，據實，則本不是思，只是耳目奪心之用，而自逞其技，所以成乎聾盲爽發狂，如老氏所呵也。心不宰乎耳而任耳奪其用，則耳殉沒於聲而失聰，故聾也；心不宰乎目而任目奪其用，則耳殉沒於色而失明，故盲也；心不宰乎口而任口奪其用，則口殉沒於味而失其正，故爽也；心不宰乎四體而任四體奪其用，則四體殉沒於散亂，故發狂。吾子諦察一般人的生活，幾曾把握得他底心住，使不被奪於耳目官能，外馳殉物，而能保任其心，以宰制耳目官能，顯發思底妙用，融攝萬理而無滯耶？（吾子諦察至此為句。）所以，一般大概沒有思維作用，直不自察識耳。

再答韓生

聞吾說思，已有領悟。但於「心純屬內斂」之說猶乏深解。子能不以所未解者爲已解，此甚可喜。爲學最怕輕心人，遇事膚泛過去。只有明睿作用，專一內斂，這才是心，否即無心。內斂者，謂不隨耳目官能迷亂奔流故。唯然，故能主宰耳目官能，而神其用。（此中「用」者，作用之謂。）禽獸有知覺運動，而不得謂之有心，以其精神作用不能內斂故也。人禽幾希之異在此，其可忽哉！佛家《阿含》說「繫心正智正念住，守護根門」，與孔子告顏子「四勿」之旨，皆指示眞切。（即以心不隨五官流散，故成為心也。）《易．繫傳》曰：「仰觀於天，俯察於地，近取諸身，遠取諸物。」曰觀曰察等者，何常廢耳目等官能而不用，只是神明爲主於中，神明謂心官，即思也。發之於耳目等官能，而交乎天地萬物，盡其觀察之妙用。而復其性分上物我一體流通無礙之本然，此即「思不出位」之義也。若下等欲望之思，便是思出其位，而爲耳目等官能所役，以從乎欲。而殉沒於物。故云思出其位，言其被役於小體，而不是心之官也。

答友人

嗣續觀念，在儒家視之，所謂「生生不息」之誠，「於穆不已」之實，即於此而顯著。故重嗣續者，非寶貴其氏族的形氣之蕃衍，而實於此見天理之流行。古者新婦廟見，必隆其禮；採蘋採藻，必潔其儀。有失婦而後有嗣續，所以不可褻也。儒家倫理，可謂致廣大而盡精微矣。但自印土佛家思想輸入，其徒始棄室家，而絕嗣續。聖人憂乾坤之熄，若有先見。又自西洋思想輸入，青年流蕩者，夫婦之離合既易，而嗣續觀念亦失去往日所持底神聖意義。實則人類之嗣續觀念，乃即於形氣之遞禪，而見爲實理之不容已，宇宙人生，所以爲至眞而非妄也，至善而無惡也，至美而不可厭醜也。道家之言曰「子孫者天地之委蛻耳」，此以破私其子孫爲己有之執則可矣。若以理言之，子孫之繼繼繩繩，無有斷滅，是即道之不窮也，性之無盡也，而曰「委蛻」云乎哉。故道家者流，必卒訢合乎釋氏。又乃「委蛻」之云，不知形即理之昭著，亦將與唯物思想同其陋。荀卿謂莊周「蔽於天而不知人」，此正確之評。天與人不可二之也。儒者於人道見天德，深遠極矣！莊子於人生欠眞切體認，故不了天理之實，而妄以哀死爲未達，將趣於無生矣。

弟嘗謂老莊終不識得「天行健」的意義，此其根本差誤。儒家之學，確爲至理所在。惜乎後生靡於狂潮，無可與言斯事耳。

答某生

中國自漢以後學者，類皆無民族思想。蓋史家實播此毒。魏收諸賤豎，爲胡虜作史，諂頒凶猘，上擬虞夏，劉知幾雖嘗譏之，然亦謂其記載失實耳，非眞能辨華夷之類也。大抵兩漢盛時，群胡內附，天下一家，學者喜張《春秋》太平之義，遂缺乏民族觀念。典午以降，士大夫屢屈於強胡，浸假則以豢養於外人爲樂，而自殘其類，此眞吾民族之危機也。嘗謂世界未能遽躋大同，則民族思想無可遽泯，只須導之以正。大抵各民族間必各有其民族思想，即各能自愛其類，各圖自立自存，自強自創，乃能共進於太平。故民族思想善導之，乃所以促進太平，實與太平之理想不相背也。若使有甲民族焉，絕無民族思想，則必渙散亂亡，以招他民族之侵略；又或有乙民族焉，過持狹隘自私的觀念，專以侵略他民族爲事，終必有弗取自焚之憂。甲本不及，乙又太過。過與不及，皆爲世界進化的阻礙，爲人類理性發達的障害，人類幸福的絕望即由於此。「春秋無義戰」，誅侵略也；（春秋於征戰之事，無有以為義而予之者。）書虞亡，罪被侵略也。中國漢以後儒者，不通《春秋》之義，而民族思想日益式微。南宋之儒嘗持《春秋》以呼號復仇。復仇者，復趙氏一姓之仇也，於民族何與？故民志終不振，則胡人又起而乘之矣。若乃明聖挺生，獨知民族思想之可貴，而以哀號於族類者，其唯衡陽王子，鄭所南、呂晚村亦其亞也。今外侮日迫，吾族類益危，吾人必須激發民族思想，念茲在茲。凡吾固有之學術思想、禮俗、信條，苟行之而無敝者，必不可棄；凡有利於吾身吾家，而有害於國家民族者，必不可為；凡有益於公而有損於私者，必不可不為。日常服用，除藥品外，有可不需外貨者，寧崇儉素，而誓不買外貨，以此誓於皇天后土，慎守終身，是則吾平生持奉《麟經》之志也。凡吾之所自期與期諸人者；皆人之所易知易行，然而人多莫之知莫之行也。

與湯錫予

看《大智度論》，鎮日不起坐，思維空義，豁然廓然，如有所失，（如撥雲霧。）如有所得。（如見青天。）起坐覺身輕如遊仙，惜此境暫而不常耳。

答王生

禮者履也。吾人踐履中無不由禮者，日常作止語默，何在非禮之表現。動作必不亂，（不亂即禮。）靜止必不昏，（不昏即禮。）言語必成章無悖，（成章無悖即禮。）含默時必中心昭昭而不昧，（昭昭不昧即禮。若動於遊思妄想紛擾即非禮。）無在不實踐乎此禮也。故曰禮者履也，是吾人所日常踐履而無須臾違失者也。朱子以天理之節文、人事之儀則言禮，意義甚深。推禮之原，則本乎性矣，所謂「天理之節文是也」。禮之用，則顯於萬事而無不在，所謂「人事之儀則是也」。禮之原即天理，此不變者也。禮之用即儀則，此隨時而酌其宜者也。故曰「三王不襲禮也」。今後生無知，妄曰吃人的禮教而必欲打倒之，是既昧其原，又不知其用也，是將同人道於禽獸也，惡乎可？

與友人

承轉示曹君函，知彼謂宋儒末流近禪，或不免禁欲，要非程朱諸老先生之過。弟則請曹君將程朱諸大師遺書細玩一過，看他有禁欲意義否？弟雖粗妄，何故讀《論語》不起此感，而讀有宋諸大師書便起此感？如欲檢取文證，亦不難具舉。顧不必如是煩瑣耳。明儒陳白沙先生亦云，斯理也，宋儒言之備矣，吾惡其太嚴也。此言婉而深。夫束縛甚者，不足向上，而反益趨下。宋人委靡自私，終以覆亡。程朱諸大師所振救者幾何？又云，末流乖本，故不得以其末之失，爲其本之過。然何故成爲如此之末流，則自其本必已有不得不如此之趨勢。履霜堅冰，由來者漸，此義不可不知。獨謂矯弊不當爲過激之談，是見道語。嘗以爲老莊非禮，薄仁義，豈謂禮與仁義眞可非可薄哉？亦惡夫禮與仁義之名立，而以之率天下，則人遂襲而取之以作僞耳。矯僞之弊，遂不惜過激而爲已甚之詞。故非禮，薄仁義，將使人盡去其一切可尙之跡，而反之天性，自然莫非仁也，自然莫非禮也，老莊用心蓋益如此。然而老莊過激之論，其影響卒至廢禮而滅絕仁義。如魏晉人之頽廢放縱，此豈老莊所及料哉？世人或以魏晉尙虛玄者，亦不盡可非，如王輔嗣之睿智，阮嗣宗之孤心，何可多得？不知任何衰俗中，總可得一二佳人。魏晉習老莊者，以其頽廢放縱，習爲風尚，傳播社會，自是當時事實。唯其薄仁，故流於痲木、昏暗、冷酷、無生理而頹放矣；唯其薄義，故流於委靡、汙賤、虛誑、無生氣而頹放矣；唯其非禮，故流於搖蕩、散亂、內容空虛、無以自固而頹放矣。魏晉人以頹放故，淪於胡虜，蔑能自振。此在歷史可按。安得謂其間有王輔嗣輩，遂飾稱爾時尚虛玄者無頹放惡俗耶？即就輔嗣輩而論，亦少惇大篤實氣象。嗣宗畏葸，而托放蕩以自免。君字居仁由義，吉凶與民同患，履虎尾而不懼，何至若是？要之，魏晉人之頹放，實爲老莊非禮薄仁義之過激主張所必有之影響，此可戒也。弟亦知當今之患，誠在縱欲，固宜誦法程朱以拯生人。然欲不可縱，亦不可禁。故弟自中年以來，於程朱諸大師拳拳服膺，不敢輕叛。雖謂禁欲主張稍過，然深以不許縱欲爲眞理所在，實未敢攻擊程朱。如老氏所爲過激之論，終不忍效尤也。（今人破壞固有的道德，社會上也是一種頹放現象，如魏晉人一般。有問，如袁世凱一輩人雖是作惡，卻甚勇猛，似非頹放。曰：否否。看他勇於作惡，正飛蛾奔火。他是無生命無理性的東西才忙迫胡亂去，此正是頹放，非勇猛。唯強為善者，才是勇猛。）

曹君又云，飲食男女之欲，性也，此不可禁，外此則皆習氣耳。此說大有病在。宋儒有知，絕不願聞。飲食男女之欲謂爲非性乎？則生人之欲，豈有不依天性而動者耶？而天性又豈是頑空耶？若謂飲食男女之欲即性乎，則紾尼之臂而奪之食，逾東家牆而摟其處子，是爲順其性耶？而謂宋儒見地乃如此乎？曹君本不識性，吾亦無從與之言性。必不得已而有言，則將曰：飲食男女之欲，自然有則而不可亂者，是所謂性之欲，即此謂之性可也。若飲食男女之欲，發而無則，以成乎亂，此即陽明所謂隨軀殼起念，全乖其性，而純成乎物之動。以其天性淪沒殆盡，只是一團物質，故其動也，但為物之動，而不得言性之欲也。此事須切己體會，不可徒作道理講說。至曹君別習氣於飲食男女之欲之外，亦復未審。欲動而失其則者，即染汙習氣現行也；欲之發而有則者，亦即清淨習氣現行，是順本性而起者也。凡欲皆是習，曹君殆未體究及此。

答雲頌天

中國人頭腦重實踐而不樂玄想。故其睿聖者，恆於人倫日用中眞切體會，而至於窮神知化，是得眞實證解，而冥應眞理者也。然在一般人則拘近而安於固陋，其理智不發達，則明物察倫之工疏，欲不爲衰萎之群而不可得矣。西洋人頭腦尙玄想而必根事實，又不似中人但注意當躬之踐履，而必留神此身所交涉之萬物，故其探賾索隱，而綜會事物之通則者，乃無在不本諸經驗，根據事實。即凡上智之所創明，中才皆得尋其思路，循序而進。印度人頭腦尙玄想而過在蹈空，其智本足以察物，然乃厭患物質的宇宙而求滅度，此固不免於智之過。然窮玄，則至印度佛家大乘，而高矣！美矣！至矣！盡矣！此難爲不解者言也。佛家雖主滅度，要是從其大體言之耳，若如《華嚴》、《涅槃》等經，其思想亦接近此土儒家矣。

講詞

為諸生講〈逍遙遊〉，至「御六氣之辯」，因舉郭慶藩解云：「辯讀為變。《廣雅》：辯，變也。《易．坤．文言》：猶辯之不早辯也。荀本作變。辯、變古通用。」大有精意。辯必有對。宇宙底變化，也是有對這個道理。（無對則何變之有？）

答鄧君

來書云：「若無輪回，生則桀紂，死則腐骨；生則堯舜，死則腐骨。何所憚而不爲惡耶？」此見甚劣，直是不堪酬答。昔宋儒有遇此類詰難者，彼應之曰，人性本善，誰教汝自家作賤來？此老實話，若深玩味之，其義無窮。吾人自性清淨，恆沙功德，萬善莊嚴，直從自性流出。其或有不善而至於惡者，則以心爲形役，而迷失其本性故也。君子盡性之學，一息尚存，即一息不容鬆懈，不使心爲形役以喪其眞。故朝乾夕惕，所以擴充其在己之所固有，而爲生理之不容已者。豈復藉助輪回，以懲惡而勸善哉？若必待輪回而爲勸懲，則其人已迷失本性，毫不知有人生價值。將見未來之禍福，終不勝其現在之私欲，雖篤信爲不善之無利於來生，而悍然縱惡，毫無忌憚，以取快當前者，無始時來眾生，大抵如此。足下又何說耶？（世變以來，商人、軍人、官僚、名士鮮不念佛拜僧，奉持佛典者。而其人大抵罪惡貫盈，貪欲無饜，毫不自省，反以歸依佛法僧為其藏身之固，若有所托庇者然。吾平生究佛法，而絕不交接僧徒與居士，有以也。）吾亦非必破斥輪回，只以此理唯存在於信念之中。談哲學，不須惹此葛藤耳。朱子信根深厚，其集中許多祭文，讀之想見其精神直與幽靈感通者然。他人祭文，看來不必信神，只是奉行故事，朱子卻不如此，想他未嘗不信輪回，以既信有神靈，則人死而神必不亡，輪回自可成立。朱子雖有反對佛家輪回的話，自是他理智作用對信仰起個衝突。然而他底信仰畢竟潛伏著，是搖奪不了的，如主張無鬼論的人，到昏夜仍是怕鬼一般。讀朱子書，玩其生活，覺得他時時在在，如對神明。此種獨與天地精神往來的生活，直令我有雖欲從之莫由也已之感。

與賴生

南回後，得子兩函，無心作復。欲將《新唯識論》譯以英文，此意甚好，此事甚難。「書不盡言，言不盡意。」吾年三十以後乃知此義。予以爲《新論》易解耳，實則所解者，未必得吾意。子但求之區區言句之間。不知眞解者，當求之言句所不能盡之意。吾四十餘年來辛苦，其間層累曲折，吾不能自言也。《新論》之所得表者，至有限也，然欲識吾意者，又不得不借《新論》爲敲門磚子。吾賢必由《新論》以通吾不盡之意，而與吾無間，方可譯《新論》，否則詈吾而已矣。欲通吾不盡之意，抑必旁求印土大乘空有諸宗，及此土晚周儒道，迄魏晉宋明諸子，夫而後有以得吾之意。且知吾與前哲所爲旁參曲證，而議論之間，雖有許多出入，終自有其大通而不相悖者。於此可見窮至眞理，吾與前哲自有同符，即吾之意，果非私意也。至此而後可譯《新論》。否則字字而擬之，句句而解之，知其曲不知其全，見其表不見其裡，謂之然而莫通其所以然，妄謂得吾之意，吾又於何處呼冤耶？聞子將南行。果爾，可來杭小住數日。頌天亦甚望也。吾體氣虧虛，今年在平絕未看書，良用悼嘆。生事又無良策，只合聽之。

答賴生

前函談譯事不易，得毋有未契耶？譯事且置。讀書又真不易言。須知東方高文典冊，皆萬理昭晰，歸之渾括，故非學者涵養功深，自有甚深義蘊，斷未可與之湊泊也。吾子勿謂某書我已得解也，即如此土《周易》，若通其訓詁名物，使謂得解可乎？又如龍樹《中論》，若通其名相及因明法式，便謂得解可乎？讀《易》而僅通訓詁名物，讀《中論》而僅通名相及因明法式，則其於《易》、於《中論》也，安見其有無窮無盡之義味耶？唯胸中自有甚深義蘊者，其讀《易》、讀《中論》，乃感發萬端，而嘆其括囊大宇，果爲無盡寶藏也。此意古今幾人識得耶？《新論》亦自有含蓄，而人見而易之者，此必有故矣。願子且置之。而博求夫此土晚周儒、道，迄魏晉宋明諸子學，以及印土大乘性相諸宗，深窮其蘊，反之當躬，加意涵養，至於真積力久，必有豁然油然，而與吾莫逆之一日也。九江私塾教書，初料子必不就，不意遂已允之。凡人若無志深遠，但以教書糊口，則隨地可居；若欲努力學術，則所居之處，必不容不擇。塵俗之地，斷無緣引發理想。吾每至武漢，頓覺市廛氣味，令人心中茅塞。自計足跡所經，唯北都荒廓，南京廣漠，最宜修學。（南京今不可居。）不得已而求其次，則杭州秀麗，差可懷也。九江比於武漢，又不及遠甚，其地直無一毫趣味也。爲子計者，南北兩都不得資生，則隨處覓一教席，度有一二好學者共事，亦足感發意趣，而相與向上，則神智自爾開豁。若私塾苦悶，恐於學人不宜。然子既有約，姑以半年爲期可耳。如過杭州，即徑來廣化，小住數日，亦少慰闊懷矣。

答客問

佛學誠難言，流派太多，典冊太繁。然扼要而談，則欲求元始釋迦氏之意思，宜以《阿含》爲據。四《阿含》中，而《雜阿含》更重要。及小宗廿部起，便已漸分空有兩派思潮。小空發展至龍樹、提婆而成大乘空宗，小有發展至無著、世親而成大乘有宗。大乘空宗根本大典，則有《智度》、《中》、《百》、《十二門》四論，而《般若》爲其所宗之經；大乘有宗根本大典，則有六經、十一論，如基師《三十述記》所敘。是故大乘空宗，集小乘諸談空者之大成；大乘有宗，集小乘諸談有者之大成。準此，則《阿含》以後之思想，宜詳求大乘空有二宗學，即一龍樹、提婆學，一無著、世親學。故佛家思想之演變，雖極複雜而久長，然扼要言之，不妨假定《雜阿含》等四《阿含》爲元始佛家思想。大空龍樹、提婆，大有無著、世親，均爲後來新興的佛家思想。吾嘗據《雜阿含》等，以求元始佛家思想，而謂是期思想只是人生論，及大空大有分途成熟，大有便進而談宇宙論。空宗頗談本體論，此皆爲新興的佛家思想云。

《般若》及四論，專遮撥一切我法執，欲令人空其所執故，自見眞實。（真實，即是本體異語。後皆準知。）眞實理地，心行路絕，語言道斷，不可直表。故因人之妄識迷執，不能自見眞實，而以種種方便，破其迷執。將見所執既空，而眞理自喻於不言中。（此中真理，本體代語。）猶如撥雲霧，便見青天也。談本體者，東西古今一切哲學或玄學，唯大乘空宗遠離戲論，此眞甚盛事也。

大乘有宗，初說五蘊。（十二處，十八界，不過將五蘊色心法另變一種編排法耳。）分析色心現象，而明無我，以此破外道之神我論，其義尙承空宗。及無著造《攝論》，成立阿賴耶，以授世親。世親復造《百法》及《二十》、《三十》等論，於是建立阿賴耶，說爲種現緣起，而實任臆構造宇宙。吾所著《破破新唯識論》頗詳此義。蓋小乘談有一派之思想，至大乘師無著、世親而始完成其宇宙論。理論雖極精嚴，而其失空宗義旨則已甚矣。

佛家人生思想，自其元始以及後來大乘，皆主超脫生死海。《阿含》迄於大乘空有經論，都有此一貫精神。大乘雖有無住涅槃之說，較元始佛家思想爲進步，然只反對元始之獨善主義，故不許入無餘涅槃、作自了計，必求無上菩提，發大悲心，行菩薩道。雖不住生死，而亦不住涅槃。必度盡一切眾生，有一眾生不作佛，則我亦不成佛。此爲大乘特異定點。然要以度脫一切眾生，令出離生死海，爲最後蘄向。無論事實作得到否，而畢竟以度脫眾生令出生死爲歸趣，即以出世與寂滅爲歸趣，此或是印度民族性之特別處，吾人亦不必論其是非。

答某君

《新論》（具云《新唯識論》。）之出，解人甚鮮，或可謂之絕無。區區常有意於賢者，不圖來函又出意外。大抵吾子一向用力於西洋思想，與迂拙本不同路向，宜其隔膜乃爾。今就來簡，粗答如次。

一來函云：「攝聚與離散相對，墜退與健行相對。攝聚與墜退，似無必然之關係。」觀此所難，於吾書翕闢義，似絕不相干。翕闢義，首須細玩〈轉變章〉。（《新論》二十五六等頁。）此處純據宇宙論之觀點立言。余以為哲學上之派別雖繁，要其解說宇宙之所以形成，其根底終不出唯心、唯物二派之論。（如現代羅素，雖云非心非物，實則其根底仍不妨說是唯物論。）迂拙平生始於積測，終於反驗，確信宇宙本體不是世所唯之心，亦不是世所唯之物。易言之，本體是什麼，此非想所及、非言可表。然則畢竟無說乎？曰，只有在本體之流行處，假設言詮而已。不識此意，正是未曾讀過《新論》。本體不可撥無，若云無體，即是頑空，云何而有流行？又不可說流行即體，以流行唯是幻相，頓起頓滅故。（〈轉變章〉談此義甚微，須於言外會意，若以忽心遇之，便不相應。）流行無實自性，故說諸行性空。（諸行者，色心萬象之代語。所謂色心萬象，即依流行幻相而假名之也。《般若》說「諸行性空」，即謂流行幻相本空，無實物故。）說流行即體者，何異說體是空？此即還成無體論，義不應許。萬象泡幻，了無根據，不應理故。當知流行是用，用必有體，但體不可以知識推度而知；知識由經驗事物而起，於其所知，恆作物解。今此云本體者，實不可作一物想。如作物想，即是倒妄，即成戲論。故前說言本體是什麼，非想所及，非言可表。無已，則唯即用顯體，庶幾方便，而得相應。用者流行之異語。蓋流行非即是體，而體要非超越流行幻相之外而別為獨存之死體，此處端賴超然神會，而難阻言議者也。體必有用，亦定不離用。定不離用者，即定不離流行故。定不離流行，故乃於流行中識體。是謂即用顯體。舊師亦未始不欲即用顯體，以其於用上建立，便將體用打成二片，於是陷於邪計。《新論．唯識章》末段，備詳此意。《破破新唯識論》發揮斯義尤詳盡，惜乎時人多莫之覽，即覽亦莫之識也。《新論》假說功能為本體。內學院某君駁之，不知即用而言，體在用，（語本陽明。）故可假詮恆轉功能名體，以彰本體之流行，否則必如舊師將體用截作二片，又何可即用顯體乎？《新論》全部旨音，只是即用顯體。易言之，只是談本體之流行。此根本旨意，若忽焉不察，則此書直可覆瓿，尚何必較量於單詞片義之間耶？

若復了知《新論》唯是談本體之流行，應知流行定不是單純的勢用。（流行即是勢用之謂，但此勢用非單純的。）即此勢用，決定有一個翕。不翕，便莽蕩空虛，哪有宇宙人生？宇宙沒有一剎那空虛過的，（設想諸星體將有毀滅的，即宇宙便空虛，然方其毀滅時，必即生成相續。此種假定是合理的。）即是翕的勢用（這個翕便叫做一種勢用。）沒有一剎那間斷，若有一剎那間斷，即是空虛無物，亦即無所謂宇宙。如此卻成印土古者空見外道之論，定不應理。故《新論》以恆攝聚言翕，（自注「恆」字吃緊。）翕即幻成無量動點。而此動點幻似有質，實非固定的物質性。科學家計元子、電子等等爲實質的物事，在經驗底範圍內，固可云爾；在玄學或哲學中，必欲窮究所謂物質的小塊粒如元子、電子等等者，是否果爲實質，則大是問題。依吾人之見解，分析物質至最終之小塊粒，實不應執爲固定的實質，只是一個翕的勢用所形成的動點而已。動點幻似有質，究無實質。此所謂幻，元是事實。一般人聞說「幻」字便作劣義會，此大錯誤。幻義是活義，〈轉變章〉固言之矣。昔朱子亦嘗謂造化合有一個翕聚的道理，不然便是空洞無物。（此說似見《語類》，茲不及檢。）吾所參悟，質之彼說，適足印證。夫翕既即是本體之流行，易言之，即是本體所顯現底一種作用，而且是自爲矛盾的一種作用。因爲本體無方所、無形相，元不是物質的，但其作用顯現，不能不有所謂翕，翕即幻似成物，是則翕之用，（翕即是用。）疑與體不相順。易言之，即此翕者，乃本體上顯現自相矛盾之一種作用。《新論》云，翕則疑於動而乖其本也。（二十六頁左〈轉變章〉。）又曰：翕而幻成乎物，此所以現似物質宇宙，而疑於不守自性也。（五十七頁右，〈明心上〉。）又曰，翕則若將不守自性，而至於物化，此退義也。（二十七頁左，〈附識〉語。）凡此皆明其作用之自爲矛盾，即以其將至物化而不守自性故也。夫本體以不變爲義，豈果物化而不守自性者耶？理必不然。夫其翕也，若故與其自性反，乃若其自性固具至健純淨之力用，則正待翕而後顯。（此處吃緊。）誠以翕而成物，故所謂本體底自性力（本體固具至健純淨之力用，曰自性力，猶《易》之乾也。）得有所利用以表現。《新論》云，恆轉畢竟常如其性故。（恆轉者，本體之代語。）唯然，故有似主宰用，乃以運乎翕之中而顯其至健，有戰勝之象焉。即此運乎翕之中而顯其至健者，名之爲闢。（第二十六頁左。）據此，則所謂翕者，乃以顯闢。《新論》有言：造化之幾，不攝聚，則不至於翕，不翕亦無以見闢。（第二十七頁左。）又曰：一翕一闢，若將故反之而以成乎變也。（第二十六頁左。）又曰：一翕一闢之謂變。自注云，兩「一」字，顯動力之殊勢耳，非謂翕闢各有自體，亦不可說先之以翕，而後之以闢也。（第二十六頁左。）據此，則翕闢同爲純一之本體所顯現之兩種作用，乃相反相成，相待相涵，而爲萬化之源。《破破新唯識論》曰：闢必備翕，若令故反；翕實順闢，而非果反。（初版七十三頁。）此所謂「玄之又玄，眾妙之門」者歟。《破破論》又曰：徹內徹外，只此翕闢之流，而實無有內外可分。自此實悟無所謂小己，無所謂宇宙，只此翕闢之流，刹那刹那，頓起頓滅；刹那刹那，頓滅頓起。如此流行不息，猶如閃電，至活無跡。（初版七十六頁。）至哉翕闢！造化之祕，天人之蘊，盡此矣。所謂「妙萬有而爲言」，「冒天下之道如斯而已者也」。

是故翕闢之論出，而色心之執始空。《新論》有云，夫翕，凝而近質，依此假說色法；（色即謂物。）夫闢，健而至神，依此假說心法。以故色無實事，心無實事，只有此變。（第二十六七頁。）《新論·唯識》一章，先遮境執，彰無實色；（非有實外物故。）次遮識執，顯無實心；而後次之以〈轉變〉，明色心雖復無實，要依翕闢假立。依闢假立心，以爲之能；依翕假立色，以爲其所。攝所從能，故名唯識。科學泯能歸所，曲盡物則；玄學攝所從能，妙盡己性。（《中庸》云「盡己性則盡物之性」。此己非小己之己。蓋滯形即物我區分，見性則物我同源。物莫非己也。佛說「萬法唯識」，孟氏說「萬物皆備於我」，皆攝所從能之謂。）《新論》寄意深遠，雖時賢所棄，唯眞理之所在，敢媚俗而內疚？

又復應知，翕闢同爲純一之本體所顯現之兩種作用。（作用亦省言用。）用之爲言，顯其非異本體而有別自體。《破破論》曰，頑空不可謂體，故必有用，假說流行。（原注：流行即是用之代語。）流行即體，元非異體有別實物。原注云，流行者，即是本體之流行，故不可說其異於體而別有實物。若認流行爲有實物者，便與體對待而成二片矣，此不應理。（初版三十五頁。）如稻依穀子起，乃異於穀子而別有自體，截然二片，體用切不可作如是理會。夫體用難言，強以喻明，或喻如波與水。波相幻生幻滅，而舉波是水，非異水而別有波之自體，（非如稻異穀子而別有自體故。）此略可喻用。水起用，即幻現波相，而水性恆自如常，定不變改自性，此略可喻體。如是舉喻，雖若易明，然至理迴思議，（理之至極，超出思議範圍。）畢竟不容執喻以相猜卜，執即過患無邊。（若執著譬喻，在喻上刻求全肖，即去所喻益遠。）失翕闢是用，故克指翕闢，即不名體。（猶如波不名水。）用依體起，（猶如波依水起。）而非異體有別實物，（猶如波非異水而有別自體也。）故說即用即體。易言之，此翕闢相，即是生滅相，即是變動相，正復於中，證見實性。何以故？用無自體故。（實性者，本體之代語。翕闢相，即生滅相，即變動相，此是依體所起之用。然用非異於體而有別用之自體，故乃即用見體。）《新論》有言，生即無生，以生而不有故；（生者絕不暫住，故未始有物也，然則生相本幻，其本體無生。如波相幻現，實無自體。其本體即水，而水性恆自如如不變，實未曾有波。故萬象滋生，而實即無生。無生者，言其體也。）滅即非滅，以滅而不息故；（滅故生新，其用不息，於此見本體常昭矣。若無本體，滅便永斷，故曰「不誠無物」，誠即謂體。）變即不變，以變而恆貞故，（如水起用，即幻波相，然水性如常，是謂恆貞。夫山峙川流，鳥啼花放，寒來暑往，夜晦晝明，可謂極變化之致矣。然萬有現象及其法則，宛然各如其所如。此何以故？良由本體真實無妄，故大用流行，自然有則，所謂至賾而不可亂也。據此，則變化萬端，而其體之恆貞者，固乃歷萬變而未始有渝，故云變即不變。）動即不動，以動可不遷故；（凡物幻現動相，然物本無實，只是剎那生滅相續，幻似動轉，其實物無暫住，前不至後，此不至彼，何遷之有？夫物無遷動，即於物不容作物想，而其本體真常已灼然矣。）此皆應眞之言，窮玄之極。《新論》了義，於斯略結。（參考四十八九頁〈功能章〉末段。）《破破論》亦云，觀於流行，乃即用以識體。（初版五十七頁。）又曰，流者不流之流，萬有波騰而常寂；行者不行之行，衆象森羅而皆空。（於衆象而見體，即衆象空；如於波而見水，即波相空。）此與前所徵敘，互相發明。矧復默爾反觀，灼然有宰，聲色雜投，而應感寂然不亂。《破破論》曰，反之當躬，而得夫闢恆運翕而不肯物化者，於此見自性之恆如，而灼然於流行中識主宰，當下承當而無疑也。（初版七十六頁。又案《新論·明宗章》所以權說心為本體者，以於心識主宰故。然即心名體，究是權說，義當別詳。內學院有攻及此者，殊昧吾旨。）持此勝解，印諸《般若》、《涅槃》，一一吻合。世有不了吾旨，妄計《新論》以一翕一闢名眞如，其厚誣亦已甚矣！總之，《新論》主張即用顯體，即變易即不易，即流行即主宰，即用即體。而其立論，系統謹嚴，實以翕闢二義爲之樞紐。若於翕闢義一有誤會，即全書便不可通，直可謂爲毫無價値之書。嘗欲別爲雜錄，疏通其旨，而精力短促，苦無意緒，不知將來得便爲之否。特因來難，略述所懷。本義既明，其諸疑滯，或可豁如。是在仁賢，不鄙芻蕘，降心加察。入理淺深，存乎往復體驗，如人交友，非相與至深，未容以泛泛遽定其賢否也。

覆審來難，謂「攝聚與離散相對」。常途訓釋名詞，固可云「攝聚者離散之反」。然哲學上之用語，其包含深廣，不當作一般名詞理會。又承難言：「攝聚與墜退似無必然之關係。」此或據〈轉變章〉附識引漢儒陽動而進，陰動而退一段文字而有是難。查該文中有云：「翕則若將不守自性，而至於物化，此退義也。」（引見前文。）此中文旨，本甚明白，詞簡義賅，無須繁說。來難於此，且沒干係。大凡不了翕乏爲退義者，只由不識本體故。（此處吃緊。）本體底力用（亦云作用。）誠不可思議，然強爲形似，則《易》所謂健行者爲近。言健則賅淨，無滯礙故淨也。（凡染汙相，都是滯礙相，都是緣形氣而後起之私。唯本體之流行至健，即無滯礙，法爾清淨故。）夫其行之至健而純淨，是固不落形氣者矣，（此處吃緊。）乃以表現其自性力之故，不得不有攝聚之一種反作用。老氏云：「反者道之動。」是知化者也。然攝聚即翕而幻成乎物，便有重濁的意思。重濁即是墜退，以其與本體底自性力不相順故。（自性力見前注。）在此種意謂之下，即說攝聚得有退義。然義匪一端，不容邊執。《新論》本不曾言攝聚與墜退有必然關係，攝聚畢竟是健行之所資藉，所謂闢以運翕，翕以顯闢是也。全書實以此意爲骨子，賢者顧未之察，何耶？昔在杭州，與一二友好談及今人讀書大抵不務理解人家意思，只立意欲揀取人家壞處，而其結果，則見謂人家壞處者，倒成自家壞處了。迂拙不敢以此度賢者，然來難於著者意思，未免疏忽過甚，此何故耶？

二來函有云：「山峙川流，鳥飛魚躍，莫非生命力之直接顯示。自性俱足，各無虧欠。若就分別論，則木石生命力，自是較低較弱。但就木石本身論，則未嘗不生機充盛而有絕對自由。（自注：自由謂內有主宰故。）《新論》六一頁，謂生命力亦常淪於物質之中，膠固而不得解脫。此徵之植物與動物而可見者，私意頗不謂然。蓋健行不息，為宇宙之自性，（自注：就其分殊言之，可說爲萬物之通則。）因本無束縛，故不得謂由束縛中求解脫。由本來自由，故所謂精進者，亦僅謂在自由中獲更大之自由而已。草木禽獸，一切活動悉任自然，雖無自覺，（自注：但不得謂之無主宰。）亦未有束縛，故無染淨可言。（自注：就其悉順自然而言，謂之至淨亦可。）及人類而自造束縛，（自注：其故另詳。）但有自覺，（或云良知。）因得憑其力量而超脫已成之束縛。」

如上一大段話，迂拙初不欲酬答，因彼此意思相距大遠，恐答辯徒勞。然復自念，心所不然。安於默爾，此雖高誼，要非與人之忠，故乃略申微意，不暇致詳。夫談義理者，貴在義界分明。來函談生命力，殊覺未洽。依佛家言，一眞法界，本無差別，事法界即萬殊。（事法界即謂現象界。）儒者亦有理一分殊之論。來函似絕不注意及此。就其理之一而言，山峙川流，鳥飛魚躍，莫非生命力之直接顯示，自性具足，各無虧欠，夫何間然？徵諸故言，釋子說微塵、芥子都有佛性，莊子且謂道在屎屎，儒氏玄經亦曰物與無妄。（言真實無妄之理，遍與萬物為體故。）道理見到眞處，彼此都無異論，自昔已然。迂拙與吾賢，有何己見可執，而不惟理之從耶？然吾賢徒見夫理之一，而忽其分之殊，遂於《新論》所謂動植物之生命力，常淪於物質之中，膠固而不得解脫者，乃甚不謂然。不知吾賢何以有這般見地？動植物也所以停滯於一定底階段而不得進化至人類者，此正是分殊處。將他與人類一例看待不得，他底有機體，（省云機體。）其組織顯然不同乎人，因之其生命力之表現較難，而不得不受其機體即物質底錮縛。吾子縱欲躋動植與人並立，然試問大類生命力之表現，而為極高尚的智德力，或高等精神作用者，其可求諸動植物否耶？此事本不成問題，可無深論。唯來函更有可商榷者。

一、以木石生命力並言，此殊來安。草木屬擅物，在今日固視為有生命者，然在印度古代，外道多說植物有生命，而佛家獨不許。（沸家以植物與礦物同名無情，即同為無生物。）由今觀之，外道說是也。土石屬礦物，此則難說為有生命，然若以萬物之本體說為渾一之大生命，則土石亦是此大生命力之所顯現。易言之，土石即呈現著活潑潑地底生命。前所引「物與無妄」及「道在屎尿」等說，胥此意也。但須知，此是克就本體而言，即泯其分之殊而歸諸理之一以言之耳；若就作用顯現，成事法界，萬有分殊而言，則無生物與有生物顯然極端差別。土石一般視為死物質。在哲學上，究實而言，亦不可說為無生機，然他（土石等無生物。）尚未成為生命力所可利用以自表現底生機體，故難得其有生命之徵，即不可說為生命。此迂拙所未能苟同於吾賢者。

二、來函云：「就木石本身論，則未嘗不生機充盛而有絕對自由。」此說尤所未喻。夫云植物生機充盛猶可也，若言絕對自由便難索解，而況於土石無生物亦復云爾耶？絕對自由一詞，亦無義理。自由而果絕對，則又何所待而以自由名耶？絕對的自由直是無從想像之境，或宗教家所謂上帝者有之耳。草木固著於一定之土壤，是其絕對自由耶？設復就草木之生活力以言自由，則亦屬廢話。生活力底本身，只是個不容已，或說名神，（神之為言，不只是個具足眾妙的意思，卻更有迅利的一直進進的意思。）此無所謂不自由，卻亦用不著加上他一個自由。又注云，自由謂內有主宰。此釋自由卻好，然言主宰者必歸之內心，心托境生，而能適應或改造乎境，於此見心之有主宰義。即由如是主宰義故。見其不受環境限制而有自由可言。故自由待限制而後見，無所謂絕對。（絕對自由，只是一個幻想。）然據此以談自由，則草木雖或許其有知覺等，但其作用曖昧，雖不得直謂之無心，要其去無心之程度亦不遠，故草木不得謂其有內心的主宰用。縱許其本性上儲有此用而不得發見故，即等於無。因此不得許草木有自由。（動物容當另談。）草木如是，土石更何論乎？

三、來函有「健行不息」，為宇宙之自性，本無束縛」云云。誰能發痴而胡亂道宇宙本體上著得束縛耶？但請吾賢認清觀點，《新論》那段文字不是直下顯體，卻是在本體流行顯現萬類處，甄明生命力之表現其自己，不得不發生一種反作用，即物質的作用，特別是其物質的身體，（即植物底形幹等，也叫做身體。）乃生命力之所利用以自表現者。然利之所在，害即伏焉。（就是利之中涵著害。）因此，亦常淪於物質之中，膠固而不得解脫。故從植物以至人類，即生物底全體過程之中，而見夫生命力之一步一步從物質的錮縛中逐漸解脫。吾子若不肯承許植物動物之生命力受其物質的身體之束縛，而必以木石之生命力爲本無束縛、絕對自由，將必欲人類脫去人底官骸，還原到木石去，此亦有趣味之極矣。

四、來函謂「草木禽獸悉任自然」。迂拙每謂「自然」一詞，談者多不求的解。竊謂言自然者，略有數義：（一）在宇宙論上，大抵以無所待而然者，謂之自然。但此一詞又各從其學說底全體之內容而得一定之含義，如此土老莊之言自然，固即無所待而然之義，印度自然外道亦何常不是無所待而然之義。（如云烏自然黑，鵠自然白，即不待造物主或他因而然也。）但老莊學說與印度自然外道，實際判若天壤。（唐以來釋子每混視為一致，極可嘆。）因之，其無所待而然之含義，宜視兩家學說底全體之內容而定。（二）在社會觀上，大抵以淳樸而不尚詐僞技巧等等者，謂之自然。（三）在人生論上，大抵以純任天眞，謂之自然。來函所云「草木禽獸之自然」，或是第三純任天眞義耶？草木本無所謂不天眞，亦似用不著加上他一個天眞。禽獸之天眞，便極須分析，其良能之發見，如所謂虎狼之父子等等者，固是天性流露，可謂天眞；（知虎狼之父子等等良能，是超越個體底利害的；若捕食避害等等本能，便是為著個體的利害而有的。凡超越個體底利害的才是天性，反之，如為著個體底利害而有的，便屬後起，此個辨別，卻甚吃緊。又禽獸有良能而無良知，此又亦當別詳。）若其牝牡之合，不知匹偶有倫，又互相呑噬，乃至噬人，則是緣形氣而後起者。又凡捕食避害等等本能，據實亦即習氣，以從串習熟練而得故。然禽獸從習氣與形氣所發之意欲與動作，皆是任運而動，不有作意，不事隱匿飾僞，亦得假名天眞，實則已不是天眞也。來函並不分析，又烏可乎？自來文學的哲學家，大抵讚美野蠻人之天眞。然野蠻人雖有羞惡、惻隱、是非、辭讓等等良知發見，可謂天眞，而其識別事物之知識尚未發達，（良知與知識卻不是一事，此義別詳。）即其良知不得擴充。如野蠻人之習慣、信條等等，自文明人視之，多不能認爲合乎道德，此固其知識不發達之咎，而即於此等處見其良知之未能推致也。至於開化之群，（尤其有高尚文化者。）其人知識特別發達，長處在遇事物有精審之識別，短處卻在詐僞奸巧滋多，（哲人多懷想太古者以此。）是其知識發達而固有虛靈不昧之良知反被鑿而亡失。故此土哲學家如老莊則欲屛知而反之天明，（天明即謂良知。）儒者乃不反知，但重涵養，以全誠明之本體。（誠明亦即良知。）大本既立，（大本，謂誠明之本體。）卻非守其孤明，必致其知於事事物物而得其理，乃知明而處當，於是而識別事物之知識，亦莫非誠明之用。此則良知擴充而可謂全其天眞者矣。此與野蠻人之天眞，奚止天壤之別？故重天眞者，不當回向野蠻人之天眞。從來自然論派之哲人，罕有見及此者，是亦不思之過。今吾子更讚揚草木禽獸，何故作此怪迂？

三來函云：「《新論》泯除心物之對峙，但似未能完全貫徹，至少文字上易引人誤會。如六一頁，其生命力幾完全物質化。又云：生命力受物質纏固。六二頁，既為無生命力之物，似主張生命力之外仍有一物存在與之對抗，幾使人疑每一個體乃生命力與物質兩者之決鬥場。」

此段疑難，完全摘字句取義，如此理會人家文字又爭得？查六一頁云：「植物徒具形幹，其生命力幾完全物質化；動物則官能漸備，然其生命力受物質纏錮，竟未有以遠過植物也。」此中大義，具如前說。若使通達大義，則上述文旨自無滯礙。至六二頁文中，首明生命力包宇宙，挾萬有，息息周流，不以形氣隔。後文言人私其形氣而小之，乃至生理剝極，而卒爲頹然之一物，縱其殘餘之形氣不即委散，而既爲無生命力之物，何如速朽之爲愈乎？云云。此呵責夫人之殉物而喪其生理，不圖賢者竟誤會到二元論去。須知，談到本體，心物俱非。若言本體流行，即作用顯現，亦即所謂翕闢者是。闢即本體固有底大用，所謂健行者是；而大用流行勢必自起一種反作用，因而利用之以表現自力，此反作用，即名爲翕。依闢，假說爲心，亦云生命力；（詳〈明心上〉。）依翕，假說爲色，色即物之異詞。《新論》根本意思，約略如此。夫翕者，本即闢之自力所發生之一種矛盾作用，故其勢既成，則亦有對抗之情，此何足怪？又闢之自力發生反作用時，（即成翕時。）亦有物化之懼。若其根本無翕而物化之堪虞，則何以見夫闢之力用爲至健而神者乎？又從何得見生命力乎？唯其動而可以失其常，而畢竟不失其常，（即可以物化而終不物化。）所以謂之健而神也。闢必故翕，翕而幻成乎物，物成而疑於闢之不存矣，然闢終不捨其健，畢竟轉物而不爲物轉，於此見闢之即是生命力也。來函疑每一個體乃生命力與物質兩者之決鬥場，此不應理。個體之發展必與宇宙之發展相應。（個人底生命與宇宙本來非二。）夫闢以運翕，翕以顯闢，相反相成，畢竟不二，此爲宇宙之理法。吾人常有涵養本原工夫，即於此心老不物於物處，識得闢以運翕之主宰力，即是識得本體。（卻是於發用處識體。）由此涵養保任，而勿放失，即生命力常活躍，而物質亦隨之順化。耳目聲色俱是聰明之用，即皆生命力之顯發，安有所謂物質與生命力決鬥者乎？若其心爲形役，即陽明所謂隨順軀殼起念，必漸梏亡其生命力，而成乎頹然之一物。《新論》六二頁所云既爲無生命力之物者，以此。是即反乎闢以運翕，翕以顯闢之理法，此乃人生之變態，所謂失其恆性者也。

四來函云：「詮釋轉變之三義，（見《轉變章》。）第一義為非動義，似頗淺顯，不必特為標出。活義中，交遍義似可併入圓滿義中。至無作者義，則論據似不甚充足，因所謂作者，本不必非淨即染等。又本段先後次序併不甚妥。鄙意宜先以不可思議義開端作引論，然後列舉活義中各義，使各各獨立，而將活義總名除去。」

此一段話，本無關宏旨，可無須答，然賢者既肯如是仔細評議，則吾亦安得忽置？吾子謂非動義爲淺顯，迂拙則謂談道理只爭個錯誤與不錯誤。（或誠與妄。）深的道理只是許多淺的道理底發見，都有根據，都有證驗，都不錯誤，由此層累曲折推將上去便就深奧了。然人情迷妄多端，卻有以深為淺、以淺為深者，所以者何？凡夫各有見貪，（見《新論》八九頁右。）恆喜以其所見得到的自矜為深，而即以其所見不到的鄙之為淺，甚且以為不通，或云無道理。昔伊川見門下或交遊談道理中肯時，猶勖曰且好自涵養。迂拙少年讀語錄至此，卻完全不屑理會這般語句。後讀朱子書，見其時常稱道及此，稍懷疑朱子是甚見地。迨後用過苦功，始覺得當初自謂明白底道理，到於今卻別是一般意謂，翻憾當初明白不得。然則淺深之辨，何容易乎？大凡窮理，不論自己直下發悟，或讀書引發，但使一理儻得之後，總要隨處體認，直教在在證實，然後歡忻鼓舞，儼然此理現前，如親撲著相似。昔劉晏為計相，見錢在地面流轉。學人用心，都要如此。今且析來疑，非動義如何說得過淺？人底理智總是在經驗範圍內或實際生活底世界裡練習增長，所以推窮道理，總是於無形中把做日常經驗底實物來籌度。假令與之談變化，他那慣用的理智，便把實際的物件底移動之觀念，（即有實物，由甲點底空間，經歷若干時間，通過乙丙乃至戊點底空間之觀念。）結合到這裡所謂變化上去，他以為變化應當是這樣。如果說變化不是實物的移動，不是有空間和時間性的，他便計此是不可捉摸的幻想。我昨過滬上，遇一友人讀《新論．轉變章》就如此難我。當時雖頗怪之，然今觀來函，瀘友之不喻，或較賢者之淺視非動義，猶不失為慎慮。如前所說，人之心習如彼，則所謂非動義者又何容易實落地澈底了解耶？讀書最怕依文生解，自謂見到，卻完全沒有親自體驗過。試問非動義中有云，猶如吾手轉趣前方，實則只有刹那刹那、別別頓轉，無間似續，假說手轉，而無實手由此趣前。此段話，賢者果解到恰好處否？信得及否？須知非動義必澈底了解，方許窺變，故於變之三義中特標第一。活義爲甚要取消去？其中所列舉各義何故不應包含於活義之中？留待世間有眼目人抉擇。又交遍義不許併入圓滿義者，一、顯全體起用，用成萬殊，而各稱體，一一具足。二、顯用成萬殊，而重重無礙，故一眞法界，非一合相。二義相關，不堪省略。如數一二，言一已有二，卻不可說只須數一，不當及二；又不可說寧堪數二，不必及一。關於無作者義之論證，自覺只此便足。非淨即染，非常即無常，此於邏輯有何過患？至云本段先後次序不妥，宜先以不可思議義開端作引論，尤所難喻。開端已是不可思議，向下還說什麼。當知本段先之非動義，遮遣妄執，庶堪語變；次之活義，正顯神變無方；結歸不可思議義。明此理唯證相應；理解（俗云理智。）推度，終成隔膜，如盲人摸象，非無擬似，但不識眞相也。如此次序怎生不妥？《新論》每下一義，累經秤量，願且降心加察，不然亦姑置之可也。

復次，來函謂功能習氣之區分，可以自然不自然爲準則。又鄭重申明草木禽獸之活動悉順自然，故純爲發於功能，即全屬生命力之自然顯現云云。賢者最喜談自然，迂拙卻未知賢者所謂自然之意義云何？又云《新論》謂吾人生活內容莫非習氣，似未允當。蓋生活內容恆能習相混，但不易辨耳，非盡爲習氣也。此段話卻是，然於《新論》未了在。〈明心〉上下談心、心所相應同行，賢者奚不察耶？然論本四六頁左〈功能章〉有云，吾人生活內容莫非習氣。自注云，吾人存中形外者，幾無往而非習，此可反躬自明者。論文故甚其辭，正是欲人猛省。《詩》謂「周黎靡有孑遺」，豈果無孑遺耶？此類句法古書多有，然注中猶置一「幾」字，正恐今人誤解，奈吾賢終不留心何？《新論》文字，讀者總多不了解。大抵自語體文流行以後，文言文便遭厄運。平情而論，樸實說理底文字，用唐宋下底古文固絕對不行，即規仿晚周諸子及魏晉注疏，（如王弼、向秀等之作。）在今日亦難適用。佛家譯籍，其組織精嚴，極當取則，（《新論》即規仿之。）而屬文造語過於高渾簡重，又不宜學。（高自可貴，過高則能領者希；渾便含蓄多義，過渾則失之晦；簡能提要，過簡則先之疏；重即深沉有力，引人沉思，過重則反令一般人不耐讀。）但如今日流行底語體文，卻太不通順。（今日譯本少價值，已是大家所公認。）吾意欲改造一種文體，即文言白話隨意雜糅，不限一格。朱子論學書牘便多如此。（實則宋明儒書牘皆如此。）船山《讀四書大全說》亦復如此。病軀如得漸添生意，將來起草《新論》部乙之《量論》，即當試用新文體。唯文體既變更，則其書成，當離《新論》而別爲單行本。即書之題名亦俟屆時擬定。此意經多番審慮而後決，並曾質之林宰平先生也。伏暑困倦，強寫此信，聊貢悃忱，苦難達意。

附記：此書前面談《新論》綱要即體用義，讀者仍多茫然。今更略為闡述。治哲學者須於根本處有正確了解始得，若根本不清，即使能成一套理論，亦於真理無干，只是戲論。哲學上的根本問題就是本體與現象，此在《新論》即名之為體用。體者，具云本體；用者，作用或功用之省稱。不曰現象而曰用者，現象界即是萬有之總名，而所謂萬有，實即依本體現起之作用而假立種種名，（天地人物等名。）故非離作用別用實物可名現象界，是以不言現象而言用也。本體現起作用，（亦云體現爲用，或云由體成用。）此語須善會，不可妄計體用為二。哲學家往往誤計本體是超脫於現象界之上，或隱於現象界之背後，而為現象作根源，此乃根本迷謬。《新論》談體用，正救此失。

體是無方所、無形象而實備萬理、含萬善，具有無限的可能，是一真無待。故說不易。用者，言乎本體之流行，狀夫本體之發見。因為本體是空寂而剛健，（空寂之空，非空無義，以無方所、無迷暗，故名空；寂者寂靜，極虛靈故，無昏擾相故；剛健則力用至大至強至神。）故恆生生不已，（剎那剎那，新新而生，不守其故。）化化不停，（剎那剎那，變化密移。）即此生生化化，說為流行，亦名作用或功用。

克就體言，是一極絕待，無方無相。（無方所，無形相。）克就用言，是幻現相狀，宛爾萬殊。（大用流行，有跡象現，如電光之一閃一閃，而似有物事如赤色者現，此赤色即是閃動之跡象，亦云相狀。本體之流行，幻現相狀，義亦猶是。既有相狀，便宛爾成眾多之相，非是一相，故云萬殊。所謂萬有，即依流行之相而假立種種名。）

體，喻如淵深渟蓄之大海水。

用，喻如起滅不住之眾漚。

曾航行海洋者，必見大海水全體現作眾漚，不可於眾漚外別覓大海水；又眾漚各各以大海水為其體，（「各各」二字注意。）非離大海水而各有自體。（「非」字一氣貫下。）

體與用，本不二，而究有分，雖分而仍不二，故喻如大海水與眾漚。大海水全成眾漚，非一一漚個別有自體，（漚之體即是大海水故。）故眾漚與大海水本不二。（宗教家說上帝造世界，而以上帝爲超越於世界之上，即能造與所造爲二。哲學家談實體與現象，往往有說成二界之嫌，其失亦同宗教。）然雖不二，而有一一漚相可說，故眾漚與大海水畢竟有分。體與用本不二而究有分，義亦猶是。漚相雖宛爾萬殊，而一一漚，皆攬大海水為體故，故眾漚與大海水仍自不二。體與用雖分而仍不二，義亦猶是。

體用義至難言，如上舉大海水與眾漚喻最為方便。學者由此喻，應可悟入。哲學家或只承認有現前變動不居的萬象為互相聯繫之完整體，即計此為實在。如此計者實只知有現象界，而不承認現象之有其本體，是猶童稚臨洋岸，只見眾漚，而不知有大海水。

或雖計有本體，而不免誤將本體說為超脫乎現象界之上，或隱於現象界之後，致有二重世界之嫌。其於體用之本不二而究有分、雖分而仍不二者，從來哲學家於此終無正解。此《新論》所由作。

已說體用，再克就用言之，則用非單純的動勢，必有兩方面，曰翕曰闢。（翕闢只是方面之異，自不可看作截然二片的物事。）闢乃謂神，（神即心。）翕便成物；（現似物質，而非果有實質。）物有分限，神無分限，（心是無在無不在。《楞嚴經》「七處徵心，十番顯見」，形容得甚妙。）神遍運乎物而為之主，此理之常；物亦可以乘勢而蔽其神，此事之變。（物成，即不能無墜退之勢。無機物猶不得發見心神，植物似已發見心神而仍不顯著，乃至人類，猶常有心爲形役之患。物能障蔽心神，乃名天事勢所有，不容否認。但神終爲物之主，可以轉物而不爲物轉，究是正常之理。）然神畢竟主乎物，（宇宙自無機物而有機物，有機物由植物而動物，而高等動物，而人類，乃至人類中之聖哲，一層一層，見心神逐漸顯著盛大，確爾官天地，宰萬物。）而事勢終亦不越乎常理矣。自《新論》問世以來，讀者每不尋其底蘊與條貫，輒為不相干之攻難，故復撮要言之。

講詞

《新論》與佛家元來意思根本異處，其略可言。佛家思想畢竟是趣寂的，是超生的，（「超生」二字見《慈恩傳》。）是出世的。如《阿含經》專以不受後有爲歸趣，（不受後有，即是不受後生。）此爲本師釋迦氏之思想。後來小乘大乘各派諸師，始終不離此宗極。大乘以無住涅槃爲言，即謂生死、涅槃兩無住著，然此確不是達觀派的人生態度，卻是他理想中一種神聖的境地。蓋以眾生未度盡，則菩薩必不捨眾生，故雖不住生死，而亦不住涅槃。如是，得隨類現化，故其願力，終以度脫一切眾生爲蘄向，即以出世爲蘄向。佛家哲學思想無論若何深廣，要之，始終不稍變其宗教的根本觀念，即爲生死發心，而歸趣出世的觀念，此是佛家宗旨，萬不可不認明者，《新論》則爲純粹的人生主義，而姑置宗教的出世觀念於不議不論之列，此其根本不同者一。佛家本師釋迦，其思想最精者，莫如十二緣生之說，此在《阿含》可見。是其爲說，固屬人生論之範圍。及後來大小乘諸師，則始進而參究宇宙論，尤其本體論。舊著《破破論》（《破破新唯識論》之省稱。）述此變遷概略，頗爲扼要。至於大乘空宗，直下明空，妙顯本體；有宗至《唯識》之論出，雖主即用顯體，然其談用，則八識種現，是謂能變，（現行八識，各各種子，皆為能變。現行八識，各各自體分，亦皆為能變。）是謂生滅。其談本體，即所謂眞如，則是不變，是不生不滅，頗有體用截成二片之嫌。即其爲說，似於變動與生滅的宇宙之背後，別有不變不動不生不滅的實法叫做本體。吾夙致疑乎此，潛思十餘年，而後悟即體即用，即流行即主宰，即現象即眞實，即變即不變，即動即不動，即生滅即不生滅。是故即體而言，用在體；即用而言，體在用，此其根本不同者二。

〈轉變章〉以翕闢與生滅兩義，曲盡玄微。一方面隨順俗諦，成立心物萬象，即所謂宇宙；一方面明翕闢與生滅都無暫住的實法，即無實宇宙，只是本體之流行幻現宇宙萬象而已。然復須知，流行者，用之異名。用者體之用，無體即無用，離用亦不可得體，故乃於流行無住之用，識此即是如如不動之體，而萬象又莫非眞實。〈功能章〉末段，方承〈轉變章〉，而結歸眞諦義趣。

《新論》以翕闢義，破舊師聚集名心之說，而於西洋哲家唯心唯物之論，皆不蹈其蹊徑。心物本相對得名。順俗則心物兩皆成型，證眞則境空而心亦俱空。其所以順俗而兩皆可成者，則依翕闢而假說爲心物云耳。翕闢便是本體之流行，這個流行的作用不是孤獨的，所以一翕一闢。

答薛生

唯識書料子未堪自究，不治法相而研三論，亦是無益。就治佛學次第言，未通小乘不可治三論。三論者，夫空也。大生從小有小空而來，升堂循階，登梯歷級，烏容躐等。然在今日，學向知識如此其紛繁也，守一家言，所得亦隘，況所謂一家者，猶是數千年前古學。然則吾子縱精通三藏，由小入大，計其精力、復餘幾何？即以此博得一佛學家之名，亦只是數千年前陳人而已。吾非謂古書可不讀，是在汝自定爲學趨向。若於佛學方面欲成功一考據家，則非博覽三藏而強識之，不足以窮原委、辨流別、析名相也。故於佛典，必專力終身，若有一籍未窺，一部未睹。便是大缺陷也。

如其平日對於宇宙人生諸大問題苦心參究，因此，泛觀百氏，藉資證明，矯吾偏蔽，博考之餘，忽覺佛家義趣特有契合，遂於佛典寄懷深玩，自解資佛典而益開，佛典賴自解而可曉。（此語吃緊。自家見地未到，讀書絕不通曉。）迨其學成之後，雖復精多物宏，超然自得，不囿一家，然以其熏染於佛家者深，其精神特有歆契，終爲佛家派下人。如此之流，方其披尋佛典，志在領會佛家眞義。故其讀佛書，不必如考據家之博覽強識，要在訪求根本巨典，潛心體玩。粗之，則識其旨歸，辨其脈絡，得其系統，窮其枝流；精之，則冥極於所謂語言道斷，心行路絕之地。或問此言識旨歸、辨脈絡、得系統、窮枝流，與前言考據家須窮源委、辨流別、析名相者，又何所異耶？曰：此二之判，不止天壤，非眞知學者，難與言此。考據家所窮之源委，所辨之流別，所析之名相，只依文訓釋，依文甄述而已。取材博而能審，釋詞有據而不臆說，敘述有條貫而能斷，能事盡於此矣。

若夫爲自得之學者，其精研古學，凡所以識旨歸、辨脈絡、得系統、窮枝流者，雖復即文字以妙會古人之意理，而其意理所由形著，實不可以守文而得。易言之，即通古人之意理者，必非徒在文字上著功，要自有所致力於文字之外者。唯其平日仰觀俯察、近取遠觀之餘，反已以浚其源，即事而致其知，既已洞見本原，明察物理。是故讀古人文字，能以睿照而迎取古人義理。（睿照故無主觀之蔽。）古人眞解實踐處，吾可遙會其所以；若其出於意計之私而陷於偏陋浮妄者，吾亦得推其錯誤之由來，而以吾之經驗正之。以故於古人之義理無不盡也。此其所以識旨歸、辨脈絡、得系統、窮枝流者，與考據家本領絕異，功用全殊。但此中義味難言，期人共喻，直是困煞。吾子果眞志乎此學，則率由之塗，不能不辨。

子於佛學，如志不在考據，則佛家根本經典必不可不讀者，得略舉下方。先治四《阿含》，此爲元始思想。餘如本生、本事、因緣、譬喻，四分中共有經百餘部，可與《阿含》參看。或不必盡讀，但深玩四《阿含》亦得。小宗派別元有二十部，實則統爲空有二派，略見《異部宗輪論》。二十部之分係佛滅後四百餘年間事。爾後流變，又不必限於二十部，然終不外空有兩輪。小論東來者，談有一派較多，如《毗婆沙》、《順正理》、《六足》、《發智》、《舍利弗毗曇》、《成實》、《分別功德》等，並宜瀏覽。若乃小徑略涉，便入大空。大空本經唯《大般若》，群經之王，諸佛之母。此土什、奘，同其所歸。大空論籍，四都居宗，曰《大智度》，曰《中論》，曰《百論》，曰《十三門》，義海深而無涯，玄峰峻而無極。大有宗經舊推六部：《華嚴》、《深密》、《功德莊嚴》、《阿毗達磨》、《楞伽》、《厚嚴》，論則一本十支，羽翼六經。《瑜伽師地》是稱一本，《顯揚》、《莊嚴》、《集量》、《攝論》、《十地》、《分別瑜伽》、《觀所緣緣》、《二十唯識》、《辨中邊》、《集論》等，是謂十支。《五蘊》、《百法》等等，亦十支攝。《成唯識論》糅集十師。此論之作，雖云以上述六經十一論爲依據，（一本十支，名十一論。）但其組織可謂精嚴，觀厥旨歸，殊乖了義。斯固有宗之別派，抑乃釋氏之末流。然其規模恢擴，結構嚴整，要是一大學派。至於大經，有《涅槃》、《寶積》等等，尤堪玩味。論有肇公《物不遷》，乃此土傑作。因明譯籍，《入論大疏》以及《理門》，詳其法式，諸論可讀。應知佛學問津，因明攸始，未了因明，難治諸論。如《中論》等，純以形式邏輯憑空建立，因明未習，此何可通？又有聲明，呂君有略，釋辭毋滯，初學攸資。至於佛史，中土記載，材料雖多，尙待搜集。綜前所述，必讀而不可不讀諸佛書，已揭其目。若求了解，凝神靜慮，二三年功應可豁然；若言深造自得，則如朱子之於四書，終身由之而不能盡其蘊。此非朱子故示謙懷，體究道理，確爾如是。譬如《百法》開端一語曰：「一切法無我。」語其平易，則隨人理解，淺深廣狹，各有所會。語其幽遠，縱有智人，終身學問，畢竟於斯義趣領會無有窮盡。今人讀書，能速爲賢，遍翻三藏，自黔易事，輕心讀過，何殊未讀？讀書要在深心體玩，「深心」二字煞是難言。神凝氣聚，洞然無己。唯其無己，方乃己己。明鑑當空，無幽不燭。書冊所言，吾以虛明沉思其義，假彼眞是，吾必得其來歷；彼有謬誤，吾亦察其因由，其是其非，從不輕斷。由其是而深求之，而義理日出不窮矣；由其非而深求之，而義理亦日出不窮矣。彼淺嘗粗解、輕斷是非者，惡在其能析義窮理耶？夫學之難講，佛學爲尤。聰明之士，輒喜摭拾玄言，而不肯留心經論，求其實解。昔人如蘇軾之於禪，今人如章太炎之於法相，皆是也。愚鈍之人，莫名其妙而信仰，非不治經，非不習論，然其無知自封，混亂拉雜，不堪救藥。吾十餘年來教書經驗，深感青年頭腦，少有宜於治佛學者。憶十一二年間選課最多，及閱試卷，僅有某生文辭稍爲簡適，亦無當於題旨。自昔迄今，從未得一可與共學者。吾總覺教書之無趣，每對人言，爲吃飯故，方作是事。若不爾者，吾不教書。雖屬憤詞，亦是事實。大抵治佛書者，最低限度須具二種條件：一、必其抽象的作用高而強，二、必其分析的作用精而銳。佛學理境極高，先儒以窮大失居譏之，實則唯佛學能窮其大。談理到至大無外處，即其理無在而無不在，謂不可以定居求之固也，謂之失居便非。因其不可以定居求，故短於抽象作用者常若不可捉摸，而眩惑起矣。又凡玄學所表者，只是概念與概念之關係，而佛學尤爲玄學之極詣。故短於分析作用者，於各個概念間相互的關係，即義理分劑之不可淆混者，乃常不能明辨，而陷於混沌狀態矣。昔者屢與林宰平先生言，佛學所以超絕古今者，以其大處、深處令人鑽仰無從耳。西洋哲學隨科學之進步，經驗日富，根據日強，理論日精，其始乎徵實，而終乎遊玄，豈不極堪寶貴。然而徹萬化之大原，發人生之內蘊，高而莫究其極，深而不測其底，則未有如佛氏者也。世之言哲學者，孰不曰研窮宇宙人生諸大問題，然試究其所發明者，則於宇宙之體原，或恣為種種戲論，或復置而不求，其於人生之體察尤為膚淺。雖復極其理智之能事，於日常經驗的宇宙多所發明，而返諸吾人眞理的要求，則哲學家所紛紛其說者，實不足以饜吾人之望。宇宙果無眞理耶？人之生也固若是芒耶？自吾有知，恆困於無量無邊之疑問而不得一解，然吾終因佛學而漸啟一隙之明焉。汝誠有志於此，吾豈不思得一同調以寄餘之孤懷？然汝求學之心則誠矣，汝之聰明果宜於此學否？吾又不能遽斷也。吾更有須言者，子誠嗜佛學，則於未研小乘以前，且準備科學常識，而西洋哲學亦必有相當素養。縱厄於家境不能入學校，然關於科學常識來始不可以自力求之也。西洋哲學，訪購稍好之哲學大綱及哲學概論一類譯本，細心循玩。哲學所研究之對象為何？是否與科學同其範圍？其中之大問題有幾？古今哲人對於哲學上諸大問題之解釋總有幾派？哲學的方法究應如何？此皆必須經過甚深之苦心焦慮而不容疏略過去者。至於某一學派、某一名家之專著，坊間亦多譯本，無論好壞，總須購閱。「舜好問而好察邇言」，即令譯本甚壞，總有原著幾分意思，從而察之，詎不足比於邇言耶？觀汝前後來書，其於佛學，蓋亦篤於宗教方面之信仰而慨然繫念乎生死之故。信仰極可貴，但汝既有信仰，吾則不必與汝談信仰，卻須為汝進知識。汝且留意求知的方法，先立定無妄的基礎，而後可為大膽的玄想，將來深窮大乘經論，談空說有，一任縱橫，庶幾遠於謬迷矣。

又汝深信佛學，卻未知中國儒家哲學尤可貴也。往嘗與林宰平先生言，當今學哲學者，應兼備三方面：始於西洋哲學，實測之術，分析之方，正其基矣，但彼陷於知識窠臼，卜度境相，終不與眞理相應。是故次學印度佛學，剝落一切所知，蕩然無相，迥超意計，方是眞機，然眞非離俗，本即俗而見眞。大乘雖不捨眾生，以眾生未度故，而起大悲，回眞向俗，要其願力，畢竟主於度脫，吾故謂佛家人生態度別是一般，即究竟出世是也。故乃應學中國儒家哲學，形色即天性，日用皆是眞理之流行，此所謂居安資深，左右逢源，而眞理元不待外求，更不是知識所推測的境界。至矣盡矣！佛家大處、深處不能外是，其智之過，而求出離，以逆本體之流行，吾儒既免之矣。天可崩，地可裂，吾儒之道，「範圍天地之化而不過」，是無可崩裂者也。學哲學而不蘄至乎是，是安於小知間間，暴棄而無可救藥者也。吾又何言？陽明子所以言「知行合一」，其哀思人類也深哉！

吾年來極苦教書乏趣，而支生無術，只好覥顏其間。雖然，亦有一說。學無可講，固也。但存此科目，亦是告朔餼羊之意。又此學更非登講臺作演說式可以講得。吾欲商於主者，授之私室，倘得半個有心之士可與言談，即此理在天地間亦有所寄。而不相干之學子亦不願其與於斯課，是則吾近來教學之意也。人之所貴者誠也，一誠而天地以之立，萬事以之成，吾於子之信，而見子之遠於虛浮矣。伏暑無聊，不得看書，不得作想，濡毫伸紙，答子之信，感爾綢繆，觸吾誠悃，不覺道出心事如此之多。子其三思，反是不思，亦已焉哉。

答謝石麟

來問謂見〈答薛生書〉，頗有疑滯。今酬對如左。

一、伊川《易傳》頗詳士夫進退之節，足爲世人貪殘竟進之戒，固也，然試問貪殘者何由竟進，豈非賢士無道則隱，不合則去，乃讓此輩橫行耶？漢以後儒者，其言進退之義，大抵以個人立場，視君主與朝政昏明，而衡其進退之當否。至於個人不能離社會而獨存，必期改造社會，以適於共同生活，而不容昏亂勢力之存在者，此當有進無退，而後儒罕有能申此義者也。「同人」一卦明明不取個人主義，「革」、「鼎」二卦顯示唯眞革命而後有新創建。彼矜持小己，伺陰陽否泰之機運消長以爲進退者，其不足與於「革」、「鼎」明矣。易道廣大精微，後儒雖不無獨得，而能會通以盡其隱者誰歟？

二、疑吾讀佛書，或任己見。此乃妄臆其然。吾嘗言，凡讀書者，須有主觀方面之探獲，有客觀方面之探求。先言主觀。讀者胸中預有規模，有計畫，則任讀何書，隨在有足供吾之觸類而融通者；若無規模、無計畫而茫然讀古人書，讀一書即死守一書之文義，讀兩書即死守兩書之文義，是謂書蠹，何關學問？次論客觀。某一學派之大著，必自有其獨到之精神，必自有其獨立之系統。讀者既有主觀之採獲，遂謂得彼之眞，窺彼之全也，於是必以主蔽客也。故必屛除一己所獨類融通者，而對彼之宏綱眾目，爲純客觀之探求，方見吾與彼之異，及吾與彼並其他諸家之異，益徵理道無窮，宇宙無量，而免入混亂或管窺也誚矣。吾任讀何書，只是如此。

三、《中論》含義，廣遠無邊，幽隱無盡，所謂「冒天下之道，如是而已者也」。須將外宗見解及佛家整個意思，完全了了於胸中，讀去才有領悟。不然，只感覺空洞一無所有。（「空洞」與「空脱」二詞，意義全殊。空脱者，《易》之所謂「妙萬物而為言者也」。）今日治哲學的人，如有超出眼光，能理會《中論》玄旨於文言之外，必另有一般樂趣。宋人詞云：「眾裡尋他千百度，回頭驀見那人正在燈火闌珊處。」此言雖近，可以喻遠。

四、世親護法唯識，所以爲有宗別派，釋氏末流者。此派學說，實多從數論勝論脫胎而出，吾於《破破論》中已略明之。如賴耶中種與現行互爲緣起之說。種子即由數論自性、勝論極微，兩相比較而立。勝數二宗並許有我，賴耶即變相之神我論，此其脈絡相通，歷然可辨者也。基師《述記》敘勝數二宗特詳，蓋隱索其源云。佛家初說賴耶，不過表明習氣沉隱而爲一團潛勢，實爲晚近心理學家言潛意識者導其先河。此就心理學之觀點而言，極有價值，但自世親迄護法一派，乃將賴耶說爲神我，遂爲其宇宙論上所建立之根本依。（舊説賴耶名根本依，以宇宙依賴耶及彼所藏種子而現起故。）此如何不是別派？如何不是末流？至其爲繁瑣而無據之分析，亦吾所不取。

五、來書舉章太炎先生與吳生論宋明道學書數端。一云：「陽明所謂良知者，以為知是知非也，此即自證分。八識皆有自證。知是知非，則意識之自證分也。」此說甚謬。舊唯識師四分義，其無當於理，吾已於《新論》及《破破論》略明之，此姑不辨。彼所謂四分者，就眼識言，色即相分；了色之了，即見分；相見二分所依之體，即自證分；此能證知自見分故，名自證；依自證體上而別起用，是能證知自證者，名證自證分。眼識如是，耳識乃至第八賴耶，亦各各有四分云。至其所謂四分者，又有內緣外緣之不同。見分緣外，不緣內心。自證緣見，見即內心；證自證與自證二分互相緣，此皆內緣自心，不緣外相。又就意識言，見分緣相，容通三量；自證緣見，及與第四互緣，唯是現量，不起籌度分別，義見論疏，非吾臆說。今章氏乃指良知為自證分，則是良知不得外緣。吾人於應接事物時，對於是非之分辨作用，應只是見分，決定不是自證分。易言之，即應不是良知。何以故？良知即自證分，是乃內緣見及第四，不得外緣事物故。又唯是現量無有籌度分別故。如何說它知是知非？章氏既不解四分，又不了何謂良知，是眞章實齋所謂「橫通」者。

二云：「羅達夫稱，當極靜時，覺吾此心，中虛無物，旁通無窮云云，此亦窺見藏識之明徵。其所謂生宰即流行，流行即主宰者，王學諸儒，大抵稱之。而流行即恆轉如暴流。主宰即人我法我。其執為生生之幾者，亦是物也」等語。此一段話，章氏平生筆語蓋亦屢見。章氏根本迷謬在此，殆無望其能悟，但後生不可為其所惑耳。賴耶恆轉如暴流，只是習氣流轉，以此擬之吾儒所謂流行，其過不止認賊作子，其罪實當墮入泥犁。儒者所謂流行，是生生不息眞機，若視此爲賴耶染法，而爲應斷且可斷者，則墮斷見與空觀。〈繫傳〉蓋云，《易》不可見，乾坤幾乎熄。聖人之憂愚妄可謂切矣！至云主宰即人我法我，就有漏妄執一方面言，執之異名爲我，我即主宰義，章氏之說，固亦有當。然佛家破我後，復成立有我，義在《涅槃》，章氏豈未讀耶？《涅槃》所說之我，是何義趣？豈可與二執之我混作一談耶？儒家於流行中識主宰，即於流行之健而有則處見主宰義。運而不息者其健也，遍爲萬物實體而物各如其所如者，乃見其有則而不可亂也。驗之吾心，流行不息，應感萬端，而莫不當理，無有狂惑者，即此識得主宰，非別有物爲之主宰也。此乃廓然無執，而後識主宰，云何以彼之所謂執而擬此之所謂主宰耶？即主宰即流行，即流行即主宰，此爲無上甚深了義，須深玩《大易》而實體之於心。（老莊為《周易》之別派，亦多可參玩者，吾當別論。）做過苦參實踐工夫，方有幾分相應，此非猜度所及也。佛家《涅槃》談主宰而不說即主宰即流行，西洋哲學亦有談流行而不悟即流行即主宰。通變易（流行。）與不易（主宰。）而一之者，是乃吾先哲之極詣。此固非章氏境界，而實余之所欲無言者也。《新唯識論》一書在今日尚不堪覆瓿，固其宜耳。

三云：「意有意識意根之異。諸儒未能辨也。獨王一庵知意非心之所發。自心虛靈之中確然有主者，名之曰意，此爲知意根矣。而保此意根，即是不捨我見，此一庵所未喻也。」章氏此段話，直是無可救藥。大乘意根即第七末那識，此其所由建立，固自成系統。其根本主張則八識爲各各獨立之體，以各從自稱生故。第七恆執第八見分為我，是謂染汙。王一庵不曾分析此心為七個八個也，其所謂意與心之名，乃依義理分劑，而多為之名耳。實則心意非有二體也，於心之有主宰義，而別立意名。主宰於何見？吾常令學者玩顏子四勿，曰「非禮勿視，非禮勿聽，非禮勿言，非禮勿動」。就在此四勿上識主宰也。依此主宰義，而名之為意，是一庵眞實見地，而章氏奈何以染汙末那擬之耶？此而不辨，則是斷絕性種，不止瞎卻天下人眼目，自餘無一字不妄，以無關宏旨，可置勿論。

佛學，頭腦不宜者，勿習為佳。今日少年，稍涉佛書，名相既多，固足供其獵取，言無固宜。而不知抉擇者，則適增其混亂。夫學子用思，窒塞不通者，無傷也。一涉混亂，便誤終身，其可不戒歟！

與賴振聲

佛書中「法」字底意義，本略當於中文「事物」字義。（「略」字注意。）如瓶等名法，即人造器具名法也；色聲等亦名法，即一切物質現象通名法也。心亦名法，即一切精神現象名法也；推之一切爲思維中之所構畫，不論爲實義，爲虛名，（如龜毛兔角等者，但有虛名，《大論》亦說名假法。）但爲心上所現相，而皆可得法之名。即言有無之無，亦名無法，乃至宇宙實際（亦云本體。）亦得法名，所謂無爲法是也。「法」字意義，在思維方面，總是表示好似有個物事的，（這個意義僅據在思維方面說，才普遍適用於一切「法」字。若必就「法」字所指目者而言，則除色聲等實境而外，大都在事實上卻不曾如有個物事的那樣存在著。）故「法」之一詞，是至大無外之公名。然復當知上來所說，是就「法」字底一般通用之意必而言，此本不含勝義，而亦不含劣義。至於諸經論中所說破我法二執之「法」字，便含有劣義，與在一般通用底情形意下其意義截然不同。此等處極須辨別，稍一含混，雖讀破三藏，或高談佛法，其實於佛家道理絕無絲毫入處。夫法執之「法」字，亦是表示有個物事的意義，然於此獨謂其含劣義者，則以「法」之一詞，在一般通用底情形之下，雖以之指目實境（如色聲等。）與實義，（如諸所作性者，皆是無常，是實有此義也。）或思維中之所構畫，但因思想與言說方便假施設故，（此語吃緊。）故無有過。若乃法執之「法」字，此則特就凡夫情識計度而言。凡夫情計，（情識計度，省云情計。）總是於一切心行處，都隱然看作有個物事的，（心行者，心之所遊履曰行。）而且其意義甚是呆板，甚是固定，不獨執著現前境界如瓶等者是如此，即其推求事物底共相時，他亦本其執著現前境界底迷謬觀念，以推諸一切。而無往不是妄執凝然。他底思維如此執滯，將以推度眞理，哪得與眞理相應？直似春蠶作繭，重固自縛，無所解脫。故所謂法執底「法」字，乃是含有此種意義。世尊十二部經何止千言萬語，其要只是破法執。我執也是從法執中別出來說，此意當別談。

寫此已竟。有問：如來說法之「法」字何解者？答曰：如來爲諸愚夫不了一切法相、法性而起妄執故，故假言說，令於諸法性相，如其實義而了知之，除迷妄計。是名說法。故此「法」字，即指一切法相義理乃至諸法實性，即無上了義而言之也。

附志：法相即謂色心諸行，略當俗云宇宙萬象；法性者猶云萬物實體。

上來釋「法」字義，乃融會佛家底大意而談。若必引據故訓，則應以軌持二義訓釋「法」字。論云：法謂軌持是也。何謂軌持？疏云：軌謂軌範，可生物解；持謂任持，不捨自性。此二句殊費解。今釋上句云：軌範者，略當於法則底意義，可生物解之物，即人之異語。蓋法之為言，即明其所目事物之本身，具有一種軌範，可以令人對之而起解也。如名白色以法，即此色法具有可變壞性底種種軌範，才令人對彼生起如是色法之解。上句之義略如此。復釋次句。性者，體之異詞。自性猶云自體。「任持」二字底意義，在讀者潛玩，似不好再下訓釋，若必強為訓釋，任是保任，持是持守。誰保任之？只是它自己保任著；誰持守之？只是它自己持守著。不捨猶言不失。蓋凡言法者，即明其本身是能自任持，而不至捨失其自體也。如前舉白色是一種法也，此白色必能任持其白色自體而不捨失，方名白色；設若不能任持，則於彼（白色。）才作白色解，而彼同時卻已捨其自性而忽為紅為綠。如此，即白色完全是不可捉摸的東西。易言之，只是沒有物事了，還說甚白色？故持之一義最要緊。綜合軌持二義，即名為法。中文「物」字略含持義，前所謂有個物事的云者，即略通於持義也。中文「物」字亦是至大無外之公名，不論有形無形，皆得以物名之。王靜庵文集中似有一文，（不憶是《釋理》否。）謂玄學中表示本體之詞，「物」字不合用，只好用個「有」字。其辭吾不能全憶，而意似如此。靜庵此說殊未安。如《中庸》云：「其為物不貳，則其生物不測。」此中「物」字斷無有作經驗界底物事去解者；又如《老子》云「道之為物」。此「物」字乃是道之狀詞，稍有智者斷不因此將道作呆板東西解去，孰謂「物」字不合用為表示本體之詞耶？中文「物」字底用法最普遍，佛書中「法」字的用法亦最普遍。若乃以「有」字用為表示本體之詞，在佛家亦說眞如名實有，然唯大乘先說空而後顯有，（此處吃緊。）故爲善巧，放爲誠諦。西洋哲家之所謂有者，吾惡知其所有之非妄執耶？張申府教授讀《中論》，美其空脫。吾函之曰，見到空脫了，須見實際始得。渠甚然之。此說當與上言空有者參看。（不悟空脫。難言實際。）

軌持說竟。一生發問：「所言法者即軌持義，如此則色聲等等固可名之以法，以皆具軌持義故。心識亦可名之以法，一念心生，亦有無形之形，不妨謂其有任持自體義。心的現象亦自具有軌範，即軌義得成，所以心識可說名法。至於吾人一切思維中底東西，如空華，如龜毛，如兔角，如上帝，如神我等等者，云何亦得名法耶？」余曰：善哉問也。子思維中構畫一個物事，（不妨說為一個概念。）雖非如外色等有實物，（色境本無所謂外，姑隨俗假說名外。）然在汝思維上卻是有個物事的了。此事汝自當承認。今隨舉龜毛爲例。汝口說龜毛時，即汝心中已起了一個龜毛之想，然汝於作龜毛想時，分明是龜毛相，不是鱉毛相，豈非龜毛相上具有任持自體義耶？又豈非兼具有軌範義耶？故龜毛等亦名假法，論說爲無體假故。（思維上底龜毛相，本無自體，故謂之無體假法。）推之有無、一多、因果、遷流等等範疇，在《大論》及《百法論》中並名分位假法。凡此一一假法，亦皆具軌持義。若不爾者，如汝作無想時，分明此是無，不是有，即此無，具有任持自體義，亦兼具有軌範義，故無亦名法也。餘準可知。

「法」字訓釋如上，殊嫌煩瑣，然爲使人了解起見，欲簡之而不得也。吾每遇人問「法」字何解，有時簡答，則彼且滯於一隅；有時詳答，則彼又眩惑而不知分析，更不知綜會。在私室晤對多遇此等，在學校講授尤感此困。今日學子之頭腦，不知何故如是窒礙，此番又因諸生問及，因與詳說，且懼其遺忘，隨筆如上。吾見許多高談佛法者，於佛書中「法」字多未曾解，即有賢者亦不免模糊。大抵隨文讀去，如見色法字句，便模糊還它一個色法，乃至見無爲法字句，便模糊還它一個無爲法，正如中文作文，只是習慣用法，初不能言其文法之何以如此也。

附志：吾講「法」字時，每遇人因軌範義，遂誤會此「法」字為指萬有通具之法則而言，此則差錯太遠，令人氣憤。論云「法謂軌持」，明明以軌持二義作此「法」字底訓釋。易言之，只以軌持義來訓詁這個「法」字，何曾談到萬有底法則上去？

答沈生

中國的哲學不似西哲注重解析。此個問題甚難置答。據我推測，大概中國人生在世界上最廣漠清幽的大陸地方，他底頭腦深印入了那廣漠清幽的自然，他底神悟直下透澈了自然的底蘊而消釋了他底小我。易言之，他底生命與自然爲一。儒家「與天地合其德，與日月合其明」，老子底「返樸」，莊子底「逍遙遊」。這些話都是表示他大澈悟大自在的眞實境界。因此他不願意過計算的生活，不肯把本來渾全的宇宙無端加以解析，不肯把他本來渾一的生命無端分作物我，別了內外。他見到分析是因實際生活方面而起的一種支離破碎的辦法。他並不是故意反知，卻是超出知識猜度的範圍而握住了眞理。因此，應該說他是超知識的。我總覺得哲學應該別於科學，有他獨立的精神和面目。科學也爲學，是知識的；哲學之爲學，是超知識的。《白虎通》說：「學者覺義。」覺者，自明自見自證，這是爲哲學的「學」字下個確切的訓釋。哲學和科學底出發點與其對象及領域和方法等等根本不同。哲學是超越利害的計較的，故其出發點不同科學。他所窮究的是宇宙的眞理，不是對於部分的研究，故其對象不同科學；他底領域根本從本體論出發而無所不包通，故其領域不同科學；他底工具全仗著他底明智與神悟及所謂涵養等等工夫，故其方法不同科學。一般人都拿科學的眼光來看哲學，所以無法了解哲學，尤其對於東方的哲學更可以不承認他是哲學。因爲他根本不懂得哲學是什麼，如何肯承認東方底哲學。我覺得在今人底眼光裡，好似東方硬沒有學問。本來哲學上的道理，能見到的人便見得這道理是無在無不在，不能見到的人也就沒有什麼。先哲說得好：「百姓日用而不知。」可惜這句話底義味少人領得。

所謂超知識的也者，本無神祕，亦非怪迂。知識所以度物。而理之極至，不屬於部分，乃萬化所資始，則不可以物推度，唯反其在己，自識本來。情蔽祛，則物我之障都除，識想亡，則內外之執頓盡。（識想，謂虛妄分別。內外之界，起於分別故。）一眞無待，當下炯然，瞞昧不得，起想便乖，此非知識所行境界，何消說得？向秀云知生於失當。徇物故有知，可不謂之失當乎？（人生役於實際生活，不得不徇物，而知於此起焉，然至徇物而性命虧矣。）

又哲學與美學及宗教不同者，美學是由情感的鑑賞而融入小己於大自然，此興趣所至，畢不自識本來面目。宗教是由情感的虔信而皈依宇宙的眞宰。（這個真宰完全是他底意想所妄構。）哲學則是由明智，即最高的理性作用，對於眞理的證解，實則這種理性的證解就是眞理自身的呈露，故無能所可分，故離意想猜度，故眞理不是妄構的境界。

與賴生

子篤實人也。忠信可以習禮，篤實可以爲學，盡力所至，莫問收穫，只問耕耘。著書是不得已，如蠶吐絲，如蜂釀蜜，非有所爲而爲之也。陳白沙詩云：「莫笑老傭無著述，眞儒不是鄭康成。」得此見地，方許通過要津。

與燕大明

朱九江先生涵養深厚，德性純懿，潛不遺世，清不絕物，眞醇儒也。生平著述多未卒業，臨沒悉取焚之。康有爲雖嘗稱其師，顧其智實不足以窺師門之蘊也。吾頃讀九江書牘，想見其胸懷潔淨，意思深遠。

與余生

魏晉以後，道家思想漸失其獨立性。蓋窮玄之徒，若果於孤往，則一涉道家，必以為未足，而之於佛矣；若窮玄而不肯遺世者，則一涉道家，必以為未足，而歸於儒矣。儒者自有窮神知化與窮理盡性至命之學，道家又不及也。宋以後之儒與釋莫不兼攝道家，但不能以道家名之。

答王維誠

昨燈下得來函，不便展閱。頃方開函。《老子》書作者，古鮮確徵。然吾意即《莊子．天下篇》所稱之老聃也。詳此篇以老子與關尹同爲古之博大眞人，其師承在此可見。後人以老莊同列道家，自是定案。來函舉嵇中散《卜疑》，以老聃清淨，守玄抱一，莊周齊物變化，洞達放逸，明老莊不同。其說老尙合，其說莊則甚未妥。順變化者存乎守玄，不得其玄，何能知變？物萬不齊，任之而皆齊者，唯得一故。不貞於一，物云何齊？老子云：「天得一以清，地得一以寧，神得一以靈，穀得一以盈，萬物得一以生，侯王得一以爲天下貞。」夫天也、地也、神也、穀也、萬物也、侯王也，物之至不齊也，乃其以清、以寧、以靈、以盈、以貞者，同於得一，則不齊而齊矣。莊周〈齊物論〉從是出也。故乃「舉莛與楹，厲與西施，恢詭譎怪，道通爲一」。若使無見於一，而徒曰彼此之別、是非之競，縱而任之，不齊斯齊，此成何義？夫《老子》言天地萬物皆得一以清以寧乃至以貞者，即凡物各各皆得此一以成。然任物之各成乎清、寧、靈、盈、生、貞等等者，要莫不皆一焉。故莊子本之，以泯小大之見，息封畛之患，玄同彼我，雙遣是非，而休乎天鈞。天鈞者，一之謂也；一也者，非混同一一物以作一，乃即於一一物而皆見一，於屎見一，於尿見一，而香臭之情捨，故曰「道在屎尿」，否則其能謂屎尿爲非屎尿乎？於泰山見一，於秋毫見一，而巨細之見亡，故曰「泰山非大，秋毫非小」，否則其能謂秋毫與泰山等量乎？理窮其至，現前皆一理平鋪，事究其眞，萬有是一眞顯現，未有不能守一而可言齊物者。莊生其遠矣，不達於一，猥言不齊故齊。清談家無知之膚詞，而章太炎猶拾之。其獨吾子能勿妄信耶？總之，老子開宗，直下顯體，莊子得老氏之旨而衍之，便從用上形容。《老》、《莊》二書合而觀之，始盡其妙，師資相承，源流不二，嵇中散何能窺二氏底蘊？其所說，特文人揣摩形似之詞耳。老氏致虛守靜，其言體但寡欲以返眞，所謂「爲道日損」，損只是寡欲，寡得盡，眞體便顯，其旨如此。儒家主張成能，（詳《易・繫傳》。）盡人之能，以實現其所固有之天眞，欲皆理而人即天也，此老氏所不喻也。老氏談體，遺卻人能而言，故莊周言用，亦只形容個虛莽曠蕩，全沒有理會得天行健的意義，（儒道見地根本異處在此，然此中意義深微，昔儒罕見及此。）所以儒家說他不知人。其實莊子錯處都從老子來，皆不免滯虛之病。然老子清淨，及其流，則以機用世；莊周逍遙，及其流，則入頹放一路。二氏影響又自不同。學老子之清淨而無其眞知實踐，其深沉可以趨機智；學莊周之逍遙而無其眞知實踐，其不敬，必歸於頹放。魏晉玄家皆學莊子而失之者也。莊子言治術，本之《春秋》太平義，而亦深合老氏無爲之旨，蓋主自由，尚平等，任物各自適，而歸於無政府。來問疑其與老氏有異，非是。

答謝石麟

函來多日，欲復屢止，意興總不佳故也。哲學上之宇宙論、人生論、知識論，在西洋雖如此區分，而在中國哲學似不合斠畫太死。吾心之本體即是天地萬物之本體，宇宙、人生，寧可析爲二片以求之耶？致知之極，以反求默識爲歸，斯與西洋知識論，又不可同年而語矣。總之，中土哲人，其操術皆善反，（孔子言反求與默識，孟子言「萬物皆備於我」，則以反身而誠得之。張子曰「善反則天地之性存焉」。莊子云「自明自見」亦此旨也。）其證解極圓融。（即物即心，即外即內，即動即靜，即器即道，即俗即真，即多即一，即現象即實體。）西洋則難免莊子所謂「小知間間」，不睹天地之純全。（間間，分析貌。）然西洋所以發展科學，其長亦在此。吾子新年仍能留平習學否？生事不至窘迫無可耐否？吾今年畏冷特甚，血氣遂衰，病軀仍是弱不勝衣，此極令人無生趣也。振聲想聚處如故。爲學當深心體玩道理，不可徒任膚泛見聞。佛典難通，寧可暫置，若妄從人授，爲害實多。

戒諸生

中國學人有一至不良的習慣，對於學術根本沒有抉擇一己所願學的東西，因之於其所學無有不顧天不顧地而埋頭苦幹的精神，亦無有百甘受世間冷落寂寞而沛然自足於中的生趣。如此而欲其於學術有所創闢，此比孟子所謂「緣木求魚」及「挾泰山超北海」之類，殆尤難之又難。吾國學人總好追逐風氣，一時之所尙，則群起而趨其途，如海上逐臭之夫，莫名所以。曾無一剎那風氣或變，而逐臭者復如故。此等逐臭之習，有兩大病：一、各人無牢固與永久不改之業，遇事無從深入，徒養成浮動性。二、大家共趨於世所矜尙之一途，則其餘千途萬轍，一切廢棄，無人過問。此二大病都是中國學人死症。吾且略舉事例。遠者姑置勿論，前清考據之風盛，則聰明才俊之士，群附漢學之幟，而宋明義理之學則鄙棄不遺餘力。民國洪憲之變以後，時而文學特盛，則青年非爲新文學家不足自慰。時而哲學特盛，則又非哲學不足自寵。時而科學化之呼聲過高，則青年考大學者，必以投理工棄文哲爲其重實學去浮虛之最高表示。實則文學、哲學、科學，都是天地間不可缺的學問，都是人生所必需的學問。這些學問，價值同等，無貴無賤。我若自信天才與興趣宜於文學，則雖舉世所不尙，吾孤往而深入焉，南面之樂不以易也。乃至自信我之天才與興趣宜於哲學或科學，則雖舉世所不尙，吾孤往而深入焉，南面之樂無以易也。如此則於其所學必專精而有神奇出焉。試問今之學子，其習業果非逐臭而出於眞正自擇者有幾乎？又試就哲學言，西洋諸名家思想經紹介入中國者，如斯賓塞，如穆勒，如赫胥黎，如達爾文，如叔本華，如尼采，如柏格森，如杜威，如羅素，以及其他都有譯述，不爲不多，然諸家底思想不獨在中國無絲毫影響，且發生許多駁雜、混亂、膚淺種種毛病，不可抓疏。此何以故？則因諸家之學，雖經譯述其鱗爪，或且移陳其大旨，然當其初入，如由一二有力者倡之，則大家以逐臭之態度而趨附，曾未幾時，倡者已冷淡，而逐者更不知有此事。夫名家顯學既成爲一派思潮，則同情其主張而移譯之者，必有繼續深研之努力，方得根據其思想而發揮光大，成爲己物。今倡之者，既出於率爾吹噓；逐之者，更由莫名其妙之隨聲附和。若此，則諸哲學家之精神如何得入中國耶？夫學者之於理道也，不恬淡，則胸懷不得沖曠，而與理道絕緣矣；不寂寞，則神智不得無擾，而與理道絕緣矣；不專一，則思慮不得深沉，而與理道絕緣矣；不恆久，則考索不得周遍，而與理道絕緣矣。逐臭者，趨時尙，苟圖媚世，何堪恬淡？隨眾勢流轉，僥幸時名，何堪寂寞？逐臭之心，飄如飛蓬，何能專一？自無抉擇之智，唯與俗推移，無所自持，何能恆久？故一國之學子，逐臭習深者，其國無學，其民族衰亡徵象已著也。中國人喜逐臭而不肯竭其才以實事求是；喜逐臭而不肯竭其才以分途並進；喜逐臭而不肯竭其才以人棄我取。此甚可憂！

與張東蓀

北大轉到惠書並大著《認識論》一冊，縱主張與我不同，而在我自有了解之必要。平生服膺《大易》「天下殊途而同歸」、「一致而百慮」兩語，謂治哲學者不可無此理趣。賤體病虧日久，貧患加侵，居常鎮日不能事事，宰平蓋稍悉此情。自前冬即欲閱書數種，再作《新論》未完部分。荏苒迄今，竟未知何日可能著手，草玄之願徒懸，自強之氣似餒，幼安危坐，猶因事導人；船山孤往，有著書遺後。吾當衰世，云何自靖？念此泫然，仰屋嗟語，公其有以教我耶？哲學年會亦自難言。若行數十篤志好學人，以時嘉集，各抒心得，振起玄風，本屬盛舉。如其悠悠浮士，招以虛聲，聚如鄒魯之哄，散便各不相謀，此復成何事體？弟刻住漱溟宅，還須覓寓。俟覓定，當以奉聞。

答張東蓀

弟以病軀，常有神傷不敢窺時報之感，故未閱《晨報》。昨聞人言，兄有一文，題曰「中西哲學合作的問題」，登在《北平晨報》思辨欄，係對弟前登天津《大公報》之文而發者。弟固索喜聞吾兄之言論，因覓取一讀。關於「合作」一詞，弟前文中尚未用及，只有如下數語。愚意欲新哲學產生，必須治本國哲學與治西洋哲學者共同努力，彼此熱誠謙虛，各盡所長；互相觀摩，毋相攻伐；互相尊重，毋相輕鄙，務期各盡所長，然後有新哲學產生之望云云。

兄或即由此段文字而判爲主張合作，實則與尊意所謂中西分治元是一致也。分治之說，自社會言之，卻是完成合作。如造針廠然，鍛鐵乃至穿鼻等等，人各分工而治，恰恰以此完成合作之利。但就個人治哲學而言之，是否應當中西兼治？弟頗因尊論而願有所言。常以爲如有人焉，能盡其誠，以兼治中西之學，而深造自得以全備於我，則眞人生一大快事，更有何種理由能言此事之不應當耶？如兄引《荀子》書云：「君子之學也，入乎耳，著乎心，布乎四體，形乎動靜。端而言，蠕而動，一可以爲法則。小人之學也，入乎耳，出乎口，口耳之間則四寸耳，曷足以美七尺之軀哉！古之學者爲己，今之學者爲人。君子之學也，以美其身；小人之學也，以爲禽犢。」

此段話確足代表東方各派哲學底一致的根本的精神。中國儒道諸家如是，印度佛家亦如之。（佛家經典，形容佛身一毛一毫端放大光明，表示宇宙底清淨就在他身上實現著。易言之，他就是真理顯現。所以他説真如一名法身，不是當作所知的外在境界。）特各家所造自有淺深，此姑不論。然此等實踐的精神，即把眞理由實踐得到證明，人只要不妄自菲薄，志願向上，則從事此等學問，用一分力，有一分效；用兩分力，有兩分效。誰謂治西洋哲學者對中國哲學便當捨棄不容兼治耶？

尊論云：「中國人求學的動機是求善而不是求眞；西方人底求知，志在發掘宇宙的祕密，便和開礦一樣，其所得是在外的，與得者自身不必有何關係。所以西方能成功科學。這個態度是以求知道實在爲目標，不是當作一個價値來看。總之，西方人所求底是知識，而東方人所求的是修養。換言之，即西方人把學問當作知識，而東方人把學問當作修養，這是一個很可注意的異點。」此段話是眞見到中西文化和哲學根本不同處，非精思遠識如吾兄者，何能道及此？但吾兄必謂中西可以分治而不堪融合，則愚見適得其反。吾儕若於中國學問痛下一番工夫，方見得修養元不必屛除知識，知識亦並不離開修養，此處頗有千言萬語，當別爲詳說。唯於兄所謂西學求眞、中學求善之旨，是以眞善分說，弟不必同意。兄云：「西人態度以求知道實在爲目標」，則所謂眞者，即實在之異語，然「實在」之一詞，或「眞」之一詞，似宜分別其用於何等領域之內，方好判定其含義。而西洋哲學家眞善分說之當否，亦將視「眞」字之意義爲何，然後可論。

弟意哲學（實只玄學。）所求之眞或實在，與科學所求之眞或實在本不爲同物。科學所求者，即日常經驗的宇宙或現象界之眞。易言之，即一切事物相互間之法則。如凡物皆下墜，凡人皆有生必有死，地球繞日而轉。此等法則即事物之眞，即現象界的實在，科學所求之眞即此。但此所謂眞，只對吾人分辨事物底知識的錯誤而言。發見事物間必然的或概然的法則，即得事物底眞相，沒有以己意造作，變亂事物底眞相，即沒有錯誤，故謂之眞。是所謂眞底意義，本無所謂善不善。此眞既不含有善的意義，故可與善分別而說。西洋人自始即走科學的路向，其眞善分說在科學之觀點上固無可議。然在哲學之觀點上亦如之，則有如佛家所斥爲非了義者，此不可不辨也。哲學所求之眞，乃即日常經驗的宇宙所以形成的原理或實相之眞。（實相猶言實體。）此所謂眞是絕待的，是無垢的，是從本已來自性清淨，故即眞即善。儒者或言誠，誠即眞善雙彰之詞。或但言善（孟子專言性善。）而眞在其中矣。絕對的眞實故，無有不善；絕對的純善故，無有不眞。眞善如何分得開？眞正見到宇宙人生底實相的哲學家，必不同科學家一般見地把眞和善分作兩片說去。吾兄謂中人求善而不求眞，弟甚有所未安，故敢附諍友之末，略爲辨析。總之，中國人在哲學上是眞能證見實相，所以他總在人倫日用間致力，即由實踐以得到眞理的實現。如此則理性、知能、眞理、實相、生命，直是同一物事而異其名，（此中「理性」、「知能」二詞與時俗所用不必同義，蓋指固有底而又經過修養的之明智而言。）中人在這方面有特別成功，因此卻偏留神踐履之間，如吾兄所謂本身底修養，便不能發展科學。吾前言修養元不必忽視知識，須知不必云云，則已不免有忽視知識的趨勢。周子曰：「天下勢而已矣。」勢，輕重也。富哉斯言！古今幾人深會得？凡事勢流極，至於天地懸殊者，其肇端只在稍輕稍重之間，非析理至嚴者莫之察也。《易》云：「差之毫釐，謬以千里。」有味哉斯言也！羅素常說，喜馬拉雅山頭一點雨，稍偏西一點，便落入印度洋去；稍偏東一點，便落入太平洋去。中人學問，起初只是因注重修養，把知識看得稍輕，結果便似屏除知識，而沒有科學了。西人學問，起初只因注重知識，所以一直去探求外界的事物之理。他也非是絕不知道本身的修養，只因對於外物的實測工夫特別著重，遂不知不覺的以此種態度與方法用之於哲學，他遂不能證得實相，而陷於盲人摸象的戲論。因此，他底修養只是在日常生活間，即人與人相與之際，有其妥當的法則，此正孟子所識爲外鑠，告子義外之旨即此。後儒所謂行不著、習不察，亦謂此等。中人底修養是從其自本自根，自明自了，灼然天理流行，即實相顯現。而五常百行，一切皆是眞實，散殊的即是本原的，日用的即是眞常的。如此，則所謂人與人相與之際，有其妥當的法則者，這個法則底本身元是眞眞實實，淪洽於事物之間的，可以說事物就是由他形成的，若反把他看作是從人與人底關聯中構成的，那法則便是一種空虛的形式。這等義外之論是不應眞理的。所以言修養者如果不證實相，其修養工夫終是外鑠。所以站在東方哲學底立場，可以說西人的修養工夫還夠不上說修養，只是用科學的知識來支配他底生活，以由外鑠故。或謂康德一流人，其言道德似亦不是外鑠的，可謂同於東方哲人的修養否？此則不敢輕斷。然康德在談道德方面亦承認神的存在，此爲沿襲宗教思想，且與科學計度外界同其思路，斯與東方哲學復不相類。總之，西人學問縱不無少數比較接近東方者，然從大體說來，西人畢竟偏於知識的路向，而距東方哲人所謂修養，不啻萬里矣。有謂吾兄以修養專屬中人爲不必當者，是乃粗疏之見也。如上所說，可見中西學問不同，只是一方在知識上偏著重一點，就成功了科學；一方在修養上偏著重一點，就成功了哲學。中人得其渾全，故修之於身而萬物備。眞理元無內外。西人長於分析，故承認有外界，即理在外物，而窮理必用純客觀的方法。中西學問不同，舉要言之，亦不過如此。弟數十年來感於國人新舊之爭，常苦心探索其異處，常聞明季哲人方密之遺書謂中學長於通幾，西學長於質測；通幾由修養而得，質測乃知識所事。其與吾儕今日之論猶一轍也。弟唯見到中西之異，因主張觀其會通而不容偏廢。唯自海通以來，中國受西洋勢力的震撼，中學精意隨其末流之弊，以俱被摧殘，如蒜精之美，不幸隨其臭氣而爲人所唾棄。因是惶懼，而殫精竭力以從事於東方哲學之發揮。《新唯識論》所由作也。是書今人蓋鮮能解者。吾兄一向用功，亦不同此路數，或不必同情此書。弟因觸及素懷，便及此事，要不欲多所旁論。竊以爲哲學與科學，知識的與非知識的。（即修養的。）宜各畫範圍，分其種類，辨其性質，別其方法。吾儕治西洋科學和哲學，儘管用科學的方法，如質測乃至解析等等。（西洋哲學從大體說來，是與科學同一路子的，雖亦有反知的哲學，較以東方，仍自不類。）治中國哲學必須用修養的方法，如誠敬乃至思維等等。（孔孟恆言敬、言誠。程子〈識仁篇〉云「以誠敬存之」。朱於所謂「涵養」，即誠敬也。孔孟並言思，孟云「不思即蔽於物」，甚精，孔云「思不出其位」者，此猶佛家所謂思現觀。不流於虛妄分別，不涉戲論，是謂思現觀，是謂「思不出其位」。宋以後儒者言修養，大抵雜禪定，而思維之功較疏，宜反諸孔孟。）「道並行而不相悖」，正謂此也。修養以立其本，則聞見之知壹皆德性之發用。而知識自非修養以外之事，智周萬物，即物我通爲一體，不於物以爲外誘而絕之，亦不於物以爲外慕而逐之也。孔孟之精粹，乃在是耳。孔孟主修養而未始反知也。當此中西衝突之際，吾儕固有良好模型，又何必一切唾棄之哉？

尊論有云：「若以西方求知識的態度來治中國學問，必定對於中國學問覺得其中甚空虛，因而看得不値一錢。」此數語，恰足表示今人對於中學的感想。老子絕學無憂之嘆，殆逆料今日事矣！憶弟年事未乃冠，似已得一部《格致啟蒙》，讀之狂喜。後更啟革命思潮，六經諸子，視之皆土苴也，睹前儒疏記，且擲地而詈。及長而涉歷較廣，綜事比物，自審浮妄，轉而讀吾古書，曠觀群學，始自悔從前罪戾，而不知所以贖之也。中國學者，其所述作，不尚邏輯，本無系統。即以晚周言之，《論語》、《老子》皆語錄體，《莊子》書則以文學作品發表哲學思想，《易》之〈十翼〉特爲後儒傳疏導先路，即法家墨家故籍稍存者，條理稍整，亦不得稱爲系統的著作。故有志中學者，恆苦古書難讀，非徒名物訓詁之難而已。其文無統紀，單辭奧義，紛然雜陳，學者只有暗中摸索，如何不難？此其難之在工具方面者也。至於儒道諸家所發明者，厥在宇宙眞理，初非限於某一部分底現象之理。這個道理，「範圍天地之化而不過，曲成萬物而不遺」，

〈繫傳〉形容得好。「語大，天下莫能載焉；語小，天下莫能破焉」，《中庸》形容得好。故高之極於窮神知化而無窮無盡，近之即愚夫愚婦與知與能。至哉斯理！何得而稱焉？赫日麗天，有目共見，有感共覺。（感謂熱度之感。）無目無感者，不見不覺，遂詈人稱陽宗之顯赫。今之謂中國學問不值一錢者，何以異是？尤復當知中國學問所以不事邏輯者，其所從入在反己，以深其涵養而神解自爾豁如，然解悟所至，益復驗之踐履。故陽明所謂「知行合一」，實已抉發中國學問之骨髓。其視邏輯爲空洞的形式的知識，宜所不屑從事。但此與西洋學問底路子，既絕異而無略同者。今人卻自少便習於西學門徑，則於本國學問自不期而與之扞格，此其難之在於學子之熏習方面者也。雖有諸難，然只將中西學問不同處詳與分別，則學者亦可知類而不紊，各由其塗而入焉。久之則異而知其類，睽而知其通，何樂如之。

尊論又云：「倘使以中國修養的態度來治西方學問，亦必覺得人生除爲權利之爭以外，毫無安頓處。」此段話，弟亦不無相當贊成，然終嫌太過。兄只爲把知識看作與修養絕不相容，所以有這般見解。在西人一意馳求知識，雖成功科學，由中國哲學的眼光觀之，固然還可不滿足他，謂之玩物喪志，甚至如兄所云權利之爭等等。然若有一個不挾偏見的中國學者，他必定不抹煞西人努力知識的成績，並不反對知識，只須如陽明所謂識得頭腦，即由修養以立大本，則如吾前所云，一切知識皆德性之發用，正於此見得萬物皆備之實，而何玩物喪志之有？西人知識的學問底流弊，誠有如吾兄所謂權利之爭，要其本身不是罪惡的，此萬不容忽視。如自然對於人生底種種妨害，以及社會生許多不平的問題，如君民間的不平，貧富間的不平，男女間的不平，如此等類，都緣科學發展乃得逐漸以謀解決。此等權利之爭，即正誼所在，正如佛家所謂煩惱即菩提，（現代卑劣的中國人，萬不可誤解此義而謬托於此，千萬注意！）何可一概屏斥？東方言修養者，唯中國道家反知識，惡奇技淫巧，此在今日不可爲訓。儒家元不反知，弟前文已說過。印度佛家本趣寂滅，然及大乘，始言無住涅槃，（生死涅槃兩無住著，名無住涅槃。小乘只是不住生死，卻住著涅槃。及至大乘說兩無住，即已接近觀世主義。）又不棄後得智，（彼說後得智，是緣事之智，即分辨事物的知識，此從經驗得來，故名後得。）斯與儒家思想已有漸趨接近之勢。然趣寂之旨，究未能捨，此吾之《新論》所由作也。《新論》只把知識另給予一個地位，並不反知。儒家與印土大乘意思都是如此。弟於《大學》，取朱子《格物補傳》，亦由此之故也。朱子是注重修養的，也是注重知識的，他底主張恰適用於今日，陸王便偏重修養一方面去了。

弟於此一大問題研索甚久，自有無限意思，唯以五十病軀，略無佳趣，提筆便說不出來，拉雜寫此，不知吾兄於意云何？尊意有所不然，即請盡情惠教。又此信以東方之學爲哲學，自時賢觀之，或不必然，但弟素主哲學其有本體論爲其本分內事，除此皆多理論科學。如今盛行之解析派，只是一種邏輯的學問，此固爲哲學者所必資，然要不是哲學底正宗。時賢鄙棄本體論，弟終以此爲窮極萬化之原，乃學問之歸墟。學不至是，則睽而不通，拘而不化，非智者所安也。見體則莫切於東方之學，斯不佞所以皈心。此信請與張申府先生一看。吾與彼主張本自不同，但同於自家主張以外，還承認有他。

與張東蓀

前答書，承布之《晨報》思辨，弟已見過，稍錯落幾字，亦無關宏旨。頃奉惠書，敬悉尊意亦復印可。昨宰平過此，謂西人「哲學」一詞本爲知識的，而弟以中國學問爲哲學，卻主張知識與修養一致，此恐爲治西洋哲學者所不許，盍若不用哲學之名詞爲得云云。弟以此問題要詳細討論便極麻煩，若扼要而談，亦自易易。數年前，吾兄似嘗言，於宗教哲學外宜有一種東西，非宗教，非哲學，而亦兼此二者之性質。弟當時曾佩服兄之此說，以爲東方學問當屬此類，然最後卒不贊同，蓋以爲學術只宜分科哲兩途。孔德謂哲學興而宗教便成過去，此說欠妥；至謂科學興而哲學便成過去，尤爲無理。關於本體之參究，當屬諸學問，而無可屬諸宗教，此意他日當另詳。本體論既是學問的，非宗教的，而科學確不能奪取此一片領土，則哲學終當與科學對立，此又不待煩言而解。弟堅決主張劃分科哲領域，科學假定外界獨存，故理在外物，而窮理必用純客觀的方法，故是知識的學問。哲學通宇宙、生命、眞理、知能而爲一，（知能解見前答兄信。）本無內外，故道在反躬，（《記》曰，不能反躬，天理滅矣。此義深嚴。）非實踐無由證見，故是修養的學問。如此說來，則不必於哲學外，另立一種非宗教非哲學的名目。分類貴簡而能賅，毋取過爲煩瑣。宰平謂西人形而上學亦是知識的，與中國人修養的學問畢竟不類，如何可通稱哲學？弟以爲哲學之領域既經劃定，即以本體論爲其領域，而中西人對於本體底參究，其方法與工夫，各因境習而有不同。（境者環境，習者習染。）因之，其成就亦各不同。此足徵夫一致而百慮，終無礙於殊途同歸。馳求知識者，反己自修，必豁然有悟「眾裡尋他千百度，回頭驀見那人正在燈火闌珊處」。（喻意，尋思熄處，冥證真理。）專事修養者，大本即立，毋須「絕聖棄智」，（老云聖智，即謂知識。）將見一切知識皆是稱體起用，所謂左右逢源是也。嚴又陵云：行履五洲，學窮千古，亦將但見其會通而統於一而已矣。又陵尚有此識量，不審今人何故自狹自小乃爾？又今人知識在枝節處似有進步，但絕無宏通深遠之慮，日趨膚淺，此甚可憂。若輩動誚人開倒車，實則若輩所倡導者，在今日西洋人視之，又何一不是倒車？又弟嘗以爲哲學上凡能自成其爲一家言者，必有確實見到處，亦必有許多錯誤處。眞理之旁隱有錯誤，錯誤之中伏有眞理。吾人不能如今日青年一般見解，以爲過去底哲學思想都應打倒。須知眞理無古今，而一切錯誤又恆爲眞理之伴侶。眞理常繁複的不絕的在錯誤之中發見。故古人錯誤處，由今觀之皆有可貴。而古人確實見到處，則其理萬劫常新而無可易也，安得謂過去悉可捨棄，而唯時尚是崇耶？今人對舊學觀念，除唾棄不顧外，只有玩古董之心理，此所以無「溫故知新」之效。雖讀吾先哲古書，究與躬行無與，如此士習，未知他日有轉機否？暑熱腦悶，語無倫次，唯兄教之。

與沈生

孔家經籍研究底程序，在哲學或元學思想方面，《大易》為根本巨典，誠不宜忽。《論語》、三《禮》、《詩》、《書》、《孟子》，（《學》、《庸》仍屬《禮記》。）俱當參互以求。《老》、《莊》則《易》之別派，並宜搜討。至於社會政治倫理等等思想方面，《春秋》為根本巨典。《論語》、《易》、三《禮》、《詩》、《書》、《孟子》，均當參互以求。《莊子》、《荀卿》，皆《春秋》之支流，亦須並觀。傳《春秋》者，《左》、《國》、《公》、《穀》乃至董、何，（不治《左》、《國》，不明其事；不治《公》、《穀》、董、何，不明其義。）下逮漢以後諸家，如唐、啖、陸、宋、孫、胡等，皆有所明。文成數萬，其指數千，洋洋乎大哉，嘆觀止矣！《春秋》本素王改制之書，漢儒猶能紹述，宋儒程伊川亦言之，至近人康有為而益張。然有為雖揚三世義，但虛張條例。張孟劬先生譏其浮淺，誠然。故學者於康氏書可以涉獵，然必習群經、諸子並三傳及諸儒著述。總之，孔學廣大精微，學者不易研尋。漢儒雖略存古義，要是守文之徒。宋明諸大師於義理方面（孔子哲學方面。）雖有創獲，然因浸染佛家，已失卻孔氏廣大與活潑的意思，故乃有體而無用，於物理、人事少所發明，於社會政治唯誦說古昔。今欲董理孔氏之學，談何容易！後生可畏，唯拭目俟之爾。又今人每詆儒家爲封建思想，此不通《春秋》故也。《春秋》有三世義，與〈禮運〉小康大同說、《易》革、鼎二卦革故取新說，皆相互發明，誰謂其限於封建思想耶？以經濟言，則《論語》曰「不患寡而患不均」。《大學》言理財，歸之平天下；以倫理言，則孔子由孝弟而擴之泛愛眾，孟子由親親而擴之仁民愛物，「老吾老以及人之老；幼吾幼以及人之幼」。至《論語》言「自古皆有死，民無信不立」，尤爲千古言治者之金科玉律。人而無信，則終古無太平大同之希望。觀方今五洲事變，益徵聖言高遠，其可忽耶？孔子之理想在太平大同，然不可驟及，故於《易》特著隨時之義。時猶未至，則衛國寧人，而足食足兵，不爲敵侮，此尤爲吾國今日所宜自覺也。

與友人

得惠書，吾兩人意思，本無多隔閡，只是兄講格致，必欲不取朱王二說，而別爲之釋，致有向冊子上尋圖則之過，實則不須如此。兄既贊同格爲量度之義，緣致吾之良知，要就事情上去致，其量度之準則，一歸之良知。兄於弟之說已莫逆於心，但謂須歸重在誠意上。弟於兄此旨，固始終不相背也。經曰：「欲誠其意者，先致其知。」審經文，自「古之欲明明德於天下者，先治其國」起，以下逐層用一「先」字，唯於致知則曰「在格物」，不曰欲致其知者先格其物，此處大須玩味。陽明講《大學》，大旨甚諦，而釋文義乃多差，由其於朱子格物之說，預存一反對之心，所以自成顚倒。明翁云：「《中庸》工夫只是個誠身，《大學》工夫只是個誠意。」兄亦贊同其說，弟亦何嘗立異？顧經文明明曰「欲誠其意者，先致其知」。這一「先」字，與上文各層「先」字是一樣用法，大不可忽視。據此則誠意必先致知，此知即良知，斷不是常途知識之知。如不是良知之知，如何得說爲誠意底先一著工夫耶？兄釋意爲端、爲幾，固是，卻要將良知推致得出來，方無非幾之萌，無邪端之干，而意始誠。兄總慮一般人不能識得自家固有家珍即所謂良知者，故欲補充敬恕一段工夫。若爾，是在《大學》文義之外另找個敬恕來補充。前人已以此識朱子，而兄又何爲蹈其故轍耶？弟意致良知「致」字甚吃緊，明翁後來禪味太深，似拋卻「致」字，大是可惜。緣明翁也恐一般人不自識得良知，所以對初學說法，總指知善知惡、知是知非之知爲良知。無論如何陷溺的人，他雖良知障蔽已久，然他若對人說一句欺心的話，他底本心總知道他是欺了人，此一個知，便是知是非、知善惡之知，便是他的良知，這是根本的，自明的，不待推求的，非由外鑠的。他是本來明明朗朗的，不能瞞昧的。人底生命就是這一點，除卻這個還有什麼叫做生命？只是一塊死物質而已。兄總怕人不自識得良知，實則人既非是無生命的東西，他底生命的自然的流行如何瞞昧得了？所以夫子說：「斯民也，三代之所以直道而行也。」此中意味深厚。吾兄不要把道理說得太高而輕蔑人類，須知良知在人，不患他不自識，而人之患只是分明自識，卻不肯致其良知。先儒云，人有知道事父當孝卻不孝。此何故？緣他知孝的良知被私欲起來作障，他不能用力將他底良知推致出來，所以順從私欲而陷於不孝。《大學》說個知就是良知，此是人人本有而且自識的東西，但是工夫吃緊在一「致」字。《大學》下這一個「致」字，表示多大的力量。知孝之知，知愛國之知，知廉潔爲美德之知，知抑私利群爲人生本分之知，乃至種種底知，人人都不假外求，只是他徇於口體，溺於私欲，一向柔靡，而不能推致其良知，積習日久，遂亦不復識得良知。哲學家用許多思考來推求良知底起源。愈推愈謬，良有以也。這個要用力去致才識得，不致便無法識得，故「致」字即是工夫。才知道要廉潔，即將這一知推致出來，不爲私欲所阻礙，便是即知即行，便謂之致，這工夫何等嚴毅！是何等氣力！

良知萬善具足。知敬知恕，還是良知。如兄慮人不識良知，卻教人做敬恕，是謂敬恕非良知，而有襲義於外之過矣。弟屢說兄只是未見本體，（良知即本體，不用更為他覓源頭。若更覓，卻是頭上安頭。此話要說便長。明翁詠良知詩「此是乾坤萬有基」，甚可玩。）所以講《大學》總不免節外生枝。

以上說致知確是誠意底先一著工夫。然經云「致知在格物」者，要講此義須先說一段話。我常云，《大學》首言止定靜安，卻與道家一味虛靜的主張不同。老子便呵斥色聲等物令人盲聾爽發狂，《莊子》七篇亦本此意，所以他們致知，只是致個虛靈的知。莊子謂之「靈臺」。王船山先生說老莊是守其孤明，此語極有見地。緣他總要絕物，他務排除人欲盡淨，卻剩下一個虛靈的知。所謂「靈臺」即是一個孤明的狀態。儒者卻不如此，他根本要識得自家良知，而他很有氣力的把他底良知推致得出來，不爲私欲阻礙。他得著這個把柄卻不絕物，而正要行乎事事物物，悉量得其理，如所謂知明處當者，此與道家天淵不同了。「格」字訓爲量度，見《文選．運命論》注引〈倉頡篇〉。〈玉篇〉及《廣韻》亦云，格，量也，度也。朱子訓格，不知取量度義，而以窮至言之，於字義固失，然即物窮理之意猶守大義。陸王譏其支離，此乃錯誤。如不能致得良知，而言即物窮理，是徒事知識，而失卻本智，（本智即謂良知。）謂之支離可也。今既言致知，則大本已立，何支離之有？「致知在格物」者，即以此知而行乎事事物物，悉量得其理。事父而量度冬溫夏清與晨昏定省，固是格物；任職而量度其職分之所當爲與得爲，以見之實行，亦是格物；入科學試驗室而量度物象底必然的和或然的變化及法則等等，亦是格物；當夏而量捨裘，當冬而量捨葛，當民權蹂躪而量知改革，當強敵侵凌而量知抵抗，亦都是格物。凡所事於格物者，即致吾之良知於事事物物而量得其理，即以顯良知之全體大用，即一切知識莫非良知。而反知與絕物底主張，徒見其廢掉此心之全體大用，故夫淪虛溺寂之學，吾儒所不取也，故曰「致知在格物」也。凡百事物，既本吾之知，以爲量度而得其理，即吾之良知不是空洞的，不是孤明的。下文云「物格而後知至」，「至」字，《說文》，鳥到地也。行而到焉謂之至，逼近不離謂之至。此言知必行至事物之中，元不是離卻事物而孤存的物事。故曰「物格而後知至」。言於物量度，而後知不離物，此謂知之至也。夫知之至云者，即知與物全相應，而非用私意矯揉造作，以違物之眞，失物之宜。如此，故動念皆應理。程子所謂「體物無違之謂信也」。故意無不誠，乃曰「知至而後意誠」。此下易解，姑從略。依弟愚見，《大學》八條目，其關鍵卻在致知格物，若詳細發揮，義極深廣。程朱諸大師特從《禮記》中出之，以爲其建設新儒學底根本典籍，而格致之說尤爲攻擊釋道二家思想底基本觀念。直至近世，西洋科學思想輸入，其初皆譯爲格致學，是又爲西洋思想開其端。《大學》在中國哲學思想界價值甚大。從來疏記雖繁，而當理者少，尤以明儒最爲蕪亂。張申府詈宋明儒烏煙瘴氣，詆諸老師，誠無理；若其末流確有如申府所云。弟頗欲於晚年作《大學》傳疏，此際殊不暇及。偶因來書而略抒其意。病困，辭不能達，乞裁督爲幸。

與劉生

行唐尚君《焦氏易詁》，前由申府介紹之於《大公報》。近承季同贈閱。吾北旋，疲勞未復，匆匆展覽一過。覺其以《易林》與《易》並《左傳》等互證，而破斥東漢以來群儒誤解，皆饒有義據，不爲妄說。蓋自西漢以後，談《易》象者，果未有斯人。然吾亦只觀大體，卻未細詳，因一向不肯究心象數。今五十病夫，精力無多，姑置之已耳。尚君書釋象，其樹義有四：曰對象，曰覆象，曰半象，曰中爻。（互卦。）持此四義而以《易林》所用之象與《易》互證，並援《左傳》等以相參稽。而《易》象失傳，自東漢以來爲群儒所誤解，甚至如虞翻之強命卦再三變，以成其曲解者，今乃一一可得正詁，如撥雲霧而睹青天，此豈非大快事哉！吾尤感興趣者，厥爲所釋對象義。少時，讀王船山《易傳》，其說以爲六十四卦皆陰陽純備之全體，無有有陰而無陽，無有有陽而無陰。試舉「乾」、「坤」二卦言之。「乾」非孤陽，有隱而未顯之六陰也；「坤」非獨陰，有隱而未顯之六陽也。故「乾」、「坤」皆有十二位。餘卦準知。吾嘗玩其說，以爲孤陽不生，獨陰不化，故一言陽而即有陰，一言陰而即有陽。然亦竊疑船山十二位之說，徒以己意於每卦增益六位，未有所據，且將乾坤看作對待而不能融和的物事，必待船山於陽爻外增陰爻，於陰爻外增陽爻，恐非《大易》本義。今得尙君對象之說，則不須於每卦另增六位爲十二位，而每卦本象與其對象，（如「乾」以「坤」為對象，「坤」亦以「乾」為對象。）乃相對待而實相融和。吾嘗以爲六十四卦，壹是皆本於陰陽相反相成與變動不居之義，而特從多方面以形容之。（故有許多卦，許多爻。）只一氣看去，不當視六十四卦爲互相離隔，而妄臆有其孤陽獨陰之窮於生化也。今得尙君說對象而益信。按尙君云，對象者，陽與陰相對，陰與陽相對。陰陽既相對，即常往來流通，合而爲一，不能分析。如〈乾·彖〉云「萬物資始」、「品物流形」，又曰「首出庶物」。夫曰萬物，曰品物，曰形，曰庶物，皆「坤」象也，而〈乾·彖〉言之。〈坤·彖〉云「含弘光大」，夫曰弘，曰大，則皆「乾」象，而「坤」能含之。光而大之。杭辛齋云，如「咸」、「恆」則「坤」含「乾」之證，如「損」、「益」則「乾」得「坤」始光之證。然則陰陽二氣實不能分、不能離。見陰即知陽，見陽即知陰，〈易·象〉已如此。此由《易林》視本象與對象相通而推得之者也。尙君此說甚精。船山已明此理，但不以對象爲釋，而虛構十二位，所以失之耳。杭辛齋書吾絕未之見，屬鄭石君覓之，亦不曾得也。尙君時引杭說，想其書必有可觀也。然尙君於所樹四義中，獨以中爻爲《易》之根本。（《易詁》卷二。）吾則取對象爲根本義。何則？對象者，明陰陽之相反相成，尙君所謂陰陽常往來流通者是也。此義立，而後有覆象，（如不往來流通，焉有正覆。）有半象，（卦不往來相互，亦無半象。）有互體，（互體即中爻，亦由往來流通故。）故謂對象爲根本義也。然〈繫辭〉云：「若夫雜物撰德，辨是與非，則非其中爻不備。」尚君重視，有以也。今但以對象爲根本，餘三義皆得貫穿，仍本〈繫傳〉乾坤易之蘊耶之旨。（六十二卦皆不外乎「乾」、「坤」，皆由陰陽相蕩故也。相蕩即往來流通之謂，亦即相反相成義。）又尚君有云，愚嘗即《十翼》考之，是否爲孔子所作則不敢知。然爲一人之文無疑也。（《易詁》十卷第八頁。）尚君似疑《十翼》非孔子作，並不言出於孔氏之傳。吾謂尚君過矣。《十翼》縱不全爲孔子之手筆，要出於孔子之傳授，則確無疑義。何以徵之？《論語》爲孔門記錄最可靠之書，其所記「五十知天命」與「五十學易」恰相合。又記子貢曰「夫子之文章可得而聞也，夫子之言性與天道不可得而聞也」。據此則孔子確常言性與天道，而子貢自憾其不可得聞矣。然《論語》所記皆人生日用之常，罕有及於性道者，自餘《詩》、《書》、《禮》、《春秋》亦多詳於人事，然則孔子性道之言，其必著之《易》也無疑。吾向主此說。昔者高贊非常記之《尊聞錄》中，而交遊間囿於時賢疑古之習，猶有不以爲然者，眞是怪事。《十翼》辭義斷爲孔子口授七十子。古者簡策繁重，傳寫爲難，學者常賴口說流傳，其或七十子後學中，有依口說記錄，而文字容有修正，恰似出於記者之手。尚君謂爲一人之文，所見亦近似，但絕不言出自孔子，吾則期期以爲未可。證以《論語》所記，則必出於孔子無疑。嘗謂《易》無《十翼》則象數雖流傳不失，亦只是占卜之書，有何價值？唯自《十翼》出，而後《易》爲哲學思想之書。孔子所以爲哲學之宗，蓋亦在此。尚君重象數而略義理，其予《十翼》既疑其不必出於夫子，而亦只從象數理會，又乃於輔嗣、伊川、掊擊太過。輔嗣知象，而掃象以言理，未足爲病。孔子《十翼》爲言義理之祖，雖即象而引申觸類，而《易》自此已成爲孔子之創作，非復占卜之舊典。漢以後儒者治《易》，又莫能闡孔氏之旨。輔嗣起而擴之必玄言，猶孔氏之枝流也。伊川不知象而說《易》，固下於輔嗣，然不能謂其於孔門之大義無實得處，如其說「體用不二，顯微無間」。尚君詁象，何曾外得此理？昔儒有言，伊川一部《易傳》是他平生踐履。此語萬不可忽。詁象雖不必符，豈盡損其價值？亭林所以推崇，不爲無見。吾於尚君之書，深佩其精思果力，振茲絕學，獨惜其抑輔嗣、伊川太過，乃至《十翼》亦疑其不出孔氏，此讀其書者所不可不辨也。其他疑難，以未暇精研，姑從蓋闕。

與某報

經書難讀，不獨名物訓詁之難而已。名物訓詁一切清楚，可以謂之通經乎？此猶不必相干也。此話要說便長，吾不願多說，亦不必多說，只述吾少年讀《詩經》之一故事。

我在少年讀《詩經》之先，已經讀過四書，當然不甚了解，但是當讀《詩經》時，便曉得把孔子論《詩》的話來印證。《論語》記孔子曰：「〈關雎〉樂而不淫，哀而不傷。」我在〈關雎〉章中，仔細玩索這個義味，卻是玩不出來。《論語》又記夫子說：「詩三百，一言以蔽之，曰思無邪。」我那時似是用《詩義折中》作讀本，雖把朱子《詩傳》中許多以爲淫奔的說法多改正了，然而還有硬是淫奔之詩不能變改朱子底說法的。除淫奔以外，還有許多發抒忿恨心情的詩。（變雅中許多譏刺政治社會昏亂之詩，其怨恨至深。如〈巷伯〉之忿讒人，曰「投畀豺虎，豺虎不食」云云。昔人言惡惡如〈巷伯〉，謂其恨之深也。夫讒賊之徒固可恨，然恨之之情過深，恐亦先中和而近於邪。）《論語》又記子謂伯魚：「汝爲〈周南〉、〈召南〉矣乎？人而不爲〈周南〉、〈召南〉，其猶正牆面而立也歟？」朱注：正牆面而立者，一物無所見，一步不能行。易言之，即是不能生活下去的樣子。人而不爲二〈南〉，何故便至如此？我苦思這個道理，總不知夫子是怎生見地。朱注也不足以開我胸次，我又悶極了。總之，我當時除遵注疏，通其可通底訓詁而外，於《詩經》得不到何種意境，就想藉助孔子底話來印證，無奈又不能了解孔子底意思。到後來，自己稍有長進，彷彿自己胸際有一點物事的時候，又常把上述孔子底話來深深體會，乃若有契悟。我才體會到孔子是有如大造生意一般的豐富生活。所以讀〈關雎〉便感得樂不淫哀不傷的意味。生活力不充實的人，其中失守，而情易蕩，何緣領略得詩人樂不淫哀不傷的情懷？凡了解人家，無形中還是依據自家所有的以爲推故。

至於「思無邪」的說法，緣他見到宇宙本來是眞實的，人生本來是至善的，雖然人生有很多不善的行爲，卻須知不善是無根的，是無損於善的本性的，如浮雲無根，畢竟無礙於太虛。吾夫子從他天理爛熟的理蘊去讀詩，所以不論他是二〈南〉之和、〈商頌〉之肅以及〈雅〉之怨、〈鄭〉之淫、〈唐〉之嗇、〈秦〉之悍等等，夫子卻一概見爲無邪思。元來三百篇都是人生的自然表現，貞淫美刺的各方面稱情流露，不參一毫矯揉造作，合而觀之，畢竟見得人生本來清淨。夫子這等理境，眞令我欲讚嘆而無從。宋儒似不在大處理會，反說什麼善的詩可以勸，惡的詩可以懲，這種意思已不免狹隘。朽腐即是神奇，貪嗔痴即是菩提，識此理趣，許你讀三百篇去。

再說人而不爲〈周南〉、〈召南〉，何故便成面牆？我三十以後漸漸識得這個意思，卻也無從說明。這個意思的豐富與淵微，在我是無法形容的。向秀《莊子注》所謂「彰聲而聲遺，不彰聲而聲全」，就是我這般滋味。如果要我強說一句，我只好還引夫子底話：道不遠人，人之爲道而遠人，不可以為道。這話意義廣大精微。孔子哲學底根本主張，就可如此探索得來。他確是受過二〈南〉的影響。話雖如此，但非對孔子底整個思想有甚深了解的人，畢竟不堪識此意味。我又可引陶詩一句略示一點意思，就是「即事多所欣」。試讀〈葛覃〉、〈芣苢〉、〈兔罝〉諸詩，潛心玩味，便見他在日常生活裡，自有一種欣悅、和適、勤勉、溫柔、敦厚、莊敬、日強等等的意趣，這便是「即事多所欣」。緣此，見他現前具足，用不著起什麼恐怖，也不須幻想什麼天國。我們讀二〈南〉，可以識得人生的意義與價值，大步走上人生的坦途，直前努力，再不至面牆了，這是孔子所啟示於我的。

孔子論《詩》，是千古無兩。唯孔子才能以他底理境去融會三百篇詩底理境；唯三百篇詩是具有理境的詩，才能引發孔子底理境。這兩方面底條件缺一不行。

我想我個人前後讀《詩經》和《論語》的經驗，我深信讀經之難，不謹在名物訓詁。訓詁弄清了，還不配說懂得經，這是我殷勤鄭重向時賢申明的苦心。

關於中學生應否讀經的問題，此亦難說。吾意教者實難其人。假設有好教員，四書未嘗不可選讀。如我所知，杭州私立清波中學，經裘沖曼、袁心燦、蔡禹澤、張立民諸君選授四書，於學生身心很有補益。

答德國李華德

來函由鄧君交胡生子康轉來，知大駕已赴東邦，島上多和風，想足樂也。力前云：「煩惱是生死因緣。」聞尊意尙有所疑，實則此非力之臆說，乃確據佛家本義而談。此不必單舉某經某文爲證，卻須融會佛家整個的意思，便深信得及。如必欲舉某經某文以資證明，則力亦不妨略舉，如大乘《涅槃經》卷四十第四頁云：「善男子，一切眾生，身及煩惱，俱無先後，一時而有。雖一時有，要因煩惱而得有身，終不因身有煩惱也。如炷與明，雖一時有，（炷者燈炷。古時用一種草漬油燃之而發光明，其所燃草名炷。此中譬喻，只取炷與光明同時而有之意。）明要因炷，（易言之，即炷是明之因緣，喻煩惱是身之因緣。）終不因明而有炷也。」（此謂炷不是因明而有的，喻煩惱不是因身而有的。）此經言因煩惱而得有身，即是因煩惱得有生死，亦即吾前所謂「煩惱是生死因緣」也。經文「身」字義，即吾所謂生死，有身即有生死故。吾意譯者用「身」字，似不如用「生」字爲好。今不可得梵本，無從對照。以上引經，申明前說。

又經言生死者，本斥指雜染法言之，亦即業識流轉義。故此生死，無始而有終。小乘證無餘涅槃，大乘斷阿賴耶識，其時雜染法或業識伏滅，即此生死終斷也。

煩惱無始而有終，不可說煩惱無終。假其無終，則佛法不必修行，以煩惱無終故。唯其有終，所以貴用修行，以折伏此煩惱而令其終斷也。

先生意謂煩惱從何而來。佛家於此問題從不解答。此中意義深微，難以言顯。煩惱本不實在，（經論說為客塵。無所依據，故名為客。）如何可追問來由？須知追問來由，便已是執著之心，即是煩惱發見也。此意不知先生能契否？

來書謂吾說煩惱，由吾人自離失其清淨本然之性故有。易言之，即由人類之墮落故有。力前次說過此話否，今亦不能全憶。姑承認是如此說，則此說亦無過失，卻亦只與「煩惱」一詞展轉相訓，終未曾說及煩惱來由。蓋所謂離失清淨本然，正是煩惱現行故。所謂墮落，亦是煩惱現行故，仍未曾說煩惱從何處來也。

答朱生

佛家不談本體之流行，但假說緣生，以空現象界，而令證實相。然佛氏亦未嘗不見到流行，只因出世的主張，便似要逆著流行的大用，而體其不變之體，恐他也是智者過之。吾少時讀《老子》，至「天地不仁，以萬物爲芻狗」。慨然遐想，以謂世間無情有情，動植靈蠢，只是一場慘劇。是誰造化，何不把他遏絕？及讀佛書，此種意思時在懷抱。（無情無生物，有情者衆生。）迄中年以後，重玩《大易》，始悟生生不息眞機，本無所爲，（為讀去聲。）實不容已。無所爲者，德之盛也；不容已者，化之神也。由此，故於流行識性。（性者本體。流行是用，用必有體。然離用不可得體，故於用識體。）一切物相，不容取著；（取著猶言執著。無情有情，動植靈蠢，物相萬殊，要皆依流行不息，幻有相現，而假名為物耳。若於流行識性，即一一物相皆空，即此流行不息，便是實體顯現，何可執著有所謂物界耶？）一切慘劇，本來清淨。（諸惡諸苦，都如幻化。人物本性，畢竟清淨，無諸虛妄。）吾人唯反己思誠，與物各正。（吾與物，皆得至誠無妄之理，以各成其性命之正，故《易》（曰「各正性命」。至誠無妄者，本體也。人生囿於形氣，漸失其本體之誠，故孟子曰「反身而誠」。又曰「思誠者，人之道也」。）盡性其至矣，性不可逆也。別紙所云，推窮宇宙人生，畢竟是黑漆一團，豈唯吾子與吳君有此嘆？佛說十二緣生，無明爲首。《數論》說三德，暗居其一。衆生不見自性，所以如此。佛書意在言外，善讀者須言外會意，如善聲者，能領弦外之音也。讀《易》亦然。

與雲頌天

近始眞知精力衰者不堪靜坐。凡古人所謂磅礡大宇等言，無他奇特，只是精神常凝聚得住耳。精神凝聚時，即湛然虛明而不作意。此時眞是天地萬物同體境界。才覺精神散漫，便已「憧憧往來，朋從爾思」，自家始覺從宇宙大生命中墜退下來，而成乎頽然之一物了。此事甚可畏也！

與讀書週刊

讀者須預定終身趨向。有一種人，樂以事功表見，（所謂事功，非專就政治言，凡社會上各方面的業務，皆事功也。）是必早定某種事功的趨向，而對於某種事功所必儲備之學問，必堅其意志，鼓其興趣，竭其才力，孜孜以求，不容鬆懈。如此，則其所讀之書，亦與其所治之學問有關，庶幾讀書有補於學問，而學問又與事功相應，則人無廢才而國無廢事。又有一種人，性情不近事功，願以書生的生活終其身，是必早定專門學問的趨向，而對於其所專治之學，亦必堅其意志，鼓其興趣，竭其才力，孜孜以求，不容鬆懈。如此，則其所讀之書亦與其所專之學問有關，而無泛涉不精之病。

前者可以說是持應用的態度而求學問，後者可以說是本純粹求知的態度而求學問。後者屬專門家，以其所造有精密的系統故；前者所學未嘗無限域，而不得名專門家者，以適用而止故。今日學子不預定趨向，讀書漫無抉擇，故卒業大學之後，作事則無可勝任。其委身學校者，亦多是混飯吃，而不肯努力學問，此眞吾國青年莫大之危機。吾願有志者各自早定終身趨向，勿以有用精神作無意識的浪費。此讀書所應注意者一。

讀書必先有眞實的志願。前云須定趨向，然若無眞實志願，則不足以達其所趨向。凡人無志願者，則其生活虛浮無力，日常念慮云爲，無往不是苟且，無往不是偷惰，無往不是散漫，如是而欲其讀書能有所引發以深造自得，此必不可能之事也。

人必有眞實志願，方能把握其身心，充實其生活，如諸葛武侯所謂「使庶幾之志，揭然有所存，惻然有所感」。王陽明所謂「持志如心痛」。一心在痛上，豈有工夫說閒話，管閒事？人果能如此激發志願，則胸懷廣大，鄙私盡消。象山所謂「才一警策，便與天地相似」。誠非虛語。如此，則神明昭徹，而觀物慮事，必能極其精而無蔽，綜其全而不亂。其於讀書也，必能返之己所經驗而抉擇是非，洞悉幽隱，曲盡書之內容，而不失吾之衡量。故其讀書集義，乃融化的，而非堆集的；乃深造自得的，而非玩物喪志的。如此讀書，方得助長神智，而有創造與發明之望。若其人茫無志事，渾身在名利膠漆桶中，雖好博覽載籍，增益見聞，要爲浮泛知識，不可得眞知正解，只是小知，不堪大受。社會上若只有此輩，其群必日益昏亂以趨於亡。故學者不徒貴讀書而已，必先有志願以立其本。

然復當知，「志願」二字極不易了解。凡人高自標舉我欲如何如何，以爲此即其志願，此正是狂妄之私耳，有志願者所必克治也。志願是從自覺自了的深淵裡出發的，是超越物我底計較的，是極其灑脫而無俗情沾滯的。是一種向上的努力，自信自肯而不容已的。（自肯是借用宗門語，意義甚深。）唯眞有志願的人，才識此意味，一般人如何識得？

有志願即有眞力量，故其對於學問或事功的趨向，能終始貫徹而無所輟。譬若電之走尖端，（電，喻志願力量；尖端，喻所趨向。）行所無事，而勢不容已也。

或問：朱子《論語集注》釋十五志學之「志」字曰「心之所之謂之志」。是則志即趨向也，而此以志願與趨向分言之，何也？曰：朱子以心之所之言志，此朱子之失也。王船山《讀四書大全說》「志者心之所存主」，斯爲正義。孟子曰：「人之所以異於禽獸者幾希，庶民去之，君子存之。」船山存主之義，從是出也。諸葛武侯所謂「使庶幾之志，揭然有所存」云云，亦此旨也。故人而無志，即去其幾希而同於禽獸，甚至不如禽獸。今日中國人貪汙淫侈，卑賤虛誑，甘爲亡虜，毫不知恥，沿不如怒蛙之有鬥志、有生氣也。此何以故？以其靦然人面而中無存主，人理絕而生意盡也。《莊子》曰：「哀莫大於心死。」心死者，無所存主故也，無所志故也。唯中無所存主，故種種競逐於外，競貪，競淫，競利，競名，競權，競勢，競種種便利嗜好。競爭其私而背大公，國已亡而無所覺知，種將滅而不開痛癢，人氣滅絕，一至此極。然則今人必須變而成人，始可與言讀書，此老懷所日夕願望者也。

答張生

來問舉《新論》第一頁第十行〈明宗章〉內小注云：「『此言慧者，相當於俗云理智或知識。』按《新論》分別智慧，智爲固有的明覺，慧則由經驗而得。據此，知識屬慧，自可無疑。唯西洋哲學上理智或理性等詞，自是指心之知的作用而言，與《新論》所謂智或亦異名而同物」云云。吾子能發此問，足見用心甚細。昔者林宰平先生亦嘗言及此。然吾作注時，又何曾不慮及此耶？《新論》百零二頁左至百零五頁左，說無痴數中，如留心研析，則此疑亦可釋然。須知，《新論》所謂智者，是斥本體而名之也。西洋哲學所謂理智與理性等詞，自不涵有東方哲家所謂本體的意義，此不容混淆。如謂性智是本體，則理智即是性智之作用，而體用畢竟不二，亦可說俗云理智，即是《新論》所謂智，奈何《新論》以理智別屬之慧耶？如此作難，似亦有理。吾亦知將有興是難者，故於無痴數中有云：「人生常拘於形氣，造諸染習，遂使固有性智，恆受障蔽而有得顯發，故其固有性智之作用發見於障蔽中者，既雜夫形氣與染習之私，而其緣境．遂成乎物交物之勢，此慧所以不得名爲智之用也。」此一段話，是東方哲家精意所在，而正爲今人所不肯注意，且不知有此問題者。料讀者至此，亦不過腦悶短趣而已。夫理智理性等詞，自是指人心之知的作用而言。既曰作用，則分明不是外於《新論》所謂性智而別有的。今《新論》所謂智，必不肯與理智等詞並爲一談，此何故耶？元來吾人底理智，雖是依著固有的性智而起之作用，但其發展確是從實際生活裡面滋長出來的。（故云雜形氣與染習之私。）他雖有先天的根據，而畢竟成爲後天的東西，所以可與知識一例看，而不能說他即是《新論》所謂智。至若《新論》之智，元是固有的靈明的眞體，清淨離染，無定在而無不在，無知而無不知。此雖一般人所固有。然常受障蔽而不得顯發，則等於亡矣。注文意義，大略如此。

與陳生

凡人神凝與否，必現於眼；氣充與否，必形於威儀動靜之間。

向見吾子眼光欠凝聚，其氣亦似不盛，此或保養未至之過也。心竊欲言之，而懼夫謂某也以老大自居而喜教人。繼念吾子之賢，或未至此，故函達吾意，而以二事相規。

一事，曾文正獨宿之說。此是養神養氣之本，要在能堅守力行。

二事，讀書之說。最精透者，奠如孟子「理義悅我心，猶芻豢悅我口」之言也。眞領略此味者，其生活較常人必另是一般。讀書多，積理富。只此蓄積義理，足以悅心，便是對於吾人生命直接加以滋養料。視飲食之滋養肉體，其效益大小，豈不天壤懸隔哉？凡人眞能蓄積義理以悅心，使其生活內容日以充實，即神澄而明，氣盛而暢，人格日以莊嚴偉大，窮足以善身，達足以善天下。不然，則日就委靡銷耗以終，同於塊土頑石無生命之物。人生何可遽如是乎？

與高磵莊

凡學問家之創見，其初皆由儻然神悟而得。但神悟之境，若由天啟，其來既無端，其去亦無蹤，瞥爾靈思自動，事物底通則，宇宙底幽奧，恍若冥會。然此境不可把捉，稍縱即逝。必本此靈感，繼續努力，甄驗事物，精以析之，而觀其會通。又必遊心於虛，不爲物掛，（掛者滯礙。凡夫心思常滯礙於現前物事，而不得悟真理。）方令初所儻悟得以闡發，得以證實，而成創見，且推衍爲系統的知識。如其雖有靈機，恆任乍興乍滅，而無所努力，久之心能亦漸弛廢，尙有何發見可言耶？向懷此意，惜可與語者殊少耳。

答鄧念觀

《楞嚴經》是否爲中國人所僞造？吾意就文體上看，此經所設施張羅者甚大，其組織又甚謹嚴，極不似中國人手筆。中國人一向不喜講邏輯，因之其著作亦不成系統，其文章又專以清簡渾易勝，（清者清靈；簡者簡要；渾者渾含，而少條析層累，不似印人著作，分條析理而又層折回環累積上去；易者，平易近人。）極少長風鼓眾竅的氣概。中人譯佛經，雖多能翻出原書浩蕩之致，然至其所自作，則又不如此。唯其譯經時，竭力以求忠實，又有所據依，所以能爾。及其自作文字，仍是中國人面目。觀《楞嚴經》組織及其文氣，中國人絕僞造不來，其網羅甚宏富，復不類中國人好爲精簡。論者或謂其抄撮眾說而成，此甚不諦。抄撮則雜亂無統紀，此書確有系統，何可等諸類書雜錄？至男佛女佛、眞佛假佛諸名詞，在經文敘述爲出自魔口，此與佛家本義無關，不能以此爲中人僞造之證。若疑此等譯名於梵文無本，則譯名亦時有改變原文之事。經中雖有《掌珍論》語，然經與論孰爲先出而被稱引，今頗難爲質斷。吾意此經或是印度外道入佛者所爲，頗有攝取外道材料以會歸於佛而自成一家之言。雖不無微疵，要其大端甚精，無背佛旨，是在具眼者詳之。弟讀此經，已是二十餘年前事，如欲詳核，必須重習，又當參考他籍，病軀不耐此煩，至希諒宥。以上皆民國廿四年以前錄。

重印周易變通解序

《易》之為書，廣大悉備，所謂「範圍天地之化而不過，曲成萬物而不遺」是也。《乾鑿度》說《易》有三義，余竊取變易不易二義。不易而變易，是舉體成用；於變易見不易，是即用識體。此義深談，在《新唯識論》。持此以抉擇梵歐玄學，如秤在手，不可與物低昂。大哉《易》也！孰得而違諸？夫《易》書至《十翼》而始備。《十翼》義理，則孔子所發明也。故言作《易》者，必歸之孔子。微孔子，則《易》猶濫於占卜，而焉得為哲學界萬世永賴之根本大典耶？孔子即作《易》，七十子後學遞相傳述，遂為儒者宗。老聃得孔氏之旨而別有會心，乃創立道家之幟，以自異於儒。故《易》自孔子後，始分二派，曰儒家之《易》，此正統派也；曰道家之《易》，此別派也。舊說孔老同時，老氏為孔子師，今人多考核其說之不足據，而謂老後於孔，但無謂老氏之學出於《易》者。余謂老氏當稍後於孔子，而前於孟子，其學實本於《易》。曾略說見《語要》卷二答意大利人書中。儒家體「乾」而貴剛健，故說行健不息，老氏法「坤」而守虛靜，故曰綿綿若存。此儒道二家所為異也。道家之《易》，其後浸微，僅得王輔嗣為能衍柱下之緒。周元公則援道以入儒也。儒家之《易》，其流甚廣，綜陳大別，約分漢宋。漢儒務守師說，有保存古義之功，後來學者每病其雜讖緯。顧緯非讖比，時有微言大義，足資深究，蓋《十翼》之支流。讖則純爲誣妄。漢儒治《易》，其思想蓋有大部分雜入晚周陰陽家，容當別論。唯揚雄子雲著《太玄》，超然獨步；張衡平子神解俊拔，爲吾國天算大發明家，而酷嗜子雲書，每自謂讀玄經，使人難論陰陽之事，其崇信篤深可見。顧子雲從數理闡《易》，學者非通律曆，則難讀其書。玄經於後儒無甚影響，職是故也。輔嗣神解卓特，獨出兩漢經師蹊徑之外，秉智炬而叩玄關，堪與子雲異曲同工。唐代義疏，雖宗輔嗣，鮮有發明。爰及炎宋，儒風丕變，濂洛關閩諸大師迭起，爲學貴創獲而不以墨守傳注爲賢，務實踐而亟以馳逞虛玄爲戒。故其治《易》也，一方面超脫漢師，一方面排斥輔嗣，其精神氣魄，不可不謂之偉大。唯然，故人自成說，家各爲學，如周濂溪、邵堯夫、張橫渠、程伊川、朱漢上、朱晦翁，皆精思力踐，各有獨到。夫漢世諸師，無弗雜陰陽家言者，跡其繁瑣名相之排比與穿鑿，於《十翼》本旨可謂無關。但間存古義，斯足珍貴。宋之諸師，其言皆根於踐履，雖復不無拘礙，要其大較，歸本窮理盡性至命之旨，而體天地神化於人生日用之中，則《十翼》嫡嗣也。自宋迄明，言《易》者大概無出周程諸賢之軌範，而《易》家自是有漢學宋學之分。晚明有王船山作《易內外傳》，宗主橫渠，而和會於濂溪伊川朱子之間，獨不滿於邵氏。其學尊生以箴寂滅，明有以反空無，主動以起頹廢，率性以一情欲，論益恢宏，浸與西洋思想接近矣。然其骨子裡自是宋學精神，非明者不辨也。其於漢師固一切排斥，不遺餘力也。當有明季世，諸大儒並出，悲憤填膺，爲學期活潑有用，而亟懲王學末流空疏之弊，浸以上及兩宋。清儒繼起，本無晚明諸老精神，而徒以抨擊宋學爲幟志，用漢學高自標榜，則諸老所不及料也。於是治《易》者，上稽漢籍，俯視宋明諸師，以謂非誣則陋耳。濂溪與邵氏之圖尤受攻詆。蓋自清以來，學者尊漢抑宋之積習牢不可破，不獨於《易》學之然，其治群經皆然。風會遷變，一往一復，當其遷變之勢，已成而不可禦。乃若有大力者負之而趨也，非夫豪傑之士，曠懷孤往，孰能岸然拔出於時風眾會之外，自抒所見，自行其是，而一無所錮蔽耶？同縣萬澍辰先生著有《周易變通解》，不肖兒時聞先父其相公常讚揚先生潛德睿思，謂其治《易》不囿於當時風會，頗參稽漢宋，而一證以己之所神悟獨得，未嘗謬於經旨者。此其命世獨立者乎！惜書爲當時漢學風氣所掩，罕行於世，鄉里後生，或莫能舉其姓字，可悲也已！予小子聞而識之，不幸早失怙恃，流離四方，顧未得讀先生書。丁丑夏，先生從曾孫耀煌武樵始重印先生《易》書於漢皋，羅田王葆心爲志序，只印千冊。余時講學北庠，亦未得見。今冬，武樵函余，將再重印先生書於成都，謂余不可無一序。余追憶趨庭音旨，忽忽四十餘年，泫然不知涕之所自。又念武樵能守其家學，一再重印先生遺著。昔船山幽晦，曾公以鄉邦後學傳其書，而先生更有賢裔，視船山尤幸矣！天之眷斯道，以無負明哲，其所以酬之者，寧可度哉？余是以忘其固陋而序之云爾。

中華民國三十一年十二月十五日同縣後學
熊十力序於陪都進區北碚寓廬

答諸生

《史記》大謬者，莫如〈世家〉。漢世諸侯王皆受封國，傳之子孫，名義似同古諸侯，而實質乃截然不相類。古代諸侯，乃各爲獨立國之君長，各國人民之習性、思想、學術以至政治制度、社會組織、道德信條，殆莫不各有特點，莫不各有其上下一致之建國精神。《史記》於春秋及戰國時代之諸國，自當國別爲記，如云魯國載記、齊國載記之類，方符其實。（當時諸國本各有史，如魯史記等。）古代諸侯國，蓋由上世部落演進，諸部之間，大併小，強兼弱，漸成爲多數分立之小國家，是爲諸侯國。又因世運漸開，諸國中有強盛者獨出，漸成爲各侯國之共主，所謂帝或王是也。帝王者出，始於列國之上建立王朝，而列國仍各爲獨立國，只奉王朝之公法耳。王者新興之際，固有廢除舊侯國而另行分封其子弟功臣，如周之初興，其封建之侯國爲最多。然新封之國仍承古代侯國之遺規，因其人民之習性與願欲而爲治。群眾相保，有其組織；土地世守，固其疆域。其國既建，歷世久遠，故治經濟文化各方面，各有其特殊精神，試鉤稽故籍，猶不難窺見一二。史遷之《史記》，通史也。自當於古之侯國，國別爲記，於古代神州萬國，各詳其政俗文物與文野強弱之異。當遷之時，列國史料猶可搜集，惜其見不及此，乃以漢初諸侯王之制而例視古代諸侯，遂作〈世家〉，以爲受爵分土，世傳家業而已。不知古代侯國各爲獨立之國家，諸侯僅爲其國之君長，君統以外，其宜搜考記述之事甚多。而遷立〈世家〉則以一姓傳家之業爲主，實因習見漢初諸侯王制度而妄謂古之侯國亦如是，此大謬也。漢之封諸侯王，承秦郡縣制之後，雖有封國之名，而民間已無國界之觀念，實無由造成國家。雖齊魯晉楚始封之英主，若生漢初而受封爲魯王、吳王等，縱其身及子孫賢能，可以擁土稱雄，終不能以其受封之魯地造成魯國及以吳地造成吳國也。自秦一統而後，天下之人人無復有古代列國並立時之國界觀念，故後王雖慕封建之名，而受封者終不能有建國之實。史遷〈世家〉之標目，其觀念實緣漢初諸侯王之制而起，只以爲諸侯王受封傳業而已，不悟古之侯國各爲獨立國家，諸侯是其國之君，不即是其國，史遷於此全不辨，奚其可哉？《史記》之書，以郡縣大一統之眼光而忽視古代列國之史實，遂使列國之民性、國故與學術、政俗或文化不可詳考。遷之用心甚粗略，不務訪求列國交獻，精思詳述，以垂諸後。某識過短，非良史也。

因論生論。（因論此事，而引生旁論也。此用佛典語。）中國自秦以後，大一統之局既開，不獨封建侯王不能各自建國也，即有梟傑之資，力徵經營，割據土地以立國號者，或及身而覆，或不數傳而覆，卒不能建立國家。蓋建國本於人民之公共意念，人民只知有大一統之中國而已。彼有位或有力者，雖乘權處勢，可以宰制若干地區，而實爲人民所不與，則欲不覆亡而不得矣。雖漢季三國之英，僅可據地稱尊，猶不能謂之各自建國，況夷狄盜賊之乘時竊據，其不能分崩我中國也，歷史事實昭然矣！

春秋列國紛爭，戰國時，眾小國已亡，只餘數大國，相煎益急，故諸子思想多趨向大同。六國政亂，秦人以武力夷之，而大一統之局成。惜乎帝制日固，而民治思想被摧，人民無有表現其公共意力之機構，漫無組織，朝政昏亂，則任其所爲，而夷狄盜賊，反得乘機劫持天下以禍蒼生。悲夫！

答王生

章太炎先生平生不肯任大學教席，馬一浮氏亦然。雖或失之隘，要未可厚非。今之大學教育茫無宗旨，政府奴畜師儒，而教授流品亦極猥雜，不學無行，濫竽者眾。自好者宜視庠序為汙途。然吾獨在其間者，一等於世尊行乞之義，二為自修與冀接引一二善類計。吾寧隨俗浮沉，期有以自盡也。君子當濁世，雖隨俗，亦當有一尺寸在。吾常閉戶，不敢妄謁學校當局，不敢交接諸名流，守其孤介，無所攀援，無所爭逐，兢兢業業，不敢負所學，以獲罪於先賢聖也。和光同塵，別有義在。假以媚俗，老氏能無痛乎？

談墨子

張溥泉君常欲提倡墨學。民國以來,墨學由新人物之宣揚,早已成為顯學,而溥泉猶欲加提倡何耶?新人物之所弘揚者,邏輯也。墨子注重邏輯之精神,誠為後人所當承續而不容忽視,其在邏輯上之所發明,亦有可與印度西洋古代邏輯家言,互相參稽比較之處。但古學畢竟簡略,要不過歷史上之價值而已,若謂墨學精彩只在此,則毋乃太悖。吾悼墨學之大全,久湮而不彰也,常欲為專篇以發之,其目略如下:一、墨學淵源,二、墨子之天志說與倫理思想,三、墨子之政治與社會理想,四、墨子之邏輯,五、墨家團體組織與其運動途徑並其流派。以上五目,余雖擬定,但今猶不能著筆,一則余方有極重要之工作未曾下手,不暇遽及此事;二則亂離中參考書籍太缺乏;三則老來顛沛,意興又太不足也。

吾於此有欲略提及者,則墨子平生願力所在,實即第三目中所謂政治社會理想,其根本原則即「兼相愛」、「交相利」六字盡之。墨子生競爭之世,悼人相食之禍,而謀全人類之安寧,固承孔子《春秋》太平、〈禮運〉大同之旨而發揮之。謂墨子於儒學為異端,則非知墨者也。世儒徒見孟氏闢墨,不悟孟子只於倫理思想方面力闢之。儒家以孝弟為天性之發端處特別著重,養得此端倪，方可擴而充之，仁民愛物，以至通明光四海之盛。若將父兄與民物看作一例而談兼愛，則恐愛根已薄，非從人情自然之節文上涵養擴充去。（「人情自然之節文」一語宜深玩。人情未即是天理，於人情上而有自然之節文方是天理。易言之，乃於情見性也。）而兼愛只是知解上認爲理當如此，卻未涵養得眞情出，如何濟得事？不唯不濟事，且將以兼愛之名而爲禍人之實矣。世界上服膺博愛教義之民族，何嘗稍抑其侵略之雄心耶？王船山先生《四書義》，於〈有子孝弟爲仁之本〉一章中，痛闢佛家外人倫而侈言大悲，教人在念慮中空持大願，卻不從人倫日用或家國天下事爲之際切實去陶養，只空空懸想無量眾生淪溺生死海中而作意去發大悲大願。其行出世，故不露破綻；使其涉世，則敗闕立見。船山所云，確有至理。余老來教學者，只依四書，雖研佛學，而不敢輕取其大悲大願之文以必騰諸口說。德性須於天倫處立根基，於日用踐履中陶養，不可於心上空作大悲大願想，自居救主而卑視眾生，反損其本來萬物一體之性分。悲願非不當談，卻須如孔孟談仁談志始得。吾懷此意久，未及發抒，他日當別爲論。孟子闢墨之兼愛，船山闢佛之空談悲願，（佛經中談悲願，多托為神話，造作種種故事，如馬鳴《莊嚴經論》中可見一斑。）均有深旨。非於人生有深切領會及於生活眞留意者，難與論此義。孟子以能言距墨爲聖人之徒，其自任如此之重，誠不偶然。但孟子融攝墨義處卻亦不少，如云「天下定於一」，云「善戰者服上刑」，此皆與墨氏主張相通。其曰「國必自伐而後人伐之」，與墨子抵抗侵略之意亦近。其稱墨子曰：「摩頂放踵以利天下，則爲之」，亦可謂尊仰之極已。莊子僅嘆爲天下之好也，才士也夫，則猶未道得墨子之精神也，孰謂孟子一概闢墨耶？道家本放任主義，其於墨氏救世之積極精神，故不深體之，而孟子遠矣。墨子蓋深受儒家思想之影響，而卒與之反。其於老氏或亦不無關，如非樂節葬等等主張，與反樸守儉意思皆相通。老子當稍後於孔子，但相距絕不遠。道家之徒僞託老爲孔子師，可見其時代較接近。孔老皆於玄學或哲學特有發明，墨子卻不談玄哲，而唯依信仰，獨崇天志。其所謂天志，非必謂大神也，蓋一極超越的理念，而爲一切道德規律之所自出耳。墨子並未常以天志來說明宇宙，只以全人類兼相愛交相利之一大原則爲本於天志，其倫理思想之根據在此，其政治社會思想之根據皆在此。《墨子》之天志，既不是宗教家之神，又不同玄學或暫學家要組成一套理論，彼直訴諸其超脫知識與計較之最高純潔信念而承認之，此等信念簡單而有力，其能摩頂放踵以利天下，非偶然也。然墨子當各種思想發達之世，單提此等信念，又恐人之莫我從也，故又提倡邏輯，欲使人類思想避免錯誤，使皆得到正確的知識，即知兼相愛交相利者爲順於天志，爲人生合理的生活，是爲眞知，否則悖。在《墨辯》中隨處可見此等密意。

墨子不唯言兼愛，而必益以交相利，此最切實有用。世界經濟問題，唯依此一大原則乃有大同太平之休。只要人類的思想能免除自私自利的錯誤，此事並不難做到。

墨子極富於信仰的宗教精神，又具有極理智的科學態度，此在世界思想史上是一個最奇特的人，不獨在中國爲僅見而已。

然今欲提倡墨學，不僅在其邏輯，而在其具有堅實深厚的信仰。對於眞理無信仰，只搬弄浮泛知識，此爲人生墮落而不成乎人之一種衰象，尤以吾國人今日爲更可哀。墨學如何提倡得起？吾不禁感慨繫之。

答袁道沖

所論聖人求治出於內在的自覺云云，眞千古正法眼藏。方今人類自毀，渾是佛氏所云無明。安其危，利其災，樂其所以亡者，何可自覺？何可以求治望之乎？大著〈官與師〉一篇，明政教合一，乃中國治化之本，所見甚的。古者儒家政治理想，本爲極高尚之自由主義，以個人之尊嚴爲基礎，而互相協和，以成群體，期於天下之人人各得自主而亦互相聯屬也；各得自治而亦互相比輔也。《春秋》太平之旨在此。然太平未可驟幾，民德未進，民質未優，豈可遽期至治？故必在官者以師道自尊，以身作則，生心動念，舉足下足，悉由乎禮與法之中，然後億兆知所向風，天下莫不隆禮奉法，而世乃太平，師道畢矣。今言訓政，似亦張官師合一之幟。顧其實，則國敗官邪，強貪巨汙，剝削百姓，以成乎官僚資本主義，而族類危矣！世道至斯而慘極，不忍言矣。思維古義，孤坐黯然。

答周生

重陽來信，吾精力短，倦作函。「父母在，不遠遊，遊必有方。」玩下一語，仍非不可遠遊也。男子生而懸弧矢，豈當守一邱之壑耶？孝之道廣矣，年少力強，問學四方，眞積力久，超然自得，將以「爲天地立心，爲生民立命，爲往聖繼絕學，爲萬世開太平」，非孝之至歟？硜硜自守，雖無敗行，何補人群？賢者可造才，何自晝如是？吾子勿以爲已看古今書，已能明瞭當世名流。其實吾子恐猶未得眞眼目。此意難言，子之聞此也，縱不吾怒，絕不得無疑於斯。然若能共處，困學一番，當漸見此意耳。佛學最難得解人，談有談空，說玄說妙，其不模糊籠統者無幾人。讀書談何容易。鄉下蒙師教〈學而時習章〉，字字講得來，經師則以爲不通也。經師自負講得好，程朱陸王諸老先生又必以爲未通也。鄉塾窮豎不通訓詁，而經師非之；經師無神解，無理趣，不得言外意，而理學諸大師又非之。〈學而〉一章書，元是那幾字，而各人隨其見地以爲領會，則千差萬別也。凡人無眞見，無底蘊，讀天地間大著，反鄙爲尋常，讀無知之談，反驚爲神奇或富有。海上有逐臭夫，千古學人不陷此慘者有幾耶？產業直須漸捨，向後此爲禍根。

與薛星奎

來信收到。聞近讀理學書，不知如何讀法。若不善抉擇，恐難獲益也。治宋明儒學，於其反己體驗之眞切處，固宜以之自勘；與其許多精理名言，卻宜再三尋繹，得其條貫與體系而後衡其得失。理學究是禪與老氣味重，棲神虛寂，而難語於孔子乾元行健、富有日新及孟子擴充之妙。其思想方面亦往往過拘於身心之間，而於《易》所云仰觀於天、俯察於地、近取諸身、遠取諸物數語，則只有近取諸身一句，而失先聖至周萬物之神。今日言哲學，宜向西洋理智、思辨路數多用工夫，然後蕩之以佛老，嚴之以宋明儒，要歸於乾元行健、富有日新、擴充無已之盛。今人智劣，不足談斯事。幽居念此，仰屋諮嗟。星奎屢函，讚我之辭，適以謗我。茫茫斯世，知我者希，星奎何尤。子曰：「莫我知也夫。」「知我者其天乎？」古今獨至之詣，曠百世難索解人，乃求默契於蒼昊。余誠不敢妄引宣尼，然自有獨獲，漢唐巨儒之業，皆不屑為；宋明大師之學，何當墨守？矯首八荒，遊神千古，闔闢無礙，萬變皆貞，非窺大化之奇，詎測圓通之境。

答劉公純

治哲學者，研窮宇宙人生根本問題，有所解悟，便須力踐之於日用之間，實見之於事為之際。此學此理，不是空知見可濟事。若只以安坐著書為務，以博得一世俗所謂學者之名為貴，知與行不合一，學問與生活分離，此乃淺夫俗子所以終身戲論，自誤而誤人。吾子何慕於斯，必業務為厭患哉？

答韓裕文

信、思、證，此三方面之功，不可少其一。始乎思，終於證，徹終始者，信也。人無信不立，自信有力，能得能成。《新論．明心章》談信心所處，宜細究。思者思辨，或思索、思考，皆謂之思，此理智之妙也。極萬事萬物意繁賾幽奧，而運之以思，無不可析其條貫，觀其變化。思之功用大矣哉！心之官則思，繫於日常實際生活者，情識也，非心也。情識之役於境，是繫縛也，不能思也。離繫而後能見心。心不爲情識所障，而後思無不睿也。證者，本體呈露，自明自喻之謂也。學至於證，乃超越思辨範圍而直爲眞理實現在前。《論語》所謂「人能弘道」，《阿含》所謂「身作證」是也。思辨則與理爲二。佛家所呵爲有所得心，非獨體透露也。（獨體即謂本體。無對名獨。）哲學極於證，至於證而猶不廢思。周通萬物，亦神用自然不容已之幾也。

與周生

士先器識而後文藝，此定論也。考核之長，切勿自熹。宇宙無量，理道無窮。古今大哲人、大科學家所知皆有限，即綜古今來各大學者之知識而總計之，仍是有限。莊生知也無涯之嘆，可謂明智。然以其無涯而遂不求知，則小器也，廢物也。知無涯，吾求之之力亦與之爲無涯。君子自強不息，學不厭，誨不倦，發憤忘食，樂以忘憂，不知老之將至，人生所以體天行之健也。吾望汝爲大人，爲君子儒。（以上係近年能旦手錄，姑存於此。時在川也。）

附錄傳文六首志一首

王漢傳

王漢，字怒濤，一字竹庵，湖北圻水人也。少從姊夫同里何焜閣孝廉問《易》。焜閣學於同縣熊太晶孝廉。太晶講姚江學，踐履純篤，焜閣能傳其學。漢學有淵源，而深嗜《易》，所至恆持《易》書一卷，未嘗須臾去手。嘗與黃岡何自新、熊十力等爲講習會於圻黃間。漢同宗有老儒王經在者，治《易》精術數。咸同間，鄉人避兵者，未知東西等方何走爲利，請經在卜，吉凶輒驗。事爲府縣官所聞，言之胡文忠，召卜兵事，亦驗。文忠欲留之，經在固有道者，堅請還鄉，且曰：「術數不可爲訓．若淹留軍中，恐騰笑於外。」文忠笑而遣之。漢嘗聞老輩道經在舊事。一日與自新、十力燕談曰：「《易》故有數理，奈何流於術？」十力曰：「漢世《易》家已多方術，宋邵子猶然。吾不解術數，亦不欲知之。吾唯據本經以求數理。夫數原於虛，立於一，太極是也。一變而爲二，虛者將實，『坤』之--是也。《易》曰『坤作成物』，成物故實。物成而有對，故--。--者二也。二與一反，既成乎實，則乖其虛之本然故也。然一終不予二之反，復變而成三，『乾』之『保合太和』是也。太和者，虛以運實而無相反也。故《老子》曰『一生二，二生三』，造化之祕，如是而已。夫數以奇偶相生，無窮無盡，此貞常之理，於術數何與哉？」

漢聞而然之。自新以童稚補博士弟子員，天資豁達，豪邁不可一世。讀《易》至「群龍無首」，悠然若有會心，即試問漢、十力曰：「此何義耶？」漢曰：「人各自立，人各自主，則群龍也。天下不得有君，故無首也。」三人者相與撫掌大笑。漢學《易》初宗程傳。自新、十力讀王船山書，極感奮，以語漢，漢取讀之，至《易內外傳》曰：「此足以補伊川之不逮矣。然伊川切於踐履，船山固未離此本根也。」自新曰：「漢學貴笨功，宋學尚超悟。吾將求悟而無廢笨可乎？」十力曰：「審若是，可以爲通儒矣。」漢曰：「言之易，學不厭難也。」會清政不綱，外侮日亟。漢、自新同師何君。何君走京師，知天下將大亂，歸語漢、自新。漢、自新憂之曰：「亭林有言：『天下興亡，匹夫有責。』吾忍安坐以書生自了乎？」十力兒時觀劇、見漢衣冠而美之，曰：「今何不然？」父老告之故。十力曰：「胡人與漢人孰多？」曰：「漢人多。」曰：「奈何以多制於少？」父老不能對。十力極憤悶。稍長，聞父談歷代史事，至衰亡慘狀，輒痛心泣下。至是，十力從漢、自新赴武昌。武昌聞見較廣。三人者益熟知中外情勢，以爲清室不去，則民權無可伸張，何以禦外侮？慨然有革命之志。漢、自新共居旅舍，十力獨入軍營爲兵。時科舉未廢，人皆怪三人爲瘋狂。未幾，漢、自新多結納諸豪俊，相與組織科學補習所，未久而敗。十力在營中，潛通諸悍卒。清光緒三十年，鐵良以欽差大臣南下考察。漢謂桃源胡瑛曰：「天下之禍已亟，而士大夫猶昏昏無所覺知，此可奈何？清廷派親貴重臣南下，其以吾民爲奴，而猜防之無已也。吾欲與此獠俱死，恐獨力不勝，子能與吾共事乎？」瑛慨然許之。初擬待鐵良於武漢。潛江劉敬庵曰：「不可。此事一發，恐當道禁網日嚴密，吾儕欲有所經畫於武昌，難立足矣。盍於省外行之？」漢曰：「吾有老母在，亦懼牽累，因決赴河南彰德，候鐵良乘車至，邀擊之。」既抵彰德，漢語瑛曰：「吾不敢強君俱死也。君可別寓一旅舍，待吾死後，設法收吾屍，以死狀告於武昌同志足矣。」未幾，鐵良抵彰德，漢獨持槍伺站上，猛擊之。時天下承平久，書生故不習兵，槍連發不得中，衛兵來捕，漢急馳道旁井自溺。鐵良仍乘車去，命彰德知府根究。吏發其屍井中，得漢絕命書數千言，皆闡明民族民權大義及憤親貴亂政，願以身殉，爲天下倡。胡瑛貌爲行商，向彰德紳商交涉，收漢屍殮葬之。年才二十有二。漢之行刺也，新婚僅一月，竟無子。漢死後，劉敬庵等聞耗，即成立日知會於武昌，自新、十力皆與焉。自漢刺滿清權貴大臣，士人聞其風，多峻厲敢死。吳樾、徐錫麟皆繼漢之後而以一死褫清廷之魄，作天下之氣，其功顧不偉哉！民史氏曰：「王怒濤之精神與功德，皆從《易》學中得來。兩湖學者如王圻水、譚瀏陽，皆以身命實踐其所學，昭然與日月爭光矣！」

附記：王公在彰德就義後，胡瑛即回漢，轉赴日本。曾於東京報紙登載中國王漢在河南彰德刺清大臣鐵良不中，自殺。國內僅江蘇某報載其事，被官廳查封，後遂無敢道及者。故當時社會上多不知。民國初元，滬報載章太炎與民黨人閒談，謂宜調查清末志士殉義者，請政府表揚並優恤。時太炎隨手書出名單，王漢居首列。蓋王公為黨人之最初就義者也，然當時民黨曾向政府提出否，殊不可知，僅好事者以太炎手書名單宣布報紙而已。初元之際，王公從兄子書訪余武昌，余為之草呈文，請於副總統領鄂都督黎元洪表揚王公烈行，恤其家屬，並行文彰德，查明墓地，立碑紀念，或遷棺武昌，舉行公葬。時饒漢祥居黎幕，頗抑民黨，竟批云：候呈請中央。遂無結果。民國五年，余在南昌遇彰德一青年，問王公事。彼云：童年受書，屢聞父老談清末有王漢刺鐵良事。今年歲已遠，墓地不可知。子書民元北上訪胡瑛。胡云：無暇赴彰德查。略贈子書車費，子書不受而歸。余平生孤露，於世無緣，未能表彰亡友，耿耿之心，要不忍忘。今王公之事，日益湮沒。余已年衰，恐後更無知王公姓字者，故為之傳。王公夫人高氏守節，立兄子為後。夫人尚存，極貧苦。竊念武昌日知會，當時實加入同盟會，民黨老輩能憶王公之事者，猶當不少。國史不詳其行實，武昌及彰德無紀念，似非所以慰忠烈而勵人心也。王公生前少交遊，孤寂如余者，無力宣揚，終生抱痛而已。

民國三十一年十一月二十二日十力謹記

吳崐傳

吳崐，字壽田，號吼生，湖北黃岡人。縣城東有茶村故里，晚明杜濬於皇先生所居也。崐少時遊眺其間，慕於皇風義，慨然有光復之志。壯遊武昌，與王漢、何自新、劉敬庵、宋遯初、張難先等，規設日知會，印行革命宣傳文籍，分布軍營及學校。旋東渡扶桑，追隨孫公，參預同盟會，被選爲評議員兼《民報》社幹事。丙午五月，奉孫公命，偕法人歐幾羅來鄂視察黨務。十月，湖南萍醴發難，岷與日知會同志謀舉義，不克，劉敬庵等九人被逮。崐回原籍。家故濱大江，捕者乘兵輪至，崐適在家，剃髮及半，不動聲色，紿之曰：「吳崐剛外出。」捕者急返奔尋覓，崐乃從後戶趨江濱，乘漁舟，經兵輪旁上溯，以示不疑。人服其鎮靜，能應變。丁未春，與宋教仁、白逾桓密赴關外，集合李逢春、金壽山諸馬俠，設同盟支部於遼東。及夏，遍通關東大俠，眾益盛。欲襲據遼寧，逼榆關，窺燕京。事泄，白逾桓被逮，崐亡走日本。時孫公、黃公俱赴南洋，同盟會本部事無大小，悉委於崐。民國肇建，被選爲國會議員。時當選者，多由饋送得之，崐獨以勛望爲眾所推。袁世凱擅貸善後借款，又賊殺宋公教仁。崐提案彈劾，遂引去。六年，段祺瑞解散國會。孫公南下護法，崐與參眾兩院議員同赴粵。後漸厭倦政治生活，貧乏不能自存。會居覺生出長司法院，月致常廩。迄抗日軍興，中央核減政費，乃免。崐復困餓。張難先乃以鄂省銀行董事職讓崐。武漢陷，攜妻子走恩施。三十一年十月三日，歿於恩施旅舍。家貧不能殮，屍且腐。浠水王孟蓀聞而傷之，爲募資收葬。居覺生哀之，請於中央，明令褒揚，恤其子女。崐平生與宋教仁漁父交最篤。漁父洞悉世界大勢，有經國長略。民國肇創，漁父以內閣制呼號南北，初不爲人所注意，獨章炳麟太炎知漁父政治懷抱，甚推重焉。未幾，民黨亦以袁氏漸專橫，決推漁父組責任內閣。漁父擬以崐長交通，約崐北上。頗與袁氏左右周旋，冀解其羽翼。袁氏識漁父有雄才，乃急煎之。崐自是悒鬱鬱不得意，以酒色自放。同縣熊十力嘗憾之。鄂城劉芬伯垂曰：「壽田，天下才也，然不足爲第一流。使漁父而在，彼當以功名自見。漁父喪，自度世無能用之者，亦不願碌碌以取富貴，寧葬身花叢中。其志可謂若哉！」十力曰：「伯垂，壽田知己也。燃人生何可頹廢如是乎？世日益下，蠅營狗苟以致通顯，恣貪殘者，滔滔皆是。求如壽田之死而腐其屍者，何可得哉？何可得哉？」十力蓋追思壽田不置也。

何自新傳

何自新，字季達，一字醉俠，湖北黃岡人。黃岡大縣也，科擧時，應試者常數千人。南皮張文襄公常按試吾黃，嘆爲多才。自新以童年預試得第一，居榜首，文名動一郡。少與圻水王漢同師何炳藜焜閣。炳藜以孝廉北上，知康有爲上書事，念世變，歸與漢、自新言之。漢、自新嘆曰：胡文忠之在鄂也，江岸見英輪駛至，驚而昏蹶仆地，慮西夷之難敵也。前輩憂國之忱如此，吾儕敢不自勉乎？康有爲欲擁清廷以圖強，清室素內猜，非覆清不足自樹立。遂與十力共遊江漢，欲物色四方豪俊，而與之圖天下事。十力徑入軍營充一卒，自新、漢居旅舍，常往來各學堂與新軍間。未幾，識宋遯邂初於文普通學堂，識呂大森於武備學堂，識劉敬庵於某軍，識張難先、胡瑛等於工程營，又由胡瑛以與其師黃克強通音問。一時志士畢集，合謀創立科學補習所於武昌多寶寺街，武漢之有革命黨團自此始。時有疑武昌不易發難者，十力、自新並闢其謬，謂武昌據長江上游，南北關鍵，天下安危所繫。張彪以庸豎握兵柄，吾曹默運行伍，不數年可行大事矣。未幾，黃克強規取長沙。事泄，湘撫電鄂督查封科學補習所，黨人稍散。光緒三十一年春，王漢刺清親貴鐵良於彰德，不中，死之。語在〈漢傳〉。是年夏，自新與前補習所同志假武昌聖公會堂成立日知會。及冬，十力由行伍考入陸軍特別學堂。明年，十力與諸同志創設黃岡軍學界講習社，聯絡各軍營兵士及各學堂學生，名爲黃岡一縣旋省人士之結集，以避警吏注目故也。久之，張彪偵悉，密令捕十力，營務處陰令十力先遁。張彪遣密探嚴緝，自新設法藏匿，備極勞頓。是年秋，湖南萍醴發難。事敗，鄂督派軍警圍武昌日知會，捕劉敬庵等九人下獄。自新亦在名捕中，乃亡走江南數年，以病還黃岡，卒年二十九。自新英挺有大志，穎悟過人，少負時望，有劉青田之目。爲學尙博通。及居武漢，以結納豪俊爲務，不免荒棄所學。自負有知人鑑。嘗謂十力曰：「君弱冠能文，奮起投筆，可謂有英雄之氣，然解捷搜玄，智窮應物，神解深者機智短也。學長集義，才愧經邦，學問與才猷不必合也。夫振絕學者，存乎孤往，君所堪也。領群倫者，資乎權變，君何有焉？繼往開來，唯君是望。事業之途，其可已矣。」十力怫然曰：「天下第一等人，自是學問事功合轍，兄何薄吾之甚耶？」自新默然不復言。民國既建，亂靡有定。自新固死於辛亥前一歲，十力孤存天壤間，荏苒不自立。久之，從軍湘鄂，浪遊兩粵，默察人心風會，益知來日大難。於是始悟我生來一大事，實有在政治革命之外者，痛悔已往隨俗浮沉無眞志，誓絕世緣，而爲求己之學。每有荒懈，未嘗不追思吾自新之言，以自愧自勵也。嗚乎！吾老矣，所學猶在知解間，知及而不能仁守，其負吾友也深矣。自新稍長於吾，體弱多病，嘗戲謂曰：「書生結習，難亡百世名。我將以傳文累君。」十力聞之而懼。德業不進，已則無聞，而可傳自新耶？三十餘年來，未忍忘此囑，而不敢一執筆。今以鄂人徵集先烈事跡，以自新傳見責。

老懷棖觸，輒搔首望天，而不知淚之所自也。

附記：自新夫人杜氏，貧苦守節，與怒濤夫人高氏同一艱辛備歷，大節凜然。自新有一子，杜夫人教之成立。民三十五年春，余由川回漢上。適全椒王東原主鄂政，始以王何二公崇祀案提交省府會議公決，就武昌抱冰堂側建王公專祠，以劉公敬庵、何公自新配享。議既定，王君適奉命調主湘政，此案或復擱置。姑志此以待後之人，夫崇德報功，風化之原也。鄂中先烈湮沒如此，可以觀世變矣！

彭太公傳

貴溪彭凌霄程萬有峻節孤誼。辛亥武昌首義，贛省諸郡縣率先響應，而各建軍府，不相統屬。凌霄始定全贛，綏民庶，厚軍實，推李烈鈞率師北伐。滔滔江漢，波濤不驚，革命大業，於是粗定。凌霄之功，可謂巨矣！及南北統一，曾主江西省政。維時黨囂士嘩，無復深慮。袁氏盜柄，違反民治。凌霄憂大亂將至，扶傾無力，潛蔫高蹈，終守窮約，不易其操。志定而節苦，行晦而憂深，視富貴如腐鼠。余與凌霄為昆弟交。嘆美至行，而知其先德貽謀遠也。凌霄嘗以太公狀來，屬為之傳。余曰：「義不敢辭也。」謹按狀。公姓彭氏，名興邦，後改名大興，字楨祥。世居江西貴溪縣北鄉流嶺村。曾祖大年，始習儒術，舉茂才，文章書法，時人推重。屢應鄉試不遇，家資中落。父松林，讀書未成，亦不事生產。母劉氏，本出豪宗，未堪操作，常倚外家為活。公生而赤貧，不能就學，自幼與諸弟並習農業，勤苦備至。力田之餘，旁及副業。天才恢豁，億度屢中。性行強毅，足以幹事。開源節流，靡不精究，雖衛公子荊善居室，殆無以過之。家業既豐，不條私殖。濟困扶危，施捨無吝。閭里無告，呼為善人。橋梁道路，斥資修舉，歲歲踵行，眾享其利。邑中金沙鎮故有十方叢林一所，佛像塑以金身，為費頗巨，終無伐善之心。平生篤於信仰，禮神祀祖，必誠必敬。外出遇婦女輒折回，人以迂固議之，不稍變也。事父母能孝。母年至八十餘，常畏寒，冬春必伴母眠食，奉養不忍儉。性豪邁，好客。詞峰峻利，邑之名士，多所交納，嘗以辯才周旋，莫或能屈之也。平居嚴毅，衣履整潔，坐不歪邪，行必端正，昂首直視，岸然自尊，於人鮮當意者。邑俗故趨武科，武舉人及官侍衛者頗眾。公顧欲興文教，自以幼時貧苦失學，年二十以後，便令諸弟從塾師受經，習章句。入夜，遂與諸弟篝燈共讀，以故粗通文義。立身行事，多本經訓，非舉業之徒所及也。娶朱夫人，籍安徽涇縣。其祖父某，商於貴溪，遂家焉。朱氏之門，多以詞林至大官。夫人歸於公，渾忘華貴，事姑盡禮。與家人及鄰里處，數十年從無疾言遽色，族黨稱之無間言。蓋公有乾剛之美，而夫人承之以坤順，此其家道所由成也。公兩子，長克勤，入武庠。次克亮，冊名程萬，字凌霄，以茂才留學日本，辛亥光復，都督江西。而公已前卒，不及見矣。

傳以平墓誌

余昔以《新唯識論》講授於北京大學。鎭寧傳生以平，方肄業師範大學，每遠來參預講會，未嘗曠廢。旋與其同學閻侯李生景賢來謁。察其貌，欿然恆若不自足，而奮厲之志，潛蓄於中者已甚深也。默然不敢逞其辭於人前，而明慧內蘊，於當世少所可，人益感覺其不可輕也。隱然民物在抱，而汲汲焉吾斯之未能信，人益知其所自待者不薄也。溫然不言，而飮人以和，使人親之不敢狎，敬之而毋或憚也。竊嘆生之年方少，而卓爾有遠致。自是約課暇即來，來則寂然相對，少所語。興之所發，談言微中，而生自以爲天地萬物之理，上下古今之變，若有相喻於幽默中，視課堂所得，乃眞粗跡耳。余喟然曰：「生勉乎哉！」未幾，生以父喪回黔。適抗戰軍興，余亦來川，遭逢多難，無緣合併。忽報生不幸短命死矣，年不及而立，遺孤才半歲。嗚呼哀哉！天之生才，既予之厚，而奪之速，其可問耶，不可問耶？生之友好，集賻公葬生於貴陽禹門外虎峰之原。其妻袁孟英乞余一言誌其墓，不忍卻也。中華民國三十一年十一月。

鄧彥芬小傳

鄧彥芬，字晴皋，四川古藺人。父禮堂，學宗程朱，持身嚴峻。彥芬少承家學。清光緒丁酉，以撥貢舉於鄉。入太學六年，學成，授博野知縣，派赴日本考察。居大學時，值庚子之變，同舍有議懸白旗於學宮以免外兵蹂躪者，彥芬力持不可，議卒寢。宰博野，廉讓爲治，士民化之。以課最膺薦，大府陰索賄，彥芬峻拒，即告終養而歸。是時清政已腐壞，彥芬知清運將終，無仕進意。民國既建，彥芬憫政俗益敝，鄉居三十餘年，不一接新貴與軍閥。老而好學，日親經史，於《易》、《詩》尤耽玩。與井里後生言，援引古訓，以繩時俗，辭氣婉和，聞者感動。好爲詩，有《默聲堂集》，余未之見也。古藺之學者，昔在舊京。多從余遊，皆稱其鄉有鄧先生，潛德弗曜。余詢諸子，鄧先生方古之高隱，可與誰匹？潘從理曰：「先生解悟所至，視管幼安何如？不敢知。然其胸次蕭然世外，其行履平實，無絲毫矯異乎鄉人，恐幼安無以遠過也。」余曰：「有是哉！清而不激，和而不流，可謂安且成矣。」及余避寇入川，古藺許息卿來問學。其母鄧先生侄也。時稱說鄧先生孝友之行爲難能云。

劉慧凡小傳

劉慧凡，湖北羅田人。少與麻城嚴重立三同學保定軍官學校。立三誠摯，念念與生民痛癢相關。慧凡謹厚，有行一不義雖得天下弗爲之守。立三曾任文武大官，自度才具不足濟一世，恥不義而富貴，棄官隱廬山，躬耕自給，長服菜羹，竟以苦至死。所著書有《大學考釋》、《通論中國學術流變》，自出心裁，識者重焉。人或疑立三矯激，然獸蹄鳥跡盈天下，世顧有矯激如立三者乎？立三與陽新石蘅青瑛、沔陽張難先義痴，天下號爲鄂中三怪。人失其性非一日，見有人焉者，安得不群相駭以爲大怪哉！慧凡亦嘗任軍職，人皆稱其材兼文武，將大用，顧憤舉世習於狼貪虎噬，乃謝交絕遊，閉戶讀書。晚居黃州城隅，租地自耕。民國二十四年冬，余自舊京南歸度歲，與番禺伍庸伯遊赤壁，同訪慧凡。黃城僻在荒江，不當孔道，居人稀少，廬舍蕭條。慧凡室大如斗，頹垣敗瓦，不蔽風雨。日以菜羹稀粥果腹，怡然自得，別有天地非人間。余甫坐定，慧凡問曰：「昔訪公杭州，問《大學》致知，朱王二義，孰得孰失？雖承剖析，猶未釋然。」余曰：「君何不超然朱王二家之外，反諸自心，斯理豈遠乎？」慧凡忽有省。立三與余同寓杭州近一年，慧凡才兩面。余知慧凡，自立三也，今兩人皆逝矣。然立三有盛名於天下，慧凡姓字不出鄉里，余尤哀慧凡也。

十力語要　卷二

與周開慶

昨秋君毅來函，論及羅整庵薄陽明知心而不知性。此一問題在程朱陸王諸師派下所爭至劇。吾昨欲詳答之，當時意思極多，會《語要》卷一校刊亟，遂置不答，爾後遂無執筆興致。久之，此等意思亦消失於無形。大抵此問題亦是儒佛所由分。儒者即心見性，尼父「五十知天命」，而其功效所極，則曰「七十從心所欲不逾矩」。心即性也，於此徵矣。孟子曰，盡心則知性知天，猶孔氏之旨也。佛氏亦何能於心外覓性？然其言性，終偏於寂靜，則宗門作用見性，似猶是權詞。而性體眞寂，不即是虛靈知覺之心也。程朱猶近於佛，陸王反合於儒，此前儒所不審耳。

不朽之問題，若以知解推論，自可敷陳十義百義至無量義，實則都是閒言語。吾年三十以往迄於四十，追求此問題至切，然終以其求之而不可得眞實解，愈索解而愈迷離，卒乃止息追求，任之自爾，而無不適矣。尤復須知，人之不甘心於死而遂朽者，其根本要求畢竟在靈魂永存而已。靈魂是否永存？其本仍在有無靈魂。果有有之，是否即永恆？猶有問題在。然靈魂有無一大問題，古今聚訟。由科學言之，則完全無徵，而可斷言其無；（可斷者，科學家以為可也。）

由哲學言之，則事不可徵，而理不必無。因此而信以爲有者，在哲學家中亦不乏其人；由宗教言之，則根於信仰，而堅執爲有。三占從二，其唯虛懷而默於所不可知，雖不能信，亦勿遽遮撥焉，斯可矣。總之，人皆有要求靈魂永存之觀念似不容疑，即其以知解作主張而否認靈魂者，恐其持論是一事，而其骨子裡對於靈魂永在之要求未必能掃除淨盡也。人果無死而不亡之要求，則其生活必無力，而且不欲以瞬息生矣。須知有生之物，其生活力量皆由陰驅潛率之勢力使之然，非知解所得爲功，此非深於反觀者每不自知也。反觀工夫唯人得有。人之尤靈而爲聖哲，則此工夫更精透，一般人則不足以語此，禽獸更不得有此。近世學術，重客觀而黜反觀，雖於物理多所甄明，而於宇宙眞理、人生眞性之體驗，恐日益疏隔而陷於迷離狀態矣。吾不欲斷言靈魂之爲有爲無，但確信人皆有靈魂永存之要求。此等要求恆伏於潛意識，而人或不自覺；正唯其不自覺，其勢力乃極大無垠；又以其屬於不自覺也，故終是信仰上之事，而不是知解可以解析也事。開慶必欲知吾對於不朽之觀念如何，吾之所可言者，止此而已。

又今日中國人之生活力最貧乏，其生活內容至空虛，故遇事皆表見其虛誑、詐僞、自私、自利、卑怯、無恥、下賤、屈辱、貪小利而無遠計。蓋自清末以來，浮囂之論，紛紜而起，其信仰已摧殘殆盡。宣聖曰：「人而無信，不知其可也。」

覆張東蓀

北大轉到來教一封，係弟未抵平時所發。本日又得惠書，茲略答如左。一、前函謂宋明儒實取佛家修養方法，而實行儒者入世之道，其內容爲孔孟，其方法則係印度云云。弟於此微有異議。果如來教，則宋明儒學乃兩把搭合而成，如此拉雜，成何學術？爲學方法與其學問內容，斷無兩相歧異之理。向來攻宋明諸師者，皆謂其陽儒陰釋，此眞橫議。吾兄不謂宋明學全出釋氏，但謂其方法有採於彼，是其持論已較前人爲公而達矣。然弟猶有異議者，何耶？則以孔孟儒學之內容，必不能全用印度佛家方法故也。夫孔曰「求己」，曰「默識」；孟曰「反身」，曰「思誠」，宋明儒方法皆根據於是。雖於佛家禪宗有所參稽兼攝，要非於孔孟無所本而全由蔥嶺帶來也。（朱子譏陸象山之學由蔥嶺帶來。今借用其語。）凡一學派之傳衍，恆緣時代思潮而使舊質料有所蛻變，新質料有所參加，此中外所莫不然。宋明之世，佛家禪宗思想已盛行，諸儒不能不受其影響，亦何足怪？實則宋明儒於孔孟之形而上學方面確屬深造自得，而有偉大之成績，其思想皆自成體系，但散見語錄，非深心體玩則莫之能知耳。至若甄驗物理人事，足以利用，則晚周儒生之學所爲廣博，而不偏於玄掌一途，宋明儒則不免疏於實用，亦參融禪學之過也。陸王之徒既反對程朱《大學》格物之訓，而程朱以即物窮理言格物，又但有主張，而未嘗詳究方法。其平居體驗人事物理，蓋不外暗中摸索與憑穎悟所儻獲，既無精核之方法，則雖明物察倫，亦往往冥會其通，而未嘗解析部分、明徵定保，以構成某一部門系統的知識，此科學所由不發達也。兄疑其方法全採印度，或以此歟，然弟則以爲宋明儒本偏於玄學一途，其玄學方法仍承孔孟，雖有所資於禪，要非純取之印度，故於尊論微有異議也。夫孔門注重六藝，（禮、樂、射、御、書、數，即簡單的科學。）孟子精研政治與社會問題，特有發明，非但爲鞭辟近裡之功而已。及宋明儒則一意反身默識，以充其德性之知，而於徵事析物，即所謂聞見之知則不免視爲外馳，雖此言容稍過，至少亦有此傾向，是其視晚周儒家已變而狹矣。大抵東方哲學與西洋科學各有範圍，各有方法，並行則不悖，相詆終陷一偏。科學以由感官所得經驗爲依據，非用客觀的方法不可。哲學所窮了者爲本體，而宇宙本體實即吾人所以生之理，斯非反求與內證不爲功。故東方之學終非科學所能打倒。明知此論爲時賢所不許，但不妨向吾兄一傾吐耳。

二、第二函謂英人懷特海之哲學與弟之《新唯識論》頗有相通之點，余生撰一文以相比較。余生於懷特海既未知所得如何，其於《新論》至多不過粗通文句。文句有限也，而文句所詮之意義乃無限。余生目前尚未了解《新論》，又何從比較耶？今學子習於膚淺。吾儕從事論述，唯此孤心長懸天壤耳，若欲索解人於當世，恐爲自苦。

三、前夕尊寓暢談，孟劬先生略及今之治史志者，異執朋興，此誠無可如何。弟以爲今日考史者，皆以科學方法相標榜，不悟科學方法須有辨。自然科學可資實測，以救主觀之偏蔽；社會科學則非能先去其主觀之偏蔽者，（先字是著重的意思，非時間義。）必不能選擇適當之材料以爲證據，而將任意取材，以成其僻執之論。今人疑古，其不挾私心曲見以取材者幾何？眞考據家亦須有治心一段工夫。特難爲今人言耳。

附張東蓀答函云：復書拜悉。所論宋明儒學與佛學之關係一段，細繹之，與弟所見亦無大差。特弟前函太略，未將所欲言者充分說出耳。弟以為反身、思誠等，在孔孟本人或有此種體驗，但當時並未釐為固定之修養方法。自宋明諸儒出，有見於禪修，乃應用印度傳統之瑜伽方法從事於內省，（由敬與靜而得。）遂得一種境界。此境界雖同為明心見性，然與佛家不同。蓋佛家所得者為實證真如，而宋明儒家所得者為當下合理。二者所達不同，而其為內修則一也。以西方術語言之，則一為玄學的，一為倫理的；一為求見宇宙之本體，一為體合道德之法則。潛修以窺破本體，其結果得一「寂」字。一切皆空，而空亦即有。於是事理無礙，事事無礙。潛修以體合道德，（「道德」二字似太狹，不如直呼爲做人較妥。）其結果得一「樂」字。宋明儒者之詩如有云「萬物靜觀皆自得」，與時人不知予心樂者，不可以尋常句子看待也。故印度之文明始終不離為宗教的文明，而中國之文明則始終不失為倫理的文明。宗教的文明，無論其本質何似，而總不免有出世色彩。至於倫理的文明則純粹為入世之物。此點可謂宋明儒者在人類思想史上一大發明。弟將為長文以闡明之，不知公亦贊成否？漱溟於此似已稍稍窺見，特不知與弟所領會者果相同與否耳？

再答張東蓀

答教拜悉。弟以爲儒家與印度佛家同爲玄學，其所不同者，一主入世，一主出世而已。眞如不是一件物事，除卻當下合理，又何所謂眞如？《涅槃經》乃最後了義，即於心之，「常樂我靜」而說爲如。（具云真如。）故「樂」之一字不必爲儒佛之判也。唯佛主出世，故其哲學思想始終不離宗教；儒主入世，故其哲學思想始終注重倫理實踐。哲學不止是求知，而是即知即行，所謂體神化不測之妙於庸言庸行之中，此儒術所爲可貴也。總之，儒佛二家之學均廣大淵微，淺智所不能了，令人亦無肯肄習者。尊論何時脫稿，甚願得一讀也。

又「當下合理」一詞，若深究其含義便甚難言。其所以爲當下合理者，以是本體呈顯故耳。若不見體，又何當下合理可言？夫子「七十從心所欲不逾矩」，才是當下合理之極致。佛位亦不過如此。凡夫本有此種境地，但習染所蔽，不克發見，不自證得耳。吾兄以求見本體歸之佛，而謂儒者爲體合道德意法則，似謂當下合理即緣體合道德法則之效果，此弟所未能印可者。須知若不見體，則所謂道德法則便純由外鑠而無內在的權度，此告子義外之論，所以見斥於孟子也。唯見體故，斯有道德之法則可言。孟子所謂居安資深，取之左右逢源者，乃無往不是天則，無時無在而非當下合理。宋儒詩所謂「等閒識得東風面，（此喻見體。）萬紫千紅總是春」，可謂善於形容。到此境地，佛謂之「大自在」，儒者謂之「樂」，《涅槃經》亦謂之「樂」。

儒者的然實證本體，而不務論議，專在人生日用間提撕人，令其身體力行，而自至於知性知天。（知性知天即證體之異語。）故儒家之學，自表面觀之，似只是倫理學，而不必謂之玄學，實則儒家倫理悉根據其玄學，非眞實了解儒家之宇宙觀與本體論，則於儒家倫理觀念必隔膜而難通。

儒家注重踐履，此其所長，而由此不務敷陳理論，則了其精義宏旨者，僅少數哲人，而大多數人乃無從探索，而不見其有何物，此亦儒術所以衰也。

《華嚴》四法界，歸於事事無礙，到此與儒家無二致，會通四子、六經，便見此意。

弟每欲有所論述，顧衰世百艱，苦無意趣，若有少數同志隨時短簡商榷，必不無所解發。朱子詩云「舊學商量加邃密」，至有味也。

附張東蓀答函云：二次復書拜悉。弟意尚有未伸者，請再為公陳之。弟以為所謂玄學的與道德的云云，甚至於本體論、宇宙論、認識論之分別，皆基於西方學術重分析之精神而出，遂有此種分別部居之事。至於東方則根本上為渾一的，故謂宋明儒學為道德的一語，卻絕不包含有宋明儒學為非玄學的之義在內。以在西方所謂道德的與玄學的二義可以互相排斥，而在東方（中國。）則此二義非但不相排拒，且常併為一義，不可強分。尊函論及本體一層。弟自西洋哲學之觀點以觀，覺稍有伸論之必要。蓋弟始終以為本體論為西方哲學之特色。有人謂認識論為西方所獨有，殊不知印度哲學上之認識論實甚精微。印度哲學亦講本體，但其本體即是所謂如，並不是一件東西，以西方術語言之，乃係以宇宙論代替本體論也。中國思想亦然。中國最古之玄學自是《易經》。《易經》只講宇宙論，而無本論。若以不甚正確之言表之，則可謂西方確有本體論，印度只是以宇宙論當本體論講，中國又只是以人生論當本體論講。吾謂宋明儒者修證之結果得一「樂」字者，其玄學的背景當然根據於《易》，此即生生不息之理。以大宇宙之生生不息，遂致小宇宙（即個人。）能有此心活潑潑地之一境也。因其玄學的背景不同，故佛家之修證與宋明儒者亦不同。弟嘗謂佛家之修證在於得見，其為見也，猶如庖丁解牛；宋明儒者之修證在於所行，其為行也，恰似行雲流水。因其為見，故為當下直指；因其為行，故為遍體流行。其結果，得見者只能得一「澈」字；而得行者乃可得一「樂」字。此二者之別也。且弟始終覺得西方之道德觀念與宇宙見解、本體主張可以相關聯，但仍必為三者，不可混而為一。中國不然，其道德觀念即其宇宙見解，其宇宙見解即其本體主張，三者實為一事，不分先後。此種態度。在西方則統名之曰神祕主義而鄙視之。

弟則以為中國思想之優點亦正在此，特如何以保留此種優點而仍能卓然自立於西方文明大昌之今日，則頗為問題。誠以東方之自得之樂與西方之馭物之智，如何融合並存，不得不大費苦心矣！弟極思有以解決之，而深感一人之力有限，此則非區區短箋所能盡述者也。

答朱進之

寄漢寓函早收到。吾南還忽忽一月，家居擾攘不寧，精神散亂。老來歲月如此虛度，惶懼可知。頃率池生來黃州赤壁寺中。黃州係故郡城，今爲縣治，但距吾故宅尙九十里。赤壁雖由蘇軾得名，然江山之勝，確足以千古矣。余坐臥讀書於危樓之上，俯瞰大江東去，眞乃海闊天空，西湖無此勝也。故鄉風月宜人，冬暖如春。早起江干緩步，生趣油然。病軀得此，樂可知矣。自平同來者，老友伍庸伯先生亦於茲共處，可謂不孤，唯念賢輩不得相聚，是一憾耳。

來函謂東西文化各有毒質，其說自是。世相，一切相待者也。優質所在，即毒質所存，天下皆知美之爲美，斯不美矣；皆知善之爲善，斯不善矣。老氏所以爲達也。東方文化，其毒質至今已暴露殆盡，然其固有優質之待發揚者，吾不忍不留意也。西方文化之優質既已顯著，然率人類而唯貪嗔痴是肆，唯取是逞而無饜足，（取者，向外追求。）殺機充大宇，既造之而亦畏之，既畏志而又力造之，飛蛾投火，猛虎奔阱，猶曰無毒質也，自非小知溺俗，其誰肯信？夫無超世之量者，必無超世之識；無超世之識，則不足與究眞理。昧眞理故，斯眩於目前得失，苟且隨俗，不敢違眾而獨有所主。無所主故，即偷活人間，而無所謂願力。吾子疑余有終身之憂，而意不謂然，因以獨善爲得計，以杜門講習爲清醒合理之生活。夫杜門講習，子如是，吾亦如是。清醒合理則子恐未然也。正法淪亡，眾生惑染，吾不知憂，是謂昏擾，何清醒之有？是謂濁亂，何合理之有？哀哉群生顛倒而不知憂也！無始時來，已如此矣。吾正懼夫陷於顛倒而不知憂也，子且以有憂爲吾慮哉。

來函意謂大法已衰，勢無可挽。不知衰故須挽。法若不衰，則世尊出世亦了無意義矣。見其衰也而靡然隨之，則化育於此熄。昔者釋尊懸記；過千載後，我教法滅。時當有非法出於世間，十善悉壞。其後果如佛所預言。諸邪見輩諍競，佛法索然頓滅。爾時佛母摩訶摩耶夫人天上來，下詣諸眾僧所，號咷啼泣，嗚乎苦哉！是我之子，經歷阿僧祇劫，修諸苦行，不顧勞體，積德成佛。今者忽然消滅，而說偈言：我是佛親母，我子積苦行，經歷無數劫，究竟成眞道，悲泣不自勝，念法忽磨滅。爾時世尊語釋提桓因、四大天王、諸天世人，於我滅度之後，法盡之相，如上所說。是故汝等今者不可不以勤力，加於精進，護持正法，久令在世。爾時諸天世人聞佛所說，各各悲顏，以手揮淚，頂禮佛足，各自退去。（詳見《雜阿含》卷二十五。）夫世相無常，佛之教法亦不得無滅時，然有不可滅者，即此法之本眞與夫佛之願力，此皆不可滅者也。當佛法滅盡時，佛母啼泣悲苦，而佛猶語諸天曰：不可不以勤力，加於精進，護持正法，久令在世。嗚呼！斯言也，斯心也，非本於至眞至實而不容已者，其得有是歟？推此志也，國雖亡必圖強，種雖危必保世滋大，豈唯正法不終微而已哉！願吾進之，反諸此心，而得其不容已之眞實，必將與吾同憂，以共相策勵而不懈也。夫儒之論學，始於立志；釋之論學，始於發心。志趣不正，心願不宏，縱勤求世智辯聰，終爲細人之歸耳。進之夙聞正法，其忍自居劣俗，虛負此生哉？吾得來書而愀然不怡，屢欲函進之，顧不獲撥冗以凝神。心所欲言，難於暢達，執筆而停者數矣。然與其含忍不言也，蓋若言之而不達。故仍略申吾意，唯進之加察焉。

答君毅

來函所說二端，其前一端，固吾夙所主張也。體會之功，所以自悟。論辯之術，雖為悟他，而自悟亦資之。此土儒道均尚體會而輕論辯，其得在是，失亦在是也。測物之知畢竟欠缺也。印土佛家自悟悟他，雙方兼顧，誠如所云。然諸大論師畢竟尚玄悟而不基實測，與遠西學者論辯之術又不同途。至云根本道理與各部門散殊的知識，本非睽而不通。此則誠諦，吾何間然？宣聖曰「一以貫之」，《般若》說「如，非一合相」。（如者具云真如。唯如非一合相，所以非混條然萬法而為如，乃即此條然萬法而皆是如也。故一貫之旨，非混萬為一，正於萬見一。）唯其如此，故智者依本智而起後得，（佛家依根本智，起後得智。）德性之知既擴充，而聞見之知亦莫非德性之用。（儒家認識論中以此為極則，實與佛家本後二智義相通。）故學眘求知，雖不遺散殊，而要在立本。來書所舉第二端與第一義自相關，毋須別答。

吾賢次難，似於《語要》卷一未嘗措心。卷一〈答張東蓀先生書〉中曾言所以作《新論》之意。此土著述，向無系統，以不尚論辨故也。緣此而後之讀者求了解乃極難。亦緣此而淺見者流不承認此土之哲學或形而上學得成為一種學。《新論》劈空建立，卻以系統謹嚴之體制而曲顯其不可方物之至理。學者誠肯虛心、細心，熟習此論，必見夫此土晚周儒道似迄宋明，旁及印土大乘，其諸哲學家中，對於宇宙人生諸大問題無不網羅融合貫穿於《新論》之中。旁皇周浹，無所遺憾。又其針對西洋哲學思想以立言，而完成東方哲學的骨髓與形貌。若治西洋哲學者而頭出頭沒於其推論設證之間，不獲昂首網羅之外，一究眞理蘊奧，則於《新論》寄意亦必漠然，謂爲無物。此誠無可如何之事，而亦無所用其計較者也。《新論》只是完成東土哲學或形而上學，其立言自有領域，然未嘗排除知識，即非不爲科學留地位。須知講哲學者只不反對科學與知識，其爲書也，非必取世間各種知識而悉敘說之也。

儒者何嘗專講一本而遺萬殊？假設陰陽，以明變易不易之理，而天道之奧（天道者，本體之代語。）與夫人事物理之至動至賾而不可亞、不可亂者，莫不究明焉。（《易・繫》曰：「言天下之至賾而不可惡也。」案荀爽惡作亞，次第也。設舉一事一物而推尋其因果關係，實無窮無盡，乃展轉相緣以俱有。莫究其始，莫究其端，何可為之次第耶？荀說是。）此《大易》所以與天地準也。《春秋》本玄以明化，（董子《春秋繁露・重政》云：「元猶原也。」何休《公羊》注云：「元者氣也，無形以起，有形以分，造起天地，天地之始也。」）深察百國政俗與人群變端，因推三世以明大同太平之休美。甚盛哉！制割萬有而讚襄大化者，是所以文成數萬，其指數千也。《易》與《春秋》，其義皆在辭外，宜乎守文者所不與知。若乃《禮》、《樂》之隆，原本性情，周行萬物萬事而莫不暢。《詩》則極人情之眞，而人生意義之豐富，於茲可識。儒者之道，如此其廣大悉備也。而吾賢乃謂其專論一本而遺萬殊，何哉？夫學者，讀古書貴通其意。六經之言，雖運而往矣，若其微意所存，則歷劫常新，而未嘗往也。學者求之六經而得聖人之意，則學不當陋，而道豈容拘？智周萬物而後不陋，易簡理得乃始無拘。善學者，博約兼資，約以造微，（微者單微。理之極至，則易簡也，故謂單微。又微者微妙，所謂「眾妙之門」是也。約者，實踐實證，實有諸己之謂。博者徒務多知，縱上究乎玄，而仍不離知見也。約則極玄，而體之日用踐履之間，心與理冥為一，不只是一個空洞的知見。）博以盡物，（盡物者，謂窮盡萬物之理。）夫物理不可勝窮也，而精煉於或種部分之知識者，勿以一曲之見而衡一切，足以知類不紊，又必觀其會通而究其玄極，其斯之謂盡物矣。君毅有才氣而能精思，吾所屬望至切，倘得緣會，析諸疑義，則孤懷寥寂之餘，良得所慰已。

答滿莘畬

來教久稽裁答，因聞鄉閭匪患，心緒總不寧帖，今略酬如左。

一、來函云：「唯識舊師建立種子，為一切現行之因，處處皆死煞，真如幾等贅物。而《新論》（具云《新唯識論》。）則以剎那頓變必顯諸行相為流行不住，此即到處皆是活的，始見真如之大用。」

舊師關於宇宙論方面之見地，則建立種子以為萬有肇始之說明，此與西洋談本體者有建立一元或多元等同一戲論。《新論．功能章》及《破破論》（具云《破破新唯識論》。）辯之已詳，而守文者多不悟，非吾兄之明睿，何能及此？

二、來函云：「舊師關於心理方面之見地，則以一切心及心所皆由種子生，而於種子，復許有染淨混集之本有種。夫染汙種子既屬本有，則何須斷之乎？如謂去染留淨，如淘金沙然，去渣滓而存純金，則將心理看作礦物一般，而心其果如是耶？況與染汙雜居之淨種，自非絕對的純淨。然已許其為法爾本有，則又從何覓本心？即如何見所謂常樂我淨之真心耶？因此染淨二種本有之上，不能更建立本心，義不應爾故。且種子既曰本有，則是無因而生，亦自違緣起正理。總之，舊師建立本有種子，最不可通。」

《新論》既遮撥舊師種子義，而亦變通其旨，以言習氣。習氣潛伏沉隱，亦得名種子。其現起即名心所。凡今心理學上所謂心作用者，其全部幾皆是習，其屬於不自覺之潛意識，亦皆習氣之潛隱而為種子者也。《語要》卷一第七十三頁〈答謝石麟書〉內有一段亦言及此。其發明古義，糾正後來大乘師之失，可謂功不在禹下。

《新論》以心所即是習，亦得云習心，止與本心同行。本心即性也，是乃固有之也；即是功能，即是本體顯現也。染習乘權則蔽其本心，然本心未嘗不在，順之以起淨習，則本心力用增長，而固有之全體大用畢彰矣。本心者，隨義差別而多為之名。以其雖主乎一身，而實渾然與天地萬物同體，則謂之心；以其為吾人內在的生活力，有主宰用，則謂之意；以其發見為意知思慮見聞臭觸等等了別作用，則謂之眼識、耳識乃至意識。如此真切，令人直下覿體承當，真是千古正法眼藏。舊師既分八個識，又且一向是染汙現行，不知從何覓得本心來，豈不斷絕佛種？」

此中彈正舊師，抉擇新義，字字金玉。自《新論》問世以來，如此精鑑，得未曾有。舊唯識師建立種子，實乖釋迦本旨。考釋尊說法，以見於《阿含》者為最可依據。《雜阿含》卷二第二十頁，佛告婆羅門，我今問汝，隨汝意答，婆羅門於意云何？色本無種耶？答曰：如是。世尊：受想行識本無種耶？答曰：如是。世尊詳此，則色法、心法，本無自種，所以說諸行性空。《般若》猶承圓音而盛演之，至唯識則浸乖勝義矣。近常為韓生鏡清說《阿含》，推尋釋尊創見與後來佛家思想關係，頗有所獲。惜乎隨得隨忘，未及條而理之。衰世百艱。不得暢心素業，此無可如何也。

三、來函云：「翕闢之義，初未敢深信。竊以為非真見體後，不敢輕置可否故也。今每靜心體察，乃於吾心之不物於物處，識得闢以運翕的道理，而豁然無疑矣。」

吾兄能於生活上體會此理，甚善。然翕闢義，就宇宙論方面言之，其待闢之義蘊甚多。弟常欲別為一書，以相輔翼，總苦精力不給。大抵此等處最感困難者。爲科學知識之缺乏。吾儕不幸少年無治科學機緣，今已老大，夫復何言？每有思維所及，自驚神解，卻未能搜檢各種科學上之材料以爲推證之助。即令筆述所懷，反懼單詞奧義，無以取信於人，故提筆而又輟者屢然也。然思解以寫述而愈精，不寫不述則亦忘失，而甚至晦塞以殆盡。平生少成功，亦由此之故也。吾常謂後生不可輕發表文字，要不可不多作文字耳，老兄當同茲感耶？

四、來函云：「《新論》能習之分，精義入神，舉中國千餘年來言性命者所未能言者，和盤托出。非真實見體，哪能道得隻字？」

難言哉習也。佛家所謂賴耶一大識藏，充盈法界只是習而已矣。釋尊千言萬語，無非破除染習，豈有他繆巧哉？談哲學者，於此自勘不清，還說甚宇宙人生，皆戲論耳！皆虛妄分別耳！《新論》談習氣處，字字精貼，顧讀者若不澄懷反察，則亦看作閒言語耳。世親菩薩《二十論》曰：「我已盡我能。」弟亦假以自慰。又《新論》「習氣」一詞，含義至廣博，人生所有一切經驗皆成爲習，（具云習氣。）遺傳亦習也，即心理學家所謂本能，亦無非習也。

五、來函云：「《新論．明宗章》『心者不化於物』一語，若能體會得真，覿體承當，當下即是，千言萬語皆贅辭也。妙極！」

一言心，便與境對。（或亦云物對。）故心非即是本體，然心之可說爲體者，正以此心虛靈而不物化故耳。若心爲形役者，則其人之放失其心也亦已久矣。操存捨亡，君子所以弗忘戒懼。

附記：滿莘畬先生，吾同縣人。天資豁達。民二十七年倭寇陷吾黃之前數日，悲憤去世。嗚乎慘矣！十力補注。

答唐君毅

來書云：「毅覺徒謂玄學與科學領域不同、方法不同、分工而治，尙不能完全解決哲學之問題。蓋玄學之眞理與科學之眞理，既同爲眞理，則人不能不問此種眞理與彼種眞理間如何流通。若玄學眞理爲究極的眞理，則人不能不問科學之眞理如何可匯歸或依附於玄學眞理。自此點而言，西洋哲學實有其獨特之價值，以西洋哲學之主要問題，實即此問題。即如康德、黑格爾、柏格森、懷特海等，均係自分析科學中之概念、假設，以指其必匯歸或依附於玄學眞理者云云。」此等問題太大，殊難簡單作答，若詳言之，必須成若干冊，至少亦一巨冊，焉得有此氣力。無已，仍本吾意略答。玄學、科學，皆緣吾人設定有所謂宇宙（什麼叫做宇宙，自是一種設定。）而試行窮究其中眞理，即由窮究故，不得不方便善巧，姑爲玄學科學之區別。科學尙析觀，（析觀亦云解析。）得宇宙之分殊，而一切如量，即名其所得爲科學之眞理。（於一切法，稱實而知，是名如量。）玄學尙證會，得宇宙之渾全，而一切如理，即名其所得爲玄學之眞理。（於一切法，不取其相，冥證理體，而無虛妄分別，是名如理。）實則就眞理本身言，元無所謂科學的與玄學的這般名字，唯依學者窮究之方便故，則學問不限一途，而或得其全，或得其分，由此假說有科學之眞理與玄學之眞理，於義無妨。

來函謂「科學之眞理如何可匯歸或依附於玄學眞理」。余以爲就宇宙論言，善談本體者，一方面須掃相以證體，（相者謂現象界。）若執取現象界爲實在者，即不能見體，故非掃相不可。然另一方面必須施設現象界，否則吾人所日常生活之宇宙，即經驗界，不得成立。因之吾人知識無安足處所，即科學爲不可能。佛家說五蘊皆空，（五蘊謂現象界。）似偏於掃相一方面。《新論》說本體之流行，即依翕闢與生滅故；（翕闢、生滅，皆謂流行。）現象界得成立，亦復依翕闢與生滅故。說現象界無實自體，易言之，便於現象界而不取其相，即於此而見爲眞體之呈顯，是即掃相證體。

由成立現象界之一方面而言，科學上之眞理已有依據；由遮撥現象界之一方面而言，（遮撥云云，即上所謂掃相證體。）玄學上之眞理即有依據。

設問：何故成立現象界？同時復遮撥現象界？答言：成即涵遮，否則成立之名不立；遮即涵成，否則遮撥之名亦不立。

談至此，君毅必猶謂科玄兩種眞理雖各有依據，但科學上之眞理如何可匯歸或依附於玄學眞理，仍未解答。吾復詰汝，汝道眞理是個什麼東西，他既不是呆板的東西，何須以此一種理匯歸或依附於彼一種理？但學者探索眞理，則有由科學之途，析觀宇宙，得其分殊，而竟昧其全者，似其所得之眞理，猶不免支離破碎，而須要有所匯歸或依附。若爾，則賴有玄學明示宇宙之爲渾全的；其所以爲渾全的者，乃於分殊相上不執取此分殊相。易言之，即於分殊相而見實相。（實相即實體之異名。）強以喻明：如於一一漚相不執取爲一一漚相，而直於一一漚相皆見爲大海水；此一一漚相雖復萬殊，而一一漚相都無自性，其實體即是大海水故。故於眾漚見大海水。即離分殊而得渾全，一味平等。前所云於分殊相而見實相者，義亦猶此。

如上所說，渾全不是離開一一分殊的而別爲空洞之一境，又不是混合這些分殊的而作成一個總體，卻是即此一一分殊的而直見其皆即實體之呈顯。易言之，即於宇宙萬象而不計著爲物界，但冥證一極如如，（一者言其無待；極者言其為理之極至；如如者，常如其性故。蓋於分殊而識其本體，當下即是真常。）其微妙如此。

總之，體則法爾渾全，用則繁然分殊。科學上所得之眞理，未始非大用之燦然者也，即未始本體之藏也。（用者體之用，故《易》曰「藏諸用」。「藏」字義深。如本體是頑空的而沒有用，即現象界不能成立，科學亦不可能，焉有所謂科學之真理？唯體必有用，所以科學有可能，而其所得之真理亦可説是依實體顯現故有；所以從本體方面説，此理亦是他所內涵的，故謂之藏。）如此則玄學上究明體用，而科學上之眞理已得所匯歸或依附。余自視《新論》爲一大事者，以此而已。君毅猶有疑焉何也？西洋哲學家何曾識得體用，其談本體只是猜卜臆度，非明睿所照，故往往墮於戲論。

以上略明吾所主張。以下就來函疏誤處稍事解析。

來函云：「玄學之眞理與科學之眞理，既同爲眞理，則人不能不問此種眞理與彼種眞理間如何流通？」此段話，於科玄眞理直下斷定之詞未有說明，似覺不妥。吾於此將提出二問：一、玄學之眞理果以誰家所見爲眞理乎？二、科學上之眞理果與玄學眞理同爲眞理乎？舉此二問，仍自作答如下，聊以奉質。

答一問曰：玄學上之眞理，果以誰家所見爲眞理？此自有哲學以來截至現在，常爲不得解決之問題。即由現在以趨未來，其永遠不得解決，當一如今昔之狀態可知也。然則玄學上之眞理果皆無據而不成爲眞理乎？非也。玄學家者，其根器利鈍與熏修疏密，彼此相較，不止千差萬別也。而玄學之對象又甚深微妙，非如日常經驗界的事物可以質測也。故古今恆不乏少數之玄學家得到眞理，而大多數不堪了達眞理之學者，反與之爲敵而不肯信，非獨不信而已。又自以其迷謬之知見而爲眞理。於是朱紫淆而莫辨，雅鄭亂而失鑑，此玄學上之眞理所以難有一致印許者也。此事如欲詳談，便如一部《二十五史》從何處說起？吾亦唯有本吾個人見地而略言之。

吾確信玄學上之眞理絕不是知識的，即不是憑理智可以相應的。然雖如此，玄學絕不可反對理智，而必由理智的走到超理智的境地。吾常求此而有契於佛家，佛家對於世間所謂宇宙萬象確曾作過很精密的解析工夫，絕不是糊塗的漫然否認現前的世界，所以在稍聞佛法的人，都承認佛家是憑理智來解決他對於宇宙人生諸大問題，不僅靠情感上的信仰作安慰。一般人對佛家這種看法似乎沒有錯，然或者只看到如此而止，則不同小小錯誤，卻是根本不了解佛家。須知佛家唯一的歸趣在證會。而其所以臻於證會之境地，在行的方面，有極嚴密的層級；（如十信等等乃至十地。許多專門名詞今略而不談。）在知的方面則任理智而精解析，至其解析之術，精之又精，則將一向情識計著，不期而自然掃蕩，於是不見有少法可取。（猶云無有些少實物可得。）友人張東蓀嘗言，今日新物理學的趨勢，反不承認有物。吾謂此無足奇，科學上解析之術愈精故耳。然佛家若只是解析，則可以有科學之貢獻，（佛家誠然富有極精深的科學思想。）或不必成功玄學。就令本解析之術建設一種玄學，亦不過分析概念，構成許多理論，以建立某種本體。（某種者，如心或物及一元與多元等。）雖復持之有故，言之成理，然其所成立的眞理畢竟是其腦筋中構畫的一副圖案，猶如一架機械，此與實際的眞理決定不能相應。（相應義深。能證入所證，冥合為一，方得名相應。）佛家所呵爲戲論者，正謂此輩。故在佛家雖精解析，但以之爲掃相之一種方便，（掃相說見上文。）將情識中所計著的實在的宇宙，一經解析，如剝芭蕉，一層一層的剝去，便不見有實物了。他不獨對物界來解析，就是對內心的觀察亦用精嚴的解析術，所以他在心理學上很早就打破了神我或靈魂的觀念。他更精於解析概念或觀念，發見他是些虛妄分別或意計構畫的東西，（意計者，意識周遍計度曰意計。）所以剝落這般僻執的知見。總之，佛家利用解析來破分別法執，（佛家說執有二種，一俱生，二分別。凡日常思想見聞與學問上的思想及理論並主張等等，一切不依正智而生，只從妄識籌度而自堅執不捨者，總名分別法執。舊亦言我執，而此不及者。據實，我執亦法執攝，故但言法執可也。然分別執，尚粗，可以解析，作相當對治。俱生執便深細難斷，恃解析而無修養，則不能斷執。每有學問家終不透悟眞理者，無養故也。）隨順入法空觀，（法執不空，無有見體。佛家「觀」之一字，其意義幽奧難言。到了修法空觀的時候，便超過了解析的工夫，這時理智作用使開始轉化成正智，但未純耳。觀法亦可叫思維法。《解深密經》所謂「如理作意，無倒思維」是也。此不是常途所謂思維或思想，不可誤會。又叫思現觀，其功候淺深，極難言。）爲趣入證會境地之一種開導。但是知行須合一並進，如果只務解析而缺乏修行或涵養，決定無從達到證會的境地，所以證會是很不容易談的。後來宗門喜言頓悟，不獨大小乘空有二派罕言之。即就《阿含》考察釋迦氏的思想，便可見他注意解析與修養的工夫，哪可輕言頓悟？如果要說頓，除非一頓以前經過許多漸悟，譬如春雷，轟然一聲，陽氣之積以漸故也。佛家確是由理智的而走到一個超理智的境地，即所謂證會。到了證會時，便是理智或理性轉成正智，離一切虛妄分別相，直接與實體冥爲一如，所謂正智緣如。此時即智即如，非有能所，（後來唯識師說正智以眞如為相分，便非了義。）通內外、物我、動靜、古今，渾然爲一，湛寂圓明，這個才是眞理顯現，才是得到大菩提。佛家學問，除其出世主義爲吾人所不必贊同外，而其在玄學上本其證會的眞實見地而說法，因破盡一切迷執，確給予人類以無限光明，無論如何不容否認。

其次，儒家底孔子，尤爲吾所歸心。孔子固不排斥理智與知識，而亦不尚解析，此其異於印度佛家之點，然歸趣證會則大概與佛家同。孔子自謂「默而識之」，默即止，而識即觀也。止觀的工夫到極深時，便是證會境地。《論語》記子曰：「天何言哉？四時行焉，百物生焉。天何言哉？」非證見實相，何能說得如此微妙？（實相即實體異名，亦即真理之異名。）孔佛同一證體，然亦有不似處。佛氏專以寂靜言體，至於四時行百物生的意義，彼似不作此理會。緣他出世主義，所以不免差失。本體是寂靜的，孔子若不親證到此，使不會有「天何言哉」之嘆。唯其湛寂，無爲無作，故以無言形容之。然大用流行，德健化神，四時行而百物生，以此見天理之不容逆，夫子其至矣乎！然孔子下手工夫與佛家又各有不同，當別爲論。

《新論》發明實相，（見前。）融會華梵，斯於玄津，實作指南，所冀仁賢，降心加察。

答二問云：科學眞理果與玄學眞理同爲眞理與否？此在主張科學萬能者與哲學上之唯物論者，必絕對的肯定科學上之眞理而唾棄玄學或哲學不值一錢，以爲玄學上之眞理只是幻想。今欲審核科玄兩造之眞理，必先將兩造所謂「眞理」一詞其含義各爲何等加以刊定，然後科學眞理與玄學眞理爲同與否，不辨自明。

「眞理」一詞，在玄學上大概有如下之意義：一、是遍爲萬法實體。（亦云宇宙本體。）二、是其爲物也，（真理非物也，而此云物者，不得已而強為指目之詞。如《老子》云：「道之為物。」）法爾本然，（法爾，佛書中名詞，猶言自然；而不譯自然者，意義深故。本謂本來，然謂如此，本來如此，曰本然，不能更問理由。）不由想立，（哲學家多任思想構畫以安立本體，不悟此理周遍圓滿，默而存之，炤然現前，豈假想立？一涉乎想，使構成一件物事、所謂捏目生華，早自絕於真理矣。）不依詮顯。（此理不可以言詮顯，言者所以表物故。《易》曰「默而成之，不言而信」。）三、是唯證相應，智與體冥，無有內外、物我等等對待之相，離分別故，離戲論故。具此三義，方名玄學上之眞理。《易》曰「易簡而天下之理得」，即謂此也。

「眞理」一詞在科學上意義如何？姑且略說如左：一、必設定有客觀的存在之事物，即所謂日常實際生活的宇宙或經驗界，此理（科學上之真理。）方有安足處所。程子說「在物爲理」，此理誠是在物的，不是由心所造的。易言之，即是純客觀的。二、此理之發見必依據感官經驗得有證據。雖各科學上許多眞理之發明常由玄想，然玄想與空想及幻想等不同，必其經驗甚多，而神智開豁，不拘一隅，縱心於虛，妙觀幽奧，及其發見之後，又可於經驗界得其佐證。三、如上所說，則此理之獲得，必由純客觀的方法，又能爲一般人所公認。四、此理之自身，在其所以存在之條件下，必有不變性，除非其條件因或種變故而更革或消失，則此理亦隨之消失。（如現時各科學上之許多真理，雖依經驗界的事實為據，但這些經驗的事實以何為標準而測定其相互關係與法則，此在吾人總不外以其所在之地球為標準。設一旦地球粉碎或失其常軌，則不獨地質學與生物學等等之真理頓時喪失其真的性質與價值，即天文學上之真理亦起變革，即理化等等科學上之真理將無一不隨地球粉碎而與之俱碎。如今日所測定電子之性質與振動速度及其相互關係等等，在今日視之為真理，然或一旦值地球運行失軌時，則今日所測定電子之速度等等或不能不起變異。如地球完全粉碎，則其時電子之波動為何狀甚難設想，即令其時宇宙不能停止動力，而其動力仍將有形成電子之趨勢，此或可以吾《新論》所謂形向者名之，然此形向之動勢，不必與今日科學所測定於電子者相同，而今日所有關於電子之種種真理，爾時或不存在。）然如其條件不曾有更革或消失，則此理仍自有不變性。如設想將來世界，太陽系統之關係一如今日，則太陽從東方出之眞理一定如今日而不變，此爲眞理自身存在所不可缺之一義。如其無此，則一切事物都是不可捉摸的，更有何眞理可言。五、此理雖有不變性，而非絕對無變易性。非絕對故，即是分殊的，因此理托足於經驗界，而經驗界的事物都是對待的現象，都是無量無邊各種互相關聯的事情。此理非他，就是存在於無量無邊各種互相關聯的事情中之法則或規律。（就理對事情說，便是理存在於事情之中；就事情對理說，便是事情具有此理。須知理不是空洞的形式，事情不是雜亂無章，事情與理實際上是分不開的，但言詞上又不能不別說。）然復當知「事情」與「關聯」兩詞只是言語上不能不分，實則關聯非別爲空架子，事情不是有如獨立之一支柱。除了事情，固找不著關聯；除了關聯，也尋不著事情，只好說事情就是互相關聯的。這樣看來，事情自然不是絕對的無變易性，事情既是無量無邊各種互相關聯的東西，所以存在於其中之理是千條萬緒而分殊的了。六、此理雖說是在物的，是純客觀的，實亦離不開主觀的色彩。如物理學上之粒子說與波動說，畢竟不可徵知世界的實相，而只是吾人主觀上對於世界之一種圖景。但科學總是力求避免主觀的偏蔽與妄臆等等，而完全注重外在世界的事實的發見，所以說爲純客觀的。舉此六義，而科學上所謂「眞理」一詞，其意義已可了然。

科玄兩造所謂「眞理」，既分別刊定如上。玄學上「眞理」一詞乃爲實體之代語，科學上「眞理」一詞即謂事物間的法則。前者（玄學真理。）爲絕對的眞實，後者（科學真理。）之眞實性只限於經驗界，此其不同可知。

又科學上之眞理，上來略以六義刊定，然第一義中設定有客觀的存在之事物，即所謂經驗界，以爲其眞理之安足處所。此即其根本義，自餘諸義皆依此得成。據此而談科學眞理得所托足，實賴玄學給以穩固的基地。玄學唯以窮究實體爲其本務。須知一言體便攝用，無用即是頑空，體義不成故；一言用便攝體，無體即是頑空，作用義不成故。所以有體必有用，大用流行，幻現衆相。（幻義是活義。詳見《新論．轉變章》。）科學便把住流行的幻相，而設定爲客觀的存在之事物即經驗界，科學眞理才有安足處所，換句話說，即是吾人的知識有了安足處所。假使沒有玄學眞理，則誠有如來函所慮，科學眞理將無所匯歸或依附。（《新論》發明體用，可謂誠諦，而學者多不了。《破破論》與《語要》須參看。）科學眞理雖依玄學眞理爲基地，然不得與玄學眞理同爲眞理。（他的本身是站在一種設定之上的。）或問：大用流行，有物有則，科學依此建立，如何說科學眞理不得與玄學眞理同其眞實？答曰：從一方面言，宇宙萬象「至賾不可亞」，（亞義見前函。繁然萬象，不可為之次第，正以其互相關聯，而又向前擴張不已，所以說不可次第也。）「至動不可亂。」（繁然萬象，實非靜物，故次言至動，雖不可為之次第，而非無法則。佛家言增上緣法，所謂由此有故彼有，而互相關聯與擴張不已之中，自有則而不可亂焉，則又未常不強為之次第也。〈繫傳〉此二語，其義相互發明，廣博浩汗。）於此見大用流行，即於此知科學上之眞理皆玄學眞理的內涵。所謂一爲無量，（此一謂玄學真理，無量為科學眞理。下準知。）無量爲一是也。但從另一方面言，科學把住流行的幻相，當作存在的物事去探尋，就因爲吾人在日常實際生活方面一向享用實物的觀念，不期然而然的要如此。雖說科學不斷的進步對於物理世界的觀念並不是如常識一般的看作很固定的物事，然而無論如何，科學總要設定外界的獨立存在，（外界亦云物理世界，亦云自然界，亦云日常生活的宇宙或經驗界。）始終脫不開看靜物的方法，所以在科學上無法體會流行的眞際。就令談變動，總要做一件物理的現象來解釋，而流行的眞際除非證體時才可得到。友人馬一浮〈新論序〉曰：「窮變化之道者，其唯盡性之功乎。」此意從來幾人會得。我常說，科學上安立了物，而玄學上雖一方面隨順科學，予他安立物界的基地，但其根本態度和方法卻要把一切物層層剝落，乃至剝落淨盡，才識得科學眞理的基地之眞相。談至此，科學之眞理不得與玄學眞理同爲眞理，當可豁如。

玄學所以要歸諸證會，這個道理儒家盡管去做工夫而不肯說，佛家卻費盡千言萬語，種種破執，無非欲引人入證會之路。佛家所謂執者何？就是一個計著有物的觀念。《十力語要》卷一有一書談佛書中「法」字義，值得深玩。

科學不應反對玄學，哲學家更不宜置本體而不究，除去本體論亦無哲學立足地。《新論》刊行之一部分只是談體，但此書孤行，讀者總多隔閡，誠如來函，須完成《量論》爲佳。然衰世百艱，又且忽焉老至，精力實不堪用，此誠無可如何。

科學家或有輕視玄學，哲學家或有菲薄本體論者，此無他故，大抵人情封於成見，則難與窮神；滯於有取，則無皆證眞。玄學上之眞理，體萬物而非物，故不可以物相求；（體萬物者，謂此真理遍為萬物實體。）肇群有而不有，故莫得以有形遇。（有形者域於形。真理雖為群有所肇始，而真理不即是有。若執有之形貌以擬真理，則乖違已甚矣。）雖復曰希曰夷，未脫視聽；（老云「視之不見名曰夷，聽之不聞名曰希」。實則不可見聞之理，初未嘗遺脫見聞之物而獨存。故體玄者一聞一見，莫非希夷之存，豈常拘於聞見，取物而遺理哉？）無聲無臭，不離日用，（準上可知。）而有礙之心，終不達夫神旨；下士之智，恆自絕於天德，（天德用為真理之形容詞。按《中庸》云：「苟不固聰明聖知達天德者，其孰能知之？」）此玄學所以難言也。

寫至此，吾已倦極，即當截止，唯有所附及者。前答張東蓀先生談宋明儒書，彼最後有一答函，布在哲刊，吾未作覆。東蓀常考慮中國學術思想如何能得今後治西洋學術者之了解，而使中西有融通或並存之益。此誠極大問題，吾雖有些意思，但猶待研討，未欲發表。東蓀最後答吾函，以本體論爲西方哲學之特色。吾謂西洋學者探索本體之精神固可佩，但其本體論大概是戲論。又云：《易經》只講宇宙論而無本體論。此說殊不然。本體不可直揭，故就用上形容。若會《易》旨，即其中辭義，無非顯體。「易有太極」與「一陰一陽之謂道」云云，〈繫傳〉固已分明指出，然玄奘法師亦謂《易》不談體，（奘師挾門戶之見，本不能了解《易》義。）不獨東蓀有此說。至謂佛家之修證在於得見，儒者之修證在於所行，揣其意，言見自不遮行，彼絕不謂佛家是空洞的見解故；言行亦不遮見，彼絕不謂儒者是冥行故。要之，儒佛異同，暫可不問。自家尋著落，卻是要緊。總望吾賢虛懷大受，不獨私衷之幸，而此學、此理將有所寄。吾同郡老儒畢斗山先生云：中國學人二大劣性，不肯服善，不肯細心。是可為戒。

答馬格里尼

惠書至，適有兵事，又冬來賤體極不適，勉強作答，既有意思鬱塞之困，兼有言不盡意之患。自慚無似酬明問，唯希諒之而已。按來問，略有四事：一、問吾對於老子哲學之解釋。二、問道教在中國所影響於各方面者如何。三、問中國現代道教之教義、信條等等。四、問現代道教之信徒多寡與寺宇多寡。綜觀四問，其第一問，力當略答；第二問以下，則治民俗學者所專研，力不能詳也。唯在答第一問之前，有須略言者如次。

吾聞歐人言及中國哲學，輒與宗教並爲一淡。各國大學於哲學科目中並不列入中國哲學，或則於神學中附及之。此則於中國學問隔閡太甚，而爲中西文化融通之一大障礙。私懷所常引爲遺憾者也。中國民族之特性即爲無宗教思想，此可於中國遠古之《詩經》而徵之。《詩經》以二〈南〉冠者，（首篇曰〈周南〉，次篇曰〈召南〉，名為二〈南〉。）其所詠歌，皆人生日用之常與男女室家農桑勞作之事，處處表現其高尙、和樂、恬淡、閒適、肅穆、勤勉、寬大、坦蕩之情懷；不絕物以專求之內心，故無枯槁之患；亦不逐物以溺其心，故無追求無饜之累。日常生活皆順其天則，暢其至性，則自一飲一食以及所接之一花一木乃至日星大地，無在非眞理之顯現。

故不必呵斥人間世而別求天國。難言哉！《詩經》之旨也。孔子《論語》中談《詩》者最多，其語伯魚曰：「汝爲〈周南〉、〈召南〉矣乎？人而不爲〈周南〉、〈召南〉，其猶正牆面而立也歟？」朱子《集注》：正牆面而立者，謂「一物無所見，一步不能行」。人而不治二〈南〉之詩，便不能生活，猶如面牆。孔子之尊二〈南〉如此，非以其表現人生最極合理之生活而不邇於神道故耶？（孔子之哲學思想實本於《詩》，故儒家學說在中國常為中心思想，而莫有能搖奪者，以其根據於中華民族性，有至大至深至遠之基礎，而於吾人真理之要求，確能使自得之而無所誕妄。此孔子所以為大也。）《詩經》所載多屬古代民間之作品，古者太史陳詩以觀民風，是其徵也。《詩經》中絕無神道思想，（雖二〈南〉以外亦間有天帝等名詞，然所云天者，即謂自然之理；所云帝者，謂大化流行，若有主宰而已。非謂其超越萬有之外而為有意志有人格之神也。故《詩經》中之天與帝，不能與景教經典中之天帝等詞同一解釋。）即此可見中華民族之特性。至其無宗教思想之爲長爲短，自是別一問題，此不欲論。唯中國人一向無宗教思想，縱云下等社會不能說爲絕無，要可謂其宗教觀念極薄弱，此爲顯著之事實。歐美人士傳教中土者，凡所交接，多無知之官僚紳士與入教之徒來自下等社會者，（中國人入教者多來自下等社會。）故罕能了解中國文化之內蘊，而或以宗教觀念解釋吾國哲學思想之書，此其附會亂眞，至爲可懼。力願歐人留心中國哲學者當於此注意。

中國哲學有一特別精神，即其爲學也，根本注重體認的方法。體認者，能覺入所覺，渾然一體而不可分，所謂內外、物我、一異，種種差別相都不可得。唯其如此，故在中國哲學中，無有像西洋形而上學以宇宙實體當作外界存在的物事而推窮之者。（「無有像」三字，一氣貫下讀。）西洋哲學之方法猶是析物的方法，如所謂一元、二元、多元等論，則是數量的分析；唯心唯物與非心非物等論，則是性質的分析。此外析求其關係則有若機械論等等。要之都把眞理（此中真理即謂宇宙實體。後皆同此。）當作外界存在的物事，憑著自己的知識去推窮他，所以把眞理看作有數量、性質、關係等等可析。實則眞理本不是有方所有形體的物事，如何可以數量等等去猜度？須知眞理非他，即是吾人所以生之理，亦即是宇宙所以形成之理。故就眞理言，吾人生命與大自然即宇宙是互相融入而不能分開，同爲此眞理之顯現故。但眞理雖顯現爲萬象，而不可執定萬象，以爲眞理即如其所顯現之物事。（此中意義難言。）眞理雖非超越萬象之外而別有物，但眞理自身並不即是萬象。眞理畢竟無方所，無形體，所以不能用知識去推度，不能將眞理當作外在的物事看待。哲學家如欲實證眞理，只有返諸自家固有的明覺，（亦名為智。）即此明覺之自明自了，渾然內外一如而無能所可分時，方是眞理實現在前，方名實證，前所謂體認者即是此意。

由體認而得到眞理，所以沒有析別數量性質等等戲論。由此而中國哲人即於萬象而一一皆見爲眞理顯現。易言之，即於萬象而見爲渾全。所以有天地萬物一體的境界，而無以物累心之患，無向外追求之苦。但亦有所短者，即此等哲學，其理境極廣遠幽深，而以不重析物的方法故，即不易發展科學，若老莊派之哲學即有反科學之傾向。唯儒家哲學則自孔子以六藝教學者，皆有關實用的知識。六藝者：一曰禮，凡修己治國與綱維社會之大經大法皆具焉；二曰樂，制樂器，正音律，譜詩歌，於是而樂備，人心得其和樂，禮樂相輔而行，推禮樂之意，則通乎造化之奧妙，究乎萬有之本原，而使人暢其天性，其緒論猶略可考於《禮記》之書；三曰射，修弓矢而教人習射，所以講武事而禦外爭也；四曰御，車乘之用，平時則利交通，戰時則爲軍備；五曰書，即語言文字之學；六曰數，即算學。孔門七十子後學於社會政治的理想尤多創發。下逮宋明儒，注重格物窮理與實用及實測之學者，若程朱諸子迄船山、習齋、亭林諸儒，代有其人。設令即無歐化東來，即科學萌芽或將發於中土儒家之徒，亦未可知也。然儒者在其形而上學方面，仍是用體認工夫，孔子所謂「默識」，即體認之謂。（默者，冥然不起析別、不作推想也；識者，灼然自明自了之謂。此言真理唯是自明的，不待析別與推求，而反之本心，恆自明自了。）孟子所謂「思誠」，所謂「反身而誠」，所謂「深造自得」，亦皆體認也。（思誠者，誠謂絕對的真理；思者，體認之謂，非通途所云思想之思。思誠，謂真理唯可體認而得也。反身而誠者，謂真理不遠於人，若以知解推求，必不能實見真理，唯反躬體認，即灼然自識。深造自得者，所謂真理必由實踐之功，而後實有諸己。）由儒家之見地，則眞理唯可以由體認而實證，非可用知識推求，但吾人在日常生活的宇宙中，不能不假定一切事物爲實有，從而加以析別，故又不可排斥知識。宇宙間的道理本是多方面的，本是無窮無盡的，若執一端之見、一偏之論，必賊道而違理。儒家於形而上學主體認，於經驗界仍注重知識。有體認之功，以主乎知識，則知識不限於瑣碎，而有以洞澈事物之本眞；有知識，以輔體認之功，則體認不蹈於空虛，而有以遍觀眞理之散著。（萬事萬物皆真理之所顯。故真理者，從其為事物之本真而言，即說為絕對；從其顯現為萬事萬物而言，即絕對便涵相對。由此而說事物之理即真理之散著，故知識不可排斥，為其遍觀事物，而真理之散著可徵也。）然則儒家其至矣乎！

中國哲學以重體認之故，不事邏輯，其見之著述者亦無系統。雖各哲學家之思想莫不博大精深，自成體系，然不肯以其胸中之所蘊發而爲文字，即偶有筆札流傳，亦皆不務組織，但隨機應物，而托之文言，絕非有意爲著述事也。《論語》書中記孔之詞曰：「天何言哉？四時行焉，百物生焉。天何言哉？」於此可窺孔子之胸抱。老子亦曰：「道可道，非常道。」（後詳。）又曰：「俗人昭昭，（昭昭，馳辯智也。）我獨昏昏；（自得於冥默也。）俗人察察，（察察，務別斯也。）我獨悶悶。」（欲無言也。）莊子曰：「大辨不言。」自來中國哲人，皆務心得而輕著述。蓋以爲哲學者，所以窮萬化而究其原，通眾理而會其極，然必實體之身心踐履之間，密驗之幽獨隱微之地。此理昭著，近則炯然一念，遠則彌綸六合，唯在己有收攝保聚之功故也。（不使心力馳散而下墜，名收攝保聚。）如其役心於述作之事，則恐辯說騰而大道喪，文采多而實德寡。須知哲學所究者爲眞理，而眞理必須躬行實踐而始顯，非可以眞理爲心外之物，而恃吾人之知解以知之也。質言之，吾人必須有內心的修養，眞至明覺澄然，即是眞理呈顯，如此方見得明覺與眞理非二。中國哲學之所昭示者唯此。然此等學術之傳授，恆在精神觀感之際，而文字記述蓋其末也。夫科學所研究者，爲客觀的事理。易言之，即爲事物互相關係間之法則。故科學是知識的學問，此意容當別論。而哲學所窮究者，則爲一切事物之根本原理。易言之，即吾人所以生之理與宗宙所以形成之理。夫吾人所以生之理與宇宙所以形成之理本非有二，故此理非客觀的，非外在的。如欲窮究此理之實際，自非有內心的涵養工夫不可。唯內心的涵養工夫深純之候，方得此理透露而達於自明自了自證之境地。前所謂體認者即此。故哲學不是知識的學問，而是自明自覺的一種學問。但此種意義極深廣微奧，而難爲不知者言。須知哲學與科學，其所窮究之對象不同，領域不同，即其爲學之精神與方法等等亦不能不異。但自西洋科學思想輸入中國以後，中國人皆傾向科學，一切信賴客觀的方法，只知向外求理而不知吾生與天地萬物所本具之理元來無外。中國哲學究極的意思，今日之中國人已完全忽視而不求了解。如前所說，在吾國今日歐化之學者聞之，殆無不誚爲虛玄與糊塗。想先生與歐洲之學者得吾此信，亦將視爲糊塗之說也。然眞理所在，吾寧受誚責而終不能不一言，是在先生諒之而已。

如上所說，中國哲學之特別色彩已稍可窺見。今將略談老子。老子書中之「道」字最難解說，必須完全了解老子思想之整個的、博大深微的體系，然後才能了解其所謂道。然欲了解老子思想之整個的、博大深微的體系，雖在讀其書而求之其文字之間，但切不可泥執文字，而必會其意於文字之外，即必虛懷以體會老子之思路，而又必於老子所用之工夫有相當盡力，始能體會老子之思路，否則徒執著其文字而妄以己意訓釋，必與老子眞意全不相干。

吾欲與先生談老子，亦不知從何說起。但既承下問，又不能不強爲之說。但期說得一分，便算一分，毋大謬戾，便爲厚幸。

老子首章最爲重要，中國從來學者爲之注釋不下數百家。（但多失傳。）大抵各本其所見以說《老》，而其言之較有理致者，獨推魏晉間人王輔嗣氏。今吾欲先取首章而爲之解，亦不必主輔嗣也。茲以首章文字分段列出，而各爲解說如次。（《老子》文皆低二格，解說提高二格。）

道可道，非常道；名可名，非常名。

句首「道」字，即前所謂眞理也，此目宇宙實體。但西洋哲學談實體似與現象界分離，即計現象之背後有其本質，說爲實體。而中國哲學上則無持此等見解者，即如老子所謂道，絕不是超脫現象界之外而別有物，乃謂現象界中一切萬有皆道之顯現。易言之，一切萬有皆以道爲其體。強以喻明，如一切冰相皆以水爲體，非離水而別有冰相之自體。既冰以水爲體，則水固非離冰而別有物。一切萬象，以道爲體，則道固非離一切萬有而別有物。（理之極至，微妙難言，不得已而舉喻以明，欲使學者善會其指，但不可緣譬喻而妄起執著。設將至道作呆板事物一般理會，則其人終不可與語道已。）若謂道果超越於一切萬有之外者，則道亦頑空，而何得名爲宇宙實體耶？老子之後學莊周曾有妙語云「道在屎尿」，可見道不離一切萬有而獨在也。可道之「道」，猶言說也；常道之「道」與句首「道」字同義。常者眞常。此道眞實，無有虛妄，不可變壞，故說名常。

眞常之道本非言說所及。言說所以表詮物事，而道不可說是一件物事，使道而可言說，則必非常道矣，故曰「道可道，非常道」。下句首「名」字，謂依道而立道之名也，可名之「名」，詮召之謂也。（詮者詮釋，召者呼召。如白紙之名即呼召白紙之物，而且詮釋其為此物也。）道之一名，原是假立，非名可應其實也，故道畢竟不可名。緣名之起，必由知與物接，用斥指事物，造作形象，遂從而制之名。故名之所可詮召者，唯物象耳，必非眞常之名也。此眞常道，無物無象，何可執名以求之乎？故曰「名可名，非常名」。

上言道之得名，亦是假立，不可緣名而起執也。

無名，天地之始；有名，萬物之母。

此言道之發用。無名者何？謂精神是也；精神者，運而不已，而未始有形，故說為無。以無形故，名無，非空無之無也。然不但言無，而曰無名者，凡有形者可名，（名生於形。）無形者不可名，精神無形。故謂之無名。（「無名」一詞，其意義仍是一「無」字。）有名者何？謂由精神凝攝而顯現爲形本是也。形本者，形之始成而微者也。形本生而眾形已具，異無形故，應復說有，緣有起名，故云「有名」。（「有名」一詞，其意義仍是一「有」字。）

精神寂寞無形，（寂寞者，虛無義。）故全。（有形則滯於一方，而不得全矣。）全，故萬化而未始有屈，（屈者窮義。）天地資始焉。

形本者，形之造端而微者也。由微至著，故爲萬物母。母者，因義。物之眾著，莫不因於微也。

從來注《老子》者，於有無義都無確解，雖以輔嗣之壑智，亦只浮游其詞曰：「凡有皆始於無。」終不明依何而言無。至唐陸希聲輩，或以無爲體，以有爲用，其說近是而猶欠精審。當別爲論。

今此以無言精神，以有目形本，此非吾之臆說也。按《莊子．知北遊》云：「夫昭昭生於冥冥，有倫生於無形，精神生於道，（生者發見義。下仿此。）形本生於精，而萬物以形相生。」（以上諸「生」字，皆約義言之，非有次第。精神非異道而有自體，即道之發見也。形本依精神而有，即與精神同為道之發見，自非後精神而生也。）非《老子》首章之的解耶。夫道一而已，（一者絕對義，非算數之一。）合其唯一而不化，（化者變化及分化，即發起作用之謂。）即不能顯現萬有，而何得說爲天地萬物之始母乎？故知道之發用，一方必發見爲精神，所謂寂寞無形而謂之無名者是也；一方又由精神而發見一種反作用，即凝成形本。形本者，形之初凝而極微者也。（形之造端，而為眾形之本，故名形本。與今云元子電子者必同，以其異於已成的物事故也。）以其成形將著，故謂之有名。莊子所云精神，根據老氏之言無；所云形本，根據老氏之言有，至「萬物以形相生」，則明物種嬗變，義亦徵實，而衍老氏未盡之旨矣。然則以《莊》說證《老》，而有無皆有實義，（無謂精神，有謂形本，故云皆有實義。）世或以有無爲玄談，豈其然乎？

又即《老子》本書徵之，第四十二章云：「道生一，一生二，二生三，三生萬物。萬物負陰而抱陽，沖氣以爲和。」按「道生一」者，謂道之發見爲精神也。生者發見義，下言生者準此。夫即神而言，便謂之一。然言神則涵形，（神者精神，形者形本。下皆仿此。）其與精神俱時發見者，則爲形本。（俱時猶言同時。）形神對待成二，故曰「一生二」也。有二則有三。此「三」者，非一非二，而有一二，故有三。下文云「萬物負陰而抱陽，沖氣以爲和」。陽則一，陰則二，沖和三也。夫陽爲神，而陰爲形，陰陽和，萬物生焉。故知首章所云始方物之無，即是精神，其母萬物之有，即是形本也。第四十章云：「天下萬物生於有，有生於無。」夫有者，形之始凝者也。其始雖微，而萬物資生焉，微所以成著也。無者神也，神虛而形實，虛能生實，實不能生虛也。第十一章云：「故有之以爲利，無之以爲用。」夫神至虛，而謂之無，明其無滯跡也。此雖道之發見，然即於此而道存焉。所謂即用而言，體在用也。（神即無，乃道之用。體者實體，即道是也。）言乎神，而道即神矣，離神不可得道也；言乎用，而體即用矣，離用亦不可得體也。）形之始成，而謂之有，雖依神故有，但已爲形本，則與神之無滯跡者相反而既成爲物矣。雖推原而言，亦可說形與神同爲道之發見，然形之既成，畢竟自成爲物，而離失道之本然矣。故成形之有，但爲精神作用所憑藉之具，故云「有之以爲利，無之以爲用」。（如人視之明，必藉於目及色；聽之聰，必藉於耳及聲。夫耳目聲色等形皆謂之有，而視之明、聽之聰等等精神作用則虛而無形，故謂之無。唯無乃能用有。）夫神，以其至虛而無，故能用有而無不利也。然則體無而全神者，其至矣乎！（體無之體，是體合義，謂反之自心而去其逐物之累，即體合於無而神全矣。）

故常無，欲以觀其妙；常有，欲以觀其徼。

此言體道之功。（體者體認。斯道非思度所及，故必有體認工夫而後證得之也。）吾心之本體，即是宇宙之本體，非有二也，故不可外吾心而求道。（吾心與宇宙之本體，即道是也。本體元無內外可分，故不可於吾心外而求道。）吾心發用處，即是道之發用。故善體道者，（體者體認。下同。）體之自心而得矣，豈外求哉？按「故常無」云云者，謂於此心常無之相而欲以觀其始物之妙。「常無」，注家多主作一逗，今從之。下「常有」仿此。神用不測名妙。故「常有」云云者，謂於此心常有之相而欲以觀其徼物之幾。「徼」字，輔嗣訓歸「終」也，非是。按

「徼」有希求義。《左傳》「徼福於太公丁公」，是其證也。夫神之必資於形也，無之必待乎有也。此徼求之不容已者。如無徼求，則形物之成，但由偶爾。眞知化者，必不云然。

常無而常有，常有而常無，此道體之本然也。其在於人，則謂之本心。此心不住諸相，（住者住著。泯絕一切攀援妄想，於所緣相都無堅執，都無留礙，名為不住。）故常無；（離相寂然，故無。）行一切相，（此心無不起時，而心起必有所緣境相，心於一切相無所不行。）故常有。（所謂沖寞無朕而萬象森然。）

心常無，即神全，（心不能無，即非其本心；非其本心，則喪其神也。）故可觀始物之妙。（始物之妙者，神也。）

心常有者，神之不得不顯也，（必持形有，神乃顯發。）於此觀物之成，以有徼求故也。

此兩者同，出而異名。同謂之玄，玄之又玄，眾妙之門。

兩者，有與無也，「同」字逗。（從嚴又陵點本。）形神畢竟不異，即有無畢竟不異，以同體故，故說爲同。云何同體？謂形神皆道之發用故。出者別出。雖形神同體，而相用差別故，故於神言無，於形言有，其名異也。下「同」字一頓。由同體言之，則謂之玄。玄者冥也，默然無有也。（絕諸戲論。）玄之又玄，極讚之而無可形容之詞也。神用周遍，（周者充周，無窮盡也；進者圓滿，無限量也。）說名眾妙。眾妙從同而出，故曰「眾妙之門」也。

上來解第一章已訖。以下當擇取數章而略釋之。

道，沖而用之或不盈，淵兮似萬物之宗。挫其銳，解其紛，和其光，同其塵，湛兮似或存。吾不知誰之子，象帝之先。

此第四章，專形容道體。（道體非言說所及，故強為形容之詞。）「沖」字一頓。沖，深也，虛也。道體深而不可測，虛而不可象。其大用流行，雖無處不遍，而似「或不盈」，「或」亦「似」義。下文「似或」二字連用可見。夫似不盈者，謂其運而無所積也。運者、運行，遷流不息。積者，留滯義。無所積者，謂刹那刹那，滅故生新，無有過去實物留滯至今，即今亦無實物留滯至後，故云無積。以其無積，故云「或不盈」。有積即盈，盈於此者虧於彼，將使萬物一受其成型而莫之變，則化幾息矣。妙哉其用之不盈也。唯其妙用充周六合而似不盈，故萬化而未有窮極，所以淵兮為萬物之宗也。宗者，主義。然用之流行，任運而已，（任自然而行，曰任運。）未嘗有心於為作也。喻如物之挫去鋒銳，而處鈍以示無用，故云「挫其銳」。夫無用之用，所以為大用歟！「解其紛」者，「曲成萬物而不遺」，（隨物差別，而曲與成之。天成其為天，地成其為地，人成其為人，物成其為物，皆道與之為體，而曲成之也。道固未嘗遺一物而不與為體，故無物不成也。）如解眾紛，令物各成也。夫道之散著而為萬物，即與物隨行，如人謙光逮物，故曰「和其光」，又如金處礦，故曰「同其塵」。然「銳挫而無損，（無用之用，焉可損減？）紛解而不勞，（任物各正，何勞之有？）和光而不汙其體，（如太空顯現眾象，雖與眾象和光，而空體自爾不受染汙。道之成物，其理亦爾。又如水凝冰已，而不失水性。道之成物，其理亦爾。下同塵，準知。）同塵而不渝其眞，不亦湛兮似或存乎？」（借用王輔嗣語。）夫道爲因，（無名有名，皆從道生，故假說道為因。）而道更無因，故曰「不知誰之子，象帝之先」也。象者，似義；帝，天帝也。世俗或計有天帝先萬物而存在，今此則說道又似在天帝老先，其意即不許有天帝也。

谷神不死，是謂玄牝。玄牝之門，是謂天地根。綿綿若存，用之不勤。

此第六章。以其沖虛，曰「谷」；以其用之不盈，曰「神」；以其湛兮或存，曰「不死」。三者皆道之相用。玄，冥也。牝，生也。冥然無作而生生不息，故謂「玄牝」。門，玄牝之所由也。本其所由，一極無上，故謂天地之根也。體離常斷，故曰「綿綿」。（若言是常，則豈頑然故物。若言是斷，則豈滅盡不生。故知真體遠離常斷。）理絕存亡，故謂「若存」。（王輔嗣云：「欲言存耶，則不見其形，欲言亡耶，萬物以之生。」）虛而不屈，（至虛而備眾妙，不可窮屈。）故曰「用之不勤」。（大用流行，無為而為，何勤之有？）

此章所言，皆從反躬體認得來，非推度所及。章末曰「用之不勤」，尤宜深玩。盡己除其浮動之習心，而於虛靜中，有以自見夫本心流行之妙，故曰「用之不勤」也。

附識：按道書分析吾人之心，略有二種：一曰道心，二曰人心。（見《荀子．解蔽篇》所引。）人心即吾《新論》中所謂習心是也。吾人有生以來，一切經驗皆成為慣習力，亦名習氣。即此習氣種類無量無邊，互相結集，勢力極大，而成為支配吾人生活之機括。易言之，此無量無邊習氣直成為吾人之生命力。吾人意識中，無論自覺的部分與不自覺的部分，要皆此習氣之眾多體系互相結集，或潛或顯而已。（顯的部分爲意識的，即自覺的；潛的部分爲下意識的，即不自覺的。）此義詳在《新論》，不及備述。凡《新論》所謂習氣或習心，即是道書所謂人心，此屬後有，其性質為機括的。（亦可云物理的。）故其發動極粗猛，而常具向外追求之鋒銳，人心狀態如是。道心者即是吾人所以生之理，亦即是宇宙所以形成之理。此心即道，故曰道心。就此心言，即吾人與宇宙同體，本無內外，但即其流行於吾身之中而為吾身之主宰以言，則名之為道心。此心是本有，而非機括性。諸葛公所謂「揭然有所存，惻然有所感」者，即此心之相用。此心無有內外，恆時自明自了，自識自證。吾人對於道之體用，或宇宙實體之認知，唯在此心呈現時乃得期諸此心之直接自證。若人心或習心用事，而障礙其道心，令不現起，則體認工夫乃萬不可能。晚世哲家有言盲目的意志者，有言生之衝動者，此皆內觀習心而見為如是，其去東土哲人體認之功，奚啻萬里。

視之不見名曰夷，聽之不聞名曰希，搏之不得名曰微。此三者不可致詰，故混而為一。

曰夷，曰希，曰微，非超絕於視聽搏之外而獨存也。特執色相以求之，則不可目見；執聲相以求之，則不可耳聞；執形相以求之，則不可恃四體搏得。何則？其所以成色成聲成形者，固非色非聲非形也，故以曰夷、曰希、曰微言之。夷者，無狀之謂；希者，無響之謂；微者，無象之謂。三者謂視不見，聽不聞，搏不得也。既感知之所不及，故總言「不可致詰，混而爲一」也。「不可致詰」，則與云不能致詰者異，亦與云不必致詰者殊，眞是不可也。致詰即成戲論故也。混者混然無差別相。一者絕對義。以其混然絕待，故不可以情見推度，此明「不可致詰」之由。

其上不皦，其下不昧。繩繩不可名，復歸於無物。是謂無狀之狀，無物之象，是謂恍惚。迎之不見其首，隨之不見其後。

此反諸本心而體認之也。（本心即道心也。）唯「不可致詰」，故必體認而後得之。上之不至於皦，下之不至於昧，此即心平等相。凡夫之心，或時虛妄分別勝，其相粗浮，即名爲皦；

或時昏沒暗劣，即名爲昧。皦即心力上浮而失其平，昧即心力下墜而失其平，習心之相狀如此。若道心現起時，恆無粗妄分別，是其上不皦；恆寂恆照，（照者，觀照；寂者，湛寂。恆湛然而寂，恆朗然而照。）是其下不昧。故是平等一如之相之。此心即道體之本然也。繩繩，無始終也。道心無窮，故曰繩繩。無形，故不可名，然不可名，即其名也。無物者，至虛至明而無方相，（無方所，無形相。）「復歸無物」，即由虛極靜篤之功，以全其至虛至明之本體。「無狀之狀，無物之象」，顯體非空無。王輔嗣云：「欲言無耶，而物由以成；欲言有耶，而不見其形。故曰『無狀之狀，無物之象』也。」恍惚，輔嗣云：「不可得而定也。」「無狀之狀，無物之象」，本無時分方分，焉有定形可執耶？求其始，則無始，故「迎之不見其首」；究其終，則無終，故「隨之不見其後」。

以上皆言道之體相，實由反諸本心而體認得之，學者所宜深玩。

執古之道，以御今之有。能知古始，是謂道紀。

此言修道於日用踐履之間也。古者，古始。道之已然而不可易者，所謂樸是也。樸者，眞義，無矜無尙，率乎其眞。（以道為美名，從而矜尚之，則其為道，實作偽也。）今，猶現前。有者，「有其事」。（用輔嗣語。）一切日用云爲皆現前所有事，是名「今之有」。執其眞樸而勿失之，是謂「執古之道」。以其眞樸而行乎日用云爲之際，是謂「御今之有」。能知古始，是謂「道紀」。喪其眞樸，則道紀毀裂，可畏也哉！（道紀者，紀者綱紀，言道之流行於日用間，所以綱紀萬事者也。即道即紀，故曰「道紀」。）

以上釋第十四章。

孔德之容，惟道是從。

王輔嗣云：「孔，空也。惟以空爲德，然後乃能動作從道。」此釋極是。吾人有生以來，一切妄執習氣，深藏固縛，皆爲道心之障。空者即空其妄習染汙。

道之為物，惟恍惟惚。惚兮恍兮，其中有象；恍兮惚兮，其中有物。窈兮冥兮，其中有精；其精甚真，其中有信。自古及今，其名不去，以閱衆甫。吾何以知衆甫之狀哉？以此。

「道之爲物」，此「物」字用爲指目此道之詞耳，非謂道果是一物也。恍惚，見第十四章。「無狀之狀，無物之象」，故謂「恍惚」。

窈冥，深遠之嘆。「其中有象」，「其中有物」，「其中有精」，皆顯道體眞實，雖無形相，而非空無也。「其精甚眞」，「其中有信」，純淨離染曰精，內證離言曰信。此承上文，反覆讚嘆。欲學者反諸本心而深切體認之也。至眞之極，湛然無有動相，故云「自古及今，其名不去」。去者動義，由此之彼曰去。道體恆自如如，（如如者，不變義。）故自古及今，唯道名爲不去。「眾甫」，物之始也。唯道無去，故萬物以之而始，若有去，則道亦物耳，何能始萬物耶？「吾何以知眾甫之狀哉？以此」，言吾何以知萬象所由盛顯哉？以其爲道之散著也。此，謂道也。上釋第二十一章。

有物混成，先天地生。

王輔嗣云：「混然不可得而知，而萬物由之以成。故曰『混成』也。」天地者，萬物之都稱也。萬物皆以道爲體，故說道「先天地生」。道本無生，以其恆存，假說爲生耳。（凡物本無今有，方說為生。道本有而非無，故無所謂生也。）

寂兮寥兮，獨立不改，周行而不殆，可以為天下母。

寂寥，無形相也，無物與匹，故曰「獨立」。（用輔嗣語。）常如其性，故云「不改」。

凡有對待之物，即無實自性，皆改變不恆者也。唯無對待者，乃有恆性而無改易。大用流行，隨處充周，隨所成物，無不各足，何殆之有？故曰「周行而不殆」。萬物以之成，故說「爲天下母」。

攝心歸寂，內自反觀，（即由自心照了自心，故云內自反觀。）炯然明覺，孤特無倚，是謂「獨立」。（孤特猶言獨立。無倚者，無所偏倚。使其有倚，則明覺將囿於一端，見色使不能聞聲，思此更不能慮彼，有倚故也。今吾之明覺，既因應無窮，故是無倚。以其無倚，知此明覺迥然獨立也。）物感未至，而恆不昧；物感紛至，而恆不亂，是謂「不改」。赴感無窮，一無所繫，是謂「周行不殆」。（物之來感也，無窮；心之赴感也，無窮。而心恆不繫於物焉。使心有所繫，則何能赴無窮之感耶？）道遠乎哉？反求諸己而得矣。

吾不知其名，字之曰道。

輔嗣云：「名以定形。混成無形，不可得而定，故曰『不知其名』也。夫名以定形，字以稱可。言道取於無物而不由也，是混成之中，可言之稱最大也。」

上釋第二十五章。

以上各章皆言道體。（凡上所說，皆屬本體論方面之談也。）此下將擇取一二章，就其有關於入道之修行與方術者而略釋之。（關於入道之修行與方術，亦可謂屬於認識論或方法論中之問題。）

不出戶，知天下；不窺牖，見天道。其出彌遠，其知彌少。

出戶、窺牖，皆況喻詞。以知能爲務者，必用客觀方法，故以出戶喻之。出戶名外，即設定外界事物，而行質測之術，此求知者之所尙也。窺牖，一隙之明也，此喻致曲之功。曲者部分也。致曲者，即於各部分致其精析，以爲綜觀會通之地也，此又求知者所必由之術也。

今曰「不出戶，知天下」，是不待外求，即不由客觀方法而自知天下之大本也。（此知非是知識之知，乃自證之謂。下言「見」準此。天下之大本，即謂道。）「不窺牖，見天道」，是不待向事物散殊處作解析，而自見天道之渾全也。（道，曰天道者。至真之極，無以名之，因讚之曰「天道」。天者，自然義。自然者，無待而恆然。）夫知能，緣析物而起。即由其眾著，以綜觀通理。要所謂通理，終限於對待之域。若夫至眞之極，獨立絕待，寂兮寥兮，無方無相，此可以向外析物之術求之耶？世之求知者，莫不向外析物，以爲其知足任而日益多也，不悟其出愈遠，（出謂外求。）其知反愈少。何則？彼自計外求而多知者，役心趣外，而轉迷其本，疲神逐物，而莫知爲己。（此云己者，非小己之謂。吾人與天地萬物本屬同源，即約同源，名之為己。）夫失己迷本，則惑之至也，雖自詡多知，其足多乎？

是以聖人不行而知，不見而名，不為而成。

行者，用心於外，而起籌度析別也；「不行」，謂攝心虛靜，（攝，收斂也。收斂其心，歸於虛靜。）而毋外馳，即不起籌度析別，默然冥契道眞，故謂「不行而知」也。知，冥契也，（自明自了，而無知解之相，故云冥契。）非知識之知。「不見」，謂眞常理，不可感官接知，而灼然可證故，故可得而名也。（所以字之曰道。）眾妙之門。先爲而無不爲，以虛靜守之而已。若任知而有爲作，必違道而無成也，故曰「不爲而成」。

上釋第四十七章。老氏反知，其說詳在此章，義指深微，學者所宜切玩。

為學日益，為道日損。損之又損，以至於無為。無為而無不為。

習於辨析事物，而成爲有統系之知識，是謂之學。故以爲學之功而爲道，必無當也。何則？爲學必用功於外，方於事物致其精析，而知識日益增多，故曰「爲學日益」也。爲道必用功於內，損去私欲，務期盡淨，然後復歸無爲，故曰「爲道日損，損之又損，以至於無爲」也。無爲者，沖寂虛無，任運而無所爲作，（因任自然而運行，曰任運。）故曰「無爲」。然妙用無邊，故曰「無爲而無不爲」也。夫無爲者，至眞之極也，以萬物由之而成言之，則曰「道」。（此言萬物，即攝人類在內可知。）若約在人而言之，則亦曰「心」。（即心即道，故曰道心；是本有故，又曰本心。）

取天下常以無事，及其有事，不足以取天下。

此一節，注家皆以王侯之治化爲言，（輔嗣亦然。）與上文便絕不相屬，此何可通？愚謂取者，即《易·繫傳》「近取諸身」之取。「取天下」，猶言通天下之理；「天下」，猶言萬物。無事者，不以私意或偏見嬌揉造作而亂物之眞也。（不以，至此為句。）有事者反是。夫所以通萬物之理者，唯不以意見造作變亂物理之眞，（唯不，一氣貫下。）虛懷因物，而眾理畢昭，故曰「取天下常以無事」也。若不能因物而核其實，將徒任意見造作，即無以通天下之故，故曰「有事不足以取天下」。

上釋第四十八章。

古之善為士者，微妙元通，深不可識。夫唯不可識，故強為之容。豫焉若冬涉川，猶兮若畏四鄰，儼兮其若容，渙兮若冰之將釋，敦兮其若樸，曠兮其若谷，混兮其若濁。

此章言修行功力及其所至也。「微妙元通。」「深不可識。」孟子所謂「大而化之之謂聖，聖而不可知之謂神」，義亦近此。君子修道之功，自始學以至成德，無一息而可忘戒慎，故曰「豫焉若冬涉川」。雖中恆有主，而猶慮外誘易入，如國雖安，猶畏四鄰，敬之至也。儼兮若容，恪然無懈，而若有所思也。（此思不同世俗所謂思想，乃離倒妄而冥符正理故。）渙兮若冰將釋，至明四達，無迷無惑也。敦兮者止貌。（心不浮動名止。）樸，眞也。曠兮若谷，虛寂也。混兮，無分別貌。若濁，凝聚也。（心力能自收攝，不浮亂，不敢動，名為凝聚。）自「儼兮」，至「若濁」，皆形容此心虛靜明達之相。（第十章云：「明白四達。」今省云明達。此明達之境界甚深，猶言大澈大悟。）

孰能濁以靜之徐清？孰能安以久動之徐生？

濁，承上混兮若濁而申之也。心浮散，即不靜，必凝聚而後靜，故曰「濁以靜之」。（此不獨在人為然，即造化亦必有收攝凝聚作用，始靜而成物。若一味浮動而無凝聚者，宇宙焉得有物？）清，虛也，明也，純也，淨也。（不雜曰純，離染曰淨。）心恆靜，即虛明澄靜，故曰「靜之徐清」。（宇宙全體大用，只是虛明澄淨。）相因而至曰「徐」。安，靜且清之極也，脫然離繫也。（斷一切雜染故，故離繫縛。）久者，恆久，無間斷也。安安而恆無間，（安安，重言之，形容其安之至也。）故曰「安以久」。夫安以久，則恐其溺於虛靜，而廢生生之大用也，故必於動用中致涵養之功，而後見生生不息眞機，故曰「孰能安以久動之徐生」？「孰能」，言其難也。修道之士，至於「濁以靜之徐清」，「安以久動之徐生」，即功緒究竟，而道得於己矣。

附識：真體起用，（眞體猶言宇宙實體。老子則謂之道。）不外「濁以靜之徐清」；「安以久動之徐生」十三字，此中義蘊無窮無盡，安得知道者而與之言耶？夫修道者，盡其功力所至，亦復其本來之體用而已矣，非能有所增也。

保此道者不欲盈，夫唯不盈，故能蔽，有新成。保者，任之而勿失也。「盈」，輔嗣云：「必溢也。」

按心本虛無，（以其無形而無所滯，謂之虛無，非空無也。）而至於溢者，私欲盛也。（私欲非本有，皆後起之染汙習氣也。）修道在損去私欲，復歸於無，故曰「不欲盈」也。「蔽」，輔嗣云：「覆蓋也。」「夫唯不盈」，而復於無，以全其神。故德盛而能蔽覆萬物，皆固有妙用，非新作成之也。（不由後起，故曰固有。）道無可增，故不新成也。

上釋第十五章。

致虛極，守靜篤，萬物並作，吾以觀復。

夫虛不離有也，言虛而有在其中矣；靜不離動也，言靜而動在其中矣。若夫執有者，徇物而失其虛；浮動者，從欲而捨其靜，此道之所以喪也。故知道者，明知虛不離有，而必以虛爲本；明知靜不離動，而必以靜爲本。故曰「致虛極，守靜篤」。致虛不極則猶未能虛也，守靜不篤則猶未能靜也。「萬物並作」，至虛而妙有，至靜而善動也。（動而不滯，故善。）復，返之虛靜也。有焉而未嘗不虛，何物之繫？動焉而未嘗不靜。何欲之累？故曰「萬物並作，吾以觀復」也。

夫物芸芸，各復歸其根。歸根曰靜，是謂復命。復命曰常。

萬物芸芸，各復歸根。根者始義，明物各返其所始。（始，謂人所以生之理。）若失其所始，則生理絕矣，何以歸根？曰唯守靜耳。浮動而捨其靜，即從欲徇物，以失所始，可不哀乎？夫物各受命於道。所謂道者，性恆虛靜而動用不窮，本非廢然之靜也。然正唯靜必涵動。故說靜爲動本，否則浮散之動，其本不固，而用亦將窮，道其如是乎？故體道者，（體道，謂心與道合，而與之為一。）必返之虛靜，而性命乃全，故謂靜則復命。若逐動而流，（流者流散。）則乖乎道之本然，即失其所始，而無以復命矣。常者，眞常。夫道，淵兮爲萬物之宗，「獨立不改，周行而不殆」，故謂常道也。物能守靜而復命，（物謂人也。）即與極同體，（極謂道，復命即與道為一，乃云同體。）故言「復命曰常」也。

知常曰明。不知常，妄作凶。

知者證知，非知識之知，以其爲萬物所共由，曰道；以其爲至眞之極，曰常；以其爲吾心之明覺，曰知。故知常之知，即眞常之用，非與常爲二也。此明覺顯現時，即斷盡一切惑染，故云「知常曰明」。若未知常，即未得明覺，便爲染習纏縛，動作皆妄，故云「不知常，妄作凶」。

附識：「知常曰明」之「知」即吾心之明覺。東方學者即於此明覺，認識本體。蓋此明覺即道心呈顯，捨此無所謂本體。吾人所以生之理，即此明覺昭顯者是；宇宙所以形成之理，亦即此明覺昭顯者是。何以故？就明覺的本體言，吾人與宇宙無內外可分故。此明覺憑吾人之官能而發見，以感通乎天地萬物；天地萬物特此明覺而始顯現，足徵此明覺為一切形物之主宰。所以說，明覺即是吾心與萬物之本體，非可捨吾心而別尋造物主也。

知常容，容乃公，公乃王，王乃天，天乃道，道乃久，沒身不殆。

知常，即與極同體，乃能包通萬物，無所不容，故曰「知常容」。無所不包通，則乃至於蕩然公平也，故曰「容乃公」。蕩然公平，則乃爲萬物之主也，故曰「公乃王」。王者主義，（心公平，故其感於物，自有主宰，而不為物所亂。）能爲萬物主故，則乃無爲而無不爲，同乎天也，故曰「王乃天」。（天者，自然義，非謂天帝也。）無爲而無不爲，則乃體道大通，（體道，見前。）究極眞常，故曰「天乃道」。得其眞常，即無窮極，故曰「道乃久」。久者，無窮極義，（非對暫而言也。）既歸於無窮極，即無所謂一己之身，乃渾然與宇宙常道同久，所謂死而不亡者壽是也，故曰「沒身不殆」。

上釋第十六章。此章明工夫吃緊處，即在「歸根曰靜」句。後來周子言主靜立極，延平一脈相承，乃至聶雙江、羅念庵，俱信歸寂，皆從是出也。

以上關於老子哲學，即形而上學方面，大體可窺。至《老子》書中發抒社會與政治之理想，其言宏廓深遠，並包萬古。本欲詳爲疏釋，質諸同好，顧以病軀，又苦俗冗，憚於用思，故付闕如。異時得暇，或有申述，亦未可知。

《老子》之書，文辭雖約，而理趣奧博，廣大如天，博厚如地。吾國歷來學者雖多留意鑽研，然罕能追其宏通微妙，但各有所窺而已。又凡中國發抒哲學思想之文字，皆詞約義豐，其意理廣遠，恆寓諸文言之外，善讀者必於言外得意。故非深識精思之士，則讀孔老諸氏之書，必漠然無所得也。即中土學人求了解先哲之書，已屬鳳毛麟角，而況學術思想素不同途之西洋人士乎？聞西洋有《老子》譯本多種，往往謬誤不堪，此甚可惜！吾甚願有高瞻遠矚而能留意中西文化者，設法培植中西兼通之人才，爲未來世界新文化植其根，以馴至於吾孔子所蘄向之大同主義。人願同歸至善，共臻至治，豈不休哉？

寫至此，本欲截止，然又若有不能已於言者：一則《老子》書之作者與其時代，次則老子之後學，皆當略爲提及。

老子爲何許人？《史記》尚無定論，然當以《莊子．天下篇》所稱之老聃爲近是。至若老萊子與李耳等，則或爲老聃之門人與後學耳。《韓非子．六反篇》、《淮南．原道訓》及〈道應訓〉所引《老子》書，皆稱爲老聃之言。史稱老子爲楚人，其生長地，大抵在今河南山東間，故習聞儒言，且熟知古帝王之事。楚之盛也，拓地最廣，今豫魯二省與蘇皖鄂鄰接之地，當時多入於楚。老子之先或出自小國，後爲楚所併，故爲楚人。

老子之時代大抵稍後於孔子而先於孟子。老子之學源出於《易》，而又別異於儒術，以自成一家之學。《易》之爲書，固孔子之大義微言，而七十子後學展轉傳授，其文字雖不必皆由孔子親手寫定，而其義理固孔子所創發也。此事吾當別論。《易》以陰陽對待，相反相成而明變化，《老子》亦然。《易》以三畫成卦，而《老子》則云：「一生二，二生三。」《易》之旨，於變易見不易，而《老子》即於變知常。老氏於《易》，其根本大義未有改也。至老氏與《易》義不同處，則非深於孔老二家之底蘊者，又不便與之言。茲且從略。

老子之時代後於孔子，今人多已言之。此等主張吾大概贊同，唯至遲不當後於戰國時期之孟子。其文字高渾，比於孟荀諸子書，氣習較古。又《老子》書中侯王並稱，足徵其時列強猶未盡稱王也。（春秋時，周之王室早夷為群侯之列，楚以諸侯淫王號，故老以侯王並稱。）又孟子自稱所處之時，上無禮，下無學，賊民興，喪無日。蓋是時六國已敝於暴秦，中原文物，銷損略盡。今觀《老子》書，諄諄然訾文而欲返之樸，足徵其時文物尚盛，與孟子所處時代自不同。或謂孟子言仁義而老氏非之，不悟仁義乃孔子所雅言，詳見《論語》與《易傳》，似此徵老子之後於孔子則可，不足爲孟先於老之證，以仁義之談非始於孟氏故也。

老子之後學，自昔推莊周。然莊周而外，厥有二家書僅存者，雖篇章缺略，不如《莊》書尚較完具，然其宏博淵微，皆足敷揚老氏之旨。二家者，一見於《管子》書中之〈心術〉、〈白心〉、〈內業〉三篇。《管子》書，世以爲僞，然必晚周法家所托。此〈心術〉、〈白心〉、

〈內業〉之言，皆衍《道經》之蘊奧，（道經謂《老子》書。）與本書（謂《管子》書。）不相類。唐房玄齡〈心術篇注〉云：「今究尋文理，觀其體勢，一韓非之論。而韓有〈解老〉之篇，疑此〈解老〉之類也。」按玄齡說非是。此三篇與〈解老〉雖同爲老氏之學，而復各成系統。蓋此三篇精於談心，其言與梵方佛家大乘頗有可通者。又且融會儒術，如〈內業〉云：「止怒莫若詩，去憂莫若樂，節樂莫若禮，守禮莫若敬，守敬莫若靜。內靜外敬，能反其性，性將大定。」此與〈解老〉明明不類。〈解老〉云：「禮者所以情貌也。」又云：「所謂處其厚不處其薄者，行情實而去禮貌也。」是固絕無儒家氣味。要之，〈心術〉等三篇本老氏之徒，而亦稍參儒術，其持論成統系，而義旨宏遠，固老氏之宗子也。惜乎著者姓名無從考定，其全書當不止此，不幸散佚，唯此三篇雜入《管子》書中以傳，而自昔以來亦無人爲能詳其義者，是可慨也！（異時有暇，當為作解。）

二曰見於《韓非》書中之〈解老〉。此篇後人疑非韓非子之言，謂爲簡策誤入。按此篇不必韓非所作，但必出於老氏之徒而融會法家言者之手。故法家之徒取之以入韓非之書，斷非簡策誤入。其爲說頗綜會法家，如云：「萬物莫不有規矩。」「聖人盡隨於萬物之規矩，故曰『不敢爲天下先』。」又曰：「慈於身者不敢離法度，慈於方圓者不敢捨規矩。」皆深於法理之言。此篇最精處，在分別道與理之一段文字。其言「道者，萬物之所以成」，「理者，成物之文」云云，按「文」者，條理，言萬物以道而成，及其成也，即物自有其條理。唯條理燦著，方謂之物，故云「理者成物之文也」。詳此，以理說明現象界有則而不亂。其言道即實體，又謂「道者萬理之所稽」，則以理雖分殊，而窮至於道即合。稽者合義，其爲說可謂上窮無極而下盡物曲者矣，故其謂「萬物莫不有規矩」者，即物有理之謂。其言慈身必守法度者。亦從物有理之觀念而來。由此，法家思想於玄學上得其根據。此篇義旨奧博，當非韓非所能爲，必老氏之徒而融會法家言者著爲此篇。其全書亦當不止此，或簡策殘缺，僅得此數。韓非之後學因取以編入《韓非》書中，要非誤入之比。然此篇自是老學之一大支派也。（此篇亦向無解者，暇當作釋。）又漢有《淮南子》，高誘稱其旨近《老子》淡泊無爲，蹈虛守靜，出入《道經》。按《淮南》書爲其賓客所輯錄，乃雜家者流，所收材料皆晚周諸子之遺也，其間目得處蓋鮮。然所集道家說間與《莊子·外篇》以下相近，辭尚浮華而少實得，殆莊周步支派歟。（《莊子·外篇》以下有為其後學所攙雜者。）

如上所說，老子之後學，以《莊子》書及見於《管》、《韓》二子書中者爲最可考信。自餘若關尹，僅見於《莊子·天下篇》所稱述，當爲《老子》之同調，然單詞奧義，難可究詳；《列子》見《呂覽》等書，亦道家者流。《漢書·藝文志》有《列子》八卷，今所傳《列子》書，考據家皆以爲僞託，非《漢志》所稱之《列子》也。屈原以文學而衍道家之旨，流風益廣，其書見存。戰國時，道家之學與儒術堪稱兩大，（《呂覽》有道家言，《荀子》亦稱道書。）惜其書策多散亡，而諸學者之姓字亦罕得而考云。

上來略說《老子》已訖。來問道教數事，力不能詳也。中國古無宗教之名，晚周諸子各以學術稱專家，如孔氏之徒曰儒家，（儒之名，亦不始於孔。）老氏之徒曰道家是也。自印度佛教入，而世俗始以儒道與佛並稱三教。然儒道二家之學者並不自承為宗教也。印度佛家思想本以宗教與哲學相融匯，然其哲學思想實廣大淵微，（淵者淵深，微者微妙。）卓然自成統系。中人治佛家言者，雖不遺其宗教精神，而於其哲學方面特有創獲，史實可徵。故以中國之儒、道、佛並稱爲教，此乃世俗相沿之失，而非學術界所認可，不能無辨。（民初有以儒家孔子為教主請定為國教者，時士論大嘩，皆謂孔學非宗教云。）

中國民間流行之一種邪術，有所謂道士者，亦謂之天師道，俗稱此爲道教，實與道家全無干涉。茲不欲談。

又有方士一流，以修仙之術僞託老莊，俗亦謂之道教。其煉丹與煉金術，以之修養求長生，雖可哂，然爲化學也起源。靜坐調息諸法，深有當於衛生之理，要不可薄也。自唐以下，此派亦漸遠於方士而有學術可稱，如宋初陳希夷輩托於此道，孤往山林，冥思獨會，未易測其所詣，惜著述失傳耳。此派之思想於中國學術、政治各方面，不能謂其絕無影響，如宋儒哲學，陳希夷實啟其端。濂溪自有淵源，恐不止太極之圖，其敦大淳實，亦似希夷也。（《宋史・希夷傳》雜謠俗誕妄之辭，殊乖其實。）宋末道士鄧牧，原本莊子而爲抑尊之論，寄民治之思。至明季，而黃梨洲張之。迄清末葉，言民權謀改革者，皆祖述焉。是其彰著可述者也。此派在宋明間，時有孤遁清修之士，清世則未聞有異材。降及今日，流風歇絕，無復可言。凡棲處寺宇，服道士服者，皆無知之氓，無職業以自活而藉寺產以游手坐食者也。中國版圖遼闊，民國以來，喪亂頻仍，社會調查，尙難周遍，道教寺宇數量及其徒屬多寡，無從置答。

來函屬以英文作覆。力不能爲英文，特以中文寫定，而屬錢學熙君爲吾移譯。錢君於吾之思想雖嘗留意，但翻譯之事，要難全達吾旨，此力所深爲抱歉，即希諒詧。抑更有言者，中西學術，各有特色，凡中國哲學上特別獨至之理境，或爲西洋哲學家一向所忽視者，往往而有，故翻譯者於此必感困難。但此等困難非決定不可避免，若精熟於中國哲學之理解，其大無所不窮，其微無所不究，而又深通西洋哲學思想與其文字，能神明變化之，則中國哲學亦未嘗不可以英文傳譯，且盡其信與達之能事。然此要非旦夕之功，必其養之有素而不蘄以速效，是在中西人士能向此而努力。

馬格里尼君名羅雪亞諾，意大利米蘭省大學教授。

答劉樹鵬

得來書久，因《佛家名相通釋》一書未脫稿，精力短促，未能寫信。昨始完成，而猶有疲倦之感。天寒日短，又不堪作事，念來書曠答，姑寫此以報。來書各條均深愜下懷，唯問欲不可全屏，如何處置始免泛濫爲患。賢者於《新論》，尚未免在文字上轉，故有此一重大障礙。若細玩文字，精熟條理，得其會通，而因以自反諸心，則必無疑於此矣。按《新論．功能章》分別性習，〈明心章〉分別心心所。蓋心即性，而心所則習也。自識本心，（即是見性。）便能順其良知良能而起淨習，故欲皆從理矣。如戴震之說，則欲當即爲理。其所以爲邪說者，正以不識性，即不識本心故耳。夫不見本心，則欲便從物，陽明所謂「隨順軀殼起念」是也。唯本心淪沒，即一身無有主宰，遂縱任小己之私，乘形氣之動，而成乎私欲，私欲如何得當？如何爲理耶？若見性，即本心恆自昭明，而私欲萌時，自然瞞昧不得，即此瞞昧不得時，便一念向上，順從昭明之本心，而後所欲皆當。如「非禮勿視」，即克去其非禮之私欲，非絕吾目視色密欲也；視而無非禮焉，欲即理也。（《記》曰：「禮者理也。」）「非禮勿聽」，即克去其非禮之私欲。非絕吾耳聞聲之欲也；聽而無非禮焉，欲即理也。乃至「非禮勿動」，即克去其非禮之私欲，非絕吾心動應萬變之欲也；動而無非禮焉，欲即理也。準此，則欲之所可當，而不至流於私者，由其一準乎禮故也。《記》曰：「禮者理也。」以其發見而有條理，故謂之理或禮；以其為吾一身之主，則謂之心；以其為吾所以生之理，則謂之性。故《論語》言「克己復禮」，其所謂禮者，非就儀制度數言，乃即禮之本質而言。（「本質」二字或不必妥，然難得下一恰好之詞，讀者須善會。）禮之本質，即心也，（此謂本心，非心理學上所謂心。）亦即性也，是吾所固有，故於此而言復也。若以儀制度數為禮，則禮是後起，是末節，如何言復耶？夫唯本質（即心即性。）具備萬善之條理，（所謂固有。）本此以為主宰，而後萬變不恆之物感，凡足以起吾之欲者，一切不能眩亂此主宰，而所欲皆循其天則。（天則即固有之條理。）夫如是，始云欲當即為理也。《新論》所謂淨習亦此旨也。戴震既不識性，不識心，則主宰既失，欲動而無節，如何能去私而皆當耶？故學在識本心。非欲之可患，迷其本心而後有私欲泛濫為患也。

答李景賢

來函談《論語》「四勿」章有云：究竟何者是禮？何者非禮？似屬理智知識中事。此大誤。知禮與非禮之知即《新論》所謂智。《語要》卷一〈答張生〉談及俗云理智與《新論》所謂智者不同。（陽明之良知即《新論》所謂智，《尊聞錄》云明智。）此信可細玩。智是本有，是先天的。理智即《新論》初版〈明宗章〉所謂慧，是從經驗發展出來，是後天的，但後天的並不是別有來源，實即依智故有。唯後起乘權而恆迷其所本有，則如長江之水，離開源頭以後，沿途夾雜泥沙而成濁流，猶謂是源頭之水，則萬不可得矣。《新論》之智，今之學者不能了，將疑吾為妄說，由其於東方先哲意思從不體會，所以至此。知禮與非禮之知，此即是智。這個知發見時，必怵然有動於中，自覺一毫瞞昧不得。此種意味唯曾留心作自反工夫者才能識得親切。若果喪其本有之智而但任所謂理智知識者，如何有此？

人能涵養其本有之智而勿放失，則後起之理智作用與一切知識亦皆是智之發用。《語要》卷一固常言此，吾子乃不曾理會何耶？至云邏輯，雖吾先哲不曾於此留意，但在今日亦何至不相容納？來函欲自任東西學術融通之責。須知凡百學問欲以一身備之，不獨吾等地球上無此怪人，即他星球如有人類，當亦不能以一身而遍治天地間各種學問。汝用功不專不切，徒懷種種奢望，將何所成？吾今所望於國人者無他，凡講習吾固有哲學思想者，宜發揚精要，並勤治外學，博採新知，更致力踐履，求思想與行為之一貫，陽明所謂「知行合一」是也。以此養成一種學風，而吾學術始有獨立發皇之希望。至研窮西洋學術者，宜各自由研究，力求精到，但於本國學問如六經諸子等等，若有致力之暇，自當隨分參稽，否則亦無妄言輕詆。今後學術界如有此氣象，當無絕學之憂。民族雖危，終當奮起，而以自淑者拯全人類。魯本積弱，而孔子謂可「一變至道」，齊之強於魯豈止百倍，而孔子猶謂須一變乃能至魯也。孔子妄言歟？西人狃於物競之習，始終未離獸性。夫人與動物，其本雖不異，但人既進化而能發展其秉彝之良，則惡可不致力於性分之涵養，而偏逞其種種侵略之獸性耶？東方人向注意於性分之自得自樂，今雖不振，然經此世變，倘能本正德、利用、厚生與足食、足兵、民信之旨，強力奮進，則「一變至道」，非吾神州華胄，其將誰屬？吾於世事，只是一時憤慨，要不甘為淺衷狹量悲觀之徒也。

中國哲學明「天地萬物一體」之義，已普遍浸漬於中華民族之心髓。曾聞猶太人來吾國者云，若適歐洲諸國，則常有異國孤羈、時見猜防之感。若入德國，此感尤甚。即至東方之日本，其猜防多忌，亦甚於德人。獨至中國則如久客還鄉，爰得我所，交其人，如飲醇酒，使人之意也消。猶太人此言，確足證明吾華人博大含宏之德量，實由其哲學思想所陶育而成。繼自今，此種美德固應發揚，然同時必養成剛強威猛之風，期有以立己而立人。任重道遠，是在吾人好自為之而已。

與友人

《佛家名相通釋》部甲大意中有小注一段，謂陸象山兄弟並有民治思想，有疑爲無徵者，此未深考之故耳。按象山《語錄》，嚴松所記有云：「松常問梭山云：有問松『孟子說諸侯以王道，是行王道以尊周室？抑是行王道以得天位？』當如何對。梭山云：『得天位。』松曰：『如何解後世疑孟子教諸侯篡奪之罪？』梭山云：『民爲貴，社稷次之，君爲輕。』先生再三稱嘆曰：『家兄平日無此議論。』良久曰：『曠古以來無此議論。』松曰：『伯夷不見此理。』先生亦云。松又曰：『武王見得此理。』先生曰：『伏羲以來皆見此理。』」（見《象山集》卷三十四。）據此則象山兄弟確有民治思想，但其辭旨隱約，不欲深論，或恐觸當時禁網及世儒攻擊，故引而不發，是可惜耳！至云「伏羲以來皆見此理」者，則以《易》之爲書首明民主自由。〈乾〉曰「群龍無首」，即其義也。（無首謂不立政長也。晚世無政府主義者說亦近此。）又象山狀其兄子壽有云：「湖之南有寇侵軼，將及郡境。先是建炎寇虜之至，先生族子謂嘗起義應募。是後寇攘相次犯州境，謂皆被檄，保聚捍禦，往往能卻敵，州里賴焉。至是謂已死，舊部伍願先生主之，以請於郡。時先生適在信之鉛山，聞警報急歸。抵家，請者已盈門，卻之不去，日益眾。先生與兄弟門人論所以宜從之之義甚悉。會郡符已下，先生將許之。或者不悅，謂先生曰：『先生海內儒宗，蹈履規矩，講授經術，一旦乃欲為武夫所為。衛靈公問陳於孔子，孔子不答。今先生欲身為之乎？』先生曰：『文事武備，初不可析。古者有征討，公卿即為將帥，比閭之長，則伍兩之長也。衛靈公家國無道，三綱將淪。既見夫子，非哲人是尊，社稷是計，而猥至問陳，其顛荒甚矣，做夫子答以俎豆而遂行。夾谷之會，三都之墮。討齊之請，夫子豈不知兵者？』或者又曰：『禮別嫌疑，事有宜稱。使先生當方面，受邊寄，誰復敢議？此閭里猥事，何足以累先生？今鄉黨自好者不願尸此，尸此者必豪俠武斷者也。今先生尸之，人其謂何？』先生曰：『子之心殆未廣也。使自好者不尸此，而豪俠武斷者卒尸此，是時之不幸也。子亦將願之乎？事之宜稱、當觀其實。假令寇終不至，郡縣防禦之計亦不可已。主者或非其人，乘是取必於閭里，何所不至？是其為慘，蓋不必寇之來也。有如寇至，是等皆不可用，無補守禦，因為剽劫，仁者忍視之哉？吾固以許之為宜。』先生於是始報郡符，許之。已而調度有方，備禦有實，寇雖不至，而郡縣倚以為重。」詳此所云，則當時士大夫視地方自治自衛之大計，為閭里猥事，相率恥而不為，此實吾民族衰微之原因也。子壽當時獨與兄弟及門人謀，而力排盲俗之非難，毅然身任其事。兩漢以來，士大夫具此識力者，可得幾人耶？今雖效法民主之治，而知識分子猶無肯身入農村者。友人桂林梁漱冥獨提倡村治，而身人窮苦鄉邑，以實行其主張。漱冥固為陸王之學者，故有此一段精神。

又《通釋》大意中有魏晉融佛於三玄其失則縱云云。賢者以爲未妥，湛翁亦有是言。竊思後漢已有天竺及西域僧徒攝摩騰、竺法蘭、安世高等先後來中土。梁慧皎《高僧傳》稱摩騰中天竺人，善風儀，解大小乘經；法蘭亦中天竺人，自言誦經論數萬章，爲天竺學者之師，譯經五部。（近人梁任公等考漢明無求法之事。《僧傳》稱摩騰法蘭二人皆在明帝之世，尚難確信。然二人必於後漢時代來華，當無可疑。）安世高則安息國王之子，精阿毗曇學，諷持禪經，備盡其妙，所出經論，凡三十九部。又有支讖者，本月支人，志在宣法，傳譯《般若道行》、《般舟》、《首楞嚴》等三經。自餘若佛朔、安玄之倫，並有宣譯，見稱後世。由漢末迄於六代，梵藏高僧來華宣法者，蓋不勝數。然則魏晉間談玄之風，自當感受佛家影響，不爲臆測。縱云羅什以前，釋宗學理猶未闡明，然由僧徒之儀軌與少數譯述。未嘗不沾被玄風，別有啟悟。輔嗣之談《易》、《老》，向郭之注蒙莊，雖妙悟獨得，毋亦其時玄風已啟，應運而興者歟？然縉紳擅清談者若王衍輩，本無學術，與輔嗣等玄家不當並論。若晉世僧徒多以玄旨而談佛法，皆踐履高潔，無所謂縱也。其陷於縱者，乃在清談之縉紳，是亦曹魏之遺穢也，此與佛家無關。總之，謂魏晉玄家便已參入佛家思想，此說似稍過，但若謂其完全不有佛家影響，恐又不得無過。

與湯錫予

華嚴諸師，似以眞諦爲宗主，於《起信》特別尊崇。謂其學問，即以《起信》爲骨子可也。《疏抄》中關於《起信》之部分，頗有講得好處，若囑鏡清諸子匯抄成冊，亦足爲參考之資。（《起信》縱是地論師偽託真諦，然其主張確與真諦一致，容當別論。）《疏抄》亦時引慧遠說，似不必有關宏旨。又於三論及天台、禪宗，往往有所稱引，顧於吉藏不多提及。法藏主要思想，即在教義分義中判教之說，自吾儕今日視之，實無意味。

杜順之法界玄鏡，理事圓融。龍樹、無著兩家，於此似都未及詳。龍樹與其弟子提婆依據《大般若》而演《智度》等四論，大抵欲令學者明諸法無自相，方好悟入實性。無著晚年說唯識，安立法相，而實欠方便。世親承之，益復乖謬，致有性相打成二片之嫌。此須大著眼孔，能於空有二家學各會其總要，（注意「各」字。於空宗能會其總要，又於有宗能會其總要，則兩家而目自無混亂。今見某雜誌有評吾書者，於吾《新論》評斥有宗處每不肯服，由其於有宗立說之系統未能總持故也，否則無疑於吾說矣。）然後知理事圓融之旨。有家（無著一派。）固遠不遠，即在空宗，（龍樹一派。）其立說又別有機宜。（為於法相起執而不了法性者，乃種種遮撥其執，其應機方便在此。雖則由其說可以悟即性即相、即相即性，然卻總在相上遮撥，欲以方便顯性，與杜順等說法固自不同。）要至中土杜順諸師圓融理事，（理即法性，事即法相。）然後玄旨暢發無餘矣。其《理遍於事門》云，謂能遍之理，性無分限；所遍之事，分位差別。一一事中，理皆全遍，非是分遍。何以故？以彼眞理不可分故。是故一一纖塵，皆攝無邊眞理，無不圓足。又《事遍於理門》云，謂能遍之事，是有分限；所遍之理，要無分限。此有分限之事，於無分限之理全同，非分同。何以故？以事無體，還如理故，是故一塵不壞而遍法界也。（言即於一微塵中而不壞此一微塵之相，卻即此已是全法界也。此義深微，學者宜忘懷體之。）於一塵如是，一切法亦爾。略舉此門，已足會意。誰有智者玩心高明，而於此等妙義，乃不能契入耶？豈莊生所謂「至言不止於里耳」耶？西洋哲家談現象與本體者，哪得會此意思？吾少年時，曾閱《華嚴經》文，蔽於老宿之論，以爲杜順宗下諸作與奘門不合，未欲瀏覽。今始遍閱一過，覺其中自有許多勝義，甚可推崇。惜未爲札記，欲復檢取，又不勝此勞，即置之已耳。總之，華嚴宗立說確已粗具系統，但其所短者，即有許多混亂處及無謂煩瑣處。他日有暇，或擇要條舉，以告後之留心此宗者。又竊謂杜順眞是開山人物。法藏、清涼，其智稍短，然尚能張大一宗之學，亦未易得。至宗密則等諸自鄶矣。

佛家著述過繁，亦頗有不必要者。今後學術門類已多，吾人所必需之新知識又不知多少，如欲此後研求哲學思想者皆得讀佛書，以浚其神解而博其理趣，則非選擇幾部根本重要之經論不可。但擇定之後，又必有人分任注疏之責，否則仍是難讀。此等人材至不易得，必須學術機關注意培養。若北大研究院能收納此等青年而子以資給，令其專治一經。學成之後始下筆爲書，務期以今日活的語言詳釋古經名義，勿如昔日和尚之所爲。（和尚為疏者，皆雜取經論中文字而編綴之，故不可解。）如此，則有益後學不淺。然此等人才既難得，而又必養之以漸，不可責以速成，未知他日有留心此事者否？

答張德鈞

函悉。讀佛書，須一面弄清名相法數並理其系統，一面須於文言之外識得旨趣所在。前者是經師或考據家之事，後一層方上窮理盡性路途。若僅有前項工夫，只是讀書人，不名爲知學也。佛家「眞如」一詞，其異名不下十餘，而每一名各有其特別含義。以其至眞至實，不可變異。而爲萬法實體，則曰眞如等。（等者，等實際，與一真法界諸名。）克就吾人當躬而言，即直指本心而名之，則曰涅槃。本心何以說名涅槃耶？此本心是固有的，非後起的，是照體獨立，非依他的。妄識遷流無常，本心恆是寂靜圓明，離無常相，故說名常。妄識種種攀援，種種纏擾，故苦。本心離如是等苦相，故樂。妄識逐境起縛，無有主宰，本心隨緣作主，不隨境轉，故說爲我。妄識是無量惑相，是雜染相。本心則離諸倒妄，湛然沖寂，故說爲淨。如上四德（常、樂、我、淨。）須反之自心，切實體認。

答李生

來書謂念庵「天地萬物一體」語，先輩以此教人則可，後生以此自任則近於妄。此正病根所在。「當仁不讓於師」，何等眞切！此處退讓，則終其身爲禽獸之歸矣。夫天地萬物一體云者，易言之，即不自私云耳。不自私者，本心也。自私者，後起染汙習氣也。陽明先生〈大學問〉，直就人心同然處言之，本自平易。而人固捨其平易，而不知自反，故曰「中庸之爲德也，民鮮能久矣」。賢者無志作人，無志此學，則亦已耳，否則於此等處豈可不勇於自任耶？

來書又云：「佛氏不放逸，似與儒者主敬相似。先儒言敬，是徹上徹下工夫，又言常惺惺法，疑皆謂此。所以致此，將何由乎？」此段話總緣賢者平日爲學只在名詞上翻轉，未曾返在自家身心上致力耳。既知敬是徹上徹下工夫，毋不敬，自然常惺惺。佛氏不放逸，亦只是敬之極致。賢者果能用功於敬，便一了百當，又胡爲有何由致此之問耶？玩吾賢語意，似謂如何才得到敬，殊不知欲得到敬，卻只是敬。譬如學生讀書不肯用功，卻問如何才得用功，賢者所以答之者，必仍不外教以用功而已。如肯著實去用功，便改正其一向不用功之壞習，工夫即已得手。初學未能敬，只好著實去下敬的工夫，如夫子所謂「居處恭，執事敬」。常能如此，自然下學上達。即如賢者與吾寫信時，若有一字不根於心，便是虛誑，便是不敬。若字字根心而出，便無虛誑，便是敬。又如讀書時，絕無貪多鬥美之念，亦無淺嘗輒止與曲意誤解及畏艱阻而倦於求通等等之念，只一味虛懷，靜觀此理，如此便是敬，反是者皆不敬也。敬的工夫是活潑潑地，不是強制其心，一味死板，可以謂之敬也。「執事敬」三字最妙。心不離事而存，日用間，語默動靜，無非事也？（語固有事矣，玄默之中亦非無事，《莊子》所謂「淵默而雷聲」是也。動固有事矣，寂靜之中亦非無事，《莊子》所謂「尸居而龍見」是也。）即無非此心之大用流行。厭棄事爲，而孤守其心以爲敬，是鬼道也，而可謂之敬乎？賢者細玩《論語》，當知所從事矣。

來書又云：「先儒言用功之方，不出涵養省察二途。二者宜何主？省察當於動之端，非昏沉之心所堪任；涵養須先見本心，又如何可以執持？」此段話亦緣不曾用過敬的工夫，故歧涵養省察爲二。須知工夫只是涵養，涵養中自有察識，（亦云省察。）不可離涵養而言察識也。離涵養而言察識，不唯天良乍露於欲念偶歇之頃未堪爲主，且恐陷於自欺而不覺矣。（此中欲詳談，適行路疲困，未能盡所欲言，願賢者自反求之。）其實，察識自是涵養中所有事，而涵養又只是主靜。但所謂主靜者，非兀然內守其孤明之謂也。靜之實際只是敬，通語默動靜而毋不敬，（此中動靜之靜，係以時言，與主靜之「靜」字意義自別。）即恆無私意私欲之萌，而恆是靜矣。賢者誠能用力於敬，則涵養、察識，皆在其中，又何患不能執持？又何至流於昏沉耶？

來書又云：「平時讀書，皆用心於剖析事理，自覺此心已傷，鮮柔嫩之象，未審如何可以反其天眞。」又問明道讀書不至喪志，上蔡便喪志，其故安在？此緣不識本原，故生疑惑。陽明云：「學問須是識得頭腦。」象山平生言學，主張「先立乎其大」。何謂立大？何謂識頭腦？即不喪失其本心而已。只要時時、在在，是此本心發用，則讀書時剖析事理皆本心自然之用也，何傷之有？動於私意、私欲，斯傷矣。本心至健，健而無不勝，故和。雖宰百爲，通萬變，析眾理，而無或失其健且和焉，此方是立大本，方是識頭腦。若不了此而欲屏棄事理以求心，其結果必至以意見爲天理，而害不可勝言矣。宋明理學家末流之病，非殷鑑哉！

來書有不宜置萬物於我心之外云云。夫言心，則已備物，無物而心之名奚立？但物本不在心外，使其在外，則心何由知物？又何能用物耶？故夫智周萬物者，未嘗置物於心外也。唯愚夫一向沉溺現實生活中者，則視萬物爲心外實有，而追求不已耳。

復性書院開講示諸生

吾以主講馬先生之約，承乏特設講坐，得與諸生相聚於一堂，不勝欣幸。今開講伊始，吾與諸生不能無一言。唯所欲言者，絕非高遠新奇之論，更不忍爲空泛順俗之詞，只求切近於諸生日用工夫而已。朱子《伊川像贊》曰：「布帛之言，菽粟之味，知德者希，孰知其貴？」願諸生勿忽視切近而不加察也。

書院名稱雖仍往昔，然今之爲此，既不隸屬現行學制系統之內，亦絕不沿襲前世遺規。論其性質，自是研究高深學術的團體，易言之，即扼重在哲學思想與文史等方面之研究。吾國年來談教育者，多注重科學與技術而輕視文哲，此實未免偏見。就學術與知識言，科學無論發展至若何程度，要是分觀宇宙，而得到許多部分的知識。至於推顯至隱，窮萬物之本，澈萬化之原，綜貫散殊，而冥極大全者，則非科學所能及。世有尊科學萬能而意哲學可廢者，此亦膚淺之見耳。哲學畢竟是一切學問之歸墟，評判一切知識而復爲一切知識之總匯。佛家所謂一切智智，吾可借其語以稱哲學。若無哲學，則知不冥其極，理不究其至，學不由其統，奚其可哉？故就學術言，不容輕視哲學，此事甚明。次就吾人生活言，哲學者所以研窮宇宙人生根本問題，能啟發吾人高深的理想。須知高深的理想即是道德。從澈悟方面言之，則曰理想；從其冥契眞理、在現實生話中而無所淪溺言之，則曰道德。陽明所謂「知之眞切篤實處即是行，行之明覺精察處即是知」，亦此意也。吾人必眞有哲學的陶養，（注意一「真」字。）有高遠深微的理想，會萬有而識其原，窮萬變而得其則，極天下也至繁至雜而不憚於求通也，極天下之至幽至玄而不厭於研幾也，極天下之至常至變而不倦於審量也。智深以沉，思睿曰聖。不囿於膚淺，（學之蔽，真理之不明，皆由人自安於膚淺故也。膚淺者不能窮大，不能通微，其智力既浮薄，即生活力不充實。智短者，於真是真非缺乏判斷。真非缺乏判斷。生活力貧乏者，必徇欲而無以自持，則一切之惡自此生矣。故人之惡出於膚淺，易言之，即出於無真知。）不墮於卑近，（沉溺於現實生活中，從欲殉物而人理絕，卑近者如是。）以知養恬，（恬者，胸情澹泊，無物為累，此必有真知而後足以涵養此恬澹之德也。無知者，則盲以逐物，而胸次無曠遠之致，是物化也。此與《莊子》「以恬養知」義別。）其神凝而不亂。（恬故精神凝聚而不散亂也。）故其生活力日益充實而不自知，孟子所謂「養浩然之氣」者是也。哲學不是空想的學問，不是徒逞理論的學問，而是生活的學問，其爲切要而不容輕視，何待論耶？又次就社會政治言，哲學者，非不切人事之學也。孔子曰，道不遠人，人之爲道而遠人，不可以爲道。孰有哲學而遠於人事可謂之學哉？人者不能離社會而存，不能離政治而生。從來哲學家無不於社會政治有其卓越的眼光、深遠的理想。每一時代的大哲學家，其精神與思想恆足以感發其同時與異世之群眾，使之變動光明，此在中外史實皆可徵也。或謂自科學脫離哲學以後，關於社會與政治方面的發見，亦是科學家所有事，何必歸之哲學。此說似是而實非。哲學、科學本書息息相關，而要自各有其領域，如形而上學，則科學所不及過問是也。即在所研究之對象無所不同者，易言之，即無領域之異者，如對於社會政治諸問題，而哲學與科學於此，仍自各有其面目。夫綜事習變固科學所擅長也，哲學則不唯有綜事習變之長，而常富於改造的理想。故科學的理論恆是根據測驗的。哲學的理論往往出於其一種特別的眼光。哲學與科學相需為用，不當於二者間有入主出奴之見，更屬顯然。上來略說三義，可見哲學思想不容忽視。至於文學與歷史諸學，在今日各大學屬諸文科之範圍，而為究心文化者所必探討。今茲書院之設，本為研究哲學與文史諸學之機關，但研究的旨趣自當以本國學術思想為基本，而尤貴吸收西洋學術思想，以為自己改造與發揮之資。主講草定書院簡章，以六藝為宗主，其於印度及西洋諸學亦任學者自由參究。大通而不虞其睽，至約而必資於博，辨異而必歸諸同，知類而必由其統，道之所以行，學之所以成，德之所由立也。諸生來學於此，可不勉乎？綜前所說，則書院為何種講究機關，既已言之甚明，來學者當知所負之使命也。至書院地位，則相當於各大學研究院，而其不隸屬於現行學制系統之內者，此有二意：一欲保存過去民間自由研學之風。二則鑑於現行學校制度之弊，（如師生關係之不良，與學生身心陶養之缺乏，及分系與設立課目並所用教材之龐雜，其弊多端，難以詳舉。至於教育宗旨之不一，學風之未能養成，思想界之不能造成中心思想，尤為吾國現時嚴重問題。）頗欲依古準今，而為一種新制度之試驗。書院雖襲用舊稱，而其組織與規制實非有所泥守於古。書院地位雖準備大學研究院，而亦不必採用時制。總之，書院開創伊始，在主講與吾等意思，亦有欲專憑理想以制定一切規章，唯欲隨時酌度事宜，以爲之制。如佛家制戒，初非任一己一時理想以創立戒條強人就範也，唯因群弟子聚處而隨其事實，因機立戒，久之乃成爲有統系的條文。故其戒條頗適群機，行之可久也。書院創制立法，亦當如是。今後教者（通指主講與諸教職員。）學者（肄業生及參學人。）俱各留心於學業及事務各方面之得失利弊等等情形，隨時建議，毋或疏虞，庶幾吾人理想之新制度將有善美可期矣！外間於書院肇創之際，多不明瞭，或疑此制終不可行，主講與吾等時存競業，亦望諸生厚自愛，期有所樹立。豈唯書院新制得以完成，不負創議與籌備諸公之盛心，而發揚學術，作育人才，保固吾國家民族以化被全人類者，皆於是乎造端矣。諸生勉旃。

昔人有言，士先器識而後文藝。（古者「文」字、「藝」字，並謂一切學術，如六籍乃備明天道、治法、物理之書，而號曰六藝，又曰六藝之文是也。漢以後始以詞章名文藝，其意義始狹，非古也。今謂宜從古義。）今學校教育，但令學子講習一切學術，易言之，即唯重知識技能而已。（知識技能一詞以下省稱知能。）至於知能所從出與知能所以善其用者，則存乎其人之器識。器識不具，則雖命之求知能，其知能終不得盡量發展。必有其器與識，而後知能日進，如本固而枝葉茂也。抑必器識甚優，始能善用其知能，不至以知能爲濟私之具也。苟輕器識而唯知能是務，欲學者盡其知能以效於世，此必不可得也。今之弊在是，奈何其不察耶？夫器識者何？能受而不匱之謂器，知本而不蔽之謂識。器識非二也，特分兩方面以形容之耳。以受則謂之器，以知則謂之識也。器識之義，最爲難言，今略明之。先難後獲者，器也，識也；欲不勞而獲者，非器也，無識也。可大受而不可小知者，器也，識也；可小知而不可大受者，非器也，無識也。毋欲速，毋見小利者，器也，識也；欲速不達，見小利則大事不成者，非器也，無識也。顏子以能問於不能，以多問於寡，有若無，實若虛，犯而不校者，器也，識也；反是者，非器也，無識也。（虛己以容物，故犯而不校。此言君子宅心之廣，蓄德之宏，乃就私德言，非就國家思想言也。或有誤解此者，以謂國土受侵，不與敵校，便逾論軌。）「敏而好學，不恥下問」者，器也，識也；反是者，非器也，無識也。「志於道，據於德，依於仁，游於藝」者，器也，識也；（藝謂一切知識技術之學。）亡其道德與仁而唯藝之務者，非器也，無識也。行有餘力則以學文者，器也，識也；（此中「文」字，同上「藝」字解。）馳逞於文而不務力行者，非器也，無識也。過則勿憚改，人告之以有過則喜，聞善言則拜者，器也，識也；文過遂非，拒諫而絕善道者，非器也，無識也。「尊德性而道問學」者，器也，識也；只知問學而不務全其德性，則失其所以爲人，非器也，無識也。「見賢思齊焉，見不賢而內自省也」，器也，識也；妒賢忌能，見惡人而不知自反，或攻人之惡而不內省己之同其惡否，此爲下流之歸，非器也，無識也。人一己十，人十己百，人百己千，器也，識也；自暴自棄者，非器也，無識也。或生而知之，或學而知之，或困而知之，及其知之一也，或安而行之，或利而行之，或勉強而行之，及其成功一也，器也，識也；甘於不知，而不肯困以求通，怠於行而不務勉強以修業，非器也，無識也。任重道遠，器也，識也；無所堪任，非器也，無識也。己立立人，己達達人，器也，識也；獨善而無以及物，非器也，無識也。士志於道而恥惡衣惡食者，未足與議也，此有器識與無器識之辨也。夫器識有無，其徵萬端，不可勝窮也，然即前所述者一字一句，反而驗之身心之間、日用之際，則將發見自己一無器識可言，而愧怍惶懼，自知不比於人類矣。昔王船山先生內省而慚曰：「吾之一發，天所不覆，地所不載。」其懺悔而無以自容，至於若此之迫且切也。我輩墮落而不自知罪，豈非全無器識之故耶？夫器識，稟之自天而充之於學。人不學，則雖有天稟，而習染害之。故夫人之無器識者，非本無也，直蔽於後起之汙習耳。擴充器識，必資義理之學，涵養德性而始能。主講以義理爲宗，吾夙同符。諸生必眞志乎此學，始有以充其器識，器識充而大，則一切知識技能皆從德性發用。器識如模，知能如塡彩；模不具，則彩不堪施。諸生顧可逐末而亡本乎？

學者進德修業，莫要於親師。師嚴而後道尊，師道立則善人多，舊訓不可易也。學校興而師生義廢，教授與諸生精神不相通貫，意念不相融洽，其上下講臺，如塗之人相遇而已。夫學者之於理道，非可從他受也，唯在自得之耳。其自得之者，亦非可持以授人，理道不是一件物事故也。然則爲學者，何貴於有師耶？師之所益於弟子者，則本於其所自得者，而隨機引發弟子，使之有以自得焉。弟子所賴於其師者，方其未至於自得，則必待師之有所引發焉。唯然，故師與弟子必精神、意念相融通，而後有引發之可能。若夫神不相屬，意不相注，則如兩石相擊，欲其引發智慮而悟入理道，天下寧有是事耶？故弟子必知親師而後可爲學。且人之所以爲人也，親生之而師成之。成之之恩，與生均矣。在三之義，古有明訓，而忍不相親耶？雖然，語乎成，又當有辨。非尋常知識技能之相益便足謂之成也，必其開我以至道，使吾得之而成爲人焉，不得則吾弗成爲人也。有師如是，其成我之恩，均於生我矣。在三之義，正謂此地。其次則如章實齋氏所云，專門名家之學，雖不足語至道，要亦有得於道之散殊。吾從而受其學，亦不敢不尊之親之，而嚴其分、盡其情。（嚴其分者，己之於師，退居子弟行，不敢抗也。）否則於情未協，於義爲悖也。自此而下，若傳授課本，口耳之資益，學無與於專家，人未聞乎至道，但既爲吾所從受課之師，有裨於聞見，則亦以長者事之，以先進禮之，不得漠然無情誼也。親師之義，雖有差等，畢竟不失其親愛。古之學者未有不求師也，弟子之名位、年事過於其師者，往往有之，而退然以下其師者，道之所在故也。學之不可無所就正故也。令之學者恥於求師，不以其所未得爲可恥，而恥其所不當恥，直無器識故耳。古之人有先從師遊，不必有得，而後乃自得，反以其道喻師，而自展其事師之誠者，釋迦牟尼是也，鳩摩羅什於其戒師亦嘗行之也。有弟子先從師說而後與之異者，後之所見誠異，非私心立異也。亞里士多德曰：吾愛吾師，吾尤愛眞理。有如是弟子，非師門之幸哉！親師者，非私愛之謂也。然非有眞知眞見而輕背師說焉，則其罪不在小，學者所當戒也。

次於親師而談敬長。凡年輩長於我者，必以長者禮之，年輩長於我而又有學行可尊者，吾禮敬之不盡其誠，又何忍乎？清末以來，學風激變，青年學子習於囂暴，而長幼失其序矣。有一老輩，平日與少年言議，皆非毀禮教者也，退而與人言，則又忿後生遇己無禮。吾性褊狹，不欲輕接少年，偶遇之，勿多與言，亦無飾貌周旋之事，孤冷自持而已。夫所以敬長者，約有二義：少不凌長，後生不與先進抗，存厚道也。長者經驗多於少年，少年勇於改造，而辨物析理不必精審，使其無輕侮前輩之心習，則將依據前輩之以經驗以爲觀摩考核之資者，必日益而不自知矣。西洋各國皆有年老教授居上庠，與吾國古時太學尊禮老師之意適合。明季有一儒者，自言其少時遇長德，輒以兄事，中年而後，自知無禮，於昔所稱爲兄者，今改稱以先生，而自稱晚生或後學焉。昔之視在等夷者，今知其德之可尊，學之可貴也，則不復等夷視之，而對之自名焉。此人可謂善補過矣。諸生來學於此，於親師敬長，自宜留意。不可染時俗也，此亦培養器識之一端也。

學者以窮理爲事，然其胸懷一向爲名利聲色種種惑染之所纏縛，其根株甚深細隱微，恆不自覺，本心全被障礙，如何而得窮理？（「本心」一詞，原於《孟子》，宋明儒者亦言之。「本」字宜深玩，但非可徒以訓詁為得其解也，必切體之於己，而認識其孰為吾本具之良知能而不雜夫後起染汙之習者。）窮理工夫，非深心不辦。眞理雖昭著目前，而昏擾粗浮之心，終不得見，必智慮深沉冲湛，而後萬理齊彰。深湛則神全，神全故明無不燭，而天下之理得矣。又非大心不辦。大故不滯於一隅，觀其散著，抑可以遊其玄也；析其繁賾，抑可以會其通也；辨其粗顯，抑可以窮其幽也；知其常行，抑可以盡其變也；見其煩瑣，抑可以握其簡也。故唯大心可以窮理。

狹礙之心，觸途成滯。泥偏曲而不悟大全，墮支離而難言通理，習膚淺而不堪究實，明者所以致慨於橫通也。（狹礙之心非本心也，乃以染習為心故耳。）又非耐心不辦。人心恆爲染習所乘，安於偷惰而一切無所用心，慣於悠忽而凡百都不經意，蘋果墮地與壺水熱則漲澎，古今人誰不習見之，卻鮮能於此發見極大道理者，必待奈端瓦特而後能之，則以常人不耐深思故耳。夫事理無窮，要在隨處體察，於其所未曾明瞭者，不憚強探力索，（四字吃緊。）毋忽其所習聞習見而不加察也；毋略其所不及見、不及聞而以爲無復有物、無理可求也；毋狃於傳說，必加評判；亦毋輕議舊聞，必多方考索，其果是耶，無可立異，其果非耶，自當廢棄；毋病夫瑣碎而不肯窮也；毋厭其艱阻而不肯究也。時時有副耐心，眞積力久，自然物格知至，而無疑於理之難窮矣。綜前所說三心，曰耐，曰大，曰深，皆依本心而別爲之名耳。耐之反之忽，（忽者，疏忽或忽略。）大之反爲礙，（礙者，狹隘或滯礙。）深之反爲淺，（淺者，淺陋或浮淺。）有一於此，皆不足與於窮理之事，其所以成乎忽與礙且淺者，則以無量惑染根株盤結於中，而本心障蔽故也。學者必有克己工夫，（己者謂一切惑染，亦云私欲或私意。）常令胸懷灑脫，神明炯然，則能耐，能大，能深，（「耐」字意義甚深，即健也。切宜深玩。）而可以窮理盡性矣。王陽明先生云：「學問須是識得頭腦。」存心、養心、操心之學，於一切學問實爲頭腦。今之學子，顧皆捨其心而不知求，豈不蔽哉？就學術言，華梵哲學與西洋科學原自分途，東學（賅華梵哲學言。）必待反求內證，捨此無他術矣。科學純恃客觀的方法，又何消說得？（西洋哲學與其科學，大概同其路向。明儒所謂「向外求理」是也。西洋思想與東方接近者恐甚少。）學者識其類別，內外交修，庶幾體用賅存，本末具備，東西可一爐而冶矣。昔朱子言學，以居敬窮理並言。窮盡事物之理，合用客觀方法，居敬即反求內證下手工夫也。（敬是工夫，亦即於此識得內在的本體。）明代治朱學者，詬主學遺物理而不求。王學之徒則又病朱學支離破碎。近世中西之爭亦復類是。曷若同於大通之爲愈耶？吾與主講俱無所偏倚，諸生來學於此，須識得此間宗旨，無拘曲見，務入通途。

昔吾夫子之學，內聖外王。老氏崇無，亦修南面之術。（老氏之無非空無也。本性虛寂，故說為無。儒者亦非不言無，《中庸》言天性曰「無聲無臭至矣」。但儒者不偏著在無上，與老氏又有別。此姑不詳。）顏子在孔門擬以後世宗門大德氣象，頗相類似，然有爲邦之問，則孟子所謂「禹稷顏回同道」，誠不誣也。吾嘗言，佛家原主出世，使世而果可出也，吾亦何所留繫，其如不可出何？如欲逃出虛空，寧有逃所？（世之言佛者，或謂佛氏非出世主義，此但欲順俗而恐人以此詬病佛法耳。實則佛家思想元來自是出世，彼直以眾生一向惑染、淪溺生死海中為可怖畏，而求度脫。經論具在，可曲解耶？但佛家後來派別甚繁，思想又極繁雜，如大乘學說漸有不捨世間的意思，華嚴最為顯著。《金光明經》亦歸於王者治國之道云。）是故智者哀隱人倫，要在隨順世間，彌縫其缺，匡救其惡，所謂裁成天地之道，輔相天地之宜，本中和而贊化育，建皇極而立烝民，（古詩云：立我烝民，莫匪爾極。）此吾夫子之道所以配乾坤而同覆載也。莊子曰：「春秋經世，先王之志。」可謂知聖心矣。漢世經儒並主通經致用，不失宗風，故漢治尚可觀。魏晉以後，佛家思想浸淫社會，曹氏父子又以浮文靡辭導士夫爲浮虛無用，儒生經世之業不可復睹，遂使五胡肇亂，慘毒生民。延及李唐，太宗雄偉，僅振國威於一時，繼體衰亂，迄無寧日。唐世士人，下者溺詩辭，上者入浮屠，儒業亡絕，猶魏晉以來之流風也。世道敝而無與持，有以也哉！（唐世僅一陸宣公以儒術扶衰亂。）禍極於五代。宋興而周程諸老先生紹述孔孟，儒學復興。然特崇義理之學，而視事功爲末，其精神意念所注，終在克己工夫，而經國濟民之術或未遑深究。雖述王道、談治平，要亦循守聖文，非深觀群變、有所創發也。至其出處進退大節，自守甚嚴，誠可尊尚。然變俗創制、一往無前之勇氣，則又非所望於諸老先生矣。然而宋儒在形而上學方面實有甚多發見。（當別為論。）晚世爲考據之業與托浮屠者，並狂詆宋儒，彼何所知於宋儒哉！唯宋儒於致用方面實嫌欠缺，當時賢儒甚眾而莫救危亡，非無故也。及至明季，船山、亭諸公崛起，皆紹述程朱而力求實用。諸公俱有民治思想，又深達治本，有立政之規模與條理，且皆出萬死一生以圖光復大業，志不遂而後著書。要之皆能實行其思想者也，此足爲宋儒干蠱矣。（顏習齋名為反對程朱，實則其骨子裡仍是程朱。所攻伐者，但是程朱派之流弊耳。）勝清道咸間，羅羅山、曾滌生、胡林翼諸氏又皆宗主宋學，而足寧一時之亂。（諸公扶持清廷，殆非本志，直是現實主義耳。洪楊既不足輔，又懼同類莫能相下，故仍擁清以息一時之亂耳。曾氏刊布《船山遺書》，雖昌言民族革命之《黃書》而布之無忌，其意念深哉。）故由宋學演變觀之，浸浸上追孔氏，而求內聖外王之全體大用，不復孤窮性道矣。（明季大儒與咸同諸公所造高下淺深，為別一問題。然其內外交修，不欲成為有體而無用，則猶孔氏之遺規也。）今世變愈亟，社會政治問題日益複雜，日益迫切，人類之憂方大，而吾國家民族亦膺巨難而瀕於危。承學之士，本實既不可撥，（本實謂內聖之學。）作用尤不可無。（作用謂外王或致用之學，與俗以機智名作用者異旨。）實事求是，勿以空疏爲可安，深知人生責任所在，必以獨善自私爲可恥。（釋迦牟尼為一大事因緣出世。王船山先生自題其座右曰「吾生有事」。此是何等胸懷！吾人可不猛省！）置身群眾之外而不與合作，乃過去之惡習；因任事勢所趨而不盡己責，尤致敗之原因。（西洋社會與政治等等方面，許多重大改革，而中國幾皆無之，因中國人每順事勢之自然演進，而不以人力改造故也。此等任運自然的觀念，未嘗絕無好處，但弊多於利，當別為文論之。）諸生研求實用，尤貴於舊日積習得失，察識極精，而遷善必勇，否則雖有技能，不堪致用，況缺乏技能者乎？或曰：今世言致用，必須專門技術，（此等人才必出自各學校之為專科研究者。）書院係養育通材，恐徒流爲理論家而不必可以致用也。此說只知其一，未知其二。夫專材與通材，（專門技術省言專材。）互相爲用而不可缺其一也。專材恆是部分之長，雖其間不無卓越之士，然終不能不囿於所習，其通識終有限也；通材者，測遠而見於幾先，窮大而不滯於一曲，能綜全局而明瞭於各部分之關係，能洞幽隱而精識夫事變之離奇。專材的知識是呆板的，通材的知識是靈活的；專材的知識是由積聚而得的，通材的知識多由超悟而得的；（超悟本自天才，然天才短者，積學亦可致。）專材的知識是顯而易見的，通材的知識是運於無形的。專材與通材之辨略如上說。而通材實關重要。能用專材者，能材也。若無通材，則專材亦無所依附以盡其用。選任各種專材而位之各當其所，此則通材所有事也。凡理論家固可謂之通材，而通材不必悉爲理論家，通材者，恆是知行合一之人物也。通材與專材，時或無定稱，如一個工廠的領袖比於廠中技師等等則爲通材，比於實業界中更大的領袖則又成專材矣；實業界中大領袖雖號通材，而對於主持國柄之大領袖則又成專材矣。凡求爲通材者，必有寬廣的胸量，遠大的眼光，深沉的思考，實踐的勇氣，謙虛的懷抱。若不具此素質而求爲通材，未之有聞也。查本院簡章分通治別治二門：

通治門，以《孝經》、《論語》為一類，孟荀董鄭周程張朱陸王諸子附之。別治門，《尚書》、三《禮》為一類，名法墨三家之學附之；《易》、《春秋》為一類，道家附之。

凡此皆所以養通材也

附識：或問：本文有云，中國人每順事勢之自然演變而不以人力改造。此意未了。答曰：吾舉一例明之，如數千年來君主政治，時或遇著極昏暗，天下自然生變，到變亂起時，也只任互相殺伐，俟其間有能者出來才得平定，仍然做君主，此便是順事勢自然，不加人力改造。若是肯用人力改造局面時，他受了君主政治許多昏暗之禍，自然會想到民治制度，同來大改造一番。西洋人便是這樣，中國人卻不如此。即此一例，餘可類推。

國家設學校以養人才，人才雖出於其中，而就學者固不能皆才也。書院雖欲養通材，又何敢過存奢望耶？然在諸生，則不可妄自菲薄，必努力以求爲通材，而後不負自己，不負所學。（諸生縱不得勝國家棟梁之任，吾亦望其行修而學博，足以居庠序而育群材。今各大學於本國學術方面缺乏師資，此足見吾國人之不力學，不求認識自己。昔拿破侖自謂其失敗根本不由於外力與刀槍，而在於德國理想家的抵抗力。諸生三復此言，當知所奮發矣。）

本院簡章，舉一切學術，該攝於六藝，故學者選修課程，應各擇一藝爲主，而必兼治其相類通者。如所主在《易》，則餘藝如《春秋》等，（等者謂《詩》、《書》、三《禮》及四子書等。）諸子學如道家等，（等者謂自漢迄宋明諸師。）及印度佛學與外道，皆所必治，即西洋哲學與科學，尤其所宜取資。如所主在《春秋》諸藝，則其所應兼治之諸學，亦各視其所相與類通者以爲衡。夫學術分而著述眾，一人之力，何可窮搜？故治學者，有二義宜知。每一種學問皆有甚多著述，唯擇專家名著而詳加玩索，其餘可略，此一義也。（博學者，非無書不讀之謂，乃於不可不讀之書，必須熟讀耳。）依據自家感想根荄，因取其與吾相近者特別研尋，以資發揮，此二義也。（如吾治《易》而好象數，則於數理邏輯必加詳究；如吾治《易》而主明變，則凡哲學家之精於語變者，必加詳究；如吾治《易》而於生生不息真機特有神悟，則凡依據生物學而出發之哲學，必加詳究；如吾治《易》而注重明體及生活與實踐方面，則於佛家及宋明諸師，必加詳究。如吾治《周禮》而欲張均產與均財之義，則於吾先儒井田、限田諸說及西洋許多社會主義者關於經濟的思想，必加詳究。如吾治《春秋》而欲張《公羊》三世義，則於吾六經、諸子及西洋哲學許多政治理想，必加詳究。如上所說，略示方隅，學者觸類旁通，妙用無窮。）本院主張自由研究，不取學校教師登臺強聒、學生呆坐厭聽之方式，亦無一定講義。主講及講座、教授都講，（簡章尚未立教授，以開創伊始，規模尚狹故也。實則教授為正常負責之師，絕不可無。至簡章有講友，相當各大學名譽教授，但馬先生不欲仍時俗教授之名，俟將來酌定。）時或聚諸生共語，得爲語錄而已。分系辦法雖本院所無，但簡章一宗六藝而分通治、別治二門。諸生入院修學，自應先通後別。其別治門，各專一藝而兼治其相與類通之諸學，則分系之意存焉，至各門所應研習之書目，擬分必讀與博覽二類，容緩酌定。必讀一類，貴精不貴多，如孔門之於六藝，魏晉學者之於三玄，兩宋諸師之於四子書，又如佛家空宗主《大般若經》與四論，（《大智度》及《中》、《百》、《十二門》。）相宗亦有六經、十一論。（詳基師《唯識述記》等。）凡此諸家，其所專精之書並不多，唯有所專主而聚精會神於其間，久之而神明變化，受用無窮矣。至博覽一類則不嫌其多，然學者資性有利鈍，精力有衰旺，要在各人隨分盡力，選擇其萬不容不涉及者而目治心營焉，求免於孤陋寡聞之患，而有以收取精用弘與引申觸類之益，斯爲得之。若夫不量自力而一意涉獵求多，其弊也，或則神昏目眩而一無所得，或則雜毒攻心而靈臺長蔽，思想長陷於混亂，此爲人生至苦之境。吾意將來規定各門應行博覽之書，雖名目不妨多列，而學子於其間盡可留心選擇，務令遊刃有餘，毋以貪多自害。唯必讀之書則非終身潛玩不可。

學問之道，由淺入深，由博返約。初學必勤求普通知識，將基礎打疊寬博穩固，而後可云深造。其基不寬則狹陋而不堪上進，其基不固則浮虛而難望有成。初學若未受科學知識的訓練，而欲侈談哲理與群化治術等等高深的學問，便如築室不曾拓基，從何建立？登梯不曾循級，必患顛蹶矣。（吾國學術雖未曾發展為科學，然吾先聖賢於哲學思想方面所以有偉大的成功者，非獨天才卓越、直超頓悟、冥會真理而已，亦因其窮玄而不遺事物。如所謂「仰觀於天，俯察於地，近取諸身，遠觀諸物」，又如孟子稱舜「明於庶物，察於人倫」，後儒亦屢言須體驗物理人事。又曰，從人情事變上磨練，其精於綜事辨物，可見矣。吾固有之學術不曾發展為科學，此是別一問題。然吾古之學者自有許多許多的科學知識，則不容忽視。《易》之為書，名數為經，質力為緯，非有豐富幽深的科學思想，則莫能為也。而其書導於羲皇，成於孔氏，創作之早，至可驚嘆。後生偷惰，知識日益固陋，今西洋科學發達，學子誠當努力探求。）諸生若自大學卒業而來者，於科學有相當素養，今進而研華梵高深學術，不患無基。至其未受學校教育者，（本院徵選肄業生細則，不限定大學卒業一途者，原欲廣造就耳。但其人若非具有天才而缺乏科學訓練，恐終為進學之礙。今次徵選生徒辦法只可作一種試驗耳。）務望於科學方法及各科常識，尤其於生物學、心理學、名學及西洋哲學與社會政治諸學，必博採譯述冊子，詳加研索。今之譯述，大抵出於稗販，而不詳條貫，鮮有旨要，其於所介紹之學說，實未有精研故也。又復模仿西文文法而未能神明變化，故其辭甚難通，加之白話文於素讀舊書者氣味最不合。以上諸因，譯述冊子每爲人所不喜閱。然諸生未受學校教育者，要當於譯述冊子勉強玩索，勿病其膚雜，勿畏夫艱阻。須知學者涉獵群書，譬之入山採寶，初入深山，所歷幾盡屬荊棘，及遇一寶則獲益無窮矣。讀雜書亦復如是，往往有意外之獲。孟子謂「舜好問，而好察邇言」。理道無窮，隨在足資解發故也。譯述雖劣，詎不足比於邇言耶？

吾國學術，夙尚體認而輕辯智，其所長在是，而短亦伏焉。諸生處今之世，爲學務求慎思明辨，毋愧宏通。其於邏輯，宜備根基，不可忽而不究也。（然學問之極詣，畢竟超越尋思，歸諸體認，則又不可不知。）

《論語》有言：「工欲善其事，必先利其器。」文字者，發表思想之器也。凡理論的文字，以語體文爲最適宜，條理詳明，委曲盡致，辭暢達而無所隱，義精確而無所淆，此語體文所擅長也。但有時須雜用文言文，談理至幽玄之境，凌虛著筆，妙達神理，則或賴文言以濟白話之窮。如程子《語錄》中所謂「沖寞無朕，萬象森然」，以整練之辭，善敷玄旨，含蓄無盡。（此等處若用白話，便無義味。）此語體參用文言之妙也。學子如欲求工語體文，必須多讀古書，能作文言文，始無不達之患。今學子爲白話文，多有不通者，此可戒耳。

讀書須有三到，曰手到，（圈點。）目到，心到。手之所至，而目注焉，而心凝焉，則字字句句無有忽略過去者。讀書不求甚解，在天才家眼光銳利，於所讀書，入目便能抉擇，足資一己創發之用。若在一般人，則雖苦思力索，猶懼不盡其條理，不識其旨要，而可不求甚解乎？讀書切忌忽略過去，學之蔽，理之難明，只緣自心隨處忽略故耳。忽略者，萬惡之源也，所謂「不誠無物」是也。吾寫至此，吾意甚苦，願諸生自反而力戒此病。（細玩《論語》，則知聖賢日用間，只是一真流行，一切無有忽略。）

今之少年，習爲白話詩，以新文學自標榜，其得失則當世有識者多能言之，毋俟余喋喋也。余生平不能詩，間諷譯古之名作，略識其趣，以爲聲音節奏，終不可忽而不講，若不求協韻，只爲白話而已，其可謂之詩乎？諸生於六藝中倘有專詩者，將欲創作新體，亦必沉潛於舊文學（謂由三百篇、楚漢迄近世，詩騷賦詞等作品。）遺其貌而得其神，或能融會眾體，別創一格，未可知也。如於舊文學未有深厚涵茹，而以淺躁之衷，急謀更張，終必無成。「子曰：『仍舊貫，如之何？何必改作。』」更張而不及其舊，勿輕更焉可也。

每聞少年能讀西人詩，驚服其長篇巨制，輒謂中國詩不足觀，此眞膚論也。余未讀西人詩，但聞人言，想見甚氣象雄放，情思暢茂。然中國詩，妙在辭寡而情思悠然，含蓄不盡，清幽之美，如大化默運，不可以形象求也。中西詩但當各取其長，勿妄分優劣也。

間聞人言，通經致用之說，在今日爲迂談。今之政事，當有專門技術，豈得求之六藝而已乎？此其說甚誤，有見於末，無見於本也。如欲辨正此等謬見，自非可以簡單言之。雖著書累帙，猶難達意，吾於此不暇深論，但慮諸生移於時俗，終不能不略明吾旨也。夫繕群致治，必有經常之道，歷萬變而不可易也；亦必有張弛之具，隨時而制其宜也。專門技術只爲張弛之具，而所以爲張弛者，要不可離經常之道。姑舉一義言之。《大易・革卦》，著改革之象，必歸之誠信。革，變易也；誠信則通萬變而不可易之常道也。改制易度而果以誠信行之，毋假新法之名而陰違之以逞其私欲，毋籍新興之事而私便之，以恣其淫貪。以誠信宰萬變而不渝，則任何改革無不順天應人，行之盡利矣。嗟爾諸生，更歷世變，亦已不淺，其猶無悟於此耶？即今國際糾紛至於人類自毀，而不知禍之所底。諸霸者莫不聲稱正義，而所爲適得其反，不誠不信，戾於常道，生人之禍，何時已乎？「自古皆有死，民無信不立」，聖言深遠，人類如終不自毀，其必率由吾六藝之教焉無疑也。夫六藝之旨，廣大悉備，所謂「範圍天地之化而不過，曲成萬物而不遺」。唯智者眞有得於六藝，則見其字字句句，皆切於人生實用，而不可須臾離也。無識者視爲陳言，所謂「至言不止於裡耳」也。謂通經致用爲迂談，此乃細人之見耳。且學者誠能服膺經訓而反之自心，將於萬化之本、萬事之綱，無不洞達，則其於人群事變之繁複奇詭，自可秉樞要以御紛雜，握天鈞而涉離奇。陽明所謂「規矩誠設，而天下無數之方圓皆有以裁之矣；尺度誠立，而天下無數之長短，皆有以裁之矣」。然則運用專門技術者，必待湛深經術之醇儒。世有善知識，必無疑於吾言也。又凡治六藝者，非但習本經而已，如治《尚書》、三《禮》者，於吾諸子、歷史及諸文集並西洋社會、政治諸學，皆博覽而取材焉。餘藝可類推。夫學術者，古人詣其大，而後人造其精；古人窮其原，而後人竟其委；（委者，委曲。事理之散殊，至纖至悉，難於窮了者，謂之委曲。）古人以包含勝，後人以解析勝。學者求知，若但習於細碎，則智苦於不周，而應用必多所滯。六藝者，吾國遠古之大典，一切學術之淵源。學子欲求致用而不習六藝，是拘於偏曲而不求通識也，惡可致用乎？今各大學法科，只習外人社會及政治諸書而已，故剿襲外人法制以行之吾國，終不適用也。故夫研究西洋社會及政治法律諸學者，必上宗六藝而參稽歷朝史志與諸文集，博而有要，雜而有本，庶幾通古今之變而可權時臻用矣。尤復須知，吾國著述，不肯敷陳理論，恆以散殊而簡單之辭寓其沖旨，所謂引而不發是也。善讀者，於單詞奧義悟得無窮道理，如《周禮》言經國理民之規，一以均平爲原則；《大學》言理財，歸之平天下，本之絜矩；（絜矩者，恕道也。今列強不知有恕，故互相殘。）《論語》言「不患寡而患不均」，《孟子》言民治端在制產，曰「民有恆產，斯有恆心」；《書》曰正德、利用、厚生。盡大地古今萬國談群化究治道之學者，著書千萬，要不過發揮上述諸義而已。治今日之中國，道必由是；爲人類開萬世太平之基，道必由是。又如《論語》「道千乘之國」一章，尤爲今日救時聖藥。時時存敬事之一念，無實之議案與夫徒供官吏假借濟私而有害民生之政令，必不忍行、不肯行。至其敬慎以出之事，自然實行收實效而可信於群眾，非有實益於公家，即一毫不浪費。如此節用，何慮艱危？當飲食而思天下飢餓者眾，處安全而思天下慘死者眾，有此愛人一念，自必達之事業。程子曰：一命之士，苟存心於愛物，於人必有所濟。況乘權處要者乎？征役出於不得已，而於人民生事所關，必加顧惜審處，則所全者多矣。當今上下一心，果能實體敬事而信節用而愛人諸義而力行之，又何憂乎國難？聖訓洋洋，無一語不切實用，奈何以迂談視之？夫六藝之旨，廣大淵微，欲有稱舉，終嫌掛一漏萬，吾揭示一二，以便諸生讀經時知所留意而已。經術誠足致用，諸生到深造自得時，方信得及耳。（此與前談通材與專材一段，可參看。）儒家教學者，必先立志；佛家教學者，首重發心。所發何心？所立何志？即不私一己之心之志，易言之，即公一己於天地萬物之心之志而已。羅念庵先生有云：近來見得吾之一身，當以天下爲己任，不論出與處，莫不皆然。眞以天下爲己任者，即分毫躲閃不得，亦分毫牽繫不得。（躲閃與牽繫，皆私意私欲之為。）古人立志之初，便分蹊徑。入此蹊徑，乃是聖學；不入此蹊徑，乃是異端。陽明公萬物一體之論，亦是此胚胎。此方是天地同流，此方是爲天地立心、生民立命，此方是天下皆吾度內，此方是仁體。孔門開口教人，從此立腳跟。（力案：此須善讀《論語》，能於言外會意，方得之耳。孔子隨事示人，無不使之率由常德，如孝弟忠信篤敬等等，皆常德也。率由常德，即是通人己為一體處，失其常德，即成自私自便而不能與物同體矣。學者於此，宜深切察識。）後儒失之，只作得必信、必果。硜硜小人之事，而聖學亡矣。（力案：此是念庵大眼孔處。）〈西銘〉

一篇，稍盡此體段。所謂大丈夫事，小根器不足以當之。識得此理，更覺目前別長一格。又曰：今人言學，不免疏漏，雖極力向進，終無成就，是不達此理。以此與他人言，絕不見有一人承當，即不承當，亦不見有一人聞之生嘆羨者，不知何也？（力案：眾生可悲以此。）又曰：區區不足法，只此一蹊徑，似出於天之誘衷，卻非有沿襲處，吾身縱不能至，原諸君出身承當。承當處，非屬意氣興致，只是理合如此。（力案：此處吃緊。）此方是做人底道理，此方是配天地底道理。能有諸己，何事不了？眞不繫今與後、己與人也。念庵此一段話，至爲警切，吾故舉以示諸生。諸生能發心、立志而公一己於天地萬物，與爲一體，如此方是盡人道也，亦必如此而後見得天下事皆己分內事，而任事之勇自生。

孔門教學者，唯尙躬行。子路有聞，未之能行，唯恐有聞，其刻勵如是。後來學人，便侈談空理，而輕視事爲，學風所由替，民族所由衰也。諸生其念之哉，勿以空談了一生也。天下事，無大無小，量己才力所勝任者，以眞實心擔任作去。才作事，便是學，否則只是浮泛見聞或空想，不足言學也。

寫至此，便欲止，然猶若不能已於言者。學問之事，唯大天才或可以不信天、不信地而唯自信、自成。中人之資，未有不篤信善知識而可以有成者也。超悟之明不足，則推度易滋疑眩，而古今偏至與浮淺之言，亦皆足亂其神明。故必有善知識爲之師，而己又能篤信其師之說，由篤信而求深解，了然於其師之所見。一義如是，眾義皆然。久之養成自家識力，便可縱橫自在矣。今之學子，才識不逾中人，或且不及中人，而果於自信，不知擇師，任其膚亂浮囂之見衡量一切，無所取準，惑以終身，不亦悲乎！《論語》曰：「篤信好學，守死善道。」諸生來學於此，願辦一個信心，毋輕自用也。

前月十九日，寇機來襲嘉。吾寓舍全毀於火，吾幾不免，幸所傷僅在左膝稍上，一僕擁持，得脫於難。然痛楚纏綿，已歷多日。茲值開課，念天未喪予，益不得不與諸生共勉。以上所言，本無倫次，然要皆切於諸生日用，譬之醫家治病，每下毒藥，然其出於救人之眞心，則無可疑也。諸生幸諒余之心焉。

中華民國二十八年九月十七日熊十力

附記：復性書院創建於二十八年夏，院址在四川嘉定烏尤寺。余應聘不多日，以病辭職，然存此講詞，以備來者參考。十力記。

與賀昌群

才發一信，附轉陶生求入院函。鹿場又送到惠書，文字甚好。馬先生過渝時，爲吾稱美左右不已。得此函，益信其然也。所云簡章、細則等件均未見到，郵遞稽遲，尤以包封之件爲甚，未是失落耳。吾與馬先生所商，不必就目前辦法而言，足下似未深察也。吾豈欲於此時弄一大的架子者乎？草創之初，不能多集生徒，吾何嘗不知耶？顧吾儕始事之精神，總不宜以寺院遺規爲是，必務順時之宜，得羅高下大小之材，使一般人不以是爲畏途而皆願至。材之下與小者多至，而較高較大者，行將出於其間。天道不遺靡草薄物，化育所以宏也。觀佛家戒律，皆因人因事而制。從其所制之戒，察其犯戒之情，其門下猥雜，抑可謂賴耶含藏一切染汙種矣？不如是，又焉得有菩薩出其間耶？吾欲予學生以研究院同等資格者，庶幾可以聚天下之才耳。即此時不欲遽更章則，要當蓄意徐圖之，否則如少數和尚住廟。吾雖老而顚沛，敢忘溝壑，不容不捨去也，誰復能於死灰中過活耶？雖曰此時不及拓開，要當宏茲意願，具個萌芽，作始也簡，將畢斯巨。始之簡者，造端也，而所以造端之心，未始簡也，故畢也巨焉。如其始之之心也簡，則欲求將巨之效而不可得矣，是以舉事貴謀始也。夫精神所注，爲廣爲狹，影響便自天淵，吾舉一事證之可乎。

陽明之才、之力、之智、之德，其大於曾滌生也，不甚懸遠乎。觀其接納群賢，隨機施化，量宏而能攝，教亦多方，更非滌生所敢幾也。滌生羅一世之才，陽明門下亦盡當時之彥矣。然滌生所造之才皆足濟時用，身死數十年而有清朝局，猶賴其支流以扶危濟困，如張文襄、劉坤一，或以後進向風興起，（文襄。）或以小校積資貴顯，（坤一。）皆曾氏之支流也。而其係清末大局安危，則人思之至今不能忘。文襄在鄂省之建設事業，民國以來，反摧毀而莫能復，其僅存者，如兵工廠，如平漢路，如張公堤，皆百世之利。吳汝綸在曾門下，號為小後生耳，及清末，獨以卓識為嚴又陵所倚重，開新學一線之光。康梁膚淺嘩世，而吳公未曾假以辭色也。學風頹弊，於曾氏之門無罪焉。滌生造士之功，顧不偉耶？上窺陽明門下，人才幅湊，皆禪客耳。禪之下流，認意見為天理，為良知，於是而鄒元標之徒，構成吾家襄愍之禍，邊氓入主而文明俊庶盡為奴矣。乾隆嘗曰：明朝不殺熊廷弼，我家不得入關。百世下猶存茲公論。而當時心學派，不知其良知何在？黃宗羲，黨人而竊名理學者也，其大著《明儒學案》推尊元標甚重，猶故存元標之狗吠曰，熊廷弼欠一死字。此得為有人之心者乎？劉念臺非所謂聖賢一流耶，而其遺書中猶存一悖逆語，即以袁崇煥為罪應死也，何其良知受東林黨人之誣亂而不覺耶？衡陽之聖有云，及明之季，賣國者皆王學也。衡陽親見亡國之人，親嘗亡國之慘，其言豈得無據？遺書隨處詆陽明以洪水猛獸，謂非有激而然乎？陽明之智德才力高於滌生也，疑若天淵；其善於攝眾也，又非滌生所及，然而造士之效，相反若此。從來無人肯思其故者，實則欲說此故，亦甚簡單。陽明一生精神，畢竟理學家的意味過重，其所以自修而教人者，全副精神只在立本，而不知本之不離末也；都只在明體，而不知體之不離用也；都只在修身，而不知身之不離家國天下與一切民物也。此其所以敝也。或曰，公所云云者，豈陽明所不嘗言耶？豈彼所不知耶？曰：子之難也固然。無通微之識者，可與論古今一切得失哉？陽明非不知本末、體用，乃至一身與民物皆不相離，然而其全副精神，畢竟偏注在立本，乃至偏注在修身。這裡稍偏之處，便生出極大的差異。有人說，喜馬拉雅山一點雨，稍偏東一點，落在太平洋，稍偏西一點，可以落在大西洋去了。《易》所謂「差之毫釐，謬之千里」，亦是此意。此乃至微至微之辨，非具通微之識者，何足以知之？或又曰：陽明事功赫然，今置而不論，何耶？曰：陽明之神智，其措諸事業固有餘，但其精神所注終在此，不在彼。故其承學之士，皆趨於心學，甚至流爲狂禪，卒無留心實用之學者。若乃滌生《三十二聖哲畫像記》，以義理、考據、經濟、詞章四科並重，其爲學規模，具見於此，其精神所注，亦具見於此。但雖主四科並重，而自己力之所及，終貴乎專。滌生於經濟，蓋用功尤勤，其詔諸子，恆以農桑、鹽鐵、水利或河工、海防、吏治、軍事、地理、歷史等等專門之業，諄諄然督之以博學。此皆屬社會科學的範圍，皆實用的知識，自其爲諸生以至官京師，皆孜孜研討，並與其子弟以及朋友、學生互相淬勵。一旦領軍，又留心四方可造之士，置之左右，幕府而兼學校，將帥而兼師道，其全副精神都在致實用、求實學，故其成就者衆，足以康濟一時，而收效與陽明迥異者，唯其精神所專注不同故也。宋儒雖談政事，大抵食古不化。二程、朱子委之吏事，不患無濟，唯其能以誠心作實事故也。但欲其翻天動地，創制易俗，開物成務，以前民用，則其學與識皆不足。何以故？其精神所注終不在此。西洋改造之雄與夫著書立說、談群理究治術之士，皆以其活潑潑的全副精神，上下古今與歷觀萬事萬物，而推其得失之由，究夫萬變之則，其發明眞理，持以喻人，初若奇說怪論，久而知其無以易也。如君民問題、貧富問題、男女問題乃至種種皆是也。中國獨有《春秋》公羊家言爲得孔門宗旨，而宋儒何足語於是耶？雖辨王伯、明義利，未始不通太平義，然但誦法陳言耳，非精晳群變之紛紜奇詭，終不足與言眞常道理。宋儒反身工夫甚密，其於察世變，皆極膚也，至今誦其政談，鮮不感其迂鈍。有一王荊公較爲奇特，而不能容。溫公執拗無識，尤爲可笑。二程、朱子皆不滿荊公，其識不足以及之故也。周元公嘗曰：天下勢而已矣。可謂精識。然而其精神不屬於世務方面，故於群理終無所發抒。永嘉諸人雖談經制、抗程朱，然其細已甚，不能博以察物而窮其原，不能密以綜事而通其變，徒矜矜焉以事功虛侈於當世。同父雖狂，猶復天眞可愛。陳傅良自視甚高，徒見其小耳。水心聰明，亦不奈伊小何。其他更何足論？永嘉本理學派之反動，原動力欠活躍，反動力亦纖弱也。象山兄弟，天才卓越，頗有民治思想，惜其精神亦不屬此，終無所發明也。宋儒於事功方面，自是無足稱者。《論語》記曾點諸子言志一章，夫子於由、求、赤等，一一以爲邦許之，可見孔門師弟精神，非如後儒忽略事功。而朱子《集注》釋此章，乃獨許曾點，而謂「三子規規於事爲之末」。朱子此種意思，完全代表宋明理學家，非特爲其一人之見而已。孔子內聖外王的精神，莊子諸師而外王之學遂廢。自此，民族愈益式微，此非我輩今日之殷鑑耶？夫以學業言之，人生精力自有限，長於此者短於彼。然識量所涵，則不當拘此而遺彼也。宋明諸師識量不免有所拘而有所遺。今茲書院，宜上追孔門之規，一切兼容並蓄。是在吾儕造端時，有此博大精神，方免後來流弊。前談陽明與滌生故事，至堪玩索。吾頗有許多意思，患精力不給，未得盡所欲言，拳拳之心，唯期賢者相與究心大業。馬先生道高識遠，吾非慮其有所拘也。前見所擬書院草案，歸本六藝。吾國諸子百氏之學，其源皆出六藝，馬先生所見甚諦。今後如欲新哲學及新文化之啟發，雖不得不吸收歐化，要當滋植固有根荄，方可取精用物。吾於馬先生大端上無甚異同，唯書院應採何種辦法始堪達到吾儕期願，恐馬先生猶將執古之道以御今之有，未得無礙耳。關於學生資格問題之諍，吾「答劉公純」一函，極爲扼要，馬先生以世情議之，過矣。此信仍便陳馬先生一看。

附記：此書讀者切勿誤會。吾儕講學精神，立本不宜遺末，明體必須達用，修身必可以施之天下國家，卻非教人逐末而捨本，求應用而昧其大體也。曾滌生所以能造人才者，正以其宗法程朱，平生兢兢業業於躬行踐履之間，涵養本原，不敢放失，確然為不自欺之學，此所以能陶鑄一世之才而相與以有成也。陽明天資過高，他自己卻是本末一貫，體用兼備，但其教人確未嘗於實用方面留神。故王學之徒滿天下，非獨不堪濟世，而反以意見害天下事。船山諸儒之論，未可全抹煞也。陽明每謂良知是無所不知，只要良知不受私欲障蔽，其於天下事物自然無不通曉，這個意思並無不是處。昨在嘉州，蕭化之似曾疑及此。余語之曰：陽明未嘗非也，化之所疑亦未嘗非也。良知是心之本體，是一切知識之源，致此良知於事事物物，他（良知。）自然會明白事物之理，故陽明之說是也。然篤信良知學說者，若謂一切事物之理只求之吾心（良知。）而無不得，遂專守其孤明而不復推致此良知於事事物物上去，則謂事物之理自足於吾心，而吾人對於一切事物的知識，皆不待經驗，不待博徵之事物也，如此畢竟是不通之論。化之所疑正在是也。其精思而善疑，可喜也。然陽明自己用功，卻未嘗遺棄事物，他常說為學要識得頭腦，所謂頭腦即致良知工夫是也。一般人確是以私意私欲種種壞的習氣障礙了良知，故作惡而不自知，自欺而反得意。陽明所痛在此，故平生教人，專著重在此。無奈對實用的知識方面不免於無形中有所忽視，緣此又生弊害。朱子說，教學者如扶醉人，扶得東來西又倒。此言深可玩味。吾願有志之士，於陽明所謂識頭腦的意思，宜終身痛切自警，於滌生注重實用知識的意思，亦終身精進不懈。如此則可為本末兼修、體用賅備之人物。

陽明深達治本。吾國歷來對於邊民，只知對其內侵時予以撻伐，絕不知注意教養。陽明於西南諸夷，汲汲為鄉約及學校以教之，又為區處其農田水利以養之；凡中朝被謫之官吏，皆訪其賢者而隨宜起用；凡地方敦品勵行之儒生，皆優禮存問，以揚風化；凡廉吏告老在籍，貧不能存活，反為人所笑者，則命州縣官親臨致敬，並贍其生事，以勸廉節。陽明深知治起於下，故其鄉約，極有精意。世儒第知陽明善用兵，而不知其為吾國有數之政治家也。

今日各大學文科研究所，其課目純為無聊之考據，教者學者之間更無精神相貫注。國難至此，將有悟焉否耶？庚辰夏補記。

與劉冰若

學者究理，常是儻然悟得。然若恃儻悟便足，則不足以成學術也。必於儻悟之理，仍博求之事事物物而究其千頭萬緒分殊之理，既甄明分殊之理，而仍會歸於儻悟所得乏通理，則儻悟者始徵實，而學術由此成，知識由此精矣。中國先哲都缺卻儻悟以下仔細工夫，此宜鑑戒。

韓裕文記

一友舉先生語，謂儒佛有不能相異處，頗不謂然。先生曰：儒者見到即眞常即流行，佛家般若雖不說及流行，亦不曾硬道他（本體。）是死物，是不流行也。吾雖主張在談本體處融佛入儒，而立言要自有分際，非將儒佛一切比附，一切混同，而謂之無有異處也。仁者若截取此語而不察此語是就何處說，便誣罔已甚。夫佛家談本體，有日空理。（此詞須善解，非以空洞的名為理也，乃謂二空所顯真理耳。易言之，即空妄識所執相時，所顯真理，名為空理。）而陽明先生云：佛家說到空，聖人手空上何曾添得一毫實？此言至可深玩。《中庸》談到聲臭俱泯，視般若又何異耶？但言之詳略有殊耳。故謂儒佛談本體，自有相通處，非牽合也。凡言學者，宜求析異，亦不可忽於觀同，但此二種工夫須用到恰好處。譬如說張人之目與李人之耳相似也，人必笑之，以其混亂故也。若曰張人之眼與李人之眼爲同類也，人亦何得不印許耶？又如說張人李人同是人類，則無可別持異論以攻之者，但如謂張人李人之內部生活完全同一，則至愚亦知其不可。然若持張人李人之生活與禽獸之生活相較，則謂張人李人畢竟同是人的生活，則又無可別持異論以攻之者。故知言同不能無異，言異不能無同。學人談理，苟於大本及分殊處誠有眞見，因以綜攬百家，而持吾之所見以衡量百家之說，於此或同或異，皆可資吾之佐證而觀理之大通，此方是通途之學，而非拘礙於一家言者所可幾及也，更非比附之徒所可僞託也。如其小智自矜，蔽於一曲，以爲析異而無可同於大通，莊生所爲病夫「小知間間」，道之所由虧也。今世之學，正坐此弊，吾子何弗察焉？

先生嘗語任繼愈云：陽明良知即現量體，良知緣境，皆現量也。（此中「境」字，通境物與義理而言，詳在《通釋》部甲。）現量分眞俗。俗現量即五識等證境，是現量，（此中「等」字，謂俱意。）吾於《因明刪注．揭旨》中說此甚明。眞現量略言之，有定中現量，（如菩薩入定時心，其緣境是現量。）有佛位現量。（佛恆在定，緣一切境，恆是現量。）眞現量境界，佛家本不許凡夫得有，其意義至爲神祕，吾不必論。但吾欲稍變更佛家眞現量之義，以爲定中與佛位所以說爲現量者，無非斷除虛妄分別，稱境而知已耳。（「稱」字宜深玩。相應如如之謂稱。）此等境界，不要說得過於神祕，徒成宗教上的玩具，而宜爲人生所固有者。良知即是正智，此智於自所緣，如實冥證，無有迷惑，無有邪謬，亦不由推求籌度而得者，斯即現量。《解深密》所謂「如理思維」，諸論所說思現觀，殆即此意。吾《量論》若得起草，必發明斯旨。又如良知反緣時，即是自明自證，何得不許爲現量？（此中意義幽深，然虛懷體之，亦不難自得。）必如大乘所說，唯佛位方得正智現前，方得緣如，（緣如即是自證本體。）方起後得無分別智。（後得無分別智亦是現量。良知則通正智及後得無分別智而渾言之。）凡位俱不得有此，則眞斷絕佛種，不知又從何修行而得成佛？豈非不通之論耶？若信得良知即是正智，直須保任，直須擴充，（不令惑染障礙他，即是保任。推致此良知或正智於事事物物而悉得其理，是謂格物，亦即是擴充此智也。若孤守其良知而不推致之於事物，使不是擴充。理學家末流之弊蓋如此。）則日用思慮云爲間，自多有現量境界，而不必視爲宗教方面之神話矣。吾雖沿用現量一詞，而意義不必同其舊，但恐吾子從來便走西洋哲學路向，於儒佛諸學尙少體究，則於吾之微意終成隔膜。尙望將此義姑置腦海，勿遽生是非可耳。唯有一言奉勸者，誠欲了此義，直須反躬體究，不可效經師家技倆，在名言中作解也。

先生語余云：《易》曰「寂然不動，感而遂通」。感通者，物來順應之謂也。周子所謂誠神幾也。（嚴又陵猶知此義甚妙。今之從西洋入手者，則不復知此矣。）其所以異乎妄識取境者，正以其雖感而無所執耳。若感而有分毫執的意味，便成佛家所謂相縛。（此意甚深。）孟子所謂物交物則引，此爲物所引之意義，亦即是相縛意義也。須反之身心而切體之才見。

余問《易．咸卦》：「天地感而萬物化生。」先生曰：天地者，所以象陰陽也。一陰一陽而始交感，否則無所感。萬物生起與變化，皆陰陽交感之爲也。離陰陽交感即無有生化，即無有萬物也。

先生嘗答某君云：眞如，本體之名也。「本體」一詞，賅萬有而言其原也，所謂遍爲萬法實體是也。（「遍」字注意。此中萬法猶云一切物。）若克就吾人當躬而言，則所謂本心是已。正智者，即此本體或本心昭昭明明，無有虧欠，無有昏蔽，而為一切知識之原，為萬善之所自者，是以謂之正智也。如談正智而不在自心上尋著落，只在名相上弄把戲，釋迦有知，能不寒心？談正智而能在自心上尋著落，則吾不知佛家所云正智與陽明所云良知，果可看作兩物否也？縱云達到之塗術不同，但既已達到乎同一之地，又烏容立異耶？如汝由滬到昆明，吾將由蜀到昆明，所經塗術有陸海舟車等等之異，固也，然俱到昆明，則吾不能以昆明為渝都，汝亦不能以昆明為上海，其為共見昆明無可異也。汝引吾《語要》卷一所云：見到眞實處，彼此不能有異同。此其譬也。不管儒與佛，只要見自本心，遠離虛妄分別，還有什麼正智、良知等等名詞可容立異耶？昔人言：「筌者，所以在魚，得魚而忘筌；蹄者，所以在兔，得兔而忘蹄。」宗門以言說為敲門磚子，得其門矣，而猶有執著磚子者乎？華梵哲人證眞之談，俱是一種方便，切忌緣名言而生執著，轉失其所以言者，而不知所用力。（此處吃緊。）吾嘗言，此土先哲意思，如今有兩等人會不著。一是經生家技倆會不著，二是習染於西洋哲學家言而不能超脫者會不著。障眞理之途，絕生民之慧，士之淪沒於俗學，非一日也。人生無深根寧極之道，一切向外追求，以成乎人相食之局，有自來矣。吾念此而不能無憂也。

又語某君云：於本體上不可增減。群聖云然，吾亦云然。但擴充義則與增減之說不當混視。增減皆待外力。於內所有而或損焉，謂之減；於內所不足而或益焉，謂之增。擴充則純由內發，不與外相待也。此心即是無增無減的本體，萬善具足，但拘於形、囿於習，則不得顯發，必於其善端發見處，引而長之，推而行之，久之則全體大用無不彰顯，一皆擴充其所本有也。譬之一粒穀子，生機全具，自其胚胎萌芽以至開花結實，漸次擴充，皆由穀子內部本具生機之擴充不已也。佛家說有十種眞如，六種無爲。（無為亦真如別名。）眞如豈有十，無爲可分以六耶？其間差別相，只緣有擴充得開與否及擴充得多少與否耳。（佛家分別滿證，分證。）眞如別名涅槃。涅槃，本心也。經義具存，吾寧誣解？本心若不待擴充，豈是一定呆板之物耶？又豈不衆生個個不假修爲，自然都是佛耶？此等道理，實不容依名言作解，要在自己身心間，切實用過功來，方可討論，勿疑老夫亦是隨人說空話也。汝於吾言，不必遽存鄙賤心，即不贊同，亦且存之胸際。區區之誠，以相與之日較深，故不忍不一發，否則吾亦不便有所言矣。

先生嘗燕談云：凡立說者，若其是非得失，可令人開口評判，此必其爲說有條理可尋，亦必有所由之思路也。但或據一端之偏見，或失之粗疏淺躁，故成謬誤耳。若夫未知用思之人一向耳剽目竊，東塗西抹，養成混亂昏雜之頭腦，則其所爲文字，便使人無可開口而議矣。

眞理恆在天地間，明者自見，昧者終不察也。宇宙廣大，不能有明而無昧。君子樂與人同明，而無庸期必於其間也。

答任繼愈

向來以尊德性、道問學爲朱陸異同，而吾子否認之，卻是錯誤。陳建、陸隴其之徒，本不足與言此中意思，只見儒先舊說如此，故亦云云。羅整庵則於此中意思領會較深。佛家有宗與教之分，教則以道問學爲入手工夫，宗則以尊德性爲入手工夫。西洋哲學家有注重知識者，亦有反知而尙直覺者，其致力處，雖與陸王不可比附，要之，哲學家之路向常不一致，而尙直覺者，雖未能反諸德性上之內照，要其稍有向裡的意思，則與陸子若相近也。（注意「若相近。」三字。）重知識者，比吾前儒道問學之方法更精密。然朱子在其即物窮理之一種意義上，亦若與西洋哲學遙契。人類思想大致不甚相遠，所貴察其異而能會其通也。（此語吃緊。）

汝似將尊德性道問學二語作一種話頭看過，便覺無關宏旨。實則必須眞正作過尊德性工夫如陸子者，然後識得「尊德性」一語；必須眞正作過道問學工夫如朱子者，然後識得「道問學」一語。朱陸確是二種路向，各由其路向而下眞實工夫，其各自所得，自是整個不同。未嘗到其境者，從何知得？昔在孔門已有此二種路向，顏子即尊德性一路向也，子貢即道問學一路向也。夫子謂子貢曰：汝以予爲多學而識之者歟？曰：然！非歟？曰：非也！吾道一以貫之。則子貢終當悟入德性矣。汝不須如陳建等等妄人，空拾過去話頭，以辨朱陸同異，且擇一路向，眞實用功。

解孟子口之於味章

孟子曰：「口之於味也，目之於色也，耳之於聲也，鼻之於臭也，四肢之於安佚也，性也。有命焉，君子不謂性也。」

朱《注》：「程子曰：『五者之欲，性也。然有分，不能皆如其願，則是命也。不可謂我性之所有而求必得之也。』愚案：不能皆如其願，不止爲貧賤。蓋雖富貴之極，亦有品節限制，則是亦有命也。」云云。程朱之說甚迂陋。《孟子》此章，道理極廣大深微，程朱全失其旨。夫命與性，本非二也。以其爲生生不息之理，則曰性；以其流行而成生機體，則曰命。命者，流行義。原夫性者，萬物之一原，雖復無聲無臭，而萬善萬德，無不具足，故謂之理。此理之流行，而賦予吾人，吾人稟受之，遂自成爲獨立的生機體，即有生命而具一切意欲。所謂聲色臭味安佚等等之欲，推其原皆自性生。孟子是以謂之性也。但雖自性生，畢竟非性之本然，（此語吃緊。）要自流行而成生機體，乃始有之耳。孟子故曰「有命焉，君子不謂性也」。

「仁之於父子也，義之子君臣也，禮之於賓主也，智之子賢者也，聖人之於天道也，命也。有性焉，君子不謂命也。」

仁、義、禮、智、天道，後儒皆以為性所固有。其說雖是，顧未識孟子此處意思，則其失不小。自性之本然以言，雖萬德具足，然仁義禮智等德，則待有倫類之交而始見。有父子，則顯其仁焉；無父，而事父之仁無有矣；無子，而慈子之仁無有矣。有君臣，則顯其義，復同前例。推之，有聖人，則克盡天道；無聖人，而天道亦隱矣。故仁義禮智天道者，若跡其發見，要自一原之性，流行成物而後，（張子云：性者，萬物之一原。）有物有倫，（倫，類也。物莫不有類，如父子、君臣、賓主等是也。）而仁義等等始顯現焉。孟子故曰命也。假若性體只是洞然空無，而無流行可言，即無物可言，更從何說仁義等等耶？然仁義等等，雖於凝命以前無可說，要是自性固有，不是本性上元無之卻從有生以後外鑠得來。孟子故曰「有性焉，君子不謂命也」。此中解釋，亦與程朱異。命是氣質之始，自天化言，則曰命；（天者，本體之別稱耳，非謂神或帝也，語本體之流行，亦云天化。）自吾人稟之而成獨立的生機體言，則曰氣質。聲色臭味等等之欲，莫非氣質上事，但如推其原，則亦自性生，以欲緣氣質而發。氣質者，性之所凝成，故云欲亦自性生也。然欲，要非性之本然，究屬氣質凝成而始起，即是後有的，故不謂之性也。仁義禮智天道，皆一心之全體大用，即皆自性固具，然若無這氣質，則性德如何顯現？當命之流行而吾人稟之以有生時，（流行即命。而曰命之流行者，凡言語須有主詞故。上一命字用為主詞，實則命即流行。）即體仁、行義、復禮、發智與證知天道等等的可能性，便與氣質俱時始起，故孟子曰命也。然此理（謂仁義等。）畢竟不限於氣質，故復曰性也，非命也。

《孟子》此章是融貫天人之際而談，易言之，即在他的人生論裡面包含著宇宙論在內。他以爲人的食色等欲雖是氣質方面後起的事，而氣質之凝成則本於天化。由此，把欲推原到性上去。佛家便不如此說。宋明儒雖宗孟氏，後來也失掉這意思。然而欲畢竟是氣質成功以後方有的，畢竟非性之本然，故終不可謂之性。此是千古正法眼藏。晚世西人便不識性，就認食色等欲爲本來的了。

孟子以爲，命者正是氣質肇始之際，（即生機體肇始之際。）而仁義禮智天道雖皆自性固有，（性者何？即本心是也。此心顯為惻隱者，即性之仁德也，仁莫切於父子之際，故於此言之。此心顯為制事之宜者，即性之義德也，義莫大於君臣之際，故於此言之。此心顯為辭讓者，即性之禮德也，禮莫隆於賓主之間，故於此言之。此心顯為抉擇一切義理之大用，即性之智德也，智則凡愚難以充分發展，故於賢者言之。此心之全體大用，即所謂天道是也，亦即性之全德而為言也。必有反觀內證之功，自明而自喻之，即此通達物我同源之體，是為證知天道。但此必聖人而後能，否則惑染障蔽其心，不能有此勝用也。）要必於凝命之際，即氣質肇始之際，始可說爲具有仁義等等性德。試設想命之未降以前，即氣質（生機體。）未有以前，仁義等等性德果在何處？所以道不離器，形色即天性，其義至矣！盡矣！無以復加矣！孟子言仁義禮智天道必於凝命之際言之，意深遠哉。然命則氣質之始也。孟子又恐人沾滯在氣質上難以見性也，故復謂仁義等等畢竟是本性固有，而不可謂之命也。

《孟子》此章，眞是微妙至極！可惜程朱諸老先生不識他「命」字，竟將「命」字作世俗定命論的意義去理會。所謂一飲一啄，都由前定，即是皆有分限而無可如何。由其說，則自食色等欲言之，吾人一身飽與不飽等類，皆是命定而有分限故。又自仁義等等言之，如父於子，仁有所未至，子於父，仁有所未至，也都是命定而有分限故。（朱《注》就是如此說。）此復成甚道理？

附識：昔與某生說此義時，即由某生記錄，余稍為點定如上。由今觀之，尚有未盡意處。流行之謂命，此中意義極難言。流行本即天理之流行，但吾人於此際稟受，而始成有生之物，即生機體實肇始於此際，先儒所謂氣質清濁之分，亦正在此際。故凡仁義等性德易顯發與否，及食色等欲易循理與否，都須向命上理會。吾人立命工夫只在率性，以變化氣質。

答鄧子琴

中國舊學家向有四科之目：曰義理、考據、經濟、詞章。此四者，蓋依學人治學之態度不同與因對象不同而異其方法之故，故別以四科，非謂類別學術可以此四者爲典要也。

一、義理者，窮萬化之源，究天人之故。（故者所以義，謂探究天地人物所以生成之理也。）其方法雖用思維，而是以體認爲主，於日用踐履之間隨處體認，默識本源，所謂精義入神，至於窮神知化。德之盛者，是此派學者之極詣也。此其所治之學在今即所謂哲學思想是已。治斯學者，其精神必迴出流俗，即絕不能苟安於塵凡生活中也，否則以偷陋之心而苟襲之以自文，則無與於此學。

二、考據者，依古文籍而欲從事於某種之考核，必博搜證據，而後下斷案。此其方面甚多，如名物度數等等，各畫範圍而專攻焉。其類別亦難悉舉。此等學者爲學之態度，皆注重客觀事實，隱然有科學家精神。

名物度數者，文字、聲音、訓詁之學，皆屬於名。（雖一切事物皆有名，而此中但舉文字音訓。）凡經史中關於天文、地理與草木鳥獸乃至一切器用之研究，通謂之物。度則法度、制度之稱，而其含義甚廣，即社會組織與風習流變，無一不攝於此。（凡一風習之成，即人人受範於其中，隱然為無形之法度。史家無一不注意於風習者。）數即算數。凡考據之學，其所治之對象，無有離於數者，不獨類別名物有其數而已。《周官》三百六十，體國經野，纖細畢具，必詳於數。音律亦與數理相關。乃至禮義三百、威儀三千，凡精神表象，無不可以數量求也。

吾國考據之業不能發展爲科學者，以其但依古文籍所記錄之事物而匯詳之、博徵之，不知於親所經驗之自然界去觀察，此所以但成爲考古學之一種，畢竟不能發展爲科學也。又不知措意於社會、政治與文化等方面之大問題，而但爲零碎事件之搜考。學者相習成風而成爲無頭腦之人。前清漢學家已有此病，今則更成牢不可破之習矣。

三、經濟者，爲講求實用之學。古人「經濟」一詞，其含義極寬，本經世濟民之義。今以計學而翻爲經濟，則其義已狹，而與此中所云經濟殊不相當。又古人爲經濟之學，亦有通識與專長之分。依據歷史與文集及其他專篇而博考典章、制度與軍事、邊務、（賅外交。）吏治、律例乃至河工、海防、農桑、鹽鐵、荒政等等，分門研究，以備當世之用，是謂專長。原本六經，旁及子史、下逮群儒之籍，博考參稽，因以達天化而通群變，古今之遷流，治亂之條貫，人倫之常紀，（如信義之不可渝，是謂常紀。）興革之體要，靡不了然於心中，是謂通識。三代之英勿論已，秦漢以來賢相名儒所以佐世成化，未有不具通識者也。明季若王船山、顧亭林諸老先生，有其識而無可用。禍亂循環，又迄於茲，可勝痛哉！

四、詞章者，其源出於孔門文學之科。文學所以抒寫人生思想，內實則感眞，感眞故發之自然，自然故美也。孔子定三百篇爲文學之宗，其論詩之辭，皆深妙絕倫，見於《論語》。孟子亦善言《詩》。三百篇皆直抒性情，無有矯揉造作，情深而文明，如天地自然之美，一眞之流行故耳。及楚騷出，乃變爲宏博恣肆，然其眞自不漓。故可尚也。漢以下，乃有模擬字句，揣習聲律者，其中情遂已稍衰。又騷之流變而爲賦、頌及駢體文等。漢賦辭極典雅，而無思理可言，缺其質矣。六代人詩與其駢文，華而失眞，日趨靡薄。不囿於時而獨有千古者，其唯陶令之詩耶。唐人詩，雖經心造語，而自有渾成意味，所以可貴；晚唐頗趨險澀，稍失纖小，唯渾成與平易，方是廣大氣象耳，然較以後來宋詩，猶自遠過。若夫小說、詞曲、戲劇，唐以下代有作者，其短長非此所及論。然核其流別，要屬詞章之科。蓋以廣義言詞章，本即文學，非僅以駢四驪六名詞章也。或曰：韓愈以後之古文非詞章歟？曰：此亦詞章家之枝流。人情不能無酬酢，稱情而抒懷，即事而紀實，誠亦有可貴者。唯傳、狀、銘、贊、書、序等品，恣爲浮詞諂語，自壞心術。又或標題立論，而淺薄無據，空疏無理，猥以論名，果何所當？韓愈、蘇軾之徒，皆不學無知，雖擅末技，要是大雅所諱。

總之，四科標名雖由近代，其源實自孔門。義理則相當德行之科，經濟則通政事言語二科，（言語即外交辭令。）詞章即文學科。唯孔門考據不別立科。蓋諸科學者，無一不治六藝，即無一不有考據工夫故耳。後世別有考據之科，於是言考據者乃有不達義理及昧於經濟、短於詞章之弊。然學問之事，畢竟古人為其簡而後人日習於繁。考據之業，求其博審，欲勿擅精而不得也。

答任繼愈

仁者心之德。德字何解？汝未之思，粗心如此，可乎？德者得也。如言白紙，白紙之所以得成爲白紙者，以具此白故也。朱子言仁者心之德，心之所以得成爲心者，以具此仁故耳。不仁，即私欲用事而物化，是乃喪其心者也。只有仁才是心，心之所以得成爲心者，仁也，須反自體認。

汝解愛之理，以由近及遠，由親及疏爲言，是以差等的意義釋理。「理」字雖有條理之意，差等亦含有條理意思，然萬不可忽者，理是眞實的東西，此之發見則爲仁義禮智乃至萬善，隨所發而莫不各當，秩然有條不紊，如發也事父則爲孝，發之衛國則爲忠等，故又名之以理也。唯其是眞實的物事，故隨發各當而有條不紊耳。而或者不察，僅以空洞的形式爲理，是但從其發見之有條理處觀察而昧於其本身是絕對眞實也，惡乎可哉？汝以差等釋理，正墮世儒之失，所宜痛省。須知此云愛之理者，理即天理，異乎情欲之屬於後起者也。夫言愛，即是發爲情欲者也，此若本乎天理而起，則情欲亦即天理之用也。若違乎天理，則此愛即私情私欲矣。如男女之愛，若隨肉欲衝動，便非愛之理。若超脫肉欲之感而別有眞愛者存，則愛之本乎天理者也。父母於子，姑息之愛，亦不是理，朋友之愛，不能輔仁而唯標榜是務，皆不是理。朱子以愛之理言仁，此義精微。汝等反之身心，則知平日陷於不仁也久矣。

至云以忠恕釋仁，亦看如何說法。《易》之〈乾卦〉以元言仁，而曰「元者善之長也」。易家或以元字連乾讀，蓋以乾即萬有之原，眾善之長。程明道〈識仁篇〉即本斯義。仁具萬善，故忠恕莫非仁之發用。且「忠恕」二字，淺講也可，深講也可。若從淺處講，強恕而行，可以求仁，主忠信，即可不違仁。若從深處講，「忠恕」二字，做到不待勉而中時，即仁之全體已呈露，而萬化之原，萬善之本，無待外求矣。曾子以忠恕契一貫之旨，可玩。

韓裕文記

某先生謂孔佛二家實不同，但佛之道大，可以包孔，而孔則不足與佛並論云云。先生曰：凡論學者，須辨其異，亦須觀其同。佛家宗教方面的話，誠爲孔子所不談，儒者終爲哲學，而佛家畢竟歸趣宗教也。吾人若承認生命果不隨軀體而消散，又或承認佛家三界及超越三界而有所謂涅槃的境界，即應許生命不僅表現於欲界中之人類或眾生，而在某種神祕的境界中，（如所謂色界，無色界乃至涅槃。）當更有生命存在。如是則佛家所謂禪定等等修行方法自甚嚴格，儒者於人倫日用間，種種道德行爲與涵養省察等等工夫，自不足以了生死而趣彼岸也。（彼岸謂涅槃。）是故據宗教之觀點，則嚴辨孔佛之異，並且小孔氏而尊釋迦，亦無怪其然耳。但佛家確富於哲學方面的思想，且具偉大精密的哲學體系，有高深的理境。（若只視佛家為宗教，未免太不了解佛家。）就此言之，則謂儒佛絕無可融通處，吾則期期以爲不可。須知儒佛二家之學，推其根極，要歸於見性而已。誠能見自本性，則日用間恆有主宰，不隨境轉，此則儒佛所大同而不能或異者也。

先生又曰：宜黃大師嘗言佛家談體，孔氏談用。吾竊未安。須知體用可分，而畢竟非二。孔子只是即用顯體，不是只滯於用而不見體。若只談用，則孔子便與俗學一般見解，豈其然乎？至佛家談體，是不生不滅不動不變，不免有將體與用截成二片之嫌。無著世親之學顯然有此失，何可與吾孔氏《大易》比論。

又曰：宋明儒都以靜屬體，以動屬用，此等處亦有病。體自是靜的，但也不能道他是兀然凝固不動的物事。若果無動，他如何顯現為大用流行呢？用自是動的，但也不能道他是囂然浮動的物事，若果動中沒有靜，這用便是離異其本體而別為一種浮虛的物事了。如此，則體也不成為用之體，如何講得通？吾人於用上而識其本體，則知用之相雖是變動不居，而用之體畢竟眞常寂靜。所以就用上說雖是動的，而確是即動即靜的。驗之吾心，當動應萬端時，原自湛然虛靜，此理豈待外求？

某先生注重佛家小乘出世的主張，以為此等修行法才是究竟清淨，此等人物才有不言而化的力量。先生曰：此個意思也好，但出世的修行法必須於佛家宗教方面的理念都深信持得，而吾於此只是存疑。以故吾無所謂出世，亦無所謂入世，唯日孳孳於孔門所云成己成物之學而已。

先生與某公談生命問題，其說甚幽微而難記，姑俟異日。

某先生憤慨於今日社會之汙濁與腐敗，而深冀有宗教上潛修之偉大人物，但有不重視學問與知見的意思。某先生去後，裕文問先生對某公此種意思何如？先生曰：無本的學問，膚雜的知見，都是淺夫昏子之所以自害而害人。但矯枉不宜過直，《中庸》說「尊德性而道問學」，如此才無弊。

先生又曰：佛家三界，在他確是作事實實來說，絕不同於莊子的寓言，更不是形容人間世的狀況有多般，如哲人游心冥漠，便是無色界，乃至貪濁之極，便如地獄餓鬼等，（更不二字，一氣貫至此。）他確是以爲有三界六趣。近來談佛法者，多胡亂講去，甚乖其眞。

又曰小乘涅槃卻是寂滅的一種境界，這是超越三界的。後來大乘所謂涅槃，便斥指本心而名之，乃極親切。他只以四德說明涅槃。四德即謂本心也。《涅槃經》宜詳玩。又引窺基《雜集論述記》卷二十五第十頁云：正智是心，眞如亦名心，如說智及智處，（智處謂真如。）皆名爲般若。此亦如是。詳此則本心即是眞如，即是萬法本體，乃大乘了義。

又曰：佛家宗教方面，其根本信念有二：一曰業力不散失，二曰因果不可撥無。自小宗至大乘，此二根本信念始終無改變。

答敖均生

〈一貫章〉述義，自可存。但評道佛諸家處，不免宋明儒習氣，謂足以針治其病，則未必然也。此中意思很複雜難言，恨無機緣面論耳。

孔子語曾子及子貢，皆以一貫之旨，此兩章宜合併看。尤不止此，並須依據〈十五志學章〉。此章不透，則所謂「吾道一以貫之」者，幾無從找根源也。嘗怪儒先解一貫，憑空講許多道理，其實是解者自家的一貫，而於吾夫子不必相干也。若求之〈十五志學章〉，豈不明明白白，何須自出己見乎？學問元自分途。成己成物之學，（所謂己立立人，己達達人。）須於日用踐履中做工夫。孔子十五志學，以至三十而立，四十不惑，由其志定而不厭倦於學，故日進不已也。此學不是知識技能之學。學者覺也。《白虎通》猶存古義。日用間無非明覺之泛應，居處恭，執事敬，與人忠，乃至格物與博文，無非此覺。任持此覺而存主於中之謂志，推致此覺於事事物物，而一切處恆無昏昧之謂學，時時加功而無休止間歇之謂習。夫子自十五志學以往，蓋終其身焉如此也。當其五十知天命，乃由工夫純熟，直透本原。此個本原，無以名之，名之曰「一」。得此本原，始信形形色色莫非這個，時時在在罔不左右逢源，《記》所謂「通其一，萬事畢」也。一貫者，此之謂也。爾後耳順、從心，乃一貫之極詣，夫子不是先求一，再執一以貫，卻是先立定此志，不失其本心之覺，於人倫日用中落落實實行去，久之自爾透宗，始曰一貫也。故談一貫之旨，不必論述儒先許多見解，確須於自身覓下落。曾子「忠恕」二字，亦道得切實。孟子言萬物皆備。而必本之強恕，其猶曾門之旨也。子貢以性與天道不可得聞，其境地亦不甚淺。故夫子曰：「汝以予為多學而識之者歟？曰：『然。非歟？』曰：『非也，予一以貫之。』」子貢究悟否？要是難言。子貢似未能放下知見也。

知識技能之學，孔門原有六藝，禮樂射御書數是也。凡講求實用，亦自不外今日科學方法。只古人於此不能如晚世西人之精，時會不同故耳。觀孔子曰：「知之為知之，不知為不知。」又主缺疑、缺殆，則與科學家實事求是之精神豈有異耶？

吾儕須知，孔門雖重在本原之學，而同時不輕知能之學，但在講一貫時，卻不必將一切學術悉拉入裡面。道理越欲說得闊，越是膚泛不切，此可戒也。

答任繼愈

陽明言：天地鬼神的主宰，也即是我的靈明，以本體不二故。《新論．唯識章》闡明心境不離，亦是於現象上識體。若不能於現象上見體者，則心物便分內外而對立起來，須深思。

陽明云：人死則精靈遊散，天地萬物即亦不在。此誠然之言。汝於此有疑者，由執定有恆常存在的天地萬物故也。須知天地萬物沒有恆存的，這層意義須先認清。如某甲有生以來便同他有生以來之天地萬物是同體的，但是某甲與他同體的天地萬物都是剎那剎那、生滅滅生而不息的。一旦某甲已死而不復續生，則某甲所與同體的天地萬物確也是和某甲一同死過了，哪有存在的呢？（此中義蘊，須詳《新論》。）至於新生的天地萬物，則有他人與之同體而俱生，實與已死之某甲無干也。總之，自現象上說，某甲乃至某乙某丙等等，各各與其同體的天地萬物幻生幻滅，不可執常。自本體言之，則本體之流行是至誠無息的，是無所謂某甲某乙某丙等等和天地萬物種種差別。《易傳》所謂「天下之動，貞夫一者也」。此意甚深，須細究。但此與佛家不同者，無有個體永存耳，此儒佛之辨也。儒者要在與天合德、本不執我。（天即本體之名。）佛言無我而實有我故也。（佛家以為人死後，其生命仍不亡，實際上他是把他的生命看作有個體永存的，不然也無輪回可畏，無佛果可證了。）

韓裕文記

某先生來函，談大乘法，盛讚般若歸無所得，並引經言，涅槃如幻如化云云，以爲了義。先生怒而斥之曰：大乘說無所得，乃眞實有所得，而後能說及此耳。今在凡失全無知識，如何空拾話頭而言無所得耶？涅槃本眞如之異名，此乃萬法實體，絕對眞實，如何可說如幻如化？若計此爲幻化，則墮空見邪計，非佛法矣。（印度有空見外道，佛家所力破。）然而經言涅槃如幻如化者，所以破執也。須知於涅槃起執，必登地菩薩而後能之，此等境界，豈凡夫所可夢見？初地菩薩入觀時，乍證眞如，生極喜心，此即於涅槃起執，由此至八地，安住不動，猶是貪執涅槃之相。（此貪執相甚微細。）佛爲此等菩薩，妙演涅槃如幻如化，蕩滌其執，乃其絕大方便，非地上菩薩不可聞，非對地上菩薩亦斷不可與說。今爾凡夫，本不知何謂涅槃，更何望其能於涅槃而起執耶？執且無有，遑言破執，而可妄談涅槃如幻如化耶？

裕文問：先生謂陽明教學者只求明體而不求達用，其末流遂至陷於罪惡，何耶？先生曰：良知是心之本體，是一切知識之源，但若內守其孤明而不推致此良知於事物上去，即缺乏辨物明理的知識。而此一念之明，未經磨練亦靠不住，乃任意見起而蔽之，亦即以意見爲天理。如是，欲其知明處當，毋横決以陷於罪惡，此必不可得也。《論語》記「公山弗擾以費畔，召，子欲往」。又「佛肸召，子欲往」。佛肸，晉大夫趙氏之中牟宰也，以中牟叛。弗擾，魯大夫季氏宰。二者皆叛其主，子欲往就，事雖不果，而夫子欲往之意，則千載難明。裕文以問先生。先生曰：古者大夫有家，役其人民盡爲農奴，大夫之宰臣則農奴之長耳。春秋時，諸侯之國柄移於大夫，大夫又移於其宰，是政權逐漸下逮之兆也。夫子於春秋，著三世義，將使民衆各得自主自治，自由自立，任大公而廢統治，故於公羊佛肸之召，欲往，冀其能代表民衆而行改革之事也。然卒不往者，則以彼等終將違民衆而濟其私，不可與同惡也。太平之治，不可遽期，故退而修《春秋》以詔來世。不知《春秋》，則《論語》不可通者多矣。又曰：吾欲爲一書，以公羊《春秋》，與《論語》互證，惜當顚沛，未能執筆。

先生謂黄艮庸云：今日人類漸入自毀之途，此爲科學文明一意向外追逐、不知反本求己、不知自適天性所必有之結果。吾意欲救人類，非昌明東方學術不可。惜乎吾國人亦自不爭氣，吾儕留得一口氣，當時時刻刻有船山、亭林諸者的精神，愼勿稍怠。今日比諸老時代所負責任更大得無比。

先生答錢學熙有云：世欲反對主靜，實是胡談，不了何謂靜也。《語要》卷一有示頌天一段，甚好。現無此書。凝定收攝之極，絕不散亂，精神凝一，直與造化爲一，此才是靜，才無欲。與化爲一，即超小己，無陽明所謂隨順軀殼起念之患。私欲不萌，故云無欲。老莊境界甚高，世俗以絕欲之說攻之。所謂鷦鵬已翔於遼闊，弋者猶視夫藪澤也。《易》義廣大，非證體不能會通，從來談者，只墮枝末。

先生答張東蓀有云：弟《新論》本爲融貫華梵之形而上學思想而自成一體系，又實欲以東方玄學思想對治西洋科學思想。略言之，科學無論如何進步，即如近世物理學，可謂已打破物質的觀念，然總承認有外在世界，他們畢竟不能證會本體，畢竟不能通內外、物我，渾然爲一。他們所長的還是符號推理，還是圖摹宇宙的表層，不能融宇宙人生爲一，而於生活中體會宇宙的底蘊。（不能二字一氣貫至句末。）新物理學無法證會本體，旁的科學亦然。繼今以往，各科學雖當進步，然其無法證會本體，當一如今日，科學的方法與其領域終有所限故也。西洋哲學從其科學思想出發，與東方根本精神究不相同，縱理論有相通處，而底源要自別。弟翕闢之論乃由反對印度佛家思想而出。近翻語體文稿，比原本較詳，惜乎顛沛中仍未能盡所欲言也。誠欲別寫一部《量論》，恐環境益厄，精力日差，終是難寫出也。此可奈何！

與牟宗三

飛函接到。子琴、艮庸均在坐得讀。世愈下，而人日失其性，相趨於卑，相導於暗，相獎以愚且賤，是誠無可如何者。吾好罵人，只可罵其能受罵者。如其非器，雖不忍，又何可遽罵耶？吾精神比昨已衰矣，輒苦心血不給用。江西家屬，愚懦不知自計。老來思骨肉，先一日可去懷，以是難寫文字。今日淒風苦雨，忽感而愴傷不自已，乃提筆與汝作書。上思群聖，吾其可如是而無述耶？吾念吾骨肉也，其可念者，不又有在耶？群生顛倒，有已時耶？吾幸而有覺也，其忍不續此覺以延之未來世耶？文字般若，顧可已耶？念此，吾當開吾胸次，仍從事述作耶？莊生曰：「知其無可奈何而安之若命。」吾其以此自遣耶？

汝暑中呈四句，時心緒不帖，得月餘聚而未及談，然總在念也。四句不盡憶，似有由思顯理、由理起能云云，若思與理與能成次第，非一事然者。如非解謬，則修辭未洽。吾子自謂儒也，儒者之學，唯陽明善承孔孟。陽明以天也、命也、性也、心也、理也、知也、（良知之知，非知識之知。）物也打成一片，此宜深究。程朱支離，只在將心性分開，心與理又分開，心與物又分開。陽明大處、深處，不獨攻之者不識也，即宗之者又誰識其全耶？佛家若善解空宗義，與陽明無所背。子其苦參陽明，而後自知其所持之誤。汝所謂思，亦宜簡別。如理之思，其本身即理也，亦即是能也，亦即攝所歸能，無心外之物可名所也。認識論，在如何求得如理之思耳，（此處吃緊。）在分別如理之思與不如理之思，勿混作一談耳。《量論》欲作者，此也。然《新論》翻本實重要，子或猶忽視耳。吾無精力多寫，汝好自作人。宏斯學者，吾不能無望於汝與唐君毅。（裕文亦能自強，可喜。）大事因緣出世，誰不當有此念耶？

答張默生

夙聞負雋才奇氣，文章閎肆。魯國多儒，由來舊矣。來書感拳拳之孤意，於吾書閱寫勤劬。力老而孤露，得雅契如君，私衷慶慰，可勝言耶？迂陋之學，始於思考，終歸體認，乃其本則在一心之誠，非爲見聞知解而學。《易》之〈觀〉曰：「觀我生。」自悲而亦悲群生之昏冥也，將求得眞理爲依歸焉。始固多方，博稽之天地萬物，久之，豁然確信此理不待外求，反諸己而得矣。此中經歷，自有千言萬語道不出，願自此與吾相遇於文字之外焉可也。

某君謂心理變化循力學公例。此等主張，在今世根據唯物思想而談心理者，皆如是，無所奇也。近世心理學，本是一種科學。科學之言心也，元不談心之本體，（即所謂本心，此屬哲學範圍。）而但依據生理（如神經系統。）以研究精神現象（或心作用。）所率循之法則，故心理學講成物理學，亦有由也。

大著《異行傳》，閱之，興趣勃然。先生之文可謂於時獨步矣。今人小品文字，氣力不堪馳放，此弱象也，得先生起而振之，有裨世運。力猶欲獻一言者，願責志貴嚴，積誠不懈，德蓄於中，則其發爲文也，自然言中有物。文之質曰理與氣。理御氣而行之也如天化，氣載理而運之也如地凝。天地合而成章，文之所以參造化也。積理存乎思與學並進，養氣在於積義。文學畢竟不離躬行，至於詞藻之美，亦須別有一番功力。如《文選》、《弘明集》、《漢魏叢書》，時置案頭，不時諷玩，極於詞藻有助也。

答敖均生

老不進德，與君同感。昨上宜黃箋云：日月易逝，輒觸於懷。淵明沖曠，每有人生幻化之悲；放翁豪邁，難消嘆老嗟卑之念。高下雖殊，其於未有眞安頓處，均也。力今不肖，下之不欲爲放翁，而老至或時乍感；上之不願同陶令，而智及彌難仁守。失今不圖，伊於胡底？念茲惶懼，常終夕以難安；矢向精勤，又逾時而退轉。幾曾責志，故知朽木難雕；誰實發心，而任瘧根潛伏。平生枉費推求力，到老方知此事難。此吾近來供狀也。

此卷前半部，有丁丑戊寅間稿數則，係陳仲陸偶存者，合諸庚辰後之稿，為卷二。貴陽周生封岐曾印四百部，防空襲。書此以志亂離之感。十力記。

附錄勉仁通訊

熊先生哲學釋疑

周通旦撰

某刊物載有〈評熊十力氏之哲學〉一文，亦標名〈論東方哲學不必遮撥西方科學〉。驟閱之頗駭異。在中國今日一般人開口科學閉口科學之際，而評者以反科學之罪名加諸《新論》，（《新唯識論》，省稱《新論》。後仿此。）自甚惹人注意。吾儕平日極少得暇看刊物，前承魯實先君惠寄此文於書院，余細閱一過，殊覺評者對《新論》似未曾讀過而便下批評。余以質之黃艮庸、張俶知、雲頌天諸先生，亦覺評者大誤會，謂余不妨辨難。余故不揣冒昧，而欲一質於評者。

在詰難評者本文之前，余當提出二義請評者注意。一、凡用思與持論，必合邏輯規範。而邏輯規範非憑空施設，必依義理分際而有。「義理分際」一詞，說來甚平常，其實眞解此意者恐不多。古今哲學家許多爭論，雖有時因被攻者不免錯誤，予人以進攻，而就大體言之，往往被攻者實無錯誤，只是進攻者不了義理分際，便曲解人家意思，而橫施攻擊。如果哲學家都注意義理分際，而於他人的說法，能如其分際以了解之，則許多無謂之爭，自然不起。余且不在哲學上舉例，即就科學來說，我曾見一個老頑固與一個有科學常識者爭論。甲（有科學常識者。）對乙（老頑固。）宣傳科學知識，便指當前的桌子來說，此桌子，你（乙。）不要看作實在的東西，而只是一大堆元子電子，這些元子電子相互的關係，簡直如太陽系統一般。

乙（老頑固。）便忿然作色曰：豈有此理！果如汝說，此桌子是一大堆元子電子，並且其間距離如太陽系統一般，汝何故不墜落其中，而能憑依之，且置書冊及杯盂於其上耶？

甲責乙曰：汝太蠢，不可與講義理。

乙怒起而揮拳，幾乎將甲打倒。

忽而另有丙先生來，待乙怒息氣平，乃徐謂之曰：你二人不必爭，不要打。你們所說都有義理，但義理自有分際，你們於此不辨清，所以相爭。須知說到桌子，不能執定一種義理來說。乙先生從實用的方面來說，桌子本是很實在、很堅固的一件東西。甲先生從科學解析的觀點來說，桌子確不是如世間所執爲堅固的實在的東西，易言之，並沒有桌子，只是一堆元子電子而已。你們要討論桌子之空無與不空無，須將兩方面各持的義理劃清分際。甲先生不必罵乙先生蠢，乙先生從實用去看桌子，有他的義理；乙先生不要怒打甲先生，甲以解析方法來測桌子，也有他的義理。兩方所持關於桌子的義理，確有分際不同。析而觀之，乙不可以實用眼光去否認甲所持之義理，甲雖以科學眼光，並不妨礙乙所持之義理，是故析兩說而觀其通，則桌子可以說非空非不空。非不空者，據科學解析，實無有如世間所執定之桌子故，而只有元子電子故，故說桌子非不空。非空者，據實用說，桌子是實在的，故說非空。

丙之說如是。余因此而悟義理分際之不可不辨，辨清分際而後可觀其通。分際不清則甲乙相悖；分際若清，則甲在其所持之分際內說，乙不必攻之，乙在其所持之分際內說，甲不必管。若通而觀之，可以說桌子非空非不空。正莊生所云「不齊而齊」也，斯非邏輯之最高原則乎？

要辨清義理分際，首須核定立義者所從出發之觀點。如甲乙二義相攻而分際不清，只因一從實用，一從科學解析，兩種出發之觀點不同。若將觀點核定，則義理分際自明，何至淆亂起爭？故凡批評人家學說者，須注意人家曾標明其持說所由之觀點與否，如其觀點提揭分明，而不加注意，妄行攻擊，則非學者居心所宜。

二、《新論》主旨在談本體。而一言乎體，即知體之必現爲用，否則體之名不立。何以故？體者，用之體故。（體現為用一語，切忌誤解體用為二。若起一毫誤解，便與實理不相應。《新論》每用大海水與眾漚喻，最有苦心，讀者切忌粗心看過。凡曾渡洋海者，必見大海水全現作眾漚。體現為用，故不可用外覓體。）由體用義故，遂以方便，假立眞俗二諦，此在《新論》屢有明文。讀者不容忽略下之二義。

㈠由體現用，（譬如大海水全現作眾漚。）即依用相而施設增語，（增語係借用佛經名詞，如天地人物等名詞，只是依用相而假立之名，故名增語。用相者，謂大用流行，非無相狀，如電光一閃，雖無實質，而非無相，故云用相。）於是假立俗諦。

㈡即用顯體，（譬如，於眾漚不作眾漚看，而直見其是大海水呈現。易言之，即只見為大海水而已。即用顯體，義亦如是。）即於一切用相或宇宙萬有而皆見爲眞如，（真者真實。如者言其德性恆常，無改變故。真如乃本體之名，本佛典。宗門古德有云：信手所捫，莫非真如。此義學達至極。譬如當前桌子，世俗見為一種器具，而自證體之哲人觀之，此即真如妙體呈現耳。此中義味無窮，《新論》轉變、功能諸章，多明此義。）故假立眞諦。

由眞諦義言之，乃即體而言，用在體。非言體時，便無用也。

由俗諦義言之，乃即用而言，體在用。非言用時，便無體也。

眞俗二諦，此是兩種觀點，不可不認清。讀《新論》者，若於此忽略，即於義理分際茫然不辨，勢必發生種種誤解。

須知今日言哲學，實際上只是玄學，即本體論，爲科學所不能過問，而特爲哲學之所有事者。玄學談理，不可滯一邊之見。眞俗二諦，分而不分，不分而分，若有慧者，能會入深處，當知妙味無窮。西洋談玄之家，未有臻斯妙也。

由體現用，即依用相，而立俗諦。即用而言，體在用。

即用顯體，便依本體，而立真諦。即體而言，用在體。

眞俗二諦，雖本佛家，而《新論》取義不同。學者宜知。

二諦分而不分者。依用相，立俗諦，是即用而言，體在用。則一言乎俗諦，固已攝眞諦矣，是分而不分也。

不分而分者。依本體，立眞諦，是即體而言，用在體。則一言乎眞諦，固已攝俗諦矣，是不分而分也。

如上所說，確是玄學上最上最深了義。（義究極故，極顯了故，斯云了義。）若讀《新論》，而終不悟此，則亦莫如之何矣。

上來略提綱要，今依評者之文，逐難如次。

評文分五段，先難第一段。

評者云：《新唯識論》的要旨，首在說明純一寂靜的本體，次在說明生化不已的妙用。（中略。）熊先生匯通儒佛，於寂靜的本體上加以生化的妙用，於是體用合一。體用合一了，於是體外無用，用外無體，即體即用，即用即體，體是用之體，用是體之用。

此段文字是評者首先敘述《新論》大旨者，眞可謂奇極，怪極。評者果未讀《新論》，而妄以己意爲《新論》之意歟？如其讀過，何乃謂《新論》的要旨首在說寂靜的體，次在說生化的用，將體用截作兩片？又說於寂靜的體上加以生化的用，於是體用合一云云。「加」字更下得妙，孰謂《新論》是如此要旨乎？熊先生是自家理會得體用不二的道理，然後著此書，以救正從來談玄學者之根本迷謬。如卷上四一頁〈唯識章下〉有云：許多哲學家談本體，常常把本體和現象對立起來，即是一方面把現象看作實有的；一方面把本體看作是立於現象的背後而爲現象的根源的。這種錯誤，似是由宗教的觀念沿襲得來。因爲宗教是承認有世界或一切物的，同時又承認有超越世界或一切物的上帝。哲學家談本體者，很多未離宗教觀念的圈套。雖有些哲學家知道本體不是超脫於現象之上的，然而他的見地終不能十分澈底，因之其立說又不免支離，總有將本體和現象說成二片之嫌云云。（按《新論》有時從由體現用而說，即全體成為一切用，如大海水全現作眾漚，非眾漚與大海水為二也。有時就即用顯體而說，即於一切用相而見為皆是真體呈現，譬如於眾漚不作眾漚相之想，而見為皆是大海水，豈有眾漚與大海水為二之理？陽明云；見得到時，橫說豎說皆是。《新論》之謂也。）又附錄三三一頁云：宗教與哲學雖分途，而哲學家中頗有與宗教相通處者，即同具有超越感是也。（自注：例如黑格爾氏之絕對精神與宗教家上帝，雖精粗異致，其為興起超越感則同。）由此超越感，不知不覺而將本體世界與萬變的世界劃鴻溝，於是體用不得融成一片云云。又中卷〈功能章〉評空宗一往破相，不免耽空；（案：不免有體無用。）評有宗之種子與眞如，不免有二重本體之嫌及體用截成二片等過。其文甚繁，不勝引述。又附錄三二六頁云：「問曰：『體用云何不一不異？』答曰：『體無形相，其現爲用，即宛爾有相，（自注：宛爾，不實而似有之貌。下仿此。）乃至體無差別，其現爲用，即宛爾差別，故不一。（自注：譬如水非堅凝，其現為冰，即成堅凝，由此譬喻，可悟體用不一也。）體，即用之體故，（自注：如假說水，即冰之體，以喻體成用，而非超脫於用之外。）用，即體之顯故，（自注：顯者顯現，如云冰，即水之顯，以喻用非異體而別有自性。）故不異。由不異義故，即於相對見絕對。而從來哲學家每於形上形下不能融會者，其誤可知矣。由不一義故，當即相以會性，（自注：相者法相，猶云宇宙萬象。性謂本體。）不可取相而迷其眞也。（自注：此中取者，執著義。真謂本體。取著乎相，則不可於相而識其真體。按譬如執著冰相為實，則不知冰無自體，其本體即水也。）《新論》全部可說只是發揮體用不一不異意思。』」如上所引，《新論》要旨，元是體用不二，所以救正從來哲學家之根本謬誤。讀者若將全書細玩一過，（尤其〈轉變〉、〈功能〉、〈成物〉諸章更吃緊。）何至發生誤解，而以張冠李戴者厚誣《新論》哉？夫即體而言，用在體；即用而言，體在用。（詳《新論》一五三頁〈功能章下〉。）反覆相明，而皆見體用不二，文義明白至極。今評者乃謂首在說明寂靜的本體，次在說明生化的妙用，是體用折成二片。說體時，只說寂靜，無生化用也；說用時，只說生化，與寂靜本體了無干涉也。《新論》何曾有此荒謬絕倫之說哉？

尤奇者，於寂靜的體上加以生化的用，於是體用合一云云。一塊石頭加上一株木，能合一否？一釜飯加上一粒鼠屎，能合一否？而以是謬解誣《新論》，奚其可哉？體用本不可分，寂靜與生化又豈是強合得來？《中庸》演《大易》生生之旨，而歸之無聲無臭，唯寂靜，故生化也。《新論．功能章上》有云：善學者，如其有超脫的眼光，能將佛家重要的經典一一理會，而通其全，綜其要，當然承認佛家觀空雖妙，而不免耽空，歸寂雖是，而不免滯寂。夫滯寂則不悟生生之盛；耽空則不識化化之妙。此佛家者流，所以談體而遺用也。儒者便不如是。夫空者，無礙義，（無質礙，無方所，非謂空無。）無礙故神。神者，言乎化之不測也。寂者，無滯義，（滯者，昏濁沉墜而不得周遍，不得自在。無滯反此。）無滯故仁。仁者，言乎生之不竭也。故善觀空者，於空而知化，以其不耽空故；妙悟寂者，於寂而識仁，以其不滯寂故云云。（詳《新論》初版一一七頁。）如上所述，字字皆從體認而出，讀者非存體認之功而徒以浮雜知見去索解，何可相應？評者謂於寂靜的體上加以生化妙用，是猶以種芽（喻生化。）投加太空，（評者所謂靜寂的體本無生化，而須由外加以生化，則所謂寂靜的體只是空無，故可以太空喻之。）可加入否乎？（空界，不可栽植種芽，喻如評者所謂寂靜空無的體，不能加上生化。評者於《新論》所謂空寂與生化意義全不理會，而擅以己意曲解，如何其可？）

評者第一段首敘《新論》要旨，恰恰相反，而只是評者以其意見栽誣《新論》。世間總不乏有識，果皆承認評者所述爲《新論》要旨乎？夫學術不同，攻難斯起，此本平常事，然不求了解人家意旨而遽爲駁議，此則不能不爲評者惋惜。

評者云： 更於生化的妙用上施設一個物理世界或外在世界，以為科學知識的安足處，於是西方的科學在東方的哲學中也有地位了。不過，物理世界或外在世界，熊先生始終認為是假的，不是實有的。因此，他替科學所設的一個安足處，自己又一筆勾銷。其言云云，（中略。）我以為，科學世界實在不必予以遮撥，如要遮撥科學或科學的安足處，則熊先生的整個哲學體系都要重新加以考慮。

評者一口斷定，《新論》將自己替科學所設的一個安足處又一筆勾銷，此實不了義理分際，故有此誤解。須知玄學談理不容墮邊見。（邊見，猶云偏見。）《易》所謂「妙萬物而爲言者」是也。夫言匪一端，義各有當，執一必將賊道，不齊所以爲齊。〈功能章下〉有云：如實談用，（稱實而談，無謬誤故，故云如實。）他（用。）是非空非不空的，已如前說。（詳《新論》初版一五四頁。）我們從非空的一方面來談。大用流行，雖本無實物而有跡象詐現，（按跡象即所云用相。）依此（跡象。）可以施設物理世界或外在世界，如此便有事宙論可講，亦可予科學知識以安足處。（後略。）又從非不空的方面來看。大用流行，雖復生滅宛然，（自注：生滅不已之跡象，現似形物，故云宛然。按生滅不已，而有跡象者，《新論》云：如燃香楮，迅轉不已，則見火輪。此火輪本非實有，而宛如實物。由此譬喻，可悟流行迅疾，便現物相也。）而實泊爾空寂。何以故？如實談生滅義，極於刹那，才生即滅。（詳《新論．轉變章》。）夫才生即滅，是本無有生也，即無有生，即亦無滅。若爾，生滅性空，（自注：沒有生起一件物事，是生無自性。無生便無滅，是滅無自性。故云生滅性空。此中「空」字是空無義。）便應於生滅宛然，澈悟本來空寂。（自注：此中「空」字非空無之空，乃以無形礙等名空。寂者清淨義。此中空寂，謂本體。意云由了生滅的法相，本空無故，即於法相而澈悟其本來空寂的真如妙體也。以上詳《新論》初版一五五頁。）

如上所述，由大用流行非空故，即依用相假立外在世界，此是俗諦義。

由大用流行非不空故，即於一切用相而見其生滅性空，（生時不曾暫住，便無有生也，是生性空。無生亦無滅，是滅性空。）於是澈悟實體澄然。譬如衆漚，頓起頓滅，愚夫不悟，見漚相爲實有，即不悟大海水元自澄平。達者知衆漚頓起頓滅，不曾暫住，即起而實無起，滅亦無所滅，如是衆漚，起滅性空，即於衆漚而澈悟其本爲澄平之大海水也。（生即無生，滅亦無滅，生滅二相都空，即世界非世界，萬有非萬有，一切皆是真體呈現而已。孟子云：「形色即天性。」義亦通此。此中理趣甚深微妙，若不靜心深心去體會，必將妄疑而興謗也。）即用而識體，義亦猶是，此乃眞諦義。

《新論》立言，有約眞諦義者，有約俗諦義者。二諦名義，略見〈唯識章上〉。（《新論》二五頁。）熊先生原擬別爲《量論》一書，與《新論》互相發明。在《量論》中當詳談二諦義。但《量論》，先生猶未起草，想其老年顚沛，精力與興趣都成問題也。

眞諦、俗諦兩種觀點不同，即義理分際不容不辨。評者引據《新論》遮撥宇宙萬有諸文，在論主本約眞諦而談，（論主猶云著者。）而評者則唯執俗諦義以相攻，是猶老頑固者堅執桌子爲實在，而對於科學家說桌子相空者，乃必欲痛毆之而後快也。其實依眞諦義，說萬有性空，（此中性者體義。此「體」字非本體之體，猶俗云自身也。萬有性空者，凡人皆計萬有的自身是實在的，不知據真諦義則萬有自身竟是空無，故云萬有性空。前云生滅性空之性亦同此解。此等造句皆依佛書。佛家造詞甚精細，如表示一事理或觀念，即此一事理或觀念必有其自身可言，故每著一「性」字。中文句法甚簡，如生滅性空一語，在中文則曰生滅皆空無而已；萬有性空一語，則曰萬有皆空無而已。中文畢竟欠精。《新論》造句多彷佛書，讀者不可不知。）並不妨礙俗諦之承認有物理世界或外在世界。猶之科學家談元子、電子，其於實用方面的桌子之存在絕無妨害。或有難言：二諦個別，究不合理。答曰：《易》不云乎：「一致而百慮。」當知百慮無礙於一致也。《新論》有云：然則一眞常寂，不礙萬變繁興；（自注：一者，絕待義。體恆空寂，曰常寂。按萬變繁興是用，此言由體現用也，即依用相而有俗諦。）萬變繁興，元是一眞常寂。（詳《新論》一五六頁。按「元」是二字，須玩。正以即用即體故，如言衆漚，而每一漚實皆以大海水為體故。此言即用而識體，便依本體立真諦。）詳斯理趣談眞諦，乃即眞而俗；談俗諦，乃即俗而眞。百慮終歸一致，大道畢竟亡詮，（談理至極，只是不可思議而已。）其斯爲玄同之通軌，眾妙之極則歟。

評文第二段中共舉五義，以攻難《新論》遮撥宇宙萬有，正如從實用的觀點堅執桌子爲實在者，遂拚命反對科學家說桌子相空。此等錯誤，如前破訖，本不必再辨，但其五義中頗有迷謬處，不得不稍辨者。查第二義有云：變化與空無並非同義的形容之字。變化的並非就是空無的，正因現前的種種都是變化的，故我們認之爲實有的。唯實有的始有變化可言。若空無則不可以言變化等語。按《新論》本未以變化與空無爲同義的形容之字。變化一詞是表詮，即表示有一種作用現起；（作用謂翕和闢。現起即是生義。闢只是《易》云健以動的一種作用，依此假說心。世俗以對境起分別者為心，其實，心的自身只是個健以動。若說到分別，則已是從闢的跡象去著眼，而把他看作是能緣的東西，如鏡能照物一般。此義頗深微，非真了《大易》乾元者，不堪語此。翕只是收凝的一種動勢，本無實質，但收凝之勢用極迅疾，便現似物質而已。因此，說物質只是動而翕的跡象，故依翕假說物。）空無一詞是遮詮，凡不許爲實有者，即謂之空無。二詞有遮表之分，誰謂其爲同義的形容詞耶？不知評者何故無的放矢。如自未嫻於析詞而以誣人，尤爲不安。評者謂現前的種種都是變化的，故我們認之爲實有的。此在俗諦，可作是說。若推入眞諦，則唯能變是實有，（能變謂本體。詳在《新論·轉變章》。）而克就變化言，則變化本無自性，不得不說爲空無。（能變喻如大海水。變化喻如眾漚起滅。眾漚畢竟非離大海水而有自性者，故大海水是實有，而眾漚無自性故，即不得許為實有。凡言空無者，略有二義：一、本無是事，即說空無。如空中華，如石女兒，皆無是事，應說空無。二、凡物無自性故，亦說空無，如眾漚非離大海水而有自性可得，應說大海水是有，而眾漚卻是空無。此等義趣，稍治名理者當易領悟。昔嚴又陵傷吾國學人疏於名理，不謂今日猶然。更有誤於政治宣傳，其腦袋中貯滿物質觀念，尤難與之談名理。）《新論》說大用流行非空非不空者，（俗諦故非空；真諦故，非不空。）可謂玄談之極致，中道之權衡矣。（空與不空兩非之，故是中道。）評者又云：唯實有的，始有變化可言，若空無則不可以言變化。據此，評者應承認有能變的實體矣。《新論》有云：變不從空無起。（詳〈轉變章〉。）評者似有會於斯。又查第三義中有云：今即承認萬有常在變化之中，則必承認剎理剎那之相連不隔；剎那剎那之相連不隔，實即等於常住。評者此等論證甚為奇怪。變化與常住二種意義，如何可視為同一？變化即不常住，常住即不變化，三尺童子當知之。且評者自命擁護科學，當於科學有得，電子之理論發展至何程度，評者應有所聞。電子之跳動是連續的抑是突躍的，此是一大問題。如果說為相連，則是以有定數之電子各各相連下去，誠有如評者所云常住之說。果爾，世界便是一副死的機械，談甚變化？余望評者還請教科學家再談不妨。第四義留在後面再說。第五義有云：生化的妙用，是中國儒家講得最通暢的，是熊先生拿來加在印度空宗所謂寂靜的本體上的等語。評者此種曲解，已於難第一段中說過，本不須再費辭。熊先生平生主張，哲學宜去偏見而尚會通。（孔子集大成。佛家大乘亦融會當時外道與小乘。）此是不易之論。然其言會通也，則曰體眞極而辨眾義，（真極謂本體。哲學之極詣，在求見本體。而本體則非可以知解向外去推尋，要在反己體認，故曰體真極也。此中有無窮義蘊，吾儕唯望熊先生能草《量論》，一發揮之。夫唯體認真切，而後可以辨百家之義為得為失。若自己根本無真得，而欲辨他人得失，則愚妄而已矣。故必體真極而後可辨眾義也。《新論》沒有半字無根據、無含蓄，何可以輕心抹煞過去？）辨眾義而會眞極。（熊先生嘗言：古今學者於真理各有所見，而皆不能得其全，故辨眾家之義，別其得失，而會通於己之所深切體認者，則真極可見矣。）根據強而統類明，是故謂之會通。又曰：夫窮理之事，析異難矣，而會通尤難。析異在周以察物，小知可能也；會通必其神智不滯於物，非小知可能也。私門戶而薄會通，大道所由塞，學術所由廢也。（《新論》一二七頁〈功能章上〉。）此等博大深微之論，何可輕心讀過，而妄議《新論》立異，爲以此加彼耶？〈功能章上〉有云：夫至靜而變、至寂而化者，唯其寂非枯寂，而健德與之俱也；靜非枯靜，而仁德與之俱也。（《新論》一〇七頁。）又曰：不空則看礙，而何化之有？不寂則成滯，而何生之有？性空寂始具生化，而生化仍自空寂。（《新論》一一七頁。）又云：凡談生化者，必須眞正見到空寂，乃爲深知生化。此下文字甚長，不便引述。其評柏格森及唯物論與數論等失處，眞是獨闢之處，不磨之論。惜乎學者各囿於所聞，各淪於有取，（「取」字之義甚深。《新論》時用此字，頗有解釋，今不暇引，大概可以說是有所執著的意思。）於此等理境未易湊泊耳。（參考《新論》一二〇至一二三頁。）〈功能章上〉又云：如印度佛家見到性體空寂，便乃耽空滯寂，至於逆遏生化，這個固不免智者之過。但是談生化者若非眞正見到空寂的本體，剝盡染習，（染習，宜細玩〈功能章下〉談習氣處。）則其於無生之生，生而不有，不化之化，化而不留，如斯其神者，終乃無緣窺見。亦將依據有生以來逐物之染習以爲推測，僻執戲論而已矣。（如叔本華所謂盲目追求的意志，只是從染習理會得來，而不見本體。）又曰：見到空寂，必求免於耽空滯寂之弊，然後知空者不容已於生，但生而不有，仍不失其空之本然耳；寂者不容已於化，但化而不留。仍不失其寂之本然耳云云。（《新論》一二〇至一二三頁〈功能章上〉。）凡《新論》談空寂與生化處，均出自深切之體認，而後平章儒佛，以歸一是，稍有哲學頭腦者，當可識得大意。

評者第三段，熊先生謂寂靜的本體是實有而非空無，但從事實及理論兩方面尋證，始終只能證明寂靜的本體是空無而非實有云云。評者「寂靜的本體」一語，根本未了解《新論》。據《新論》意思，本體是空寂的，亦即是生化的，何曾謂本體只是寂耶？不了解而遽攻擊，總不甚妥。評者此段共舉六義以遮撥本體。第一義云：現前所有的，只是森羅萬有的宇宙，只是物理世界，只是外在世界，並不見有所謂純一的寂靜本體。物理世界或外在世界中所森羅的只是個別的、具體的、眾多的東西，如桌子、几子乃至日星大地與夫元子電子等等是也。凡此等等，並不是純一寂靜的本體等語。殊不知《新論》正以凡此等等不可說爲本體，於是發明體用。惜評者不深究耳。又查第二以下諸義，皆評者自行設想，全與《新論》無關，余無費辭之必要。古今談本體者，孰有以為，空無所有一極端到森羅萬有的另一極端之間，可以由想像推出一個純一寂靜的本體者乎？評者此段中幾番妙想，不知從何而起？

評者第四段共舉四義，以駁《新論》體用同在，更可付之一嘆。如果評者別主張一派思想來攻《新論》，此固思想界常有之事，不足為怪。但有一重要條件萬不可忽者，即攻者對於被攻者之主張，必先了解明白，斷不可以自己之謬解誣賴在被攻者身上，而憑空想出一二三四等條目，以興攻難。此不獨於攻者本身有欠缺，而以此成為學風，尤堪憂懼。「體用同在」一語，如何可施諸《新論》？凡言同在者，必是二而非一，始可言同。如兩人偕行，曰同行；筆與硯池、書冊，本非一物，可說同在一桌；乃至兩匹馬同在一廄，此皆可說同在，以其是二而非一也。《新論》明明主張體用不二，以救正從來哲學家截體用為二片之失，如何著得「同在」二字？評者雖常舉體者用之體等語句，似絕未索解，只從字面上瀏覽過去。若果經心索解，何至以「體用同在」一語加諸《新論》耶？《新論》談體用，每舉大海水與眾漚為喻，此最有苦心，正恐人誤想體或在用之背後，或超脫乎用之上，即體用成為二界，故取譬於大海水與眾漚，（大海水喻體，眾漚喻用。）庶由此譬，可以超悟體用不二。評者絕不深心理會，乃以體用說為兩物同在，竟以自己之謬解作根據，又添出許多妄想，不知何為如此？

評者或見《新論》中有即體而言用在體、即用而言體在用云云，遂疑為體用同在歟？果爾，則評者讀《新論》來免太不留心。此二語只是更端言之，以顯體用不二，且包含無窮意義。

即體而言用在體者，蓋因古今哲學家或有將本體說成在生化的妙用或萬有之上，或說爲在萬有之背後，爲萬有作根源，如此則體用截成二界。方其談體時，便只說個空洞的體，而不含有用義在，此便大謬。爲簡異此等，故說即體而言，用在體；即用而言，體在用。此蓋因一般人只承認生化的世界或萬有爲實在，如此便似只知有用，而不知用由體現，正如小孩觀海，只以起滅而息的眾漚相爲實在，而不知一切漚皆以大海水爲其本體。（「皆」字吃緊。每一漚皆以大海水為體也。詳《新論．明宗章》。此中本體係借作譬喻詞。）如此，則談用時，便只說個生化的世界，初不含有體義在，（如小孩說漚時，卻只說漚，初不含有大海水在。）爲簡易此等，故說即用而言，體在用。（《新論》恐人誤解「在」字，曾下一注解，見一五三頁〈功能章下〉。）

又查此段四義，係以同在爲根據而設難，但其所根據者，既是評者自己之誤解，元與《新論》無關。即其依誤解而演出之四義，自應置之不問，然余猶有不容已於言者。評者要高談哲學，似於哲學猶乏素養。君子虛懷若谷，想不以爲忤也。昔者梁任公先生最能謙沖納善，其盛德爲今人所不及，最可念也。夫哲學果何學乎？扼要言之，不外對宇宙人生的意義別有一番認識而已，此不可不知者一。又本體論及宇宙論與認識論，雖分別言之，而談認識論時，自不能與本體及宇宙論無關，談本體及宇宙論時亦離不得認識論，此不可不知者二。查四義中第一義有云：熊先生於森羅萬有的物理世界或外在世界始終予以遮撥，唯恐不到極端，其目的在要得到本體。我們於此姑無論本體能否得到，但物理世界或外在世界既已遮撥盡淨了，則體與用之同在，終不可得云云。評者此處確有一大錯誤。須知在《量論》中而談眞諦，（熊先生所云《量論》相當於認識論。）即期於本體而得證會，則於俗諦方面，所認識於物理世界或外在世界的意義，不可不掃蕩盡淨。否則於桌子、几子只是一種器具的意義。乃至於元子、電子只是一種小顆粒或波粒的意義，則何能於桌子、几子乃至元子、電子而見其一一皆是眞如妙體，如孟子所云形色天性、宗門云一葉一如來耶？說到此，眞有無窮義蘊，非語言文字所能宣達，是在解人相喻於言外而已。評者或將興難，謂果如此說，則哲學只隨各人主觀的意義，竟無客觀眞理可言。此難又非。須知談到本體，哪有主客可分？（現象界方是有對的。）如爲講說的方便計，或不妨將認識假說爲主觀的，將本體假說爲客觀的。而所謂意義，要是主客交符，否則，由妄想而有之意義，與眞理不符，則其學術之謬也。今就桌子舉例。世俗從實用的觀點來看桌子，便以爲很實在的，這樣認識桌子的意義卻甚呆板。科學家有解析的方法，始發見一堆元子、電子，於是遮撥了桌子。而元子電子的意義便較桌子爲靈活，至此便悟從實用觀點而起之意義不符事實，無當於學術。然若就《新論》言之，則依俗諦來說桌子，於此尚不可作一堆元子電子想，而只是一種勢用，這種勢用的意義比元子電子的意義更絕不相同。元子電子說之進步至波粒說，其意義雖已靈活，然猶未免於滯跡。至說到勢用，則微妙而難言矣。但此只依俗諦而談，則並元子電子亦皆無實，而只有勢用的意義。若推入眞諦，則勢用亦非實有，元是眞體呈現而已。（如衆漚非實有，只是大海水呈現。）故於此勢用，不作勢用想，而只見一一勢用皆是眞體直露，所謂「山色無非清淨身」者可以表示此義。夫山豈有實哉？只是依一聚勢用，而假立之名耳。清淨身即本體之形容詞，此言於一切勢用而皆見爲眞體呈現，即勢用已被遮撥，而一切生生化化的勢用只見其皆是眞體，這個眞體的意義便無窮無盡，妙不可言。曰空者，言其無方無相也；曰寂者，言其無染無障也。無方無相，故化化不測也；無染無障，故生生不竭也。備萬理，含萬德，孰可測之乎？由此應知體用不二。迷者用外索體，智者則知即用即體。然由即用即體故，一存用相，則萬有繁然。若欲趣眞，（趣真謂見體。）則必掃除用相，而後冥應玄同。不知此意，難讀《新論》。夫哲學要歸證體，不獨洗滌常識中種種意義，即於世智所有辨物析理之一切意義，（世智如科學等知識。）亦妙能留捨，（依俗諦故，如桌子几子乃至元子電子等等意義，皆不掃除，是名為留。依真諦故，俗諦一切意義必伏除盡淨，是名為捨。有捨而後可以證真；有留故可以智周萬物。留而不捨，長溺於俗；捨而不留，有體無用。）是故趣入隆高極深，而意義無窮無盡。則且不可以意義言之矣。

評者謂《新論》要得到本體，竟將物理世界或外在世界遮撥盡淨，因深致不滿，若起大恐怖者。其實何曾弄到天翻地覆，不過別有一種看法，別是一般意義而已。科學家發見元子電子即已遮撥了桌子，而於實用方面的桌子終無妨害。假若科學家同於一般人之見解。死死執定桌子爲實在的，更不作別的看法，則何可於此處（桌子。）而發見其爲一堆元子電子耶？眞理是無盡藏，吾人之認識透過一層又一層，山窮水盡疑無路，柳暗花明又一村，何可持一孔之見而塞超悟之門、蔽大觀之目乎？

評者有云：本體如能在遮撥世界之後而得到，則所存者僅有體而無用。此則完全不了《新論》所云即體而言用在體之根本義，故有如此滯礙之想。夫《新論》之遮撥世界，只是於世界而不執為如是世界相，乃更深透而得其眞相。譬如於麻織之繩而不執為如是繩相，乃更深透而知其只是麻。《新論》遮撥之意只如此耳。不遮撥世界，即死死執定世界相，何可識本體？夫言遮撥世界乃可識體，此是一義。體是否為無用之死體，則又是一義。二義不當混雜而談。評者還有幾番幻想，以難破體用同在，其實《新論》根本反對同在之見，已說如前，不知評者何故作霧自迷？余已疏通大義，則一二瑣碎糾紛，當不待辨而自明。

評者又云：至於我們所講的眞正的體用同在之關係，其說明另是一番云云。據評者舉三義，其一曰：體之為體，只能綜攝萬有而構成，不能遮撥萬有而另行尋覓。萬有不是掩蔽本體的，而是表現本體的。

評者此段話，既不能自成其義，又謬解《新論》。評者如不承認有本體，則當守現象論之立場，而偏又談體。既談體，云何可說綜攝萬有而構成？綜攝萬有云者，即以各部分相加而求其總和之謂。如果把桌子、几子、日星、大地乃至元子、電子一個一個的相加起來，可以得個總數，而絕不可得全體。因為全體是渾一的，萬有是個別的，衆多的，如何可由衆多的、個別的而構成渾一的全體之觀念？評者蓋未之思也。全體為各部分相加之和，已為近代西洋學者所駁斥，評者何竟不知？故是不能自成其義也。

遮撥萬有者，乃於萬有而不取萬有之相，斯即於萬有而見其只是眞體呈露耳，何曾說遮撥萬有而另行尋覓本體耶？《新論》每下一字，皆有分寸，（朱子自言其《四書集注》字字皆經秤量。《新論》亦然。）獨惜評者不能虛懷以究其旨。

評者又云：萬有是表現本體的。此種語氣又似承認有本體。因爲萬有是資始乎本體而有，故亦可說萬有是表現本體的。譬如眾漚是資始乎大海水而有，故亦可說眾漚是表現大海水的。如此則評者已承認有本體，全符《新論》。

又第二義云：用之爲用，是包括森羅萬有的物理世界而言的，並非只是空洞抽象的生化之妙用，故體雖是抽象的，用則是具體的。

評者此段話，正是深中唯物論之毒。生化的妙用是由眞體呈現。據《新論》意思，生化妙用非空非不空。何故非不空？攝用歸體，用相便空，唯體眞實。（譬如攝眾漚歸大海水，眾漚相空，唯大海水眞實。）何故非空？克就用言，雖由體現爲，（譬如眾漚由大海水現為。）而用相條然宛然，（條然，分殊貌；宛然，現起貌。）有大威勢，（生生不已，化化不窮，威勢大極。）何可云空？（譬如眾漚條然宛然，起滅奔馳，不可言空。）今評者乃謂生化只是空洞抽象的名詞，而欲以具體的物事名用，此則完全是素樸的實在論，尚何哲學可談乎？須知森羅萬有皆生化的妙用之跡象耳。具體的物事，大者如星體，小者如桌子、几子乃至元子、電子，此皆依生化的妙用之跡象而爲之名耳。豈眞有實物哉？評者如不肯承認具體的物事是空無的，而必以《新論》爲怪妄乎，則自科學家發明元子電子而具體的桌子几子乃至諸天體，何曾實在耶？自電子說進步至波粒說，而具體的電子又何曾實在耶？評者必欲死死執定具體的物事爲實在，而科學上之發見適得其反。辨物析理至最深處，只是《新論》所云生化的妙用而已矣。所謂森羅萬有，或一一具體的物事，則皆依生化的妙用之跡象而假爲之名。宇宙實際何曾是一一眞體的死東西塡塞堆集？如是其無意義耶？程子說：鳶飛魚躍，活潑潑地，最有深旨。評者奈何不理會？而乃以生化爲空洞抽象的名詞哉，必欲執具體的東西爲用，則世俗功利之見，其不足與言哲學宜矣。

又第三義云：抽象的體是全體，具體的用是部分。（下略。）評者此段話，可謂莫名其妙。前段以空洞抽象相連成詞，而此又云抽象的體是全體，下句緊接以具體的用是部分。然則於部分的具體的用之外，別有一個空洞抽象的體而說爲全體。殊不知空洞抽象的只是空洞而已，從何立體之名？評者似亦知無體論是說不通。如第二段中第四義有云：生化云云，如果不是空洞抽象的，則必有實物爲表現之具。後結云，如果爲空無，則無法顯出生化的妙用。余以爲，本體至眞至實，所以現爲生化，（譬如大海水至真至實，所以現為眾漚。）如果無體，說甚生化？評者或責余曲解大文，將曰：吾所云須有表現之具者謂生化，須造成一實物，方可表現生化之妙用耳。其實生化的妙用，析言之，則有兩方面，而翕之方面則是表現之具也。妙用元具翕闢二勢，即已有具，若無具，如何名用？評者以擬人的觀念而測生化的妙用，（擬人者，如人必仗器具而後表現其動作。評者意謂生化之行必有實物為表現之具，如人手持筆者然。）毋乃迷執太甚。其實評者應理會生化的妙用如何而起，窮究及此，則必知用自有體，絕非空無。譬如窮究眾漚由何故起？當知眾漚以大海水爲體。（此「體」字係譬喻詞，非謂大海水為萬有之本體也。他處用此類之詞者皆準知。）評者已言，如果爲空無，則無法顯出生化的妙用。是明知無體論之不可持，而又妄攻《新論》何哉？評者之病，只是眼光拘死於實用的世界而不務向上參究，故難與言眞理。察評者之意，似是主張時下流行之辯證的唯物論。其實辯證的即不可曰唯物。物而可唯，便不是辯證。今人實誤講馬學。言生即有死，言動即有靜，此是辯證的；言物即有心，言用即有體，此是辯證的；言非空非不空，此亦是辯證的。談辯證法者，以吾國《大易》一書爲最早，始於羲皇，盛衍於孔老，至熊先生《新論》又益張之。評者不務深究而妄以時下之膚談相攻擊，果何所謂哉？

或難：既不可言唯物，如何又可言唯識？應知熊先生於《新論》中明明有言，唯者，殊特義，非唯獨義云云。《新論》攝用歸體，則體是絕對，物與識之名兩喪，若即用而言，則物與識爲妙用之二方面，但識爲主，故說唯識耳。

評者第五段排斥《新論．明心章》反本之論。其言有曰：如言反本，則必遮撥科學，使我們的行爲趕快退到純一寂靜的空無，這一點是我們所要從新考慮的。《新論》明明主張即用顯體，何曾說有空無的本體？不知評者是如何讀法，眞奇怪至極。〈明心章〉談即工夫即本體，至深遠，至切實，想評者全不理會也，此可惜也。西哲康德《純粹理性批判》等書大概言知識只能得現象，不能得本體，謂本體必由實踐而後可得，此甚有見地。由康德氏之主張亦可趣入反本之路。反本只是實踐工夫不懈，即本體不爲私欲所錮蔽。而生活之源泉乃日益盛大流行而無匱乏。不能反本者，則外馳逐物，（即叔本華所云盲目追求。）困於私欲而喪其本體。（本體為私欲所蔽，不得發見，故云喪。）此等人乃陷於生活空虛之慘劇。評者竟妄駁反本，於生活上毫無體察，以此自害縱不惜，其如害人何？

評者於「逐物」一詞之含義，亦全不解，尤可駭怪。「物」字不必限於可觸可摸之物也，如名利，如權勢等等，乃至一切於吾人有便利者，不論有形無形，凡爲吾心之所欲者，無不謂之物。夫物固非可絕也，欲亦非可遏也。順理之欲，體物而不滯於物，用物而不溺於物，應物而不蔽於物，格物而不迷於物，（「格」字，量度義。見熊先生《讀經示要》。）斯乃爲反本之學者能之。不知反本，則逐物矣。「逐」字含劣義最重。追求義是逐義，而「追求」一詞亦可略分二義：一含極劣義者，如私欲狂發，追求無饜者是。二不必含劣義者，如思考時之追求是也。然伊川議橫渠之學爲強探力索，非明睿所照，此義甚高甚深。據此則思考時之追求亦不得曰全無劣義。但學者未至明睿境地，則強探力索的追求工夫仍不可無，故曰不必含劣義矣。「不必」二字，甚有分寸，固非絕無劣義。《新論》所云逐物，自是就私欲言者爲重，而亦未嘗不攝思考。蓋《新論》乃據本體論之立場而言。本體不可向外追求，須反己實踐而後得之。逐物者自不能契此。玄學畢竟不可與科學同其方法，此意熊先生欲於《量論》詳談。恐文繁廣，姑止於此。

十力語要　卷三

答某生

二十九日長函，今午收到。午後倦時，略作此覆。約提數點：一、謂舊答足下書，陳義太高，無入手處。此卻未解，是書所言正是切實入手工夫，而云無之，何耶？（純在日用常行處說，何等真切！而云無入手處耶？）工夫為何？即敬是已。細玩《論語》，何處不是說敬？敬是工夫，即是克治昏擾之方法，程朱以此自修，以此教人，猶孔門的髓也。動時靜時毋不敬，猶有墮於非幾者耶？吾嘗遇人以理不勝欲及種種紛擾，不得作主與自在等苦，以為學之未得其方，吾子似亦同此慨。其實此學謂之無方固不得，若謂有方，得免上述諸苦，則惑之甚也。（注意。）人之生也，形氣限之，此等困難，以無量心行，無量筆舌，思之議之。不能盡也，談何容易，得何巧方，可超脫形氣之累，不勞而為聖賢耶？汝將人生看得如是簡單耶？非吃苦，無從離苦；非十死，不得一生。君子以自強不息，配天之健，如何其難？佛家地前乃至登地以上迄於成佛，猶不放逸，如何其難？一言蔽之，道在力行而已。除卻敬，更有何妙方？

二、凡人以聖賢自命，其有不為禽獸者乎？凡人不志於聖賢，其有得免於禽獸者乎？人不得無短，直言之，不得無罪也，豈直短而已耶？自省深則自知之，而忍責人乎？雖然，罪惡發於脾氣者，可諒也；色取仁而陰行險者，斯不可恕也乎！（凡險皆緣一念自私而起，不自私安用險為？自私與否，須自反勘。）

三、內外畢竟不可分。世儒以「德性之知」反己自識，為用力於內；「聞見之知」馳求事物，爲用力於外，故謂學分內外。其實，成己成物之學，本無內心外物可分也。「德性之知」爲主，即「聞見之知」皆德性之用也。後得智，亦名爲智，根本智之等流故也。悟此何內外可分？

四、清人中縱不力攻宋儒者，其言及義理之學，則亦只謂於身心修養有補而已。果爾，則所謂宋學只是訓條或格言而已，其足謂之學耶？須知宋學上承孔孟，於天人之故，造化之原，萬事萬物之理則，皆文理密察而會歸有極。淺者無所窺，乃以格言視之耳。夫斯學必歸本身心修養，吾何間然？若只視爲有關修養之格言，則對牛鼓簧，昔人嘆之久矣。時賢言孔老者，至以處世列爲一目。謂哲學無關於處世固不可，然謂其只是處世的哲學，則孔老又何足道耶？清末以來，國人恆自卑，視固有學術都不成爲學術，甚至以爲歷世諸子書中所表現者，只有簡單的感想而已，不足成爲學術。掌教上庠者皆如是眼光，欲青年不如是，何可得耶？

又宋儒拘礙，誠亦有之，他日有暇，容當別論。其長處久爲無識所攻詆，吾不忍沒之也。

吾老矣，唯覺人生不自欺誠難。居常恆反照自家隱微中作祟處，明察自家各方面的短處，絲毫不自欺瞞，時時如此用功，雖未得遽免於罪過，而未至不可救藥也夫。吾老來只堪說及此，望賢者勿忽也。

答牟宗三

中土華嚴、天台、禪三宗皆自創，各有短處，各有比印度人好處。而禪爲最親切，最微妙，然掃語言文字，又滋流弊。又其人生觀畢竟未完全變過來。周程張諸老先生初皆學禪，終復矯異之，而回到孔孟。孔門顏子眞是禪家最上境地。孟子亦有類禪處，但所造不及顏子。宋明諸師不宗顏而宗孟，未能取法乎上也。吾子欲申明康德之意，以引歸此路，甚可著力。但康德所謂神與靈魂、自由意志三觀念太支離，彼若取消神與靈魂而善談自由意志，豈不妙哉！叔本華之意志，無明也，吾所謂習氣也。康德之自由意志，若善發揮，可以融會吾《大易》生生不息眞機，（此就宇宙論上言。）可以講成內在的主宰，（此可名以本心。）通天人而一之，豈不妙哉！

與陶生

凡初學有進境時，如迷者得路，有大步前往之樂；又如幽室久蟄之人，一旦出遊，睹海闊天空，妙不可言；又如少年初膺家務，歷事漸深，自信足以擔當。此皆進境之徵也，汝試反之何如耶？

與薛偉猷

來函所談羅素主張。彼昔來吾華講演，吾曾閱其講詞。先儒病支離破碎，彼正欲作此工夫。吾於先儒意見不完全贊同。蓋現象界之繁賾幽隱，非有一番支離破碎之功，即無以解析眾理也。然先儒此說亦自有其不可非處，萬化之大原，人生之本性，汝謂不當窮耶？若欲窮此，其可以支離破碎工夫得之耶？苟眞有得於此，而欲方便顯示此理，以期人之共喻，則仍成爲一套理論。此等理論即成一種學術，此等學術即欲以方便顯示大總相法門者也。（大總相法門即本體之代語。參看佛典。）子以爲是強爲籠罩一切者乎？不知者或以爲如是；其知者則曰易簡，而天下之理得矣，曰通其一，萬事畢矣，曰原來佛法無多子矣。雖然，子勿又生誤會。「天下殊途而同歸，一致而百慮」，斯言也，其至矣乎！使未歷殊途，而何自言同歸耶？未經百慮，而惡可言一致耶？但滯於殊途而終不得所歸之同，逞其百慮而終不見夫致之一，仍是「小知閒閒」也，奚取焉？

答鄺衡叔

十五日來函才到，即覆。春來精力弛緩，欲寫《新論》下卷總不得，此衰象也。答函恕不及詳。情欲亦原於性。《記》曰：「感物而動，性之欲也。」《孟子．口之於味章》，其於嗜欲等則曰「性也。有命焉，君子不謂性也」。此比《禮記》尤說得透密。吾解在《語要》卷二中，不妨細究。男女之欲，非不本於生化之機，（「本於」二字吃緊。徑在此上說是真機則不可。上述《孟子》之意可見。）若絕此欲，則生化眞機亦熄矣。佛家出世而斷人倫，終非道也。夫情欲率性而行者，欲亦即性，性其可斷乎？率性者何？順理之謂也。夫婦有別，禮也；禮即理也，亦即性也。「逾東家牆而摟其處子」，則非禮也，即違理拂性也。夫婦居室，燕私之情，不形於動靜，此禮也，順理率性也。衛莊姜遇昏淫之夫，則非禮也，違理拂性者也。以此思之，則欲非可患，患在人自縱欲耳。夫婦之交，不可視爲垢穢，只在日用平常之地，不亂、不溺。（夫婦有別，不亂也。〈關雎〉之意以此。夫婦之愛，在精神上互相助，古謂婦曰內助是也，非可墮於肉欲也，故謂不溺。）或亂或溺，甚至亡生徇欲，則不比於人類矣，夫婦之交有節，則生理之常也，何垢穢之有？

相吸引，無一不可說爲感應。吾子云《新論》不言。須知《新論》自有領域，非泛談一切也。然《大易》感應之義甚不簡單，看就何處說耳。天道之運，治化之行，人心之相通，物類之〈轉變章〉談翕闢施受義，施非感耶？受非應耶？如何云不談耶？

又吾書反對印度佛家，亦從其根本旨趣上立論，不可枝枝節節，爲彼各宗派作論文也，此點須認清。佛家自小迄大，只分空有兩輪，吾《通釋》中已言之矣。小空不及大空，小有不及大有，故吾只扼住大乘而談也。雖中土自創之宗，如台、禪等，其淵源所自，能外於大有大空乎？凡著書者，如評判其所從出或所欲改造之學派，則必綜覽該學派之全體，而後抉其本根，撮其要最，加以衡斷，始抒己見。至其支流可勿具論。吾書乃自成一家言，自有體系，非爲佛家作概論或歷史也，焉得一一取而論定之乎？賢首一宗之學，《語要》卷二有一書〈答湯錫予〉者，甚扼要。其他都不暇論。

與蒙文通

承寄《圖刊》。〈談周官〉一文，大體甚好，然立言似有仍須審慮者。如云：周之井田，事至卑陋不足觀。又有農民不得自由離其土地，故為農奴云云。大抵原始社會曾有此等共產制度，然由周初以上溯殷夏，井田是否為普遍可行之制？吾總覺以缺疑為好。當時之井田制，自難盡善，然直以卑陋視之，似未見其可。制未盡善，時代所限。若夫井田之美意推而廣之，是研古制者之責也，必以卑陋不足觀一語了之，似亦未安。吾以為古之制度與習俗，其確屬無理者，不容追慕。若夫創制之意果在學理上有其可以引申觸類之價值，則惡可以卑陋斷之，與當世後生同一塵視經典之心理乎？成俗之有不可叛者，亦然。

古者農民不得離其地，此在當時環境或有出於此等政令之必要。然農奴與否，吾意不必與此等法令有連帶關係。古者君公大夫，有國有家，其在治化未進以前，視其所有土地內之農民，當然為奴隸無疑。及治化日進，猶得奴畜之乎？恐來可也。「先民有言，詢於芻蕘」，其不輕牧豎也如是。徵之《詩經》，農民反抗亂政之詩已甚多，謂其長處奴隸之地位，吾未能信也。

又謂周公之處殷人，事至慘刻，不足取，昔人以此為致太平之書，誠為誣云云。夫武之覆紂也。封其子武庚而使三叔監之，其初未始欲徙之也。及管蔡以武庚叛，殷頑蠢動，則不得不用移徙政策以散其勢。想當時所徙殷民亦只限於今之所謂反動分子者，非必舉殷國之民而全徙之也。紂雖暴，然殷之先王、賢聖六七作，繼舊者當有其人，又周與殷非純爲君臣關係。劉止唐先生曾言之：及周滅殷，而殷人猶有國家思想，將圖恢復。孔子稱文王至德，武未盡善，可知決定滅殷者武也。武既已滅殷有天下，周公不得不因其成功而固其基，其徙殷民亦有以也。兄直以慘刻罪之，似無佐證。設止於一徙而未有其他種種苛待之法，固不得罪以慘刻。孔子本殷後，《論語》則曰：「久矣夫吾不復夢見周公。」其精神之相感也如是。使周公而如今之帝國主義者，或如希忒拉及倭奴，則孔子於周公何慕焉？觀孔子思想固非崇拜帝國主義之人，兄隨便誣前哲，未免時下習氣過重。是非之心，人皆有之，凡所當非，不容不非，前哲行事，有未可遽以跡求之者，何得不深思而妄斷之乎？

古代學校之教，欲其普遍於全民自不可能，然大學教育或唯貴遊子弟得享。若謂農民完全無教，恐亦不然。《衛詩．干旄序》云：衛文公臣子多好善，賢者樂告以善道也。其詩曰：「孑孑干旄，在浚之郊。」《毛傳》：「浚，衛邑。」古者臣有大功，世其官邑，郊外曰野。據此，則卿大夫建旄，而見浚郊之賢者，此賢者必爲其邑中有學問之人民，非在朝之官也。以《鄭箋》、《孔疏》考之，意亦如此。然則謂民間無學可乎？當時農民子弟，欲與貴族子弟同入成均似不可能，然農民有學當無疑。但其受學之情形如何？今不可考矣。《論語》記子適衛，嘆其既庶，而以富教爲言，豈曰民庶無教耶？孔門三千七十之徒，有自今江浙而至者，其爲貴遊子弟者幾何？則知周世平民，早有向學之風矣。兄若徇時俗，必欲以未開化視周代社會，宜其取單辭下斷案矣。總之，吾儕於《周禮》，當研究其教育旨趣所在，其與現代功利思想或法治思想、國家思想等等教育旨趣，有其相通之點否？此眞可注意者也。至於學制之可普遍與否，自當以古代還古代。吾儕生今日，既不得復採其制，亦無所短長於其間也，唯當時學校教育旨趣乃大可研討者也。今人治古經，研古學，好毛舉細故，又無往而不欲以未開化視之。國之將傾，人爭自侮。吾懷苦意，無可如何，賢如吾兄，誠不當在時彥中，故拉雜寫此，未能盡意。

答梅居士

日昨寄上《新論》中卷勘誤表補，不知可達否？阿賴耶識，以舊師立說體系言之，明是拆得零零碎碎，又再拼合，如何足取？若略其說法，而領其大義，則賴耶生義，乃即船山所云習氣所成，即爲造化者是也。吾豈不懂阿賴耶識乎？子未之思耳。子以賴耶爲生義，不知賴耶之生是染著相，非清淨本然之生理也。《新論》中卷辨功能習氣處，望留意。吾非根本取消賴耶，蓋以謂只是習氣之集團耳。儒佛之辨，詳在中卷。中卷包含極大，寄託極遠，艮庸、頌天頗見此意。吾子此信，不卜是否看完中卷而後寫耶？如看完而猶寫此信，即與吾遠隔在。世其滔滔，天其夢夢，舊京朝夕之歡，可再得否？來者悠悠，知復如何？然重陰閉塞，太陽總遍照天壤間。念此，無往而不怡然。

又依眞起妄，即妄亦眞，是義深微，要須眞妄察識分明，而後可說。貪嗔痴即是佛性，煩惱即是菩提，無常即常，（要須至此爲句。）否則此義不可輕談也。

談阿賴耶識，須詳玩佛家經論，析其條理，得其統系，然後可衡其持說之是非。縱云略其名相，而識其大意，卻須見眞，方能辨妄。吾子以賴耶爲生義，不知賴耶生相，正是惑染相。諸佛菩薩誓願必斷者，賴耶也。而吾子執之以爲精義何耶？

來函舉《孟子》：「理義之悅我心，猶芻豢之悅我口」二語，謂悅禮義之心是無生，悅芻豢之心是生。吾子自謂悟道，不知何爲有此言也？悅禮義之心，謂之生而無生可也，何以故？禮義之心即生生不息之眞也，人而失此心，即喪其生理，而爲死物，所謂行屍走肉是也。然又謂之無生者，於諸物欲，無所染著，念念生動，而念念無染，故曰生而無生也。若夫芻豢之心，則是於生活中，嘗起染著者也，此處不辨，而談心，豈諸佛所許耶？老來精力短，甚怕寫信，如猶不謂然，可勿報。幸相念，願簡單互訊興居，毋涉理道，起紛諍也。

又《新論》談心境渾融，正顯大用流行之相，無有條然二物可容剖別也。而子同之阿賴耶識，不審何義？賴耶是諸妄根本，妄心逐境，分明對待，如何渾融？

又《新論》中談體用，輒以麻與繩或水與冰喻，此正對治用外覓體之病。至理，言說不及，強以喻顯。因明有言，凡喻只取少分相似，不可求其與所喻之理全肖。吾書中亦屢加注明。吾子不察，乃謂吾以因果言體用，亦怪事也。

與某雜誌社

大刊十三期學術通訊欄內載有翁君之論，頗觸素懷。魏晉以後，中國學術思想幾被印度佛家排斥殆盡。有宋諸儒起而恢復儒家思想，於是中國人始認識自己。自典午之禍，北中國全淪於胡虜，唐太宗起而振之。未幾，而天寶之亂，浸淫成藩鎮之局。藩帥又多胡人。自是迄五代與夫遼金夏之割據，中國之危亡也久矣。宋儒於衰絕之餘，提倡孔孟，躬行力踐，拔人於鳥獸之中，（試閱《南北史》及《五代史》，當時吾民族悉染胡風，人皆懷禽心也。欲別為文論之，而無暇也。）使民族精神團聚，外有強夷，內無叛變，（間有小寇賊，然一起即滅，無能為大患者，以群眾所不與故。）其功不可謂不大。論者輒咎宋儒無救於國之弱，不知自典午以迄於五季，中國無生人之氣也久矣。若夫元人崛起，如大飆風，掃蕩歐亞，無敢當者。此殆有氣運，難爲解釋。而謂諸儒不能挽救中夏之危弱，何責之苛乎？然宋儒亦有二失：一曰只定孔孟爲一尊，而排斥諸子過甚，則思想不宏放，即力量終欠活躍也。二曰宋儒只言復仇。復仇者，復趙氏之仇耳，何足鼓舞群情？若能如鄭所南、王船山、呂晚村、顧亭林諸先生盛倡民族思想，則兩宋局面或當不致如彼也。儒家祖述堯舜，憲章文武，其道之大，則「範圍天地之化而不過，曲成萬物而不遺」，所謂「致廣大而盡精微，極高明而道中庸」。又諸子百家所自出，本爲中華民族的中心思想，今誠宜發皇光大，但不可如宋儒之拘礙，道、墨、名、法，兼容並包，去短採長，即外化亦所不拒，吸取其優。思想不限於一途，而未嘗無中心，譬如五官百體，各各發展無礙，而腦爲中樞，若僅護頭目而不顧四體，未有能生存者。吾嘉宋儒之功而病其礙，永懷當今，遠資殷鑑。翁君所舉墨法二家優點，吾均贊同。然《墨子》邏輯謹嚴，則《大易》正名定辭之學也；其精製造，則《大易》制器尚象之遺也；兼愛兼利，即《易》所謂「利者義之和」也：兼利之旨，又即《大學》以理財歸老平天下與夫絜矩之道也。人類欲免於自毀，捨此道無由。《墨子》言大同，《春秋》太平義也；其抗禦侵略，則春秋無善戰，及書梁亡之旨也；（書梁之自亡，罪其不能自存也。）其「摩頂放踵，以利天下」，與殺身成仁不異也，墨之通於儒者豈一端哉？此略言之耳。《孟子》曰：「徒善不足以爲政。」則已兼採法家思想。然又曰：「徒法不能以自行。」則儒家主張畢竟有不可顚撲者。商君以法治，致秦於富強，唯其立法之初，躬自行之，是以其法有效。武侯尚法治也，而本之開誠心，布公道，故能以法治而開蜀漢之基。以儒術融法家而爲治者，吾於武侯無間然矣。

答謝幼偉

兩函均到。前一函云：治新學者多迷信西說，以辭理之分析爲能事，其結果，分析雖精，而了無生氣。此非卓識不能道也。然老迂所感，時人於辭理分析工夫，恐不無稍欠耳。學問之事，畛域分明，而後得以專精，以邏輯還邏輯，而勿輕移邏輯上之概念，以結構哲學，或較妥當耶？邏輯無論有著何派別，要之不外爲愼思明辨之術而已，是固哲學之所必資。然哲學家之所自得，畢竟由脫然超悟，神妙萬物，初不由思辨之術。但如僅止於神悟，則恐務本而遺末，弊不勝言。（中哲之失在此。）故透悟矣而猶必精研事物，窮散著以觀會通，始證實其所超悟者，夫而後爲本來賅備之學，方其精研事物，則愼思明辨之術不可以不精也。唯其有超悟立於先，則思辨不至流於紛碎與浮亂。辨之明，思之愼，則超悟益引發而無窮，至此則事事物物皆眞也，一切知識皆智也，哲學所以爲活潑有用者在此。承示生不容住，則生與滅等將不可言生。今已言生，則生當有住，如電光之一閃一閃，就此一閃言，必有前後可分，必有住之可言，否則此一閃即不能實現也云云。此一問題極緊要，看就何處說耳。《新論．轉變章》是就本體流行上立言，明其生而不有則不容住者，乃實際理地也；使其有住，則是依本體而產生別一物事，仍與體對立矣。電之一閃，才閃便滅，何曾留住得刹那頃耶？其一閃一閃自是電之實現。然就彼一閃一閃的本身言，根本無有物事留住，雖灼然妙有，而確爾空無，既亦有亦空，則時間觀念於此本無安頓處。其以一閃一閃分前後者，乃吾人結習所爲也。生滅之理，唯閃電一喻最切。吾子似疑才生便有住，實則造化微妙，生而無生，無生而生，竟是生不容住，此未可以日常緣物之習心去推測也。然雖說生不容住，並無礙於吾人所見有住之萬物。自俗諦言，不妨依生滅滅生相續流故假說有物，才說有物，即是物得住也。此意在上中兩卷亦時說及，下卷〈成物章〉更加推闡。談理到究極時，總不可說向一偏去，分明是矛盾，而又分明是同於大通；分明是可說，而又分明是不可說。住與不住，兩可言而兩不可言，默識焉可也。

吾書中所說生生化化意思，是就本體流行上說。易言之，即超脫物的觀念而言。如以生物發展的觀念而推衡吾所謂生化之義，自不能相應，望更詳之。

十月十三日來函收到，即覆。承示數點：第一，謂吾平生非孤恃性智而無事於理智者，此則誠然。第二，謂玄學純恃性智，此「純恃」二字危險極大云云。吾子用意甚善，但吾前信，倉卒間少說一段話，故賢者有此慮耳。吾前信云：見體以後，必依性智而起量智，即昔儒所謂不廢格物窮理之功是也。此但爲耽虛溺寂者防其流弊。如陽明後學盛談本體，而於綜事辨物之知則忽焉而不求，此可戒也。夫量智者，緣物而起也。一切物皆本體之流行也。於流行或萬象而推度其本，（本謂體。）終止於推度之域，非本體呈露也。夫見體云者，即本體呈露時自明自見而已，非以此見彼也。量智推度時，則以本體爲所度之境，如度外在的物事然。故量智起時，本體不得呈露，而何有見體可言？前信云純恃拉智者，意正在此。此中義蘊淵微至極，孔子所云默識，從來注家均是膚解，雖朱子亦未得臻斯旨也。（寂默者，本體也。識者，即此本體之昭然自識也。）若於佛經有深澈了解，又必自己有一番靜功，方可於此理有悟。不然，談見體總不能無誤會也。西哲畢竟不離知解窠臼，吾故不許其見體也。難言哉，斯義也。但見體雖純恃性智，而量智並非可屏而不用。萬物既皆本體之流行，則即物窮理之功，又惡可已哉？所患者，逐物而亡其本耳。有智者，悟量智之效用有限，而反諸性智，以立大本，則智周萬物而不爲逐物。一皆性眞流行，豈謂量智可屏棄哉？學問須本末兼賅，求本而遺末，不免蹈空之病，非吾所謂學也。自《量論》言之，（「《量論》」一詞，見《新論》上卷〈緒言〉中。）見體之見，佛家謂之眞現量，（言真者，簡別五識等現量。）亦云證量。若於經驗界或現象界求其理則，依據實測而爲種種推度，證驗畢具而後許爲極成，佛家說之爲比量。證量屬性智，比量屬量智，二者不可偏廢。此中千言萬語說不盡，冀有機緣，得與吾子面論。第三點，西哲見體與否？不妨且置。此等問題非憑知見可以判決，須放下知見，別有一番工夫，才可辨其得失。

答毛君

《中庸》曰：「天命之謂性。」「之謂」二字可玩。非天命之外別有性也，亦非性與天命可判層級也。無聲無臭曰天，流行曰命。（《詩》云：「維天之命，如穆不已。」不已即流行義。）流行者，即無聲無臭之眞體顯成大用也。（譬如大海水，舉體成衆漚，非衆漚外別有大海水在。）非可如佛氏眞如不生滅，種現自爲生滅，其生滅流行與不生滅不流行之眞如體截成二片也。（非可至此為句。）大用流行，人稟之爲性，故性即命也，即天也。孟子言盡心則知性、知天，此了義語也。天命在人則名性，以其主乎吾身則曰心。（此本心也，非心理學所謂心。心理學之心固非離本心而別有源，但不可以此為即是本心。此義非反省功深者不能自知也。）故心、性、天、命，名異而其實則一。是以盡心則知性知天也。如張人、李人、本非一人，而言知張人即知李人，則三尺之童必笑詈其迷妄矣。曰知孔丘即知孔仲尼，人無非者；曰知張人即知李人，人無許者。明乎此，則盡心即知性知天而三名之爲一實審矣。儒者證見眞體，烏可與無著世親種子之戲論併爲一事乎？《新論》文語各本破種子義甚詳，先生必輕鄙之，以爲不足注意耶？諸菩薩究是人而不是神也。眞理當虛懷體之，何必印人方是耶？宜黃先生《唯識抉擇談》以種子即吾儒所謂性，余竊未安。

答周通旦

來函云：當道頃開禮樂館。異哉！禮樂豈今日所可言？不獨凡民死喪之未遑言此也，在位者非一言一動準乎禮，正其心以不失於和，而敢言禮樂耶？夫唯君子秉禮以自治，而後可順億兆之情以制禮；（非可以己意制禮而期人守之也。）自去其私而得其和，乃與萬物共嬉遊於太和之宇，故可以作樂。漢高帝之不足以言此也，魯兩生羞與之言而自匿，非眞得於先王之道者，有如是深識與定力哉？

答陳亞三

《論語》云：「三人行，必有我師焉。」須與「見賢思齊，見不賢而內自省」參看。夫如是，則無往非吾師也。若謂遇得三個人，其中必有我師者，是焉得爲通論乎？佛說「天上地下唯我獨尊」，是全宇宙無一人可爲吾師者，豈讏言乎？蓋求師於外，則得師難矣；（注意。）求師於內，則萬物皆吾師也，萬善皆吾師也，萬惡皆吾師也，萬丑皆吾師也。唯我獨尊者，不自暴棄之謂也，此自得師之基也，豈妄自尊大之謂乎？佛教徒解此者鮮矣。

答張君勱

聞主張書院制較學校爲優。弟則謂兩者不容偏廢。凡自然科學之研究，需有宏大之規制與設備，自非有大學及研究院不可。若文哲、歷史、政治、社會諸學科，則盡可於大學文法諸學院之外，得由踐履篤實、學術深醇之儒別立書院，以補大學教育之不及。蓋今之大學，教授與生徒之關係太疏膜，此爲根本病。向在〈復性講詞〉中曾略言之。又今各大學研究所及中央研究院皆尙考據之風。向者宰平云：今之業考據者，比乾嘉諸老尤狹隘。如江愼修先生雖精考據，而必以義理爲宗，今則無此風也。昨有徐生過此，與談及斯，亦深不以時俗爲然。弟嘗謂清儒自標榜其業爲漢學，實乃大謬。漢學非清儒所可貌襲也。西漢經師，其長略說以四：一、於義理雖無所發揮，而保存古義確屬不少。二、諸經儒之於古義也，非但爲供訓說而已，而確見之身體力行，皆有敦龐樸重之風。三、通經致用爲諸師一貫精神，朝廷政令及疑獄，多以經義折衷。故公卿、循吏，無不深於經術者。四、經師有實行經說中天下爲公之旨，於君權極盛時代，悍然據經義上書皇帝，請其退位。如眭孟、蓋寬饒等當昭宣之世，朝無莽操，野乏伏戎，其人又本無私黨，而執經義，以求賢禪位責天子，至殺身而不悔。以上四端，皆可證漢師非如清儒只事考據而已，其精神特別注重在服膺經義而實踐之，內以立己，外以治世，無不由乎經義，此豈清儒所得有者乎？而以漢學自鳴可乎？今之為考據者，又且不若清儒。民族衰敝，振起之道當由學術。吾欲於大學教育外，別設書院者，以此也。又今大學法學院，在學生只有終南捷徑之心，冀得文憑為仕進地；在教者亦只授以求仕進之資具而已。至於克己奉公與仁民愛物，及犧牲生命以利國家之精神，凡古代賢將相及循吏之所終身持循，賢師儒之所終身切磋而不敢背所聞者，當其少年就學師傅時，所讀之書與所聞諸師，其熏染已甚久且深故也。今法學院有是乎？吾意大學法科卒業生若能入書院自修數年，隨侍道德崇高之師，於國學加以精究，則其獻身社會必有可觀。總之，書院之優點甚多，今不暇深論。唯有難者，一則苟非其人，道不虛行；二則有其人矣，今之生活情形不同往昔，雖朱子陽明復生，不能以私人聚徒講學也，必政府知所提倡，社會有識者能盡力扶持，相與成立一有經濟基礎之學團，而後教者、學者得盡心力於其間。此事在今日蓋難言之，不卜戰事結束後有可圖否？

附記：抗倭戰事期間，曾有試辦書院者。其初頗為社會所屬望，後以其少成績也，遂甚漠視之。近時至不喜談書院二字。吾謂書院之名，今或不必沿用，然其意義，則不外民間自由講學而已。今之私立學術機關如黃海化學工業研究社之類，亦與古者書院意義相近，未嘗無成績也。是在主其事者堅苦不拔，而又必社會各方面有以扶助之耳。復性書院近注重刻書，此事極重要，亦望其能支持永久。

答謝子厚

講學不可拘成見。《新唯識論》中卷敘空宗義，哪有半字誤解與曲解耶？若謂弟為誤解者，則有宗菩薩謂空宗談空寂而不說眞實，豈不更誤解乎？不更曲解乎？實則弟未嘗貶空宗，兄恐未細玩耳。凡於道體眞有得者，亦自覺無可言說，如其不得已而強有言焉，則無非遮撥古今人之偏與蔽而已。空宗一往談空，在當時已引起有宗不滿。若與中土《大易》之旨對照，更覺空寂之旨與生化之妙，必兩相融貫，而後全體大用始彰。若執一往談空之見，終不免有所偏、有所蔽也。此等處，非大著眼孔不行，非中虛無物亦不能領悟。

答沈有鼎

日來天氣甚壞，老夫病又作，亦不了也。來函提及《阿含》「不受後有」之「有」字。須知此處「後有」二字，明指結生相續，釋迦十二緣生，即其義也，所謂順流，則無明緣行，乃至生老死，終古如此流轉；即其流轉，謂之後有耳。此義須認定，不容作異解。緣生義，只是十二支，分析不清。大小乘說法雖多，要無一可當意處。吾《通釋》所說，似無淆雜之弊。吾子不取十二緣生，卻不必諦，略其名相，而識其大旨，則極有意味矣。四諦與十二緣生相關，何可存其一而去其一耶？明儒信佛者，亦有以輪回爲權教，此乃以己意解佛耳。倘深切體認十二緣生義，則知此即輪回義，釋迦所以發心趣道者，由此故耳。談佛法，還他本來面目，切忌以己意援附。

前人多持三家合一之論，其見唾於人者，略說有二故：一則自家未入實際理地，即毫無根據，而徒持膚雜見聞，妄爲比附。二則於各家根據及其立說之條理與系統，未能各各辨清，而欲於各家之書斷章截句，以求會通，此其所以可唾也。眞正會通，則不如是，《新唯識論》中卷有一段及之。

儒者由人倫日用中實踐工夫，隨處體認，以至窮神知化，盡性至命，此乃上根所得爲耳。佛家每從知見方面重重剝奪，重重開示，令人自得解悟。得解，起修；因修，實解，修至而解絕，眞理現前，是謂證眞如。至此，與儒者窮神知化、盡性至命果有異乎？佛之徒以儒爲天乘，乃大謬也。談佛者，若以眞如爲外於變易法，而別爲恆常之體，即眞如是僵固死物耳，宜不以窮神知化爲止境也，玄奘所由不了《大易》也。《新論》中卷是根本大義所在，望有智者詳之。

答友人

五一來函，頃到，即覆。兄謂太極實指氣之初生。太易乃爲絕待本體。太極即是太一。故《老子》曰「道生一」云云。又兄前信，易變而爲一，名之曰太極，云係〈乾鑿度〉原文。緯書，先儒多不取。吾於讖則絕斥之。然緯書當是七十子後學流傳，其義之是非當折衷於聖。此間無〈乾鑿度〉，弟不能盡憶，姑就來信言之。兄此信云：太極即是太一，故《老子》曰「道生一」，〈繫傳〉亦曰「易有太極」云云。玩來諭意思，既謂太極即太一，即老子所云「道生一」之「一」，而兄當承認老子之道即本體。若然，則夫子〈繫傳〉曰：「易有太極，是生兩儀。」此與老言「道生一，一生二」云云者，有何差別？兄何以獨謂太極非本體而只是氣耶，船山解「易有太極，是生兩儀」之「生」，謂發見之謂生，非產生名生，義最精當。老子「道生一」云云之生，亦同此解，「道生一」，謂道之發見爲陽也。有一則有二，二，陰也，即道之發見爲陰也。故「道生一」云云與「太極生兩儀」，辭稍異而旨大同。大極即道之異名。兩儀，陰陽也。夫太極發見爲兩儀，是謂即體成用，（兩儀用也，其本體則太極也。即體成用，喻如大海水成衆漚，非可二之。）豈可用外覓體哉？故曰「一陰一陽之謂道」，聖言不可易也。《老子》四十二章「道生一，一生二，二生三」，一者陽，二者陰，三者沖和。此三不可作三片物事會去。既不是三片物事，即不是有次第的生去，與〈繫〉云「是生兩儀」云云，當相通貫。吾嘗謂老學實本之《易》也。夫老子「道生一」之「一」，即是兩儀中之陽，此無可別作異解者。《易》云「太極生兩儀」，而兄謂太極即是其所生之兩儀中之一，此成何說？周子《圖說》未妥，吾於《破破論》已駁之，兄何未看耶？來書於「易有太極」語，在「易有」二字上加圈，蓋謂「易有太極」之「易」即太易，而太易乃絕待本體，太極則從太易生，故曰「易有太極」也。果爾，則夫子於絕待本體即易之上不言一「太」字，反待後來緯書加一「太」字始曰太易，此已難通。且《易》上既不言太，而從易生之氣乃著一「太」字，又如何通？氣即有對，而可云太乎？太者，至高無上義，絕待義也。阮籍《通老論》曰：道者，法自然而爲化。（案：《老子》「道法自然」，非道之上別有自然也。說見《新論》下卷。）侯王能守之，萬物將自化，《易》謂之太極，《春秋》謂之元，《老子》謂之道。嗣宗去漢近，漢與晚周近，嗣宗亦深於《易》者。吾兄奈何以太極爲道之所生耶？又李銳《虞易略例》云：「『易有太極，是生兩儀。』注云：『太極，太一也。』」詳此云太極即太一，本即道體之目，而兄誤解此太一爲「道生一」之「一」，是鑄九州鐵不足成此大錯。「道生一」之「一」，即兩儀中之陽也。兄於《老子》本文及各注俱不究，何耶？鄭康成云：「太一者，北辰之神名也，居其所，曰太一。」案鄭以北辰喻太極，其所謂居其所，即明寂然不動之義。《論語》曰「北辰居其所」，亦顯不動之義。曰居所，曰寂然不動，非目道體而何？可以此言氣耶？康成詁經，多存古義。虞氏亦有不失古義處。兄不肯研〈繫傳〉聖文，又不信漢詁，而乃誤據緯書，反謂吾主宋儒之說，亦過矣。周子於太極上置「無極」二字，先儒疑其以太極爲氣。然漢儒亦多以太極爲氣者，此自漢儒之誤耳。

再答友人

〈繫傳〉曰「夫《易》彰往察來」，又「《易》之爲書也」云云，又「《易》與天地準」云云，此類「易」字，皆就《易》書言。「《易》有太極」之《易》，亦以《易》書言。蓋「《易》之爲書」，建立太極，爲萬物實體，故云「《易》有太極」也。今兄解云：易者，太易。太易有太極，太極再生兩儀。夫兩儀者，陰陽也。陰陽即乾坤也。「《易》之爲書」，即用顯體。故假設乾坤（即陰陽。）以明變易，而不易之體，即於斯可見。「大哉乾元」云云，「至哉坤元」云云，非有二元，實一元也。一元者，言其體也，即用而識體也。故〈繫〉曰：「一陰一陽之謂道。」又曰：「《易》有太極，是生兩儀。」知「一陰一陽之謂道」，則道之下，更無有所謂太極之一階段介乎道與陰陽之間，而所謂太極，即是道之異名也。知「《易》有太極，是生兩儀」，則陰陽即太極之發見，太極即陰陽之本體，不可頭上安頭，架太易於太極之上。吾故曰：「太易即太極也。」來函引《莊子．大宗師》談道體一段文，有「在太極之先而不爲高」一語，證明太極非道體。殊不知正唯《易》立太極，爲宇宙本體，至高無上，故莊子談道體而以在太極之先形容之。如《老子》書中有「象帝之先」一語，亦是形容道體至極，更無有先之者。兄若據此謂古代神教不以上帝爲至高無上之主宰，可乎？想神教之徒必不承認。古人每喜爲極端形容詞，如佛經云：設更有法過涅槃者，我說亦復如夢如幻。兄將謂世尊果設想有過涅槃法耶？夫唯儒家以太極爲萬化之原，爲萬物之先，（原與先，皆謂體。）故莊生形容道體，乃曰「在太極之先而不爲高」也。如儒家本不以太極爲體，而但置之太易之下，則莊生此語毫無意義矣。應知太極與道皆本體之名，但《莊子》書只承用道之一名，而於太極一名不復沿用，故其言道，則以先太極形容之。且莊生言道體，本承老氏。《老子》言「道法自然」，（上篇二十五章。）豈謂道之上更有自然爲道所取法，而道猶非宇宙本體乎？稍通《老子》者，必不作是解。《莊子》言「道在太極之先」與《老子》言「道法自然」，同一極端形容詞，正須善會，不可妄添葛藤也。

答牟宗三

六日來函，吾當以爲座右之銘。吾對於思想，本主自由，但於立本一著，頗有引歸一是之意。孟子云：夫道，一而已矣。實發孔門一貫之旨。佛家大乘亦有一乘之說，歸源不二，非強眾生以同己也。若夫從入異路，則不可執一徑以納群機。至於世智千差萬別，又不容執一以廢百也。吾於思想主自由者，在此耳。吾識量不欲隘，而性情過褊急。先公生我時，困厄萬端。吾自幼長於窮苦逼迫中，弱冠從事革命，已深感覺當時之人無足倚者。既而自顧非才，遂絕意事功，而凝神學術。鼎革以還，默察士習學風，江河日下，天下無生人之氣，吾益思與後生有志者講明斯學斯道，上追先聖哲之精神，冀吾族類庶幾免於危亡。佛言救眾生，吾覺族類且未能救，遑言眾生乎？吾識量不欲隘，而德度實未弘，憂世之思深、憤世之情急，憂憤激而亦不忍離世，故求人也殷，責人也切。而原人、容人、因勢順誘之權，全無所有。求之殷而人愈不相喻，責之切而人益復相疏。吾之情且激，而無以自安，有時甚失慈祥意思，此則余之所以智及而不能仁守，是余所長負疚於先聖賢者也。吾清夜自省，常自痛恨，而習氣難移，信乎變化氣質之不易也。寬以居之，仁以行之，此境眞不易。吾欲從事於斯，冀收桑榆之效，吾子可直言闕失，使老境不至日趨乖戾耳。通旦昨來，即回合川。此子要自可造，明年終當聚之而使其得有所立。期望過高，天下將無成人。（《論語》，孔門常問成人。）南充楊生不日當至。余之書物，業已移還山居。

答胡世華

聞於邏輯深造，至足慰。近體氣何如耶？斷欲是養生之本，滋養亦不可忽，精神振作又爲最根本者，夫何待言？振作一詞，含無量義，勿泛泛作解。此心常虛，不昏不昧，才有一念偷放，即時自覺，勿隨轉去。（即不聽其偷放下去之謂。）如此乃是振作。常保得虛明而不昏不昧之心體，以之讀書用思，自然分明不亂；以之應事接物，自然各當其理。《大易》所云「寂然不動，感而遂通」與佛之般若，只是此境。凡夫自有生以來，恆是妄想流注，不見本心。（前云虛明而不昏昧者即本心，凡夫實不見此。）其讀書用思與應事接物者，無非妄識作主。（上云妄想流注者，即妄識也。）汝若不向自身切實勘破此事而讀佛經，但於文字中稍作空脫意味領會，藉以止息想念，得入睡鄉，以佛典爲催眠之藥，乃是千載沉淪，豈不痛哉！思慮不當廢，要須調節，然調節甚不易。眞作專門學問工夫者，當初元是自家用思考，乃至思想漸有路向，將成體系時，乃欲罷不能，而思考乃用我，（他常在腦中自由活動。）非是我去用思考也。至此便非吾可以用自力調節也。然此不必厭苦，此等犧牲正是必經之階段。孔子曰：「吾嘗終日不食，終夜不寢，以思。」聖人如是。汝之思頗嘗終日夜不食寢否？如何便以思爲苦也？前書教汝作根本之學。如何是根本學？汝如有志，當不能隨便作空名詞看過也。昔年風雨一堂之誼，吾豈云忘？但願汝儕眞能立志耳。

與某生

爲學須具眞實心。眞實心者何?即切實做人之一念恆存而不放也。《詩》曰:「夙興夜寐,毋忝爾所生。」心不存時,最好誦此,庶幾慚愧中發,而有以自警矣。吾老來念平生所見老輩、平輩、後輩甚至後後輩,其有聰明,可望於學問或事業有所就者,未嘗無之,然而卒無成,其故唯何?即根本無做人之一念耳。無眞實心,便無眞實力。無眞實力而可以成人、可以爲學立事者,古今未嘗有也。富貴可苟取也,浮名可苟取也,人生而爲人矣,奚可如是了此生耶?

答沈有鼎

來函所云，略答如下。實際理地是超越的，非感想所及。甚是！甚是！但若不更深辨，恐差毫釐而謬千里。吾子所云，在佛家確是如此；在西洋謂只浪漫派以超越爲感，而作一種意趣玩弄者，恐不必然。凡哲學家談實相，未能泯思議相者，皆吾子所云意趣玩弄也，即感想也。

般若蕩一切相，雖詣極超越，而實無超越之相存。夫唯無相，故不拒諸相。超越與不超越兩忘，謂之眞超越固可。而息情忘慮，冥應如如，實無超越之感想存也。

基督教，吾向未注意，是否臻仁體流行、活潑潑地境界？吾姑不贊一詞。

不依他之最高境界，唯自反乃得之。顏子仰高鑽堅，瞻前忽後，欲從莫由，只是形容本分上事，非依他也。《太極圖說》，吾所不契，然開首一言卻有妙趣。吾子所謂二之則不是，乃正法眼藏。

又云：破相中是否見得體？恐有些子人信不及。此義看如何說法。就知見上言，構畫泯絕，眞理方顯，不曰破相以見體，而又何云？然此要是說法初機。必也激厲躬行，使行解合一，馴至滌除虛妄知見，冥人眞實知見，即已無相可破，只是眞體呈露，畢竟見字亦著不得也。

答友人

函謂大政治家之風度，貴乎大氣斡旋，不貴玄默自處云云。此說甚誤。未有大氣斡旋而不由玄默自處者也；未有玄默自處而非大氣斡旋者也。玄默自處，涵處深宏也；大氣斡旋，發用盛大也。養之不厚，將何所發？今世無才，人皆習於蠅營狗苟，機巧變詐，毫無所養故也。

漢文帝庶幾玄默自處，亦可謂大氣斡旋。當文帝時之天下，使無彼含茹養育之澤，則自六國與亡秦之衰亂，又經呂后臨朝，百度廢弛，民生耗敝，其足以凝民志、遂民生而措天下於磐石之固耶？文帝自有一番造化之功，謂非大氣斡旋可乎？三代後無王道。吾於文帝，謂其猶具幾分王道，此外蓋難言矣。兩漢賢臣奏義皆稱高帝與武帝之功，而特尊文帝之德，此不可忽。

與某生

佛家大德，高趣一切智智，發心爲群生作父師，其長在是，而短亦伏焉。無超然物表者，要不遺乎物；作育群生者，要在同乎人，（若視人皆昏昏，而我乃父之師之，是豈《大易・同人》之義？）遺物以希寂。視群生夢夢而孩畜之，（大悲如慈母。）此宗教精神，余雖高之，而不願學也。夫遺物、希寂，則識囿於孤往；（昔有問儒佛優劣者，余曰：佛家畢竟是孤往。）視群生夢夢而孩畜之，則識窮於獨用，（《中庸》曰：以人治人，改而止。朱注：謂即以其人之道還治其人之身，期其能改過而已耳。故聖人不貴獨用其所自造自得者，以取必於人也。）故識量難免於隘也。儒家《大易》曰：智周萬物。周萬物而後乃眞爲一切智智。《論語》記夫子曰「吾非斯人之徒與而誰與」，曰「見賢思齊焉，見不賢而內自省也」。《孟子》稱「舜明於庶物，察於人倫」。反躬以體物，無心爲萬物之父師而萬物皆子之矣。

答林同濟

中國哲學思想，歸於《易》所云窮理盡性至命。理者，至極本原之理。即此理之在人而言，則曰性；即此理之爲萬化之大原，是爲流行不息，則曰命。窮者，反躬而自識之謂；盡者，實現之而無所虧欠之謂；至者，與之爲一之謂。《新論》所談本體，即此理也，性也，命也，名三而實一也。窮也，盡也，至也，則《新論》所云見體或證體之謂也。《新論》確是儒家骨髓。孔孟所言天，既不是宗教家之天，更不是理想中構畫一崇高無上之一種理念，或一種超越感。彼乃反諸自身，識得有個與天地萬物同體的眞宰炯然在中，《新論》所云性智是也。吾人實證到此，便無物我、內外可分，此乃即物而超物，即人而天。《孟子》所云盡心則知性知天者，此之謂也。中國哲學亦可以《莊子》書中「自本自根」四字概括。因此，中國人用不著宗教。宗教是依他，是向外追求。哲學家雖不建立大神，而往往趣向有最上的無窮無限的終極理境。（或亦云理念。）此固有好處，但亦是向外，亦是虛構，正墮佛家所云法執，而絕不了自本自根。人生畢竟在迷妄中過活，始終不見自性，始終向外狂馳，由此等人生態度而發展其知識技能，外馳不反，欲人類毋自相殘殺而何可得耶？自吾有知，恆念及此而不容已於悲也。《新論》之作爲此也。賢者主張祀天，吾亦贊同。祀天者，祀其在己之天也。《詩》曰：「小心翼翼，昭事上帝。」吾人祀天之禮，可一念一息而忽哉？

說食

戰事雖云結束，吾國人似少生氣，最可傷痛。余以爲國人生命上缺乏營養，此不可不注意也。佛家有四食之說，願爲國人陳之。四食者：一曰段食，二曰觸食，三曰思食，四曰識食。段食者，謂人所食動植等品是物質故，物有分段，名以段食。觸食者，感通之謂觸，天地感而萬物化生，聖人感人心而天下和平，宇宙萬有皆互相通，無有隔礙，故《易》曰：「六爻發揮，旁通情也。」感通之義大矣哉，人而無感，則拘於四體，與禽獸不異，《禮記》所謂「人化物也」。人化物則生命絕。是故君子不徒注重段食，而貴觸食，觸食即感通之謂食。一日無感通爲食，雖段食醉飽，而實頑然一物。四海困窮，生民疾苦，皆所不喻，塊然而尸居，冥然而罔覺，是即無感通，是謂缺觸食。

思食者，造作之謂思，（佛家心所法中，一曰思，以造作為義，非常途所云思想。）即以創造爲食。鳥獸營巢聚糧，但是占有衝動。人類則自市井匹夫匹婦，田疇貨幣，種種斂聚乃至奸狡大盜，載狂心，執蕩志，乘權處勢，劫持眾庶，以逞其兼併之欲，細者爲一己，（如呂政等。）大者爲一國家、一族類，將橫噬六合，終亦自斃。（如今之希特勒輩。）此皆占有衝動無所異於鳥獸。夫人爲萬物之靈，栽成天地，參贊化育，皆人之責。人道極尊，當轉化占有衝動而爲創造勝能。如學術上之靈思獨闢，宗教上之超越感，（哲學家亦有此。）道德上極純潔崇高之價值，不期而引人起瞻天仰日之信念；政治與社會上重大之革新，使群眾同蒙其福利。凡此皆謂之創造。人生一息而缺乏創造勝能，即占有衝動乘機思逞。占有衝動橫溢，人則物化，而喪其生命。故創造者，資養生命之糧，不可一日不具。思食所以次觸食而言之。識食者，了別之謂食。云何了別？「明於庶物，察於人倫」，而上澈萬化之源，是故知一己之生命與宇宙大生命是一非二。了於此者，常能置一身於天地萬物公共之場，不以私害公，不以形累性。孔子坦蕩蕩，佛氏大自在，唯其了別故也。了別以爲食，而生活乃富有日新，放乎無極。故次思食而以識食終之。（余說四食，與佛書本文不必全符，讀者勿泥。）

四食者備，而人乃得全其生命，而人乃成爲人。今人唯貪段食，乃至貪淫，貪利，貪權，貪勢，皆段食之推也。觸、思、識三食，今人皆不是務，生命無滋養，則行屍走肉而已，豈不哀哉？

答牟宗三

正初接吾子與張遵騮來信，提及《量論》，爲之悵然。此書實有作之必要。所欲論者，即西洋人理智與思辨的路子、印人之止觀及中國人之從實踐中澈悟。吾常想，佛教來中國雖久，而眞了解之者，恐不必眞有其人。因佛家特別處在修止觀，其與止並運之觀，是如何工夫？如何境界？從來譯者與講持佛典者，或莫名其妙而索解。吾近於此極注意。《量論》於中印西洋三方面，當兼綜博究。此誠當令哲學界極偉大艱巨之業。吾雖發願爲此，然年既老衰，世局又如此昏擾，恐不必能從事也。

附來函：西人理智思辨路子，自蘇格拉底師徒即奠定。他們以為乃邏輯的理性（即所謂純粹理性。）可以把握實在，而其所謂實在即理型或型式，或幾何與數學的秩序，這些都是變滅不常的具體事物所依據的理地。他們用純思的辨法、邏輯、界說的歷程，想把這個理型世界顯示出來而且懸離起來，以為靈魂的安頓所，並為知識可能的根據，是非的準則。柏拉圖以善的理型來統馭一切理型所成的理世界，以為理世界的歸宿，並主張靈魂可以脫離這個軀殼而歸於理世界，與之為永在。近人不由此講善的理型與靈魂歸趣兩層意思，只向知識可能的根據一義上求發揮，此其變遷概略也。今吾師弘闡變易不易二義而盛宣生生化化之妙，以為不變而變，即於變識不變，此個實體誠非理智思辨所能相應。西人用邏輯理性所把握的理型，是從生生化化的真實流中抽出而言之。單言此一面，此是一種抽象，離開了生生化化的真實流；既離之而或欲掛之於真實流之上，要不能與滿盈的真實流相應如如。總之，不能體認此整全而具體的化育流行，便到處是殘缺。現在的問題似乎就是如何能將離掛的理型世界混融於生化的流行中，而為一具體而真實的滿盈流。西人言變為實體者，則每死於變而不知有不變者在，是以其所謂變。亦不必即《新論》與《大易》之生化；（例如柏格森。）言不變為實體者，則每毀滅變而忽之，是以其所謂不變亦不必即《新論》與《大易》之不易。（如所謂理型世界。）然無論如何，即依《新唯識論》，以《大易》為宗，而理智思辨乃至其所把握的理地，總須予以安頓與維繫。蓋知識是生命之呼吸，不能維繫之，生命有窒死之虞，有浮游無據之困，此即所謂蹈空。予之以安頓與維繫，則知識之理即是形上之理之展現。吾師所謂自實踐而實現者，實同時亦即自實踐而予知識以安頓與維繫矣。此則本末、體用、虛實俱圓矣。對滿盈流言，誠非理智所能相應，然理智總有所符應，批判它亦得成就它，此中意思，宗一時說不清楚。蓋西人在知識的路子上掀發的問題太多，須個個弄明才行。佛家於緣生法而觀空，絕不肯於緣生法觀理，（無論屬本屬末。）是以其緣生義絕非即生化之謂。記得昔年傍晚陪吾師坐，師指庭前樹曰：此間根莖枝葉花果等等，是一理平鋪，亦是眾理燦著；既眾理燦著，既眾理燦著，仍即一理平鋪。汝儕識得否？宗當時有悟，所悟或不必契，然無論如何，依宗觀之，佛家絕不肯如此觀，如此悟，蓋與其無餘涅槃相違故也。眾理燦著即是一理平鋪，雖是成就了此葉子，亦可以說遮撥了此葉子。佛家宗趣在涅槃，其修止觀自是不輕易的大事。今如吾師之旨，自實踐而實現言止觀，則其意義之尊嚴與重大，恐又別是一番也。宗去年告君毅，言將有實踐理性之止觀論一詞之提出。去冬讀《明儒學案》，有李見羅之《止修論》，此恐亦隱用佛家名詞言理學。惜此人並未成熟，然確有霸氣。吾師《量論》總望寫出，成此一大事是幸。

來函深獲我心。生生化化的眞實流，乃是眞體顯現。（真體喻如大海水，生化的真實流喻如眾漚。生化之流亦說為真實者，從其本體而言之也。）眞體無形無象，無作意，無雜染，而實備萬理，含萬善。先儒所謂「沖漠無朕，萬象森然已具」，此義深微，千載幾人落實會得？夫沖漠無朕而萬象已森然，則所謂理型，本非意想安立，乃法爾如是，（法爾猶言自然，但其義甚深，世俗習用自然一詞，無深解，故譯音曰法爾。）烏容遮撥。《詩》曰：「有物有則。」物者，依生生化化的眞實流而立斯名。（生化之流詐現種種跡象，即假名為物。）有物即有則，無是則即無是物。可見眞體顯爲生化之流，元是富有無窮之則，故曰備萬理也。理亦則義。夫理或則元是眞體自身中所備具，（先儒直名此真體，曰理或實理，最有深義。）其顯爲生生化化的眞實流，是所謂眾理燦著也。然即此眾理燦著，便是一理平鋪；所云一理，以眞體無待故名。（無待名一，非算數之一。）一理爲無量理，故一即是多；無量理本爲一理，故多即是一。一不礙多，多不礙一，（一為多，多為一，均無妨礙。）所謂「玄之又玄，眾妙之門」。吾子於斯深體之，則知識界之理，（即理智思辨所謂之理型。）正來函所謂，即是形上之理之展現，豈待強爲安頓與維繫耶？但吾學與西哲有天壤懸隔者，吾以一眞絕待之體（一即無待義，非算數之一。）非一合相，（混然同一，無有分殊，謂之一合相，借用佛氏《金剛經》語。）無形而有分。（分者，分理。真體無形相而有分理，所謂「沖漠無朕，萬象森然已具」是也。萬象森然即是眾理秩然，亦云分理。）故克就眞體而名之爲理，是所謂理乃由證量而得之。（孔云默識。默者，冥然無分別貌，不起分別而非無知，故復云識。此相當於佛氏所云證量。證者證會，量者知義，非常途所云知識之知。證會的一種知，名為證量，此乃修養功深，至於惑染克去盡淨，而真體呈露。爾時真體之自明白了，謂之證量，此非理智推度之境不待言。吾嘗云超知之詣，正謂此。）孔子曰：「天何言哉？四時行焉，百物生焉。」「天何言哉」，天者，本體之名；何言者，嘆其寂然無形，沖寞無朕，所謂一理是也。時行物生，言其顯爲大用，生生化化，無窮竭也。所謂萬象森然，即眾理燦著是也。來函所謂體認此整全而具體的化育流行，此正是證量境界，非稍窺孔子默識之旨，何堪及此？（默識即證量。）總之，吾所謂理，乃直目無爲而無不爲，不易而變易，無窮之眞體。因其以一理而涵眾理，雖復眾理紛綸，而仍即一理，故即此眞體而以理名之。此理是一眞實體，（一者無對義。）非是思維中之一概念，非是離眞實而爲一空洞的型式，此與西洋人理型的觀念，自是判若天淵。吾學歸本證量，乃中土歷聖相傳心髓也。理型世界則由思維中構畫而成。來函謂是從生生化化的眞實流中抽出言之云云，實則彼未得證會此眞實流，而只依生生化化之流的跡象（所謂萬物或大自然，只是生化的真實流之跡象。）強爲構畫，以圖摹之而已。此等圖摹的理型世界，謂其於生生化化的眞實流之理根全無似處，未免過當。（「理根」一詞，借用郭子玄《莊注》。真實流的本身是具有理則的，故謂之理；對圖摹的理型而言，則云理根。）然復須知，此等圖摹，謂其遂與生化之流之理根得相符應，則稍有識者已知其不可。譬如畫師圖摹山水，無論如何求逼眞，終不可得山水之眞也。若知理智思辨之功用止於圖摹，則哲學當歸於證量，萬不容疑。但圖摹究不可廢。人生囿於實際生活，漸迷其本來，即從全整的生化大流中墜退而物化，至於與全整體分離，尙賴有理智之光與思辨之路以攀援本來全整體的理則，（「理則」二字，複詞，則亦理義。）而趣向於眞實，（追求理型世界便有超脫現實的意義，故云趣向真實。）此其可貴也。故反理智與廢思辨之主張，吾所極不取。欲言甚多，此不暇及。如世事稍快人意，雖衰老，《量論》呈當爲之。

答胡生

子通才也，但望養之以深，成之以久。哲學之功，中聖深於體認，西賢極其思辨，由今言之，則二者不容偏廢，偏斯病矣。余年垂暮，若精力不衰，可爲《量論》，當盛明斯意也。余之學，要在《新論》。西洋近世，罕言本體，其昔之談本體者，皆以思構而成戲論，良由始終向外推尋，故如盲人摸象耳。《新論》鑑觀西洋，無蹈其失，始乎辨析，而終於反己。（反己即體認。）所以體神居靈，而萬有之藏與生生化化之妙，的然無可外求矣。得此無盡藏，發之爲道德，推之爲政治，淵淵不竭，有本者如是。此自堯舜迄尼山相傳之緒，非余獨得之祕。惜哉！不可喻於今之人也。船山尚有隔在。擬吾於衡陽，實不似也。秋涼能一過，是所至望。

與陳從之

向不喜象數。每閱漢人易書，覺其繁瑣至極，而鮮當於理。印度法相、唯識，亦甚繁瑣，迷者驚其精密，識者病其虛構。西洋學術亦以精密擅勝，雖亦不免瑣碎。然能徵實獨中土六藝，持體要，契道眞。然經師或考據家又病在支離破碎，甚矣學術之難言也！

《易》之象，本譬喻義，漢儒已有言之者，而先生不謂然。吾頗承認其說之有所當。《易》興於占卜。占者自是誠至，幾動，即於當前法象而興感，及卦爻畫而辭立，辭非離象而虛構也。然自孔子修定以後則意義全變，如〈乾卦〉六爻之辭皆龍也，龍者象也。孔子便假此象以明夫生生不息、健動無竭之眞元。立辭之意，乃異占卜，而別有所在，此象所以爲譬喻也。重象者每曰《大易》無虛字，無一字不是象。殊不知《易》之取象，欲人因象而悟理耳。使其執象而不悟所象之理，則一部《易》書，乃無覆瓿之價値矣，而謂夫子窮理盡性至命之學在是耶？故謂象者，譬喻義，使人由譬而啟悟也。子曰「能近取譬，可謂仁志方也」矣。

答謝隨知

《新唯識論》，勿粗心看過便了，須理會吾用心深細處。此等書乃妙萬物而爲言，與西哲從某一科學爲基礎而出發以推演成論者，迥乎不同，非超悟之資，深微之思，未能讀之而不厭也，望汝細心臨之。吾少弱且病，而迄六十餘年猶未甚衰者，平生強遠婦人，此全神第一著也。胸際廓然，子世罕所追求，即有拂逆，中無所隱，憤戾立形於辭色，一泄即無事矣。四十二三以後，夜不然鐙，滋養之物，特加注意。早起，大恭後餐，不解即不餐，必解乃已，行此數十年如一日。被褥每晨起必掀抖，以散汗滌塵，件件如是。又每飯後，臥二十分鐘，必起散步，歸來，凝神危坐，喘息定，血脈舒，而後觀書用思。時有新悟，便脫然自得，萬理來集，固是樂境。有時且沕穆無形，渾忘自我也。此境雖常有，卻時或有之。解黏去縛，向於富有日新，而後實證生命無窮矣。吾子勉之。

與陳亞三

昨與亞三書，人須有神味。如何是神味？須是將習心或意氣、己見與好惡之私，一切一切，剝落盡淨。易言之，即想念不行，知慮都亡，而有一顆明珠灼然內在，這個卻是不存而存，不識而識。（望勿隨便看過。）到此境地，切勿滯寂而已，卻要任他日用流行，自然物理、人事，一切昭澈，無僻固之弊。陽明先生其至乎此矣，朱子似未能也。

答某生

余平生痛惜清末以來學人尙浮名而不務實修，逞遊譚而不求根柢，士習壞而族類危，故常發誓言，不爲名流，不爲報章雜志寫文字，不應講演之約。吾五十以後，始稍有筆札流露刊物，然終不爲刊物作論文也。即筆札亦散布甚稀也，講演則從未行之。今年逾六十，本無妨與諸青年談心事，然因素未與稠人講說，故拙於口才。又劇專諸生於本國哲學，若儒、道、釋諸家之書，或乏之素養，吾亦不知與之作何說法。凡言學，必聽者素養深，方得機感相應，否則「言者諄諄，聽者藐藐」，甚無謂也。此事以罷論爲是。

與陶闓士

弟月來於講說之餘，稍閱魏晉諸史，頗增無限感傷。向見嚴又陵與人書，言吾華民質與國力至南宋而始爲一大變，殆未嘗讀史之過。實則吾華民質之劣，國力之弱，乃自魏晉始耳。曹氏司馬氏以狗盜之徒，用極卑賤殘酷之術，毀天地生人之性。五胡承其敝而入，取吾夏人而殺戮淫擄，凡鳥獸所不能爲者，而無不皆爲之。其慘毒之事雖在一時，而其慘毒之習則充盈大宇而熏染乎後世之人心，數百年而不可滌也。不獨吾北方華冑胥化於夷而忘其所自出也，即南中號爲正朔相承，其在廷之君臣與談玄之士夫，能保持舊德而不染胡習者，有幾人耶？梁武之困於臺城也，禦胡侯景擁飢疲之卒，本不堪一戰，而梁之諸子乃坐待君親之危，莫之肯救，更無論諸鎭帥矣。梁武、簡文，其死與辱，猶不足論，而當時蒼生所受逆胡之慘酷，則令千百世下讀史者，至此觸感傷心，不知人間何爲奇慘如斯？當時梁人若有人氣，豈令天下事至是耶？劉宋之諸子，皆非人類，又不待言。至於朝爲君臣，暮相攘奪背叛者，則又習爲故常，絕無足異。其居位乘勢者，貪淫殘暴，視烝黎若犬羊不如，而忘其爲己之同類也。六代之間，習此爲常，倘非中於胡俗之深，何爲人喪其心至此極耶？李唐貞觀之治雖盛極一時，然太宗與房魏諸臣勵精之效，僅於凋敝之餘，有以整齊其政刑，使天下臻於富庶。又當時五胡族類新同化於漢族，中夏民族之氣質，自起一種新的變化。太宗雄才大略，能導率民眾，以征討四夷，而盛著其武功，此所以稱盛也。然唐承六代之敝，儒學衰微，太宗於倫常之地已虧，雖兄弟相殘，其罪不盡在太宗一方面，乃娶弟婦而絕兄弟之嗣，則非胡俗不至是。太宗所躬行者如此，故於化民成俗之本，絕無所知，房魏之徒亦無足語治本者。是以貞觀之政，人亡政息。其後藩鎮之禍，黃巢之變，皆慘毒無人理。浸淫及於五代，一如六朝之世。要皆獷胡凶習中於人心至深，其根株不可驟拔故也。有宋肇興，諸大儒相繼出，始追孔孟之緒，使人有以自反而自別於禽獸，於是人性可復，人道始尊，此誠剝極而復之幾。今東夷獸習汙我神州。禦侮之功，不僅在以殺制殺而已，而於人心風習之間，所以固吾本而閑其邪者，其必有知所用力者焉。吾儕不負此責，而又何望耶？

附記：民二十六年冬入川。值抗戰之初，人心大壞，比戰前且不如，故與陶君慨嘆及此。君巴縣人，少通經術，晚而學法相於宜黃大師。宜黃深禮之。二十八年逝去，蜀學其微矣。

示菩兒

古代封建社會之言禮也，以別尊卑、定上下為其中心思想。卑而下者，以安分為志，絕對服從其尊而上者。雖其思想、行動等方面受無理之抑制，亦以為分所當然，安之若素，而無所謂自由與獨立。及人類進化，脫去封建之餘習，則其制禮也，一本諸獨立、自由、平等諸原則，人人各盡其知能、才力，各得分願，雖為父者，不得以非禮束縛其子，而況其他乎？禮之根本意義即已變古，故儀文節度之間，亦省去古時許多無謂之繁文縟節，唯以簡而不失之野為貴耳。今西人之於禮也，簡則簡矣，然不野則未也。吾國古禮，極其文矣，而未免繁縟。今人效西俗又太野。後有制禮者，當求損益之宜。

獨立、自由、平等諸名詞，最易誤解，今為汝略釋之。

獨立者，無所倚賴之謂也。明儒陳白沙先生曰：天自信天，地自信地，吾自信吾，唯自信者，能虛懷以求眞理。一切皆順眞理而行，發揮自家力量，大雄，大無畏，絕無依傍，絕無瞻徇，絕無退墜，堂堂巍巍，壁立萬仞，是謂大丈夫，是謂獨立。然復須知，此云獨立，即是盡己之謂忠，以實之謂信；唯盡己，唯以實，故無所依賴而昂然獨立耳。同時亦尊重他人之獨立也，而不敢以己陵人，亦與人互相輔助而不忍孤以絕人。故吾夫子曰「德不孤，必有鄰」也。古代隱遁之士獨善其身，猶不得謂之獨立也。

自由者，非猖狂縱欲，以非理非法破壞一切紀綱可謂自由也；非頹然放肆，不自奮、不自制可謂自由也。西人有言，人得自由，而必以他人之自由為界，此當然之理也。然最精之義，則莫如吾夫子所謂「我欲仁，斯仁至矣」。言自由者，至此而極矣。夫人而不仁，即非人也：欲仁而仁斯至，自由孰大於是，而人顧不爭此自由何耶？

平等者，非謂無尊卑上下也。天倫之地，親尊而子卑，兄尊而弟卑。社會上有先覺先進與後覺後進之分，其尊卑亦秩然也。政界上有上級下級，其統屬亦不容紊也。然則平等之義安在耶？曰：以法治言之，在法律上一切平等，國家不得以非法侵犯其人民之思想、言論等自由，而況其他乎？以性分言之，人類天性本無差別，故佛說一切眾生皆得成佛，孔子曰「當仁不讓於師」，（言仁德吾所固有，直下擔當，雖師之尊，亦不讓彼之獨成乎仁也。）孟子曰「人皆可以為堯舜」，此皆平等義也。而今人迷妄，不解平等真義，顧乃以滅理犯分為平等，人道於是乎大苦矣。

答謝君

平生辛苦所獲，大體雖見之《新論》，（《新唯識論》。）而所未發揮者甚多。常自傷切於心，無可奈何。《量論》未作，極大憾事。吾有一願，願本《春秋》三世歸趣太平之旨，以《大易》與《春秋》互相發明，旁及群經、諸子，貫穿和會，制割大理，冥極萬化，原生人之性，窮天地之本，類庶物之情，極古今升降萬有不齊之運，融帝皇王霸、禮樂刑政之意，通至變而握貞常，本貞常以馭至變，當爲一書，以明人道終歸至治。十餘年來，胸中備有條貫，以《新論》及《量論》須先就，方可經營及此。而維摩示疾，忽忽二十餘年。迄今歲事已過花甲，遭時昏亂，血氣倍衰，鴻篇巨制，殆不可能。自唯年三十後，誓以身心奉諸先聖，而所就不過如此。老來何所冀？唯於人類之憂患不能無繫念。然亦以此，信眞理無一息或亡也。病中不盡欲言。

答謝幼偉

九月一日函頃到，即覆。來函字字的當，甚喜甚慰。西洋人談博愛，是外鑠之愛，此方聖哲談孝乃出乎本心，爲內發之愛。自東西接觸以來，名彥都無此的見，獨賢者與吾心有同然。常謂西洋倫理由男女之戀愛發端。吾人倫理由親子之慈孝發端，此是東西根本異處，每欲爲文而未暇也。老來精力甚乏。願賢者振作精神，肩繼往開來之任。戴東原以著作未竟，嘗嘆曰：世豈無助我者乎？此傷心語也。吾哀也，乃念念有此感。願吾子時加反己之功，唯虛可以納善，唯謙可以進德，唯誠可以爲天地立心、生民立命，唯寂寞可以獨立不懼、遁世不見是而無悶，區區以此進之左右。

《新論》生滅義，須依眞俗二諦分別看。眞諦即於萬物而顯大化流行，故說萬物才生即滅，實無有物。此其立言，雖就物上明化之不住，而意實不繫於物也，所謂方便說法也。

答張生

國立編譯館擬編經史教科書。此事甚重大，館中切不可期其速成。而編者自己尤貴有較長之歲月從容涵泳，必義精仁熟，而後立言無弊。大凡爲學之功，緩急並用。急者謂有時須強探功索，如獵人之有所虜掠，勢甚緊張，否則思力不強，未足深入理窟也。緩者，吾昨所謂天遊，將一向見聞知解悉令放下，胸際毫無留繫，自爾神思煥發。此不唯哲學家應有之境，凡爲考核之學者，如有遠大之規模，重要之發見，亦非有此境不可。緩急二功，更迭爲用。《禮經》云：「文武之道，一張一弛。」豈獨治化，爲學亦然。編譯館在清末甚不隨便，嚴又陵嘗在其間。吾甚願諸君子凝神壹志，以學術爲生命，爲各大學樹先聲，國家其有賴矣。今之學者，心地少有清虛寧靜，讀書不過記誦與涉獵，思想又甚粗浮，只顧東西塗抹，聚集膚亂知識，出版甚易，成名更速，名位既得，亦自忘其所以，淺衷薄殖，誑耀天下，以此成風，學如何不絕？道如何不喪？人如何有立？此自清末康梁諸公導其先，今遂成滔滔不可挽之勢，吾實有餘痛焉。人或議吾好罵人，吾亦何樂乎人之厭惡哉？誠有所不得已也。

國史從文化上著眼，自是正當，然於民族思想，必發抒一本之義而糾正血統不同之誤解。

今之滿、蒙、回、藏，大概古時五胡之遺。古史稱五胡同出黃帝，其記載必有依據，非附會也。歷史課本中，凡漢族與夷狄之稱，似可改用中原人與邊疆人。《春秋》稱夷狄者，以其凶頑而失人道則夷狄之，非謂其血統與諸夏（即中原人。）不同而謂之夷狄也。楚則鬻子之裔，吳則周之宗室，而皆斥以夷狄，豈謂異種耶？（齊、晉、秦，均嘗隨事而夷狄之，經文可考。）故夷狄之義，宜加論正。則敘述過去事，如五胡、遼、金、元、清等事，亦不必避夷狄之名而不用，以其在當時實未脫夷狄之道也。正統之論，吾意猶不可廢，容得暇詳談。

《經學通論》，極不易作。清儒諸經解，只是於名物訓詁等方面搜集許多材料耳，於經旨果何所窺？清末則有皮錫瑞之《通論》頗名於世，然核其實，只是經書傳授源流之考辨，謂之經學，則吾未知其有何相關也？治經之同學，如肯虛心過從，爲亦不妨與之討論。吾記憶素不如人，今更差矣，但於群經旨要，平生用過一番苦功，非是浮泛見聞知解之學，甚願與有志者共相講習。今上庠治哲學者，壹意襲西人膚表，以混亂吾先哲意思，究義不根於實，立言浮亂無紀，教者學者更相授受，向後將成何局？吾不能無憤悶也。夫理道必究其眞，而後於眞理自發生一種不容已於實踐之信力。（吃緊。）吾人所以充實生活、發揚人格者，皆從眞知正見而來。若如今士子，以從事於膚泛駁雜之見聞爲學，則乃學其所學，而非吾所謂學。以若所爲，欲其人格增進，如何可能？今後講明經術，宜潛玩先聖哲本旨，精思而力踐之，（思之精，自然踐之力；踐之力而思乃益精。）一挽當世頹風。人皆可爲堯舜，孟氏豈欺我哉？一切眾生皆可成佛，釋迦豈欺我哉？個個人心有仲尼，陽明豈欺我哉？

答周通旦

眞諦、俗諦二詞，勿向艱澀處索解。佛家談眞諦，亦名第一義諦，（此義最上，曰第一義。）亦名勝義諦，（義最殊勝故。）即就形而上言之也。《易》曰「形而上者謂之道」，西洋本體論，今譯爲形而上學，皆相當於佛氏所云第一義諦。

佛家俗諦在因明，即所謂世間極成是也。（世間共許為實有，曰世間極成。參考《瑜珈》、《真實品》及《因明大疏》。）如科學上假定物質宇宙爲實有，即與俗諦義相當。《易》曰「形而下者謂之器」，此亦屬俗諦。

依《新論》言，（《新唯識語》省稱《新論》。他處仿此。）眞諦與俗諦本非析爲二片，而義理自有分際，又不容不分別言之。如世間承認物質宇宙（或云外在世界。）爲實有，此是俗諦義。若於物質宇宙而直澈悟其爲一眞顯現，（一者，絕待義。真者，真實，非虛妄故，故謂宇宙本體。）不起物界想，此即融俗入眞，唯是眞諦義。故順俗則萬有不齊，證眞則一極如如。（一義，見上。極者，至極，謂本體。如如義，極深廣，蓋法爾本然，非思議所及故。法爾猶言自然。自然者，無所待而然。本者，本來。然者，如此。本來如此，無可詰問所由。）

《新論》所言用義，最宜深玩。世俗見有天地萬物，其實天地萬物皆依大用流行而假立之名，如當前桌子，實即一團作用現起，似有跡象。（作用譬如電光，而所謂跡象譬如電光之一閃一閃，儼然有一道赤色之相狀連續不絕，若為一件物事者然。）世間即依如是跡象計爲實桌子，而不悟桌子本無，元來只是一團作用。桌子如是，萬有皆然。全宇宙只是大用流行，倏然宛然，現種種相，都無實物。（倏然者，分殊貌。宛然者，詐現貌。大用流行，現種種相，其相萬殊，故云種種。相者，相狀，猶云跡象。世所謂萬有，實即依大用流行所詐現之種種相而得名，都無實物。）故《新論》只言用，便見得宇宙唯是生生不已，變動不居，此神之至也。一言作用，（作用亦省云用。）必有本體。（本體亦省云體。）用若無體，何得憑空突起？無能生有，不應理故。《新論》以大海水喻體，以眾漚喻用。大海水自身全現作眾漚，（曾航洋海者，必見全是眾漚，起滅不住。）眾漚都無自體，而實各各攬大海水爲體。（各各二字注意。每一個漚皆攬大海水為體。）由此譬喻可悟用相萬殊，要是一眞顯現。（用相者，上言大用流行，現種種相。一真謂本體，已見前注。）哲學家或只承認有變動不居的世界而不承認有本體，即是有用無體。譬如小孩臨洋岸，只知有起滅不住之眾漚而不知一一漚皆無自體，其本體元是大海水也，其倒妄不已甚乎！

《新論》談體，雙顯空寂與生化二義。（詳在語體本中卷〈功能章〉。空非空無之謂，以其無形象、無作意、無染汙，故謂之空耳。寂者，清淨，無昏擾也。）空寂即無滯礙，無染汙，所以備萬理，具眾德，而生生化化無窮竭也。汝疑儒者只言生化，不言空寂，此未深究耳。《易·乾》之「象」曰：「剛健中正，純粹精也。」夫剛健，明生化之盛；中正，純粹精，則空寂之義存焉。中，無偏倚也；正，無惑障也；（惑者，迷暗義。惑即是障，故云惑障。）純，無雜染也；（「雜染」一詞本佛籍。雜者，雜亂；染者，染汙。本體純善，故無雜染。）粹，至美也；精，微妙之極也。此與佛氏空寂義足相發明。〈繫傳〉曰：「寂然不動。」寂者空寂。不動者，無昏擾之謂，亦申言寂義也。此「動」字非與靜止爲相反之詞，勿誤會。《中庸》演《大易》之旨，首明天命。命者，流行義，即生化義也。而結云無聲無臭，則是空寂義也。生化本空寂，（無滯礙故，生生不息，變動不居。）空寂自生化，（無染汙故，德盛化神。）此非體道者不能知也。（體者，體認，默然冥契也。）哲學家談生化者，如佛家說十二緣生，即以無明爲導首；《數論》三德明宇宙所由開發，亦本於暗；西洋叔本華之言意志與柏格森言綿延與生之衝動，皆與印度人言無明或暗者相近。此皆從有生以來，一切欲取習氣上理會得之，（欲取二詞本佛家。欲者，希求義；取者，追逐無饜義。）未能克治惑習而見自本性，（「未能」二字，一氣貫下。吾人之本性，即是宇宙本體，非一己與萬物異本也。）故不悟生化大源本來空寂也。西哲談本體均不曾證得空寂，故其談生化，終在與形俱始之習氣上理會，不識生化之眞也。夫無生之生，生而不有；不化之化，化而弗留。（本體亙古現成，本來無生，然其神用不窮，其自身卻是生生不測的物事，故曰無生之生。雖現生相，而才生即滅，才滅即生，故生生不已，終無一物留住，故曰生而不有。唯其不有，是以大生、廣生而不窮，使其有之，則生機滯矣。又復當知，本體常如其性。常如云者，謂無改易。譬如水，雖或蒸為汽，或凝為冰，終不改其溼性。本體之德性恆無改易，以水譬之，可悟此理。性無改故，即無變化，故云不化。然正以其德性真常故，而乃神變不測，故云不化之化。雖復萬化無窮，終無有剎那頃守其故者，故云化而弗留。弗留所以見變化之至神也。）此《新論》究極造化眞際之談也。（造化謂本體之流行，非有造物主。）夫無生與不化，言其本空寂也。（「其」字乃本體之代詞。）無生而生，不化而化，是空寂即生化也。生而不有，化而弗留，則生化仍自空寂也。天人之際，微妙如是，（天謂本體。人之一詞，實賅萬有而言，是乃依生化妙用而假立之名也。）非超然神悟者，難與語此。

來問有云：佛家見到空寂，亦不謂空爲空無，寂爲枯寂也。然其談眞如，（佛家真如即本體之名。）乃純以無爲、無造爲言，絕不許說無爲而無不爲。（無造見《大般若》。無造即無生義。）蓋佛家確不於本體上說生化，而只是談空寂，其故何耶？儒家雖見到空寂，而於此卻似談言微中，畢竟盛顯生化，與佛氏精神面目要自截然不同，又何故耶？

答曰：此在《新論》中卷固已說得明白。（詳語體本〈功能章〉。）佛家以出世思想，故其談本體，只著重空寂的意義；儒家本無所謂出世，（世俗每言儒者主入世，此乃以儒與佛對論，而妄有是言。儒者於世間根本無所謂入，故亦無所謂出。曰入曰出，皆妄見耳。）故其談本體，唯恐人耽空溺寂，而特著重剛健或生化。大凡古今言道者，總不免各因其所趣向而特有著重處，

（如儒佛兩家之人生態度各不同，是其趣向異也，故一則著重空寂，一則著重剛健或生化。）各從其著重處而發揮之，則成千差萬別，互不相似。《大易》所謂差毫釐，謬千里，此言宏富深微至極，學者不可不察也。儒佛二家談本體，一偏顯空寂，（《大般若》為群經之母，其妙顯空寂，至矣盡矣，高矣美矣，無得而稱矣！）一偏顯生化。（《大易》為五經之原，其妙顯剛健與生化，至矣盡矣，高矣美矣，無得而稱矣！）其實佛家見到處，儒者非不同證，然於此但引而不發，卻宏闡生化之妙；儒者見到處，佛家亦非不知，然終不肯於眞如妙體談生化，唯盛彰空寂而已。（真如妙體係複詞，唐基師嘗用之。）偏重之端，其始甚微，其終乃極大，而判若鴻溝，故曰差毫釐，謬千里也。英人羅素有言，喜馬拉雅山一點雨，稍微偏東一點，可到太平洋去，稍微偏西一點，可到印度洋去。此亦善譬。吾主張今日言哲學，當曠覽中外，去門戶而尚宏通，遠偏狹而求圓觀。（觀去聲。）《新論》之旨，難求證於時賢，孤行其是而已。（參看語體本〈功能章〉。）

汝言有某僧難《新論》云：若吾人與天地萬物同體者，則一人解脫，應一切解脫，否則不能說萬物同體。某僧此難不獨難了《新論》，實未讀佛書。佛家眞如即本體之名。其經曰：一切法（猶言一切物。）皆如也，（真如遍為萬法實體，故云一切法皆如。）眾生亦如也，乃至彌勒亦如也，（彌勒，佛弟子。）又諸經言：眾生皆有佛性。言諸佛同體者，其文甚多，某僧欲難《新論》，適以自難其宗耳。須知眾生與佛雖同體，而眾生迷執其形氣之軀，不能超脫小己而澈悟本來，故無由解脫。孔子曰：「人能弘道，非道弘人。」斯言深廣至極，諸有智者，所宜深玩。（愚夫終難與語。）

《新論》中時有冥然自證語，此係證量境界，乃超過理智思考及推論之旨，而與反理智之說絕不相干。反理智者，只是不信任理智或知識。《新論》確無此意，但謂實際理地非理智所及，（實際理地謂本體。）當別加修養工夫，（亦云修行。）直到自性呈露時，便有證量境界。（自性亦謂本體，賅天地萬物而言其本原曰本體，克就吾人而言其本原曰自性。吾人與天地萬物元是同體，非可二之也。）此與反理智者根本異趣。人生在日用宇宙，本與天地萬物相流通，何可不信任理智而狂馳如瞎馬？故反知主義，（「反理智」一詞亦省云反知。）《新論》所不取也。人生當超越小己而直達天地萬物同體實際，故不能純任理智，須別有求得證量之無限功修，此《新論》所以重超知之旨也。（《新論》下卷〈明心章〉談心所處，皆超知工夫。）超知與反知截然不相似，余本欲於為《量論》時暢發之，惜遭時昏亂，不暇及也。

佛家經論言證量處，每云冥證境故，（境謂所證。夫證量本無能所，而云境者，此為行文之便爾。實則證量中渾然無能所可分，若有所證之境與能證之心相對，則不名證量矣。讀者切勿以辭害意。）或云冥冥證故。（冥者無分別貌，非昏冥也。）人來佛家法相諸師談證量，每言正智為能證，眞如為所證，智如分開，乃成大謬。（此實玄奘以來之誤，宜黃歐陽先生亦承之。）《新論．明宗章》談證量，則云是本體（即性智。）呈露時，炯然自明自了，此救法相師之失。

夫本體呈露時之自明白了方名證量。故學者工夫，只在克去己私，斷除惑染，使本體得以發見，爾時自性了然自識，（自性謂本體。）是名證量。孔云「默識」，《易》云「默而成之，不言而信」，皆證量也。陽明詠良知詩：「無聲無臭獨知時。」亦是證解。（證解猶云證量。）

答鄧子琴

十月十四夜來函，今午才到。吾自十月初來北碚，精神不寧。近數日，始寫信。明日寫信或可減，後當閱書數種。冬臘間不卜可起草下卷否。今愈覺思力遲鈍，老至而衰，心境太不閒靜也。人生當亂世，苦可得言乎？汝上年談史諸文，吾未許可，其中甚有難言處。汝欲馳驅於考據、義理之間，此非更加涵養工夫不可也。義理貴創獲，脫然超悟，怡然獨得，有諸己矣，乃徵之天地萬物，而識夫眾理粲然者，無不左右逢源。所謂「殊途同歸，一致百慮」，所謂「一以貫之」，所謂「通其一，萬事畢」，皆澈底語也。雖未嘗不資於書冊，而讀書但為引發神思之助耳。世固有以經師之見而薄通儒或思想家者，於思想家何與哉？（此段話，淺見者或不謂然，實則不唯哲學憑超悟，即科學上之創發亦往往得之玄想，而後證驗不爽也。）

考據尚積累，據文籍，以按索名物度數，興例而博求其徵，亦或集證而始發其凡。讀書不多且審，則積累不富，無以為推斷之具。此其用心在致曲，在考跡，故恆繫於曲而暗於通理也，恆泥夫跡而喪其神解也。

從來學者欲兼考據義理而並有之，吾實罕見。言義理而評判古學，不陷於曲解謬論者，若王輔嗣治《易》，通象而始掃象，可謂有考據工夫矣。伊川則未也。然輔嗣之於考據也，亦領其大體而已。若果困於此，用細碎工夫，則又何可成其爲輔嗣耶？吾之於佛家，亦若輔嗣之於《易》焉已耳。

汝誠志於義理之學，則每日必於埋頭書冊之外，得以若干時間瞑目靜坐，或散步幽清曠遠之地，庶幾穆然遐思。所謂遐思，正是宗門云「恰恰無心用，恰恰用心時」也。眞理著現恆於此時遇之。若終日鑽營書冊，精疲神敝於名物度數之搜求，豈有神解可言耶？

又學問之事，須自審資分。作之謂聖，述之謂明，前聖已言之矣。汝非創作才也，無已其從事於述乎？夫子之聖，猶自謙曰「述而不作」，此業談何容易？程朱諸老師門下雖乏宏才，其於紹述之業，猶有相當能力，不然，則諸老師沒世而此學遂絕，此道無傳矣。吾忽忽已老衰，平生心事，付與何人？常中夜念此，不勝危懼。來函云：董仲舒未見性。自是確論。仲舒言天，頗有宗教家意味；其談性，則猶秉荀卿也。

王充《論衡》以開時俗壅蔽，或有當處。要其自身無所建白，於至道更茫然，不得成爲一家之學。此在今日，何容過分提倡耶？至云《論衡》雜儒道兩家言，〈問孔〉、〈刺孟〉，不過摘其書中可議處，非根本反其主張也。斯亦諦論。然以《論衡》作學術討論，究可不必。夫學術之事，上者智周萬物，洞達本根，理極亡言，權宜立論，盡應化無方，畢竟離言說相。下者則見有所偏，但於彼偏端，非無實見，即據其偏端之見，豎推橫擴，遍覆一切，（如數理哲學唯以數學概念解釋宇宙。由生物哲學之見地，宇宙又似一生命有機體。此例不勝舉。）故其持論有據而不窮於應，有統而不失之濫，所謂「持之有故，言之成理」。雖其明之所在，即其蔽之所成，（注意。）然能獨闢一境界，自成一體系，要有理致可觀，學術之功能與價值正在此。古今中外，凡治哲學思想而能自成一家言者，無論規模廣狹，其實際大都不過如是。過此以往，則有通俗之學，駁雜之論，本無關於學術。唯其無可據之實，無自得之處，無經綸創造之本領。雖復涉獵百家，有所採獲，有所主張，而一切都無深造，唯任浮泛的聰明，耳剽目竊，侈談思想，抉擇時俗得失，每有快語激動流俗心情，若為社會之前識者然。實則每倡一主義或論一事理，卻不能窮原究委，極深研幾，無可導入於正當之途。如此流輩，世世有之，且恆不少。王充在東京合入此類。是等著作，在歷史家眼光，欲考察其時代思潮，不可不注意，學問家無妨瀏覽及之，要無可多留意處。人生無真實見地，輒被古今淺夫昏子欺弄，此甚可哀。孟子曰「我知言」，佛家說有五眼，（慧眼、法眼等。）非其學與識臻絕頂，得為具眼人耶？而敢曰知言耶？吾生今世，元自苦極，無可告語。願汝精進，毋受人欺。若梁先生有辦法，勉仁書院可期成，吾不離是，子盍歸來？

餘杭章氏，小學要自成家，於經於史，博覽有之，名家未也。若乃義理或哲學思想，彼則假大乘以通諸子，而於佛氏又實未通曉，可謂兩失，雖然，聰明博聞哉其人也，大雅君子哉其人也。

揚子云「人不天不因，天不人不成」之說，宜從各方面會去，若直以天人感應言之，恐非子云本意。（《新論．明心章》亦引此語。）

《天泉證道記》，當時已有疑案，「無善無惡心之體」云云，梨洲《學案》辨正不一次。吾意與惡對待之善，即與惡同屬後起，非本體原來有此。本體只是虛寂，只是清淨，佛家說爲無漏善，《大學》謂之至善。元無所謂不善，而今云無惡亦無善者，此與惡對待之善。是以其發見言，即以跡言，本體是無漏善，是至善，是不與惡對者，此能出生萬善（或發見萬善。）而實不留萬善之跡，（吃緊。）於此言之，故亦無善。此語是否陽明所說，要自無病，但不善解，則爲病不淺。

循環與進化，宜細玩《語要》卷一中答人書。

湯先生函問吾尙堪用思否？凡人早熟者，或難再進；晚成者，老當不替。吾進學也遲，似思力未減，但作文較難耳。

答鄧子琴

前云董仲舒猶秉荀卿者，《繁露·深察名號篇》云：「今世暗於性，言之者不同，胡不試反性之名？性之名，非生歟？如其生之自然之資謂之性。性者質也。詰性之質於善之名，能中之與？既不能中矣，而尚謂之質善，何哉？」又曰：「栣眾惡於內，（栣一作袵。）弗使得發於外者，心也。故心之為名，栣也。人之受氣，苟無惡者，心何栣哉？吾以心之名得人之誠，人之誠，有貪，有仁。仁貪之氣，兩在於身。身之名取諸天，天兩有陰陽之施，身亦兩有仁貪之性。」又曰：「性比於禾，善比於米。米出禾中，而禾未可全為米也。善出性中，而性未可全為善也。」又曰：「民之號，取諸瞑也。使性而已善，則何故以瞑為號？（中略。）性有似目，目臥幽而瞑，待覺而後見。當其未覺，可謂有見質而不可謂見。今萬民之性，有其質而未能覺，譬如瞑者，待覺教之然後善。當其未覺，可謂有善質而不可謂善，與目之瞑而覺，一概之比也。」此仲舒性說之大略也，茲不暇具引。仲舒與荀卿同反對孟子性善之論，實則董荀皆未得孟子意。孟子所謂性，董荀未見及也；董荀所謂性，實非孟子之所謂性也。性字同，而兩性字之所指目，確不為一事，此其爭辯所以無當也。夫孟子所謂性者，天命之謂性也。「天命之謂性」一語始見於《中庸》，朱《注》未妥，宜依陽明意思解之爲是。天命性此三名者，其所指目則一，如某甲對父母則名子，對兄則名弟，乃至隨其關係而有種種名。然子與弟及種種名，皆以目某甲也。明乎此，則不可以名之不一而遂生支離之解。天命與性雖有三名，切忌解入支離。萬化之大原，萬物之本體，（此中「萬物」一詞，賅人而言。）非有二也。其無聲無臭無所待而然，則謂之天；以其流行不已，則謂之命；以其爲吾人所以生之理，則謂之性。故三名所指目者，實無異體，只是隨義而殊其名耳，猶某甲本無別體，而隨關係異故，有多名耳。人生不是如空華，天命之謂性，此個眞實源頭，如何道他不是至善至美？孟子言性善，其性是「天命之謂性」也，其所言善，則賅眞與美也，廣矣大矣，深矣遠矣。孟子性善說，其可非乎？若人妄謗眞理，當墮無間地獄，可不畏哉？董荀所謂性，非是「天命之謂性」也，吾爲之核實而定其名，則當曰材性之性耳，宋儒所謂「氣質之性」，義與此通。仲舒云：「性之名，非生歟？如其生之自然之質謂之性。」此則明就材性言之也。「材性」一詞，難以簡單詞語解釋，無已而姑簡言之，其所別於「天命之謂性」者，彼義（指「天命之謂性」。）則克就斯人所以有生的眞實源頭而言，此義（材性。）則克就斯人受生之初、肇形之際、合下形成某種氣質而言。（如或通或塞，或清或濁。）此氣質既成，即其所稟賦之眞實源頭（天命性。）或精神（真實源頭之在人，便為一身之主，是謂精神，亦云本心。）亦不能不受此氣質之影響。蓋氣質雖從眞實源頭發見，（非氣質別有本原故。）而氣質既成，則自有權能。易言之，眞實源頭之流行既現爲氣質，以爲自己表現的工具。而工具已成，則自任其權能，而眞實源頭之運行於氣質中者，遂有反爲工具所使之憾。氣質成於不齊之化，其通、塞、清、濁等等千差萬別，故凡人一生之昏明、強弱、仁貪等等可能，實於其受生之初、肇形之際，便已法爾各具。（法爾猶言自然。）仲舒所云「如其生之自然之資謂之性。性者質也」。正就氣質上說，不似孟子於氣質中特別提出眞實源頭來說。據《中庸》「天命之謂性」而言，則此「性」字最嚴格，只此處可名爲性。材性之性或氣質之性，只應名爲材質或氣質，實不當與「天命之謂性」意義相混。向者函孟實、石蓀曾略言及此，不審彼等留意否耳？此中頗有千言萬語，一時道不出，若將古人論性者一一疏決評判，則又非專書不可也，今安得此暇耶？昔儒於上述三性多不分曉。即如《論語．性相近也章》，此「性」字本非「天命之謂性」之性，卻是材性。如是「天命之謂性」，即人與天地萬物無不同此一性，焉得下一「近」字？又下文有「上智與下愚不移」，在此性分上，又如何著得此語？下愚不移，正謂其材性生成如此耳，如商臣生而蜂目豺聲，是下愚不移之證也。若就「天命之謂性」上說，則程子所謂「不爲堯存。不爲桀亡」是也，何移與不移可論？從來注家於此「性」字多混沌無分別，朱《注》於此猶不無病，經師輩更無論矣。吾子談性，恐亦未有分析。仲舒未見性，只是混材質與「天命之謂性」爲一，故未見性耳。

答江易鏵

來函論文，汝可謂能知文矣。雖然，百尺竿頭，猶須再進。韓愈文章，古今稱其氣勢，愈之得名在是。然文章有氣勢可見，是其雄奇處，亦是其細小處也。睹喜馬拉雅山而群情仰止，以其高大也。天之至高無上，至大無外，則人忘其驚嘆，以是而知，喜馬拉雅山之高大也。猶不及滄海一粟耳。六經《語》、《孟》之文，平淡如布帛菽粟，人皆資生焉，而忘其味。文之至也，可得而論乎？《南華》神化，《騷》經則元氣流行也，雖渾質不似六經，不能使人忘其讚嘆，然能使人雖欲讚嘆之而難以置辭也。此亦文之至也。宋儒懲六代之華辭而矯以順俗，人皆以不文視之。然明道作堯夫傳，伊川狀其父母及狀明道諸文，朱子爲延平等傳，及黃勉之狀朱子，皆從其眞實心中流出。俗士寡昧，不足窺其中所存與言外之蘊，則以爲無文焉耳。作文固不易，衡文益復難，文章之氣勢浩衍，雄奇蒼鬱，有本於天，有本於人。本於天者，精力強盛，賦於生初故也：本於人者，復分誠僞。誠者，集義以養浩然之氣，其文則字字樸實，不動聲色，六經《語》、《孟》是也；或字字虛靈，神奇譎變，不可方物，《莊》、《騷》是也。僞者，缺乏誠心，或知求誠爲貴而未能克己；血氣盛而其詞足以逞，智雖小而讀書足以識故事、侈聞見，儼若胸羅今古，筆走風雲，便謂天下之道果在乎是；存之心，發於言，張皇狂大。一切不慚，天下皆孩之而我爲其父師、爲其慈母，儼若仁覆諸天，德侔千聖，其驕盈之氣，亦馳驟有光怪。天下有目者少，無目者多，則群相驚駭，以爲文之盛也，而識者則知其浮而無根，華而不實，誇而無據，肆而不斂，奇而已細，其精神意氣畢露乎辭也，韓愈之流是也，此習僞者也。

吾平生不願爲文人，不得已而有論述，有筆札，但稱心而談，期於義有根依，詞無浮妄，以是持之終身，庶幾寡過。

仁人之心，須與群生痛癢相關，否則痲木不仁，非人類矣。然此心不痲木，談何容易？要在隨事反省，非可騰諸言說。佛家經籍盛談悲願，讀者以此反省諸心果痲木與否，方是自修之實。若直以經中悲願之談當作自家懷抱中之所具，居之不疑，因以形諸文學，儼若慈育人天，此則不足欺人而實欺己矣。

附記：江生，四川梁山人。梁漱溟先生設鄉村建設研究院於山東鄒平，生從之遊，於梁門為高材生。余以抗戰入川，生得同居請學。其人甚自愛，服膺宋明理學家言，吾方期其有所成。不幸短命死矣。

答諸生

西洋學人將理智與情感劃分，只是不見自性，即不識本性。吾先哲透明心地，（即謂本心。）即從情之方面而名此心曰仁。（仁之端曰惻隱，惻隱即情也。）然言仁便已賅智，姑息與貪愛並非仁，以其失智故。故知言仁而智在其中矣，或從智之方面而名此心曰知。如《易》曰「乾以易知」，曰「乾知大始」，孟子曰德慧，程子曰德性之知，陽明曰良知，皆是也。然言智便已賅仁義禮信等等萬德。《易．繫傳》言窮理便已盡性至命，可知言智而萬善無不賅也。識得本心元是仁智不二之體，名之以智也得，以其非染汙之智也；（向外追逐與計較利害得失之智，是染汙智，非本心也，故不賅萬德。）名之以仁也得，以其非惑亂之情也。（俗所謂盲目衝動之情，儒者謂之私情、私欲，亦通名己私。佛家說名煩惱，煩惱即惑亂義。己私與煩惱，便非正常之情。正常之情即中節之和也，即性也。性情無二元。宜深體之。）西洋學人不了自性而徒為理智與情感之分，其所謂智，終是佛家所云有所得心。（有所得心，此語含義深廣，如向外追求之心，此即有所得心，畢竟不與真際相應。）即在哲學、科學等等方面之創造家，其理智之發展已迴超越一般人之所有較量利害得失等等低度理智作用，某明辨與洞達萬事萬物之理則，無迷謬之愆，其於人生之了解亦較高於庸俗，此等理智作用，可謂本心呈露乎？恐未必然也。世固有不透本原（本原即謂本心或自性。）而轉捨其下等追求，以從事於高等創造，則由用志不紛，（古云用志不紛，乃凝於神。）而無下等雜染（即謂下等追求。）障礙其神思故。因此有極精微之明解力，即徒有緣事智，（緣者，緣慮義；事者，事物。能了解萬事萬物之理則者，謂之緣事，即以此智名緣事智。）而不能證會一切物之本體，以外緣故，有所知相故。（外緣者，謂以所知事理視為外境，而了知之。所知相正由有所得心故起。）證體則泯內外，無能所，斯乃至人超越理智之境，非學者事。又前謂其於人生之了解，僅較高於庸俗者，彼之所了解，只是其一種知見。若證體者，即滌除玄覽（此中玄覽謂知見，蓋借用老子語。）而一任眞性流行矣。或問：如公所言，有高等創造者即有緣事智，而又謂其不必透悟本原。既不悟本，云何得有緣事智？答曰：人自有個本原，雖一向外馳，不復自識，然本原何曾消滅？緣事智畢竟依本心而起，若無本心，其可憑空幻起耶？但至人悟本，則緣事智亦是本來妙用，不至逐物而自迷其本。不悟本者，則緣事智只是逐物，只是外緣，便喪失自己，（此中自己非謂小己，勿誤會。）陽明所謂「拋卻自家無盡藏」，此可哀也。

此方先哲，千言萬語，只要知本、立本，只要知性、盡性。（性者即是本心。）若不悟此而徒分別理智、感情，而曰以理智駕馭感情，殊不知未識自性，未澈本心，則其所言之智，何曾離得染汙而可恃此爲主宰耶？其所斥爲盲目狂馳而不足任之情，正是惑亂，又豈是吾之所謂情乎？

由昧本故，無端生出許多葛藤，遂令先哲正義晦而不明。

又復應知，於情上指性，須於「情」字認得分明。世間一般人口語中之所謂情，往往是己私而不是情也。孟子以四端顯性，即於情上指性也。然其言惻隱，則於今人乍見孺子入井，當下一念，非所以納交於孺子之父母，非要譽於鄉黨朋友，非惡其聲而然。指此當下之惻隱乃是眞性，乃是正常，乃是中節，過此以往，納交、要譽，百僞叢生，則謂之情，而實成惑亂，不應謂之情矣。眞情即是眞性，非二元也。惻隱如是，羞惡、是非、辭讓諸端皆可準知。讀此等書，非反躬察識分明，其有不辜負聖賢心事者哉？

答友人

十五日函才到，可謂遲矣。茲答者：一、謂中國自古及今唯孔莊二人，吾不贊同。孔子無得而稱矣，莊生才力高於道力，其學實原本子老而自成一家，其慧雖高，而不免玩世，至少有此傾向。兄謂其偏，是也，而不能如佛氏之偏得有氣力。佛氏精進勇悍，悲願宏大，若悟其出世之偏而歸之中正，則與宣聖並力而綱維大宇，無須言度脫矣。莊周終是冷然扁舟孤海人也，非聖人之徒也。老氏守樸，其慧深而不露，要自勝於莊，而孔門求仁之旨，非其所及，一轉手便成漆園之學，非偶然也。二、謂子玄《注》幾勝於莊，亦不然，子玄之善，約有三端：窮神知化雖不能如《易》，（《易》歸本剛健，莊則於虛寂處有體悟，而不知至虛至寂者即是至剛至健也。《新唯識論》中卷宜玩。）而所冥會者已深矣，此其一；自然之妙，子玄時發其機，而猶不免雜以膚談，（忙中不暇舉證。）但子玄以外，確未有能及之者，故可尙也，此其二，體神居靈，非是知解境界，子玄於此實有深會，此其三。若乃至治之休，要在群情歸於中正，毫無矜尙。（周濂溪《太極圖說》，吾不甚取之，然其提出「中正」二字，確有會於老莊去矜尚之旨。人心才起一毫矜尚，便是其中正，此非深於內省者不能知。）老莊薄仁義，惡夫伯者揭仁義之名似相矜尙，使天下竟托仁義之跡而亡其眞，人類之禍自此劇。故乃薄仁義而絕其矜尙之情也。子玄於此，亦頗得老莊意思，斯可貴耳。夫群情之惑也，將自造禍亂，而必假於美名以相矜尙；矜尙益熾，而憤盈之氣、殺奪之機乃日益盛而不可止，久之則昔時所矜尙者，後亦無所有，而公然以凶毒爲務矣。春秋時，伯者矜尙仁義，以文其功利之圖。至於戰國，則已不復假託仁義而直如猛獸狂逞。秦以是噬六國，不旋踵而自毀焉。故知矜尙之流極，將必去其矜尙而一切不顧，物我俱毀。是以老莊戒履霜之漸，而嚴絕矜尙之萌也。近者第一次世界大戰，列強猶侈言爲人道而戰，爲文明而戰，是其所矜尙，與吾春秋時伯者揭櫫仁義之情不異也。然至最近二次大戰，則公然毀滅一切，無所謂人道，無所謂文明。今戰事暫停，而殺機醞釀益烈，人類自毀之憂，更不止如吾戰國七雄之局而已。夫人情有所矜尙則失其中正，而暴亂必至於不可戢。仁義也，人道也，文明也，或其他美標幟也，假其名以相矜尙，必流爲凶毒，此亦言群化者之深戒也。老莊皆謹乎此，而子玄亦得之矣。

答張君

來函引李君談讀書三漸次，初以古人爲師，繼以爲友，終以爲敵。李君何許人，愚妄至是耶？李君如每讀一書皆如是，則以迷惑終其生，甚可哀矣！世間浮亂之書自不少，初讀即師之，毋乃愚賤太過。若夫高文典冊，如此土六經、諸子與梵方釋宗三藏洪文，吾讀之，無論完全贊同與否，要是終身之師，何可與之爲敵？即其立義有反之吾心而不合者，吾以敬慎之心矯其弊，而自求一個是處，猶賴前哲之激發也，而敢敵乎？讀書而存終敵之心，則必故意挑剔，故意狐疑，而初讀時未挾敵意，或有正解，轉因後之敵意而消失，豈不可痛？古今大智人，其子讀書所獲心處，恆反覆體認，愈印愈深，而後所見益六道四闢，小大精粗，其運無乎不在。孟子義精仁熟之言，大有深趣，始師之，中友之，終敵之，觀念以次低降，義可精乎？仁可熟乎？人生實難，爲學不易，何得如此誤過一生？令友幸加忠告。

今日上庠之教，專以知識技能爲務而不悟外人雖極爲注重科學，同時亦必於文哲方面特別提倡，使各部門的知識得有其統宗。而凡所以啟導社會與發揚時代精神及培植個人生活力量者，尤賴有致廣大而盡精微的哲學與文學。吾國人不幸忽略此意。抗戰以來，雖稍注意文哲，然各大學文學院，殊乏獨立創獲與極深研幾及困知強行的精神，此爲事實之無可諱言者。

示諸生

二三子爲學，宜多看歷代大人物之文集。唯看此等書時，須自身先提起一段精神，即切實做人，不甘暴棄的精神。有此精神，則讀古代大人物文集時，方能於其字裡行間體察彼之精神。凡其胸懷之超曠、願力之宏大、立身行事之謹嚴不苟，並其擔荷天下憂樂與萬物痛癢相關處，及在當時審幾慮變、綜事應物之智略，在在可以理會得到，而有以激發吾之志氣，增益吾之明慧。《易》曰：「君子以多識前言往行，以畜其德。」蓋前聖經驗語也。余少時讀楊忠愍及吾家《襄愍公集》，感發極大，終其身有委靡時，便思二公以自振。今人讀書，只是考板本，搜徵古人零碎事跡，以自矜博聞，如此讀文集，何如不讀爲幸。

學者勿偏尚考據工夫而忘其所以爲學之意，勿只注重學問的工具而忽略學問的本身，勿馳騖膚泛駁雜的知識而不爲有根據、有體系之探究，當切實求自得，以悅諸心，研諸慮。

與友人

學術多門，遺相而後爲至。遺相者，非可如佛氏末流，不務功修而侈言掃知見也。行極其純，解歸於證，至於證則不著諸相，而亦不拒諸相，是乃眞遺相者也。「天何言哉？四時行焉，百物生焉，天何言哉？」深味之十二部經，得外此乎？否乎？得超此乎？否乎？願公尋向上一關，勿長役法相之間也。拙著《新唯識論》，不卜公看過否？此與昔之言融通者根本不同，唯根極理要而貫穿諸方，故不敢拘門戶以礙大道耳。悠悠斯世，可與言斯事者幾人哉？近作《讀經示要》一書，已由南方書館付印，數千年學術源流得失，頗有所發，不止痛方今之弊而已。時賢皆稗販是務，思想日趨浮雜混亂，全無維繫身心之道。人心死，人氣盡，人理亡，至今日而極矣。群一世之爲學者，思不造其微，理不求其眞，學不由其統，知不足以導其行，膚膚泛泛，虛妄而終不反，吾族類其危哉！老當斯世，痛不可言，聊爲吾兄一抒憤氣。

答賀自昭

先哲矩範不可失，此吾所深望於時賢者。清末以來，談新知者，無一不附會，如以格物致知引歸科學態度；以考據家重在明徵定保引歸科學方法；以孟子民貴及《周官》義符合民治精神；此皆無害。若乃探窮中土哲學思想而亦襲取西洋皮毛，以相牽合，則彼己兩方根本精神俱失，而其害有不可勝言者矣。老來每念及斯，時深惶懼，願賢者毅然振起頹風，則數千年聖哲遺緒，將賴之以存。而所以衣被人類、參贊化育者，皆有資乎是，其所關豈不大歟？心理學家有持行主知從說者，彼據生理（即物理。）以說明心作用，固可如是看去。印度唯識論師談心所，亦以諸惑之力用爲最勝。諸惑皆屬行。釋迦最初說十二緣生，無明實爲導首。無明爲緣而有行，（此中行者，造作義；無明者，迷暗義。行雖以無明為緣而有，但無時間上之先後。下言行緣識，準知。）行爲緣而有識，此與行主知從之義頗相合。益諸惑皆緣形而起，感物而動。佛家修觀，首習及此，故與科學家談心作用而依據生理以施質測者，乃不謀而合也。陽明談良知則非依據生理以言心，乃克就吾人與天地萬物同體處說心，所謂本心是也。其詠良知詩曰：「無聲無臭獨知時，此是乾坤萬有基。拋卻自家無盡藏，沿門持缽效貧兒。」此心乃科學所不容涉及者也。自此心而言，（此心即良知，或本心。）則知主行從，確無疑義。本心元自昭明，無有迷暗，萬化之起，萬物之生，萬事之成，皆從昭明心地流出，（此心亦云宇宙的心。詳《新唯識論》。）非由盲目的衝動而然也。此中實有千言萬語說不得，非有盡性工夫，則不能覿體承當也。吾之《新論》，骨子裡只是此義，未審高明詧及否？徵之《大易》曰：「乾知大始，坤作成物。」乾坤本無異體，而即用爲言，則乾坤不容淆亂，乾爲主，而坤則從。（坤曰順承天，明是從義。）知屬乾，而行屬坤。於乾言知，而即爲行之始；於坤言行，（所謂作成物。）而即爲知之成。就天化言之固如是，反之吾心，知行合一的體段本來如是。孟子云盡心則知性知天，學者如無反己工夫，自無緣信及耳。陽明之學確是儒家正脈，非襲自禪師。然佛家登地以後，漸至究竟，轉識成智，無邊妙用，皆自圓明心地生。知主行從，仍與《大易》同歸。此又不可不知。大抵依據生理（即物理。）立論，行主知從，其說有當；若見到本體，（即本心。）則知主行從，是爲勝義。但凡夫一向放失本心，則眞正知行體段每不易識得。此眞理所以難言也。

答牟宗三

附來函：昨奉《讀經示要》第一講油印稿，喜甚！細讀一過，大義昭然。據六經之常道，遮世出世法之僻執，曰：耽空者務超生，其失也鬼；執有者尚創新，其失也物。遮表雙彰，可謂至矣！繼陳九義，始於仁以為體，終以群龍無首，規模宏闊，氣象高遠。蓋吾師立言，自乾元著手，會通《易》、《春秋》及群經而一之，固若是其大也。第九義中講願欲依性分而起，不必其償，令人警惕讚嘆不置，頓覺精神提高萬丈。人類學術之尊嚴胥由此起。孔孟立人極，贊化育，本以此為其根本精神。理學家雜以釋老，此義漸隱沒不彰。德國哲人立言庶幾乎此，而英人則全不能了此。時下人心墮落，全無志氣，聞之必大笑，然非聖賢心思不能道之矣。後面講《大學》，宗微有不甚了然者，即「致知在格物」一語，據吾師所演釋，似不甚順妥。致知之知，若取陽明義，指良知（本心。）言，而「格物」一詞復因顧及知識，取朱子義。今細按「致知在格物」一語，則朱王二義，實難接頭。朱子義甚清楚，然即物而窮其理，以成知識，與誠意正心究無若何必然之關係。朱義於「物格而後知至」可講通。然知至而意不必誠，此其義終難通。陽明即把住此點，將朱子向外一行全轉過來，知定為良知，物訓為意之所在，格物則成為正念頭，亦即成為致良知之工夫。此則與正心、誠意步步緊逼，有必然之關聯。然陽明之系統大體雖順，而其中之「致」字，似有歧義。試返諸吾儕所意謂，致良知即是復良知。良知既是本心，然為習心所蔽，故須復。復之工夫即格物，良知完全呈露，則事事自然合理。致若作復義解，則此段工夫即為內向歷程。然陽明之言致良知，常是兼內外而為一整個，一來往。若作復義解，則是內向。若是外向，則致字當是推擴義。試就「致吾心之良知於事事物物」一語而言之，此語可解為在事事物物上復吾心之良知，此即是內向，亦可解為推擴「吾心之良知於事事物物而皆得其理」，此即是外向。陽明之言致究是何義，並未表明清楚。然無論如何，總持言之，內向、外向，義雖有別，次序亦異，而總不衝突。唯關鍵在復，立言之著重處亦在復。而外向則是其委也，亦可兼內外同時而言之。內向之復同時即是外向之推擴，成為同時俱起之一整個一來往。若揆之「致知在格物」，則內向義為順。吾師所講者，則似為外向之推擴義。致知之知既是良知或本心，則「欲誠其意者先致其知」一語，便是內向之最高峰。是則此語中之致知，以復義為重，然本體非只是虛寂，亦不可以識得本體便耽虛溺寂而至於絕物，亡緣返照，而歸於反知，此經之所以結歸於「致知在格物」也。吾師訓格為量度，下舉諸例如事親，如入科學試驗室等，皆明本良知以量度事物。凡量度事物，皆為良知之發用，是則「致知在格物」一語中之「致」

字，全成外向之推擴義，既與前語中之致知不相洽，（不一致。）而按之經文，宗總覺其不順妥。一切知識莫非良知之妙用，在一獨立系統中自無可疑。知識如何安頓，亦自可由此而解答之。然凡此諸義，皆不必牽合於「致知在格物」一經句，或吾師欲托《大學》經文以立教，則非所敢議。

來函謂「欲誠其意者先致其知」。此「致」字當作復義解。復便是內向，而以吾解「致知在格物」一語中之「致」字全成外向之推擴義，以此疑其不順妥。吾子此段議論，恐推求太過。夫心，無內外可分也，而語夫知的作用，則心有反緣用焉，（緣者，緣慮義。參考《新唯識論》上卷。反緣謂心之自明自了，亦云自知。）似不妨說爲內向；有外緣用焉，（外緣謂緣慮一切境。夫一切境，皆非離心而外在者，今此云外何耶？境本不在心外，而隨順世俗，不妨說為外耳。心於所緣境起解時，便似作外境想，故假名為外。）似不妨說爲外向。但內外二名，要是《量論》上權宜設施。（《量論》猶俗云認識論。）實則境不離心獨在，雖假說外緣，畢竟無所謂外，且反緣時，知體炯然無繫；（知體猶云心體；無繫者，心反緣時，只是自知自了而已，不起外境想，故云無繫。）外緣時，知體亦炯然無繫。（外緣時，雖現似外境相，而知體澄然，不滯於境，故亦無所繫。）知體恆自炯然無定在，而實無所不在，何可橫截內外而疑其內向外向之用有所偏乎？《中庸》曰：「合內外之道也，故時措之宜也。」辭約義豐，切宜深玩。

函云「欲誠其意者先致其知」一語中之「致」字當作復義解，此亦未審。經文從「欲修其身者先正其心」逐層推到誠意在致知，所說本是一事，而分許多層次，只以義理自有分際，不得不別析言之。身之主宰是心，此身若為私欲所使，即私欲侵奪天君之位，是為心不在而身不得修。故正心即心在之謂。（可詳玩《示要》解正心處。）易言之，即是復其本心。來函云：良知既是本心，然為習心所蔽，故須復。此義甚諦。但已於正心一語中見之，不當於致知處說。

意是心之發用，本無不誠。而曰誠意者，吾人每當本心發用，即眞意乍動時，恆有私欲，或習心起而用事，障礙眞意，此謂自欺，此謂不誠。故誠意工夫是正心關鍵所在，易言之，即復其本心之關鍵所在。然誠意工夫如何下手？此是一大問題，若非立大本，持養於幾先，僅於私欲或惡習萌時欲致克治之力，則將有滅於東而生於西之患，而終不免於自欺。故立大本為最要。

大本非他，即良知是也。良知者，意之本體，即前云正心之心是也。前但出心之名，而未說及心是什麼，此則切示心體，即是知。（知即良知之知，非知識之知。）知是清淨炤明，雖私欲熾然時，此知亦瞞昧不得。吾人只依此內在固有之知而推擴去。（「誠意先致知」之「致」字是推擴義。下文「致知在格物」，「致」字亦推擴義。）知是大本，推擴則大本方立定。大本既立，則私欲不得潛滋，而意無不誠矣。

問：何故推擴方是立大本？答曰：此等處非可空思量，須切實反己體認。夫知為良知，即是本體。本體亙古現成，何待推擴？欲釋汝疑，須先分別二種道理：一、法爾道理。（此借用佛典名詞。法爾猶言自然，儒者言天，亦自然義。自然者，無所待而然，物皆有待而生，如種子待水土、空氣、人工、歲時始生芽及莖等。今言萬有本體，則無所待而然。然者，如此義。他自己是如此的，沒有誰何使之如此的，不可更詰其所由然的，故無可名稱而強名之曰自然，或法爾道理。）二、繼成道理。（《易》云：繼善成性。此言吾人必繼續其性分中本有之善，以完成吾之性分。蓋本體在吾人分上，即名為性。而人之既生，為具有形氣之個體，便易流於維護小己之種種私欲或惡習而失其本性，易言之，即物化而失其本體。故人須有繼成之功，以實現其本體。《論語》曰：「人能弘道，非道弘人。」道即本體之名，弘即推擴之義。吾人能弘大其道，繼成義也。過不能弘大其人，人不用繼成之功，則人乃物化而失其所本有之真體故也。）就法爾道理言，本體無待，（無對待也。）法爾圓成，（法爾圓滿，無有虧欠；法爾成就，不從他生。）似不待推擴。然所謂圓成者，言其備萬理，含萬化。易言之，即具有無限的可能，非謂其為一兀然堅住的物事也。故其顯為大用，生生化化，無有窮竭，即時時在推擴之中。王船山釋太極一詞曰：「太極者，無有不極也，（此是法爾圓成義，是具有無限可能義，此似不持推擴。）無有一極也。」（是時時推擴義。）則似不待推擴者，而實恆在推擴，《詩》曰：「維天之命，於穆不已。」（天謂本體，命謂本體之流行。於穆，深遠義。）不已即推擴無終極。《易》以天行健象乾元，即有推擴義。故吾儒言本體與佛氏以無為、無造顯本體者（無造即不生不滅義，是常守其故而無新生，本體便成僵固的死物。）天壤懸殊。吾人不當虛構一兀然堅住之本體，妄起追求，唯應體現其所本具推擴健進之本體，以立人極。

就繼成道理言，本體在吾人分上，即名爲心，（以其為吾身之主宰，故曰心。）亦名爲知。（知即是心，唯以其清淨炤明，故名為知。心之自相只是知，除卻知更有什麼叫作心？）此知是無知無不知。（無知者，非預儲有某種知識故，如無子女者絕不會預備有若何顧復嬰孩之知識；乃至自然科學上一切知識，若非用其知力於自然界去徵測，即此等知識亦不會預有之，故云無知。無不知者，此知是一切知識之源，如婦人初生子女便有善為撫育的一切知識；乃至自然科學的知識，只要推致吾之知力於大自然，則此等知識亦自開發，故曰無不知。余之此說，在宋明理學家及禪家聞之，必多不滿。今此不及辨。）申言之，知體只是具有無限的知之可能，吾人必須保任此知體，（此知即是本體，故云知體。或問：一言乎知，便是作用，如何徑說為本體？答曰：此問甚善。然須知即用見體，不妨說知即本體。譬如於衆漚，識其為大海水之顯現，不妨於衆漚直說是大海水。今說知即本體，義亦猶是。保任二字須善會，保者保持，任亦持義，保任此知體，勿令私欲或習心得起而障之。吾人日常生活中，不論動時靜時，常是知體昭然為主於中，卻賴保任不鬆懈。保任便是推擴中事。）因其明而推擴之，使日益盛大。（明者，知體之發用。）如孟子言是非之心爲智之端。（端如絲之緒，至微者也。）蓋以知體之明，在凡不減，（凡夫何曾損減得，只為私欲或染汙習氣所障蔽而不甚顯發耳。）其日用之間，於應事接物，或能明辨是非，不至迷亂，此正是其知體微露端倪，但凡夫不知保任此端倪，（端倪即知體之明。

常保任之，則如體透露矣。顏子卓爾知有所立是也，惜凡夫不悟。）每有初念頃，是非不惑；及稍一轉念，便爲私欲所使而障蔽其本明。故學者求自遠於凡夫，必於一念是非之明處引其端而擴之，至於窮萬理，達至道，得大智慧，庶幾知體展擴，漸近極度。（言漸近者，實無有極度也。佛家以成佛為究竟位，是有極度。《詩》曰：「維天之命，於穆不已。」文王之德之純，純亦不已，便無究竟位可言。夫渴想極度者，妄情也，不歆極度而行健不息者，真達天德也。使果有極度，則本體將為凝然堅住之物而大用息，是孔子所以嘆「夫《易》不可見而乾坤息也」。佛家說真如是無為無造，此其妄也。嗚呼！安得解人與之論儒佛乎？）故曰：「是非之心，知之端也。」孟子之言擴充，其義韙矣。或問：先生言推擴，究須有保任工夫，而解「致」字卻似偏取推擴一義，何耶？答曰：保任自是推擴中事，非可離推擴工夫而別言保任也。推擴者即依本體之明而推擴之耳；（「依」字是順從義，即保任之謂。吾人只念念順從吾知體之明而推擴去，則私欲或習心自不得起。推擴工夫稍歇，則習心便乘間而橫溢，反省深者，當知此事。）保任亦只是依從知體之明推擴去，非是別用一心來把住此知體可云保任也。（如別用心來把持，便是無端添一執著的私意，即知體或本心已受障蔽。理學與禪師末流多中此毒。）

經文致知「致」字，本是推擴義，保任意思自在其中，然經直以推擴標義，隱含保任卻不直標保任者，此中大有深意。試詳玩後儒（宋明儒。）語錄，大抵以爲知體或本心是本來具足，（吾亦承認本來具足，但是具有無限的可能，而禪與理家不必同此。）本來現成，故其談工夫，總不外保任的意義爲多。（程朱居敬工夫只是保任，不獨明儒昌言保任也。）單提保任，則可以忽略推擴義，以爲現成具足之體，無事於推擴也。明道〈識仁篇〉云：此理不須窮索，以誠敬存之，存久自明。（存即保任義。）格以經文致知之「致」字，即推擴義者，乃見明道純是道家之徒。（道家不言推擴，其旨與佛氏為近。）宋明儒始終奉〈識仁篇〉爲寶訓，其於仁體（仁體亦即知體。仁與知非二也，特所從言之方面不同。）實只有保任，而無推擴工夫。充其保任之功到極好處，終近於守寂，而失其固有活躍開闢的天性。其下流歸於委靡不振而百弊生。宋明以來，賢儒之鮮有大造於世運，亦由儒學多失其眞故也。故言推擴，而保任義自在其中，單提保任則可以忽略推擴工夫，而其弊有不可勝言者。總之，知體是主宰，依從知休之明而推擴去，便是工夫。即工夫即本體，（本體亦云知體。）如充一念是非之知，可以進至極高的智慧境地。工夫推擴不已，不令此知體被私欲障礙，引而伸長之，即是本體展擴不已，此乃人道之所以繼天成已（天者，本體之名。人繼續其所固有之本體而不至物化，是名繼天。己謂性分，非小己之謂，人完成其性分曰成己。）而立人極也，是謂繼成道理。

經文於修身先正心處已明復義，因爲此「正」字即是《易》言正位之正，即明心爲身之主宰，當正其天君之位而不可爲私欲或習心所侵奪，故是復義。但此處只作一番提示，並未說到如何用功去復。繼言誠意，便顯意是心之發用，於此卻要用功，必勿以私欲或習心來自欺其意，如此方是誠意，而心不致放失。然不自欺工夫（即誠意工夫。）不是僅在發用處可著力，必須立大本。大本非他，還是要認明自家主宰的頭面。（主宰即上所云心。）此個頭面即是知。（所謂良知。）陽明詩云：「而今說與眞頭面，只是良知更莫疑。」如此覿體承當，得未曾有。然自識得此大本已，（大本即知，亦云良知。）必須依從他（良知。）推擴去，如淵泉時出不竭才是。（淵泉喻如良知；時出者，淵泉隨時流出，喻如良知之明隨時推擴。）本體良知，原是推擴不容已，工夫亦只是推擴不容已，即工夫即本體，（吃緊。）焉有現成具足之一物可容拘隘而堅持之乎？佛家說到知體，（佛所云智，亦相當於《大學》經文致知之知。）喻如大圓鏡，此便無有推擴。吾謂以鏡喻知體，不如以嘉穀種子喻之爲適當。須知一顆穀種，原具備有芽、幹、枝、葉、花、實等等無限的可能，非如鏡之爲一現成而無所推擴之物也。後儒言知體，皆受二氏影響，故其工夫偏於單提保任，其去經言致知之推擴義蓋甚遠。夫不言推擴，則工夫只是拘持，將爲本體之障，無異堤防淵泉而欲斷其流也。大本不立，害莫甚焉。推擴工夫，方是立大本之道，譬如通淵泉之流，源源不竭，沛然莫御，所謂有本者如是也。本立而後發用時，倘有非幾之萌，自如紅爐點雪，故曰「欲誠其意者，先致其知也」。

陽明於推擴義極有見，《語錄》有曰：「我輩致知，只是各隨分限所及。今日良知見在如此，（見讀現。）只隨今日所知擴充到底；明日良知又有開悟，便從明日所知擴充到底。如此方是精一工夫。」此段話好極，惜乎一向無人注意。誠深會於此者，當識得知體不可視猶明鏡，而當喻如穀種，時在推擴發展中也。陽明後學已失此意。

推擴工夫正是良知實現，私欲、習心無由潛伏，正如太陽常出，魍魎全消。上文正心處所示復義，至此乃見。故致知之致（即推擴義。）是復之下手工夫，與前但虛提復義者，不容混視。義有分劑，言有次序。

復義只是對心不在而說，此心爲私欲所障蔽而失其君位，故須復，如人君失位而復辟之復。明乎復義只如此，則復義並未涉及下手工夫，何所謂內向？工夫若內外一片，則內向只是堤防著本體，其害將如吾前所云，焉有如此而可復其知體者乎？（知體亦本體之異名。）

「致知在格物」之「致」字，元承上文來，自是推擴義。知者，心之異名。一言乎知，便已攝物。（攝者，含義。）心、物本爲渾然流行無間之整體？不可截成二片。內外之名，隨俗假說固無妨，若果以爲內心、外物，劃若鴻溝，則愚夫作霧自迷，其過不小。夫良知非死體也，其推擴不容已。而良知實通天地萬物爲一體者也。故《易》言「智周萬物」，正是良知擴推不容已。若老莊之反知主義，（老子絕聖棄智，其所云聖智，即就知識言之，非吾所謂智慧之智也。莊子亦反知。）將守其孤明而不與天地萬物相流通，是障遏良知之大用，不可以爲道也。故經言「致知在格物」，正顯良知體萬物而流通無閡之妙。格者，理度義。良知之明，周運乎事事物物而量度之，以悉得其有則而不可亂者，此是良知推擴不容已而未可遏絕者也。須知吾人工夫是隨順本體，而本體亦即於工夫中實現，明儒說即工夫即本體，此語妙極，惜乎學者不肯深心理會。夫推擴吾良知之明去格量事物，此項工夫正因良知本體元是推擴不容已的。（良知本體四字作複詞。）工夫只是隨順本體，否則無由實現本體，此不可不深思也。哲學家有反知者，吾甚不取。明乎此，則吾言致知格物，融會朱王二義，非故爲強合，吾實見得眞理如此。朱王各執一偏，吾觀其會通耳。

推致吾良知之明向事物上去格量，此是良知隨緣作主，無所謂外向也。格物之格即是良知之用，知之流通處即是物，非物在心外，故格物實非外向。（俗計為外，而實無外。）知之流通處即是物，而知之格量作用周遍於其流通處，（即物。）而得其有則而不可亂者，是謂格物。格物工夫不已，即是吾良知之流通無息，展擴不已。

《大學》言格物，只予知識以基地，（既許格物，即知識由此發展。）卻非直談知識。

莊子以內聖外王言儒者之道，其說當本之《大學》。然內外二字，但是順俗爲言，不可泥執。《大學》經文只說本末，不言內外。前言物有本末，後結歸修身爲本。修身總攝誠正格致以立本，由身而推之家國天下，皆與吾身相繫屬爲一體，元無身外之物。但身不修則齊治平無可言，故修是本而齊治平皆末。本末是一物，（如木之根為本，其梢為末，元是一物。）不可剖內外。通乎本末之必，則三綱、八目無論從末說到本或從本說到末，總是一個推擴不已的整體，不可橫分內外。

「物格而後知至」者，至，極也。言於物，能格量而得其則，然後良知之用乃極其盛也。《示要》於此疏釋甚明白。讀者不肯反己切究，故以朱子之解爲通，而疑吾之說欠順。孟子曰：

「舜明於庶物，（於眾物之理必格量明析而悉得其則。）察於人倫，（即於父子、兄弟、夫婦乃至天下人，互相關係間有其倫理，必格量不迷。）由仁義行，（孟子言仁義，即就本心或良知之德而目之也。由者，率順義。明物，察倫，即於物理已無不格量，而無所迷謬，故乃率順其仁義等德具足之良知而行之，自無冥行之患。）非行仁義也。」（非依古人仁義之事而假行之以襲美名，所以異乎功利之徒。）詳此云明物察倫即於物理無不格量而無所迷謬，所謂物格是也。物格即是良知行乎事事物物而大明遍照，其力用日益增盛，故曰「物格而後知至也」。知至則私欲或習心不得相干，而意無不誠可知。孟子云「由仁義行」，正意誠之徵也。世或以為原人時代，其民天眞未離，即良知現成，無有不善，老莊遐想淳古之風蓋如此。其實原人尚未能推致其良知以格量事物，即知識甚陋，唯其於物有未格，不足語於明物察倫，故其所行，當理者甚少而終不自知其迷謬。即偶有是處，亦不由自覺，此與鳥獸之頑冥幾無甚殊異，故其良知全不顯發，無可與之言誠意不待言。陽明後學多喜享用現成良知而忽視格物．適以自誤，此亦陽明講格物未善所至也。

《大學》經文從「欲明明德於天下」一層一層追本到致知上去，即隨結云「致知在格物」；卻又由物格知至以下一層一層歸於天下平，文義往復如環。細玩之，至良知是立大本工夫，而格物正是致良知工夫吃緊處。道家致虛，（老子曰「致虛極，守靜篤」，莊子及他道家皆不外此。）佛氏歸寂，（佛家三法印，而涅槃寂靜一印實前二印所會歸處，此其無上了義也，大小乘皆於此印定。）同一反求自性而不免遺物，其流皆有反知之弊。（佛家雖尚理智分析，然實以為修法空觀之方便，與《大學》格物主張確不同。）《大學》特歸重「致知在格物」，與「物格而後知至」二語，此實聖學與二氏天壤懸隔處。至西洋學術精於格物，卻又不務致良知，便是大本不立。陸子教學者「先立乎其大」，陽明云「學問須識得頭腦」，不可僅以馳求知識爲能事也，《大學》之教方無流弊。

答韓裕文

年來籌設中國哲學研究所者，因吾深感今日著書絕不濟事。今人從小學至大學，所見所聞皆與大道背馳，其日蔽於浮雜知見者太深，（此語勿作罵人語句看，非真了然手時下學風者，不知此痛。）欲其看吾書，談何容易？今誠欲學者敦素業，求眞理，則非可徒事著書而已，必身親教人焉，而後可冀此學此道之大明而不至於晦也。昔吾夫子，杏壇聚三千七十之眾，此豈不憚煩哉？誠有所不容已也。故曰我學不厭而教不倦也。若只學不厭而已，則自私自利者皆優爲之，豈足爲聖乎？釋迦牟尼菩提樹下固其專精自得之時，其後來悠長歲月，只以全副精力爲眾生說法，與吾夫子誨人不倦又未嘗不同也。今之愛我者，皆勸吾以著書，不知斯人陷溺已深，先聖哲之遺訓喪亡略盡，區區著書豈足揮魯陽之戈以反墜日乎？吾痛心及此，而不能無意於講學也。今時社會組織不同前世，生活情形迥異古昔，學術之複雜又日益甚，雖孔孟程朱復起於今，亦不可以鄉塾之規而講學也。此中有千言萬語，吾憚於筆述，明者可自思之。吾欲規設中國哲學研究所，冀聚若干有志士得與吾共朝夕，專而不紛，期以數年，精神通，思理達，夫而後此學此道不失其眞。斯所以上對千聖百王，下爲無量人群廣植善種子，則吾之心盡，而天地生民其亦有所與立、有所與托矣。雖然，研究所之經費，非窮書生可辦也，必資乎有權勢者籌募於有錢階級，而後可集事也。吾性孤冷而不能與權勢接觸，縱有一二留心學術者爲達此意於數輩大官，彼固漫然諾之，其實亦漠然若不聞而已。然吾終不易吾素守，絕不苟且周旋於勢利之途，爲枉尺直尋之計也。

與陶君

老子研幾而順化，其源出《大易》、《春秋》，儒之別子也。清淨無爲，惡夫以私智宰物，將任物之自正，此其所長也。然物類不齊，若無輔相裁成，而期物各自正，如何可能？且純持個人主義而缺乏集體生活，將使物各孤立而不相互助，終無以爲治，此老氏所以見斥於吾儒也。莊生更申放任之旨，極於剖鬥折衡，度制盡廢，其論近於無政府，又惡文而欲返之於野，將有激而然乎！

答張德鈞

駁皮氏文，頃閱過。卦爻辭爲繫辭，此說不爲無理。但皮氏謂孔子始作之，以前無辭，此甚謬。然孔子集羲皇乃至文王以來之占辭與筮法等而新定其義，則謂卦爻辭爲孔子繫之辭可也。如魯史之辭經孔子取義而謂《春秋》之辭，非孔子作可乎？《示要》說得甚明，汝何疑焉？重卦之人不必爭論誰何，汝意極是。吾意，言八卦即是六十四卦備舉之，羲皇一手演成，本自然之序，無可疑者。然漢儒多稱文王重卦，或因其於占法有所整理而云然，羑里演《易》之說，必非無據，《論語》：子曰「文王既沒，文不在茲乎」，此所謂文，蓋指文王之《易》而言也。孔子取其文而董理之，乃別有新義，故曰在茲也。

與孫穎川

鐘兄仲裏有靜趣，無塵俗情，故欲激之。其胸抱似有不拓者，豈有人倫之感耶？有子無子何相干？諸聖賢猶父兄，群生猶子弟，萬物皆吾手足，何樂如之？

與韓裕文

吾欲汝來者無他。仲尼無常師而不曰無師也。求師不限一方面，此儒道開端便廣大也。若無師，何以爲聖乎？陽明云：「吾嘗求師於天下，而天下莫予師也；吾嘗求友於天下，而天下莫予友也。」痛哉斯言！今之世正是此悲境也。吾雖不德，然先聖賢一線之延，實在乎是。汝所得於吾者，究無幾何？去之太早，恐不濟事，彷彿一空輪廓，終無可塡實；又如略具骨格，無法生精血。今之後生，侈言獨立發展，實乃自暴自棄。昔者康有爲從朱九江一年急離去，終成一浮亂名流，（康氏之學實浮亂。向者張孟劬先生嘗言之，而時賢每不辨也。）晚而推尊九江，究何得於九江乎？若果長與九江處，薰陶加深，或不至太不成樣也。吾告汝，凡上上資質，無師自得；上中之資，得師而長相依，可以青出於藍，冰寒於水，顏子如不早喪，當不止亞聖之地也；中中之資，得師而長相依，雖難希上哲，而必遠於凡庸。凡人精神志氣，必待夾持輔養，蓬生麻中，不扶自直，此有至理。吾儕不幸無師，而尙友古代聖哲，讀其遺書，索其沖旨，亦以提振自家神志。然如得良師而常親謦欬，究比尙友爲親切也。船山從其兄介之學，而於其歿也，爲之狀云：「咳唾皆神之所行，逡巡皆氣之所應。」其所得者深矣哉。子曰：「吾無行而不與二三子者，是丘也。」古今會斯意者少。輕淺怠慢之毒中乎身，必欲遠老成以自鳴得意。學之絕，道之喪，良有以也。人日與流俗處，精神志氣日靡乎流俗，欲無下達，其可得乎？汝違吾久，至少須得數年聚。吾非狹隘規模，汝學西洋哲學，每年規定看何家之書，即專心看去，吾不汝禁；中土儒家及諸子學，印度佛學，亦須擇要熟習。學問之道，於此深造自得，於彼亦可深研；於此粗浮作解，於彼亦是粗浮。粗浮者，即一無所知、一無所得也。汝曹返諸良心，曾受何種嚴格訓練免於粗浮，而遽欲違吾以自立乎？汝非天才也，吾望之者，取其篤實也。甘受和，白受採，忠信可以學禮，篤實可以成學。吾年六十以上，一向無人可語，聰明過汝者，非無一二，然恐終不離粗浮之痛耳。吾捨汝，其誰望矣！汝不自發眞心，只作得一世俗所謂好人，吾之學其已矣！此方先哲意思無可托矣！吾年已至衰境，向前日月能有幾多？此可念也。學者必養成挺然絕俗之資，必具有囊括大宇之概，規模宏拓，志意深遠，不貪小成，不甘凡近，然後能下極深研幾之功，任繼往開來之業，否則隨俗翻幾家書，得些膚泛知識，詡詡然搖筆弄舌，盜得浮名，居然一代學者，古今淺夫昏子，自害害火，鮮不出此，此斯世所以長迷而不返也，悲夫！

答李四光

《論語》：「仁者己欲立而立人，己欲達而達人。」立與達之義，深遠矣哉！知識技能之學不足云立與達也。卓然樹立，不倚於天，不倚於地，萬物無足以攖我者，岳峙淵淳，八風吹不動，如是之謂立。孔子曰「三十而立」，是其眞有所立也。濂溪曰「立人極」，不立未成爲人也。《書》曰「唯皇建極」，皇者大也。大哉立極之道也。達非今世科學知識之足言也。（吾非反對科學知識，只應還他一個地位而已。）明萬化之原，究天人之故，觀我生而不迷於生，（《易》之〈觀卦〉曰「觀我生」，有味哉！）盡吾性而弗疑所行，（率性而行，悉由天則，何疑之有？）《易》言大明，佛氏大澈大悟，達之謂也。不立不達，是如糞土，何可爲人？哀哉！吾之族類頹然弗可立，冥然未有達也。（中略。）數十年來教育，只務販入知識技能，眞有知能可言者，未知幾何？而大多數則習於浮淺混亂之見聞而已，學不究其原。理不窮其極，思不造其微，知不足以導其行，夙植惡因，成茲孽果。往已不諫，來尚可追，今之司上庠教育者猶復茫然，未知所覺，始終只欲販入知識而忽視其固有立人達人之大道。嗚呼！天其夢夢，世其滔滔，吾既年衰，兄亦老至，我輩復何所計？唯族類可憂耳！鳥獸猶愛其類，何況於人乎？昨奉《讀經示要》一書，不卜得一看否？此苦心所寄也。

答郭君

《讀經示要》第一講有云：「聖哲不世出，而庸眾則滔滔皆是。」先生不以爲然，謂人性皆善，不當有聖哲庸眾之殊云云。尊論只見得一偏耳。夫性者，言乎人所以生之理也，聖人庸人固同此一原，不當有異。（橫渠云：性者，萬物之一原。原謂理。）然理肇萬化者也，其顯而爲氣，（氣即理之顯。理體也，氣用也。）乃以凝聚而成物。（氣者，勢用之謂。釋見《新論．功能章》。勢用猛疾，故凝聚成物，譬如水流迅疾則見波狀，故知動疾則詐現凝象。）氣之凝，本無作意，非有上帝爲工宰，立一定之模而冶之一爐，使其畢肖而無不齊也。（「非有」二字至此爲句。）故凡人或物之稟氣以成形者，初無定型，而靈蠢與強弱等等之不齊，乃出於氣化自然之幾。（氣化亦可說名造化。）人物雖欲以自力勝造化，要之其自力發展最優者，或仍本諸其所得於天之厚。（天謂造化。）所謂得天厚者，即其稟氣化以成形時，而所稟受有獨優者也。人類之祖與猿同類，其一已進而爲最高之人類，其一則傳之無量劫子子孫孫而仍如其朔，此何故耶？當知且物雖種源不異，而每一物之生，其各稟於天者，不能分量齊均，其軀體結構雖互相似，而亦不能全肖。故同類之物，有守其故步而無所更進，亦有發展日益新新而全異其元始。孟子曰：「物之不齊，物之情也。」此言深可玩味。世之談生物進化者，徒注意環境而忽略生物自身因素，即其所得於天者果何如？於此全不計及，終是一蔽。環境之影響誠重要，而生物自身因素究不可忽。物有奮其自力以爭造化之功，而其能事終有所限，然不可以能事之有限也而不盡其自力，正以能事有限而自力乃益不容已。使有息肩之地可容偷安，則萬物之生，將皆平淡無意義，何足貴哉？據此而論，造化不齊，則人類不能皆聖哲而無庸眾。聖哲扶勉庸眾，常為不斷之努力，（扶勉者，因彼之自力而扶勉之，使其自立自達耳；非宰制乎彼，使失其自力而從吾之所使也。）庸眾亦奮其自力而以困知勉行為務，雖不必遽躋上智，要自有相當成功。人類從無始時來迄至今日，聖與庸之不齊，未嘗一日而可泯；聖與庸之各盡其力以求進，亦未嘗一日而可已。但其進也非直線，有時若登高然，回旋曲折，將上而反下之，將前而故後之，終於前進而已矣。然前進未有極頂可休，則進亦疑於不進也。從古迄今，人類如是其進而不已。繼今以往，聖與庸在進進之長途中終古不齊，聖與庸之各盡其力以求進者，亦終古無已。人道之憂樂相交，實存乎是。《大易》所以終「未濟」歟？夫聖哲庸眾不可齊，本於造化之無有作意，吾子奈何欲強不齊以為齊？假使齊其不齊，則聖功與眾力俱隳，（無庸眾矣，說誰困勉，是眾力隳；聖哲無所用其扶勉，是聖功隳。）人類亦何幸之有乎？

再答郭君

來函謂經濟制度改善，人人得遂其生，即人人皆可成學，無聖人庸人可分。如此立論，完全注重環境，而不悟人性雖同，但其氣質有昏明、強弱等等差別，則原於造化任運所致。（任運者，謂任自然之運行，非有意安排故。）氣質美者，得以顯發其天性之彝；（彝美也，如智仁勇等等美德，皆天性所固有。）氣質不美，即足以障蔽其天性而有物化之患。孔子言「唯上智與下愚不移」，（上智絕不退下，是不移；下愚終自暴自棄，不可向上，亦是不移。）佛氏說有五種姓，其闡提決定不得成佛，與下愚不移義相合，此深可玩也。環境一切改善，民群相生相養之局日益完美，庸人皆可進學而興於善，吾固信爲理所應然。但必謂爾時全人類無一平庸之資，人人皆聖如仲尼、釋迦，智如亞里士多德，人人之德智力諸方面皆一味平等，即人人皆聖哲，更無庸眾可言，此等理想，不卜佛家淨土宗所謂極樂世界與耶教所謂天國之社會有是事否？若吾儕地球上自有生物以來，雖進化未已，而原形質猶與生物界最高之人類並存。人類哲學、科學、宗教、文藝與夫政治、社會等等方面之創造，均見人類之睿聖、廣大、崇高、奇偉，而與吾人同宗之猿類，則迄今猶如其朔。據此而論，人類之中，自昔迄今，有聖哲，有庸眾。聖人之資，拔類出萃，恆不易得，而庸眾則滔滔皆是，此自昔已然。來日無窮，恐無以甚異於今耳。然吾並不菲薄庸眾。庸人如肯自強自克，（克治私欲等錮蔽。）未嘗不可變化氣質而成聖，此視其能否立志耳？

答某生

古今正知、正見都從一生血汗中得來，夫子所謂「仁者先難而後獲」是也。《大學》首章，至綱領，八條目，其間處處有無窮義蘊，世儒只是悠忽過去。程、朱、陽明確於大頭腦處有所認識，而猶欠仔細，差毫釐便謬千里。此篇確是聖學提綱，於此不通，六經未許講也。望更詳之。

示張德鈞

吾衰矣！當茲危運，無所效於當世，老來只念寡過二字較親切耳。後生眞當努力，年一過往，何可攀援？爲學須是自家有眞實心，心不虛則理不來捨，心不眞則一切浮妄皆足爲理之障，如此而欲有成於斯學，古今未之聞也。學在自己，師若友，只堪輔益。忘其在己，雖登洙泗之堂，猶無補也。悟此則於師友之間無苛求，亦無失望矣。

來字甚好。汝能處處不忽，何幸如之！然余謂程朱欠分曉亦自有故。《集注》此所謂性，兼氣質而言者也，此其頭腦處卻將二性不分，所以許多人就以此章打倒性善。須知義理之性不可兼在氣質中說，一兼便糟了。氣質之性實不是性也，兩下分清才是。汝對看吾文可也。

午間來字，吾方進膳，頃略寫此。俗所謂思想是情識不待言，即科學的思想亦然。科學必假定有外在世界，正是有取。格以法空正智，即情識也。然法空智顯，仍現情識，其不同未悟之情識者，以不執著故耳，只是隨俗假設而不執實耳。妄法，聖人亦現者以此，用外覓體者，不悟即用即體，卻於用之外去覓體，所以成過。

曹慕樊記語

一夕，慕樊侍坐，問「孔子『操則存，捨則亡；出入無時，莫知其鄉』。惟心之謂歟」數句之義。先生曰：此節，朱子《集注》原講得不好，楊慈湖又講了一番，卻更差謬。

朱《注》云：「孔子言心，操之則在此，捨之則失去，其出入無定時，亦無定處如此。孟子引之以明心之神明不測，得失之易，而保守之難，不可頃刻失其養。」又引程子曰：「心豈有出入？亦以操捨而言耳。操之之道，敬以直內而已。」或問：程子以爲心無出入，然則其有出入者，無乃非心之正耶？曰：出而逐物者，固非本心之正，然不可謂本心之外別有出入之心也。但不能操而存之，則其出而逐物於外與其偶存於內者，皆荒忽無常，莫知其定處耳。然所謂入者亦非此心既出而復自外入也，亦曰逐物之心漸息，則此心未嘗不在內矣。學者於此苟能操而存之，則此心不放，而常爲主於內矣。《語錄》有曰：此四句但言本心神明不測，不存即亡，不出即入，本無定所，如今處處常要操存，安得有定所？

詳上諸文，朱子大意主操存，甚是。但本心不存即亡，習心便乘機而起，所謂「出入無時，莫知其鄉」，正是習心憧擾之相。朱子於此不辨，而以「出入無時」云云，亦就本心上說，此其差毫釐謬千里者也。朱子以出爲逐物，入者逐物之心漸息，即此心未嘗不在內，以此言本心，毋乃未識本心乎？本心清淨炤明，雖智周萬物而未嘗逐物，雖涉萬變而隨緣作主，不爲物引，本無有外，不得言出，不出即亦無入，程子云「心豈有出入」是也。然此中出入一語究何所指，程子畢竟未尋下落，模糊過去。或問中，云出而逐物者，固非本心之正。此語謬極。既是本心，焉有不正？又云：不可謂本心之外別有出入之心。但不能操而存之，則其出而逐物於外與其偶存於內者，皆荒忽無常，莫知其定處。此一段話尤謬極。試問吾人不能操存時，其逐物於外與偶存於內之荒忽無常者，還是本心歟？「從心所欲不逾矩」者方是本心，荒忽無常者絕不是本心也，朱子於此殊未透在。或問：多朱子未定之論，趙順孫纂疏，採此務入《集注》而無辨正，其誤人不小。

楊慈湖《家記》卷八：「孔子言操則存，捨則亡。出入無時，莫知其鄉。惟心之謂與？此言蓋謂操持則在此，不操持而捨之則寂然無所有。忽焉而出，如思念外物外事，則遠出直至於千萬里之外，或窮九霄之上，或深及九地之下；又忽焉而入，如在乎吾身之中。然而心無形體，無形體則自然無方所，故曰『莫知其鄉』，言實無鄉域也。聖人此旨未嘗貴操而賤捨。孟子誤認其語，每每有存心之說，又有存神之說，失之矣。使果有所存，則何以爲神？」

詳慈湖所言出入之狀，正是朱子所云荒忽無常，明是習心狀態，而慈湖以此爲本心，豈非認賊作子？至云「聖人未嘗貴操而賤捨」，且詆孟子操存之說爲誤，直墮罪惡叢中。慈湖誤認荒忽無常之習心爲本心，故欲縱任之，乃貴捨而賤操，以成其不起意之謬說。其實操存元非起意，只是任本心爲主於中，而勿令習心或私意得起而障蔽之，是謂操存，並非另起一意以控制此心之謂也。慈湖謂聖人不貴操存，試問：《書》言「顧諟天之明命」，（朱《注》：顧，常目在之也，此形容操存工夫之嚴。天命，參考《讀經示要》。天命在人，則謂之性，以其主乎身，則謂之心也。顧即操存勿失，而習心或私意不得相干也。）《詩》言「不顯亦臨，（不顯，幽隱之處，言雖居幽隱，亦常若有臨之者。）無射亦保」，（射音亦，與斁同，厭也。保，猶守也。莊敬日強，而所厭患，私欲已盡矣，而亦常有所守焉，是其存養之密也。詳《大雅．思齊》。）又曰「昊天曰明，及爾出王（王，往也。此言本心之明，不容瞞昧，譬如昊天在上，人仰之皆謂之明，凜然天監在上，當與汝出入往來，視汝所行善惡，可不愼乎？）昊天曰旦，及爾遊衍」，（旦，亦明也。言遊行衍溢之際，天常監及之。與上句意同。天非外在之神，蓋藉以形容本心之明，不容自欺如此。詳《大雅．板》。）又曰「夙夜基命宥密」，（基，始也；宥，宏深也；密，靜密也。心之德，宏深靜密，無浮囂昏擾等相，無私欲之累故。此〈頌〉言文武早夜不敢放逸，所為持之以宏深靜密而克全心德者，斯其所以立命而體天道於己也。群〈周頌〉「昊天有成命」。）此皆言聖人一生學力只是操存，而謂不貴之可乎？《論語》開宗明義曰「學而時習之」，學者覺義，（見《白虎通》。）本心之明是覺；擴充本心之明，勿令習心或私欲得起而障之，即此是學。擴充之功，不容一息間斷，「君子無終食之間違仁，（覺即仁。）造次必於是，顚沛必於是」，斯云時習。然則時習非操存歟？慈湖僻執不起意三字，妄謂聖人未嘗貴操而賤捨，可謂無忌憚矣。捨與操存相反，即放縱之謂。一念才放，即習心或私意竊發，而本心已失，《大學》所云「心不在焉」是也。孔子明戒捨則亡，而慈湖乃導人以捨何耶？慈湖《家記》每妄詆前哲，其識解頗固陋而偏，雖不無妙悟處，而迷謬太多，學者不可爲其所惑。

今謂孔子此數語，只操存捨亡二句，主旨已盡，末後「惟心之謂歟」，乃遙承操存捨亡二句，以嘆詞作結，而明操存之不可忽；至出入無時二句，則直承捨則亡一句下來，正形容本心亡失，而習心乘權之狀。習心者，凡過去一切欲與想等，皆有餘習不絕，潛伏而成一團勢力，總名習心，所謂下意識是也。此無量習心，殆如滾滾伏流行於地下，鼓蕩跳動，一有罅隙，即噴薄而出。當吾人本心亡失之際，正是習心乘機爭出之機。入者謂無量習心，既各爭出，則有其得便而出現於意識界者，亦必有被排擠而不得逞者。故有出，必有入，入者謂其爭出不得而仍被壓抑於識閾之下也，其出其入，無有定時定處，朱子所謂「荒忽無常」，正是其象。夫人皆有本心，而不知操存之，則天君亡，（天君謂本心。）而無量汙濁習心縱橫出入，方寸間爲群魔競技之地，其苦可知，捨則亡之狀乃如此，則操存之功不可頃刻捨也甚明。

先生講說迄。慕樊謹記之如上。竊謂此爲定論，有功聖學不淺。

慕樊問「不顯亦臨」，似可解；「無射亦保」，殊不甚了然。先生曰「無射亦保」，此境地極高。汝在人倫日用之地深切省察，於人於事，有稍不適意者便起厭患否？對曰：自不能無。

先生曰：汝見慈母於子，無論若何勞累，甚至子極不肖，人見之實難爲懷，而彼母曾厭其子、捨慈念否？將至不相顧復否？對曰：無有也。先生曰：母愛純自天眞，故子極無賴，猶勤慈護不起厭患。今汝於人於事而易厭患，是汝眞誠之心早不存也，汝不覺歟？慕樊聞之悚然。先生曰：日常厭人厭事及一切不耐煩處，俱是本心放失，私欲作祟，而人於此恆不自覺，甚可哀也！豈唯庸眾如是？凡古之號爲哲人而因厭世之念，竟以獨善爲道者，要皆亡失本心而不自覺，遂以非道爲道。如佛家小乘自了生死即是此病；老氏已近冷腸；園吏不免玩世，此皆仁心微薄，未能無射。吾國魏晉以來詩文家與名士及以隱逸鳴高者，大抵皆受老莊影響。此輩於人類，無同體之愛，無經世之熱誠與勇氣，唯虛僞自私而已。中國之有今日，自魏晉以來積漸而至也。故聖人之學，養心以克己，（克治其只為一己之私者曰克己。）莫難於無厭射。學至於無厭射而猶常保愼，唯恐失之，此仁之至也。孔子求仁之學，從是出也；佛家大乘悲願深宏，亦近乎是。〈頌〉以「無射亦保」稱文王，蓋深得文王之學。孔子學不厭，誨不倦，憂心當世而席不暇暖，猶文王「無射亦保」之心也。後儒失此血脈，而聖學亡矣。

同學有問：今人有言，道體是萬變之總名；又云道體即是所謂大用流行，亦稱大化流行，從此方面看，每一事物的變化都是大用流行或大化流行中底一程序，亦是道體中底一程序，此說然否？先生曰：道體是絕待，是眞實，可以說爲萬變之大原，而不即是萬變之總名。萬變皆道體之顯現，離萬變固不可覓道體。譬如大海水，顯現爲起滅不斷的眾漚，（大海水可以喻道體，眾漚可以喻大用流行或大化流行。）大海水不在眾漚外，謂於眾漚而識大海則誠然；謂大海水即眾漚之總名，則是執眾漚爲實有，而大海水但是虛名，無實自體矣。其實，唯大海水有實自體，而眾漚非離大海水別有自體也。明乎此喻，則知道體雖不是超越萬變而獨存，然亦不可說道體即是萬變之總名。若識得道體顯爲大用流行，（或云大化流行。）則於大用流行而說此即道之顯著遂於流行，而不取流行之相直見爲道，此則應理之談。若不知大用爲道體之顯現，而橫計道體即是所謂大用流行，是則不識用之本體，（大用流行亦省言用。本體即所謂道。）而妄計用爲實有，即於用而假立道體之名。其實，無所謂道體也。譬如小孩臨洋岸，於大海水與眾漚本茫然不辨，只認眾漚爲實有，而以大海水爲眾漚之總名，則以視成年人能知大海水與眾漚雖不二，而畢竟有辨者，其明暗相去奚啻天淵？

黎滌玄記語

先生杖履餘閒，玄隨侍，請其略述平生。師隨便談說，而即記之如次。余先世士族，中衰。先父其相公學宗程朱，一生困厄，年亦不永。余年十歲，先父已患肺病，衣食不給。余為人牧牛，先父常嘆曰：此兒眼神特異，吾不能教之識字。奈何？乃強起授館，帶之就學。初授《三字經》，吾一日讀背訖。授四書，吾求多授，先父每不肯，曰：多含蓄為佳也。求侍講席，許之。時先父門下頗有茂才，余自負所領會出其上。父有問，即肅對，父喜而復有戚色。是年秋，吾即學作八股文一篇。八股文有法度，不易馳逞，先父頗異之。逾年，先父病深，竟不起。臨終撫不肖之首而泣曰：汝終當廢學，命也夫！然汝體弱多病，農事非所堪，其學縫衣之業以自活可也。余立誓曰：兒無論如何，當敬承大人志事，不敢廢學。父默然而逝。余小子終不敢怠於學，蓋終身不忍忘此誓也。先長兄仲甫先生讀書至十五歲，以貧，改業農。農作則帶書田畔，抽暇便讀，余亦效之。曾從遊何先生半年，（見《示要》二講。）此外絕無師。年方弱冠，鄰縣有某孝廉上公車，每購新書回里，如《格致啟蒙》之類，余借讀，深感興趣。旋閱當時維新派論文與章奏，知世變日劇，遂以范文正「先天下之憂而憂」一語書置座右。余少喜簡脫，不習禮儀，慕子桑伯子不衣冠而處之風，夏居野寺，輒裸體，時出戶外，遇人無所避。又喜打菩薩。人或言之長兄，長兄亦不戒也。有余先生者，先父門下士，呼余痛責曰：爾此等行爲，先師有知，其以爲然否？余悚然懼，自是不敢復爾。時國事日非，余稍讀船山、亭林諸老先生書，已有革命之志，遂不事科舉，而投武昌凱字營當一小兵，謀運動軍隊。旋考入陸軍特別學堂，漸爲統帥張彪所偵悉，將捕余，聞訊得遁走。張彪猶懸賞以購，余逃回鄉里。時兄弟六人，食指眾，饔飧每不繼。多寒，衣不足蔽體，雖皆安之，而意興俱索。聞南潯鐵路開工，德安多荒田，兄弟同赴德安墾荒。然流民麇集，艱險又多出意外，日益憂懼。及民六七，桂軍北伐，余曾參預民軍。旋與友人天門白逾桓先生同赴粵，居半年，所感萬端，深覺吾黨人絕無在身心上作工夫者，如何撥亂反正？吾亦內省三十餘年來皆在悠悠忽忽中過活，實未發眞心，未有眞志，私欲潛伏，多不堪問。賴天之誘，忽爾發覺，無限慚惶。又自察非事功之材，不足領人，又何可妄隨人轉？於是始決志學術一途，時年已三十五矣。此爲余一生之大轉變，直是再生時期。他日當爲文，一述當時心事。未幾，兄弟喪亡略盡，余愴然有人世之悲，始赴南京問佛法於歐陽竟無先生。留寧一年餘，深究內典，而與佛家思想終有所不能苟同者。讀吾《新論》當自知之。佛教中人每不滿於吾，是當付諸天下後世有識者之明辨。流俗僧徒與居士於佛法本無所知，吾總覺佛教思想之在吾國，流弊殊不淺，學者閱《讀經示要》第二講，當自思之。吾並非反對佛法，唯當取其長，汰其短耳。

余自卅五以後，日日在強探力索之中。四十左右，此工夫最緊，而神經衰弱之病亦由此致。五十後，病雖漸癒，然遇天氣熱悶，作文用思過緊，則腦中如針刺然，吾之性情即亂，或易罵人，不知者或覺吾舉動奇怪。其實，神經衰即自失控制力，偶遇不順意之感觸，即言動皆亂也。余平生不肯作講演，若說話多則損氣甚，而神經亦傷，言語將亂發，不知者聞之，又若莫明其妙也。余每日作文用思，必在天氣好及無人交接時行之，蓋神經舒適，頭腦清寧，而吾之神思悠然，義理來集，若不召而至矣。余四十後，大病幾死。余誓願盡力於先聖哲之學，日以此自警，而精神得不墜退。余非無嗜欲者，余唯以強制之力克服之，到難伏時，則自提醒平生誓願所在，而又向所學去找問題，於是而欲念漸伏。余自問非能自強者，唯在末俗中，差可自慰耳。余感今之人皆漠視先聖賢之學，將反身克己工夫完全拋卻，徒恃意氣與淺薄知見作主張，此風不變，天下無勘定之理。余視講學之急，在今日更無急於此者。今人只知向外，看得一切不是，卻不肯反求自家不是處，此世亂所以無已也。先聖賢之學，廣大悉備，而一點血脈，只是「反求諸己」四字。聖學被人蔑棄已久，此點血脈早已斷絕。余年逾六十，值茲衰亂，唯念反己工夫切要。汝曹識之。

與劉晦九

見兄深感溫厚慈祥，愷悌君子也？弟於斯道雖有所窺，而涵養實不逮吾兄，所謂智及而未能仁守也。兄去後，猶縈思不已，望時來函，匡吾不足處，乃幸耳。毓璟謹厚可愛，須勤求學問，毋自沮喪。毓瓚學爲詩詞，然少年勿作凄涼語，須如春花怒發，生趣油然，大海潮音，雄烈震蕩，此非可強爲之，須養得充實，便誠中形外耳。昔曾滌生有一聯銘座右云：「養活一團春意思，撐起兩根窮骨頭。」語質而意味殊深，瓚當以之自勖，時念父兄之攜以見我者何心，而吾之促席告語者何事，其將有欲罷不能者在耶！

附記：晦九名壽曾，安徽巢縣人。少習儒術，研精經史；晚而念佛，明解內融。吾閱此稿本時，適聞晦九逝世，哀哉！

王準記語

科學各有其研究之對象與領域，而方法則嚴於實測。每有臆說初興，未經十分證實，而鼓動眾聽，幾無異詞。及至有後說反前，測之於物界而徵驗不爽，則眾捨彼而就此，奉爲定論，堅立不搖，此科學有明徵定保之效也。獨至哲學談本體，則與科學迥異。本體無形相可見，即無實物可測，大抵各逞所見，而爲一家之言。人見其紛然無定也，乃退而探究人類之知識是否足以探討本體。故暫置本體論而從事於知識論之研究，此哲學界之一大轉變也。夫知識論固爲探求本體者所必資，然後人卻專在知識論上玩弄，遂至諱談本體。西人有警語云：磨刀所以宰羊。今磨刀霍霍而無羊可宰，豈非怪事！今之喜玩弄知識論而不承認有本體者，其迷謬正如磨刀之喻。

科學方法以實測爲本，即玄想所及，特有發明，仍須驗之於事物，方足取信於人，否則亦難自信也。但一言及於實測，即有物矣。若談到宇宙本體，則無形無象，一切科學儀器所不能見，不可以實測求也。然雖無形象，而實爲宇宙萬物之源，不得目以爲無。若無本體，則萬物何自而形成乎？科學只能研究事物互相關係間之法則，故此等知識只屬於表層的而不能證會實體。《勝鬘經》曰：「澈法源底。」（「法」字猶此土云事物。此言佛之為教，澈了萬物之根源底蘊，即證會實體之謂。）此則非科學所能也。

「本隱之顯，推顯至隱」二語，包羅無限，究其根極，亦曰體用而已矣。隱謂體也，顯謂用也。體具眾理，備萬德，而無形象可見，故謂之隱。「本隱之顯」是謂即體成用；「推顯至隱」是謂即用識體。

宇宙萬象即大用流行之跡象耳，不可於此分層級。若謂先有大用而後作成宇宙萬物，則謬誤甚矣！當知即萬象是用，即用是眞體之顯現，用外無體。但於用上而不泥其跡，直悟其爲眞體之顯，便是即用識體，如眾漚是大海水所現。知此者，即於眾漚見是大海水，言即用顯體，必如此方無過。歐陽先生據唯識義，其眞如純是無爲，其宇宙萬象實皆生於賴耶識中一切種子。體用條然個別，而言即用顯體，豈不異哉？

吾之心即是天地之心，而凡夫不悟者，因凡情承認有一己之個體與天地萬物相對待，如是則分內外、彼此、同異種種差別，而一眞法界（此借用佛經名詞，與原義不必符，此中猶云全宇宙。）乃破碎爲無量沙粒，吾人亦是沙聚中一微粒，其然，豈其然哉？故必遣除凡情妄執而後知物我同體，吾身之主宰（謂心。）即天地萬物之主宰也，故曰「官天地，府萬物」，理實如是，非意之也。

西洋談本體者，大抵本其向外求理之心習，直以本體爲客觀獨存的物事而推求之。其實宇宙人生非可剖析，云何可於吾性命外別尋本體？科學於現實世界，必設定爲客觀獨存，故必任理智，作客觀的研究，而哲學窮究本體，則不當與科學同其態度與方法。

變易指宇宙萬象言，亦即大用流行之謂。然吾人難了流行之妙，卻見有實物者，則由吾人於實際生活中妄起執著所致。

執著不能憑空而起，必有其可執著之跡焉。原夫大用流行，勢極猛疾，動之疾便凝聚而似有物。此物非實有，但動勢之跡象耳。而人情妄執，則計此跡象以爲實物。如燃香楮，猛力轉之，見旋火輪，雖知非實，而輪相固在。設問何以成此輪相？則全由力之猛疾續運而成。又如閃電，雖一瞬即逝，亦現似有一物事，即電光是也。此光何自而來？亦力之運行使然也。可見物質本無，但因力而詐現其相，妄情執之以爲物耳。

窮神知化，化亦神也，此意最爲深遠。《論語・子在川上》一章宜細玩。夫前水方逝，後水即生，是不斷也；前水才生即逝，未曾留住，是不常也。不斷不常，即剎那滅義。方生即滅，方滅即生，化化之妙，滅滅不停，即生生不已，非神而何？逝者如斯，是生滅義。不捨晝夜，是恆常義。雖滅故生新，而實恆久不已，於變易見不易，乃無生而生也，窮神知化之意，至此極矣！無生而生之義殊難言。天地大物也，誰生之乎？凡情計有上帝造生萬物，此乃虛妄構想。如實而談，上帝本無此物而宇宙非無眞宰，但此眞宰不可以擬人之觀念相推度，不可說爲具有人格之大神，是乃獨立無匹，無形無象，亦虛寂，亦剛健，既不從他出，亦復無所生，故曰無生。然以虛寂而剛健故，其自體卻是生生化化，無有窮竭，故乃現似宇宙萬有，故曰無生而生。奇哉奇哉！

無生而生，世有能言其故者乎？

學者既聞無生而生，更當知生而不有之義。夫生生者，大用之謂，本無實物，即無時間空間可言。生生之流，剎那剎那，滅故生新，無物暫住，故知生而不有，則於生而已識其本無生矣。

剎那滅義，不必驚疑。如生理學者言新陳代謝，七日之間而全身盡易其故，此與剎那滅相距雖甚遠，然可從此悟入。非此則七日代謝之事，何自而起乎？故知剎那滅義非是玄談，於此不生執著，即悟生而不有也。生生化化即是空空寂寂，神乎神乎！

萬物皆備於我，乃唯識義。漢以來儒者不知發明此旨。夫內外分畛，物我對峙，此經驗界中之事也。如此則宇宙只是一盤散沙，人生不過沙聚中之一微粒，此凡情之大迷也。若了萬法唯識則無此失。如眼識看色，愚者認色爲外物，其實色不離於眼識，即色非身外之物；耳識聞聲乃至意識緣一切法，皆可準知。天地萬物皆不離吾心而外在，故說萬物皆備於我。楊仁山居士尊佛家唯識之論而薄孟子，非獨子不解孟子，恐於唯識亦極疏也。

萬物繁然，固有待矣。若於一一物而識其本體，則無待矣。故知言無待即有待，言有待即無待，此妙之極也。

體用不二義，自《新唯識論》出，始圓融無礙。吾國先哲於此實欠明瞭。如橫渠乾坤父母之說，則天地，與其所生之人或物，畢竟兩相對待，非體用不二之旨也。然體用雖不可分，要亦不能無辨，如吾所舉眾漚與大海水喻，形容最當。眾漚本非離大海水而有自體，但漚相不無，故眾漚與大海水雖不二，而不能不分言之。體用分言，理亦猶是。

《特輯》云：萬物皆天命之顯。命字義訓甚繁。朱子《中庸章句》言「命猶令也」，殊不可從。命乃流行義。《詩．周頌》云。「惟天之命，於穆不已。」流行故言不已，若是恆常而不流行的物事，如何著得「不已」二字？故命者即謂本體之流行；顯者直接呈顯，如眾漚是大海水呈顯，非有二也。若以為天地出生人物，則說成二片矣。克實論之，無所謂萬物，其所謂萬物，只是本體呈顯而已，玩漚海喻自見。俗情誤在計執現象界，遂生種種臆說，如上帝造人物之類，其影響及於後之哲學家，亦紛紛以為本體超於萬物之上或藏於其後為之根據，雖不一其詞，總有打成兩橛之病。學者若能不滯於物，不執於相，便見得事事物物莫非天命之顯。莊生言「道在矢溺，道在瓦礫」，孟子言「形色天性」，其說至精妙。蓋宇宙之大爽，形形色色，萬有不齊，莫非天性，雖矢溺之賤，瓦礫之微，若遺其跡而識其本體，即皆道也。「呈顯」二字宜深玩。

物物各相屬，亦各自為主，此義深微。宇宙萬有蓋無有不互相屬者也。近世各科學之發明，皆以萬有為整體，如天文家謂太陽系乃至一切星雲卻是互相聯屬而為一完整體；生物學家亦謂每一生物非孤立者，乃與全宇宙相聯屬為一整個之生機體。楊慈湖《己易》言「萬物一體」，其說已得證明。若以為一切物各獨存獨立，則成散沙矣。

物物各自主者，與上舉相屬之說正復相成，唯萬有為一完整之全體，而無有首出庶物為主宰者。足知一切物皆是本體呈現，即一切物各各具有圓滿無缺之本體。易言之，一切物皆平等，一切物皆神，一切物各自主，《華嚴》「光光相網」義與《大易》「群龍無首」義，可互相發明。西哲泛神論亦有意思，但所見未能透底。

二氏以虛寂言本體，老氏在宇宙論方面之見地，則從其本體虛靜之證解，而以為宇宙只是任運，（任自然之運行曰任運。）無所謂健動也，故曰「用之不勤」。佛氏在宇宙論方面之見地則從其本體寂靜之證解，而以為五蘊皆空，（五蘊實即心物二方面的現象。宇宙者，本心物諸現象之總稱。心物空，即無所謂宇宙。）唯欲泯宇宙萬象而歸諸至寂之涅槃。（涅槃，真如之別名，即謂本體。）老釋二家之人生觀，從其本體論、宇宙論之異，而其人生態度，一歸於致虛守靜，一歸於出世，故其流極，至於頹廢或虛偽，（參考《讀經示要》第二講談二氏處。）而人道大苦矣！儒者於本體，深證見為剛健或生化，故其宇宙觀，只覺萬有皆本體剛健之發，即萬有皆變動不居、生生不已、活潑潑地，無非剛德之流行也。雖云於萬有而識其剛健之本體，亦可說萬有之相已空。（譬如於眾漚而知其本體即大海水，則漚相已空。）但此與佛家意思天壤懸隔。佛氏空萬有之相以歸寂滅之體，吾儒則知萬有都無自體，而只是剛健本體之流行也。故儒者之人生觀，要在自強不息，實現天德，（天德即謂本體。）如是乃即人而天矣。

吾儒以《大易》為宗。易道剛健。剛健非不虛寂也。無形，無象，無染汙，無作意，曰虛。寂義亦然。虛寂故剛健；不虛寂則有滯礙，何剛健之有？但以剛健為主而不耽溺於虛寂，故能創進日新，而無頹廢與虛偽之失。橫渠「易道進進也」一語，極堪玩味，非剛健，則無以言進進也。孔孟之學皆以剛爲主。《論語》「剛毅、木訥近仁」，（木訥亦剛也，但就剛毅之形於外者言之。）唯剛乃得爲仁也。仁體呈現時，私欲不得干之，此可見乾德剛健，故易家言乾爲仁，此七十子授受無失者也。《論語》、《大易》同以剛健言仁。《朱子語類》以柔訓仁，便雜於佛老，失《易》旨矣。

宇宙之心非超脫於眾生或萬物之上，乃即物物各具之心便是宇宙之心。何以徵之？如一人向隅，滿座爲之不歡，此何故耶？唯人人同此心體，乃有此感耳。彼此之分，乃習氣使然，非性分本然也。孟子言「心所同然」，莊子言「自其同者觀之，則萬物皆一」，皆見性之談。如「乍見孺子將入於井，皆有怵惕惻隱之心」，此時之心，將孺子與一己毫無分別，乃天機自動而不容自已者，隨感顯發，莫非此心也，中國學術之神髓在此。

余少時讀嚴又陵譯《天演論》。又陵按語解釋佛家不可思議一詞有云：「智者則知由無常以入長存，斷煩惱而趣極樂，正如渴馬奔泉，久客思返。眞人之慕，誠非凡夫所及知也。」當時不知何謂長存，豈謂修養功深，庶幾靈魂永存歟？然殊難置信。又陵「長存」一詞究作何解？亦不得知，想彼只是作文章也。後讀陽明〈詠良知〉詩，（「無聲無臭獨知時」云云。）始憬然有省，卻不管又陵意如何、佛氏本旨如何，而吾自悟當下便是長存。此意極不易言，繫乎見性與否？凡失迷執軀殼，只墮溺無常之生死海中。至人超越形氣，直得本體，則時空內外等見無自而起，禪家所謂澈體眞常者是也。夫無常死相對也，見性則即於相對而見絕對，固非於相對之外別求絕對。所謂「由無常以入長存」，實非在無常之外更有長存之境，如淨土宗之所謂西方極樂世界及耶教之天國也。孟子「形色即天性」與「天地同流」之言，皆此旨。

以涵養察識工夫孰爲主要互相研討者，朱晦庵張南軒二人煞費苦心。朱子首問學延平，延平教之涵養。朱子初未能信，其後乃深知涵養之要。然察識自是涵養中事，二者本不可分。以涵養爲主，而輔之以察識，斯可矣。若捨察識而言涵養，則流弊甚大。常有自居無過而不知反省者，是空言涵養之失也。無論有事無事，常保任此心，揭然有所存，惻然有所感，而無放失，此涵養之謂也。然幾微之間稍有不慎，而主人公即不在，此時若不有察識之功，則正所謂養奸耳，可不懼哉？又慈湖專主不起意，亦不可盡從。當知涵養無間於動靜，須濟之以察識，否則模糊度日，不知其失矣。

人倫日用間，隨處致力於涵養本源，省察得失，使隱微之地無纖芥染汙之根，將神明日盛，而本體彰顯，始悟神化之妙皆自性出生。此儒家根本精神，無特別求途徑者。宋明儒猶秉此心傳而時雜禪機，不免滯寂。其流至於委靡無生氣，此所當矯正也。

眞體一詞，言其爲萬有之實體也。自性一詞，則克就眞體之在吾人分上而言也。吾人自性即是萬有實體，本非有二，但取義各有分際，名稱遂爾不同，勿泥勿淆乃可。

曹慕樊問：理智與知識二詞有異否？先生曰：理智就心上知的作用而名之，此作用必經驗於事物，而後知識始得構成，故有異。問：云何性智？先生曰：性智即是本心，亦即是本體，理智卻是性智之發用。

儒者體認一詞，有時可與證會一詞同解，有時又似泛言之。朱子常有親切體認之語，即讀書窮理之際時時尋繹玩索之謂。此固切要，然與吾所舉證會一詞殊不相似。今云證會者，謂本體之自明自了是也。佛氏謂之證量，亦云現量。陽明〈詠良知〉詩「無聲無臭獨知時」，此無聲無臭而獨知者．正是吾之本體即本心炯然自知也，斯即證會之謂。至程子云「天理二字卻是自家體認得來」，此體認一詞如作證量解，似亦可通。但程子本意，似是於日常踐履中，用涵養察識等工夫體認得天理流行之妙，此似在發用處說，而與證量似微有不同。證量則眞體獨立，冥然自證，乃於泯絕外緣時見之耳。此意難言。

佛書每稱內證離言，內證即有知之謂。言者，宣達心之所思；離言即離思想，不起推度，不雜記憶與想像等作用，此證會也。但佛氏視此爲神聖之極，非凡夫所能有。果爾則是謂凡夫無聖種矣。實則吾人於神志清明密時，澄心靜慮，遊思不起，而靈明固在也。蓋人人皆有自明自了之體，一念熄染，當下便是也。然佛氏不許凡夫有證量者，蓋以爲凡夫只是妄識，而其眞體不曾呈現，其說亦自謹嚴。但謂凡夫全無眞體發露時，則凡夫用功將以何爲把柄？豈不長隨妄識流轉？故曰無聖種也。今如靈曜當空，雲翳悉盡，此可以喻眞體發見。然陰雨之天仍不無照物之明者，雲翳雖起而太陽固在，只未完全顯現耳。若以其未曾顯顯而即視爲全不得顯，則失之遠矣。言凡夫絕無眞體呈露、純是妄識者，其不應理，何異謂陰雨中絕無陽光耶？無著世親唯識之學，根本錯誤。

內證離言者，眞體呈露時之自明自了，不雜絲毫想像與推求也：一涉想像，便成言說相，不是內證之候。

夫證會者，一切放下，不雜記憶，不起分別，此時無能所、無內外，唯是眞體現前，默然自喻，而萬里齊彰者也。思辨則於不自覺中設定有外在世界，而向外尋求，測於一曲，遺其大全，滯於化跡，昧其眞相，此證會與思辨不同也。

每日宜有一段時間，凝神定氣，除浮思雜念及一切想像與推度，唯是澄然忘念，此中至虛至寂，而竟不同木石卻炯然自了，即是證也，即本體呈露也。陽明所謂「無聲無臭獨知時，此是乾坤萬有基」，乃證見自性之言。眞體亦虛寂，亦生化，所謂天道不言而四時行、百物生之妙，唯證量中自得之，非思想猜度所可相應。

準問：云何得證量？先生曰：《新論．明宗章》曾言及之。此須有修養工夫，眞積力久，惑染盡淨，眞體呈現，爾時主人公自明自了，謂之證量。（主人公係宗門語，即真體之代詞。）故問題不在如何是證量，而在如何得到眞體呈現。故儒家重修養，佛氏嚴於地前及入地等萬行也。私欲淨盡，雜念不起，即見性之候。湛然虛明，乃是眞體當下呈露，其生生不息與惻悱不容已之幾，油然暢然。明儒羅念庵已近此境地矣。

佛家言轉意識成妙觀察智，最有意義。念慮澄清，不雜妄想，大明遍照，活潑潑地，妙之至也。

準問：儒者言存心之功，每日保任何耶？先生曰：保者，操存之謂。諸葛公云：「使庶幾之志揭然有所存」是也。此項工夫，一有疏懈，則本心亡失，而染習便乘權矣。故當有以操持此本心而使之常存不放也。然操存非以此心視作一物而把持之，若如此著意即私也。故保任之「任」字甚妙。任者，任其自然流行之謂也。有保任之功，則弛懈與迫促之弊可免。

孟子言操存，此義深微至極，而不悟者，以為用心操持之於此，好似別用一心來持此心，乃大謬也。操持只是依著本心而聽其為主於中，毋令私意或染習得障藏之而已。不論有事無事時，操持工夫須恆勿間斷。有事時，而操持得本心在此，他自然知之必於明，處之必其當，不肯安於迷謬；無事時，而操持得本心在此，他炯然虛明，不昏不亂。孟子云操之則存者，只是如此。如不操持之，即本心便亡失，而私意或習心起來作主，有事時，固是習心乘權，不能知明處當；無事時，也是習心占據。憧憧擾擾。孟子云捨則亡，謂捨其操持之功而本心亡，其患乃至此也。

西洋人嘗有一種猛厲闢發之力，隨在發見，若不可御者，與吾人性情大有不同之處，且自古已然。往歲曾見希臘人物畫及吾西漢人物畫像，較其氣象，吾信中西人由來便異。希臘像為人踞地作勢，縱身欲前，如鷙鳥之將舉，猛獸之思搏，其活潑潑地，富有生氣，生龍活虎猶難喻之也。西漢造像若昂首天外，挺然獨立，此種超然岸然之風度亦自可貴，而絕不現猛獸鷙鳥氣象，此其異西人處也。

吾國先哲，重在向裡用功，雖不廢格物，而畢竟以反己爲本。如孟子所謂「君子深造之以道，欲其自得之也」，又言「萬物皆備於我」；程子言「學要鞭辟近裡切著己」，此皆承孔子「古之學者爲己」之精神而來。老莊虛靜之旨，其爲用力於內不待言，此皆與西人異趣者。西人遠在希臘時代即猛力向外追求，雖於窮神知化有所未及，而科學上種種發明，非此無以得之也。今謂中西人生態度須及時予以調和，始得免於缺憾。中土聖哲反己之學，足以盡性至命，斯道如日月經天，何容輕議？至於物理世界，則格物之學，兩人所發皇者，正吾人今日所當挹取，又何可忽乎？今日文化上最大問題，即在中西之辨。能觀異以會其通，庶幾內外交養而人道亨、治道具矣。吾人於西學，當虛懷容納，以詳其得失，於先哲之典，尤須布之遐陬，使得息其臆測，睹其本然，融會之業，此爲首基。（《大易》正是融會中西之學。）

中西學者皆有反理智一派。中土如老莊即是也；（老云「絕聖棄智」，此所謂聖智，即指理智與知識。）羅素於康德、柏格森亦目爲反理智，則甚誤。康柏二子之意，似只謂理智不可以得本體，故理智之效用有限，而非謂理智可屏斥也。柏氏且自言非反理智者，何可妄誣之乎？但柏氏言直覺不甚明瞭，時與本能混視。本能即是習氣，習氣纏縛於人，茫無涯涘，不可窮詰，隱然爲吾身之主人公，非有極深靜定工夫，不能照察而克除之也。柏氏猶在習氣中討生活，實未證見自性也。其言生之衝動，衝動即習氣也。自科學發達，物理大明，而人事得失亦辨之極精。不道德之行爲改正者多，如男女平等及民主政治與社會平均財富，此等大改革皆科學有補於人類道德行爲之大端也。然此但就道德發見之形式上說，固賴科學知識進步，而見後勝於前。若夫道德之根荄，終非科學所能培養，唯有反求諸己而自識其所固有之眞源，保任勿失，擴充不已，然後其發見於日用云爲之地，乃有本而不匱耳。

佛氏一方談生滅，一方談不生滅，此與《新論》發揮《大易》之不易變易二義，似近而實絕不同。佛氏於體上絕對不許言生化，於變易法，即所謂諸行或八識及其種子，卻不許說由眞如現爲此，故生滅與不生滅截成二片，分明與體用不二之旨相背。

本體不只是虛寂而已，乃純善、剛健、進進不已者。唯其如此，故非一成不變之死物。其自身是備萬理、具萬德而含有無限的可能，故生生化化，無窮竭也。佛家說眞如，只是無爲而已，不生不滅而已，非一成不變之死體乎？

〈繫傳〉言：「以體天地之撰。」韓康伯注：撰，數也。朱子謂撰猶事也。均不可從。撰有具義。此中「撰」字，當作功用講，乃「具」字之引伸義也。天地一詞，非目蒼然之天，塊然之地也，蓋爲眞體之代詞。眞體肇萬化而無息，是其功用。吾人能反己而實體之，則知眞體元非外在，即我之自性也。其無量功用，皆我所固有之也。此是親證之旨，非意想也。

佛氏言生滅，實則言生便足，其必舉滅爲說者，亦有其故。以一般人總以爲變化之際，每由故物轉易爲另一新物，或故物由過去傳來，時時加上新的分子。佛氏欲對治此失，故方便說一滅字，明無故物暫住，亦是不得已之詞。然《大易》只言生生，其義更美。言生生便無故故也。孫穎川先生亦見到此。

無機物實非無情。一切物皆元子電子所聚而成。元子電子者，動力耳。其動也，亦如有意志者然，但其相甚隱微難見耳，以爲無情則非也。

窮理至極，存乎信念，眞知與正信常相伴。窮到最上之理，推論與索證均用不著，只自明自信。

近見林宰平（志鈞。）先生與師一信，談及《新唯識論》語體本云：兄此作，立義、用意皆極好。立義則握住體用不二之絕對一元論，（絕對、相對，一元、多元，當然不能分開看。）中西及印度哲學說不能處，此能通之，而更透出一關。在中國則前人非不依稀彷彿似達此境，而見之未透，故握之不堅。兄獨玄珠在抱，橫說豎說，百變不離宗。《新論》如是，《示要》亦如是。（《讀經示要》省稱《示要》。）《示要》更成熟，不知兄自謂如何？至用意之好，則勤懇敦摯，唯恐讀者不曉，此確是立人度眾、絕大志願云云。師得此信，以示準等。準曰：西洋人談實體與現象，畢竟未得圓融；印度佛家生滅（即現象界。）與不生滅（即實體。）說成兩片去，其失亦同西哲，都是根本障礙。（根本不通，縱其立說能成體系，有許多精思處可玩，然與真理究不相應，終是戲論。）《新論》出而眞理如日中天，此眞人天盛事也。師笑曰：眞理沒有隱蔽，古今許多哲人偏見不得，只爲各雜情見去推求，轉增迷惘。（師嘗云：不獨哲學家未離情見，佛氏以人間世為生死海而生厭離想，何嘗不是情見？）宋人詞曰：「眾裡尋他千百度，回頭驀見那火正在燈火闌珊處。」此可玩也。

慕樊曰：心物問題，西洋人一向聚訟不休。《新論》明由體成用，譬如由大海水成眾漚，（本體絕待，喻如大海水；用則萬殊，喻如眾漚。大海水舉其自身成為眾漚，故不可於從漚外覓大海水。本體全現為大用，故不可於用外覓體。若計本體超脫於現象界之上或隱於現象界之後，而為現象作根據者，皆大謬。）故體用本不二（譬如大海水與眾漚豈可二之乎？）而亦未嘗無分也。（譬如眾漚，雖各以大海水為體，而非無一一漚相可說。體用不二而非無分，義亦猶是。）自體上言，本無所謂心與物。何以故？本體絕待，備萬理，含萬善，至虛至靈，具有無限的可能，然實無形無象，無有作意，（非如人起意造作故。）喚作物固不得，喚作心亦不是。心對境彰名，此體無對，何有心名？

然自用上言，翕則爲物，闢乃爲心。翕闢本一體流行，而現爲相反相成之二勢。在此等意義上說，隨俗則心物俱成，（《新論》有真俗二諦義，俗諦依用上建立，即心物俱成。）不可以心消歸於物而說唯物，（「不可」二字一氣貫下。）不可以物消歸於心而說唯心。於二勢用（翕闢或心物。）隨執其一爲第一因，皆屬謬誤。（唯心論者說心為第一因，唯物論者說物為第一因，其實二宗皆過。）對待法故，（心物依俗諦言，是相對待。）不得執取任何一方而言唯。（克就心或物言，並不得說為實體是相對故。）《新論》明翕闢成變之義，不執任何一方爲第一因，無世間唯心唯物等過。（《新論》依用上立俗諦義，則心物平等，不執任何一方為第一因，極應正理。）

佛家唯識論，其八識與種子之一套說法，卻是一種堆集論，（八識拆得極零碎，種子亦是眾多顆粒，非堆集論而何？）其不應理無待言。

慕樊以爲，心物問題，唯《新論》解決最圓滿，翕闢成變之義，可借用伊川語「眞泄盡天機」，然非深心體之，則亦莫名其妙也。

又復當知，《新論》即用顯體，則翕闢二勢雖由一實體現爲如是用。（本體現為大用流行，而此大用必有兩方面，曰翕，曰闢。易言之，即此翕闢二勢名為大用。闢之一詞只表示一種剛健、虛靈、純善、清淨、升進、開發的勢用，此勢用是無在無不在，沒有封畛的。翕之一詞，只表示一種似凝聚而有成為形物的傾向，並且似分化而成眾形，其實，翕也是一種勢用，並非果成實物也，但有成為眾形之傾向而已。翕勢與闢並非有根本異處，但因其有成形之傾向，而別立翕名。據《新論》的說法以為，本體要表現他自己，必須現為與其自身相反的一種翕勢，否則只是蕩然空洞無物的世界。然如全成為翕而無闢，便是本體完全物化了，全宇宙只充滿了物質，而生命與心靈終不發見。所以翕闢成變，就是老子所謂自然的道理。自者自己，然者如此。本體之顯為翕闢，是他自己如此，沒有使之如此的，也不可說他是有意造作的，是無理由可問的，窮理至極，還歸無理。）然翕之方面，已有物化之虞，唯闢乃是稱體起用，（稱，去聲。闢的勢用全不改易其本體之德性，如剛健、靈明、純善、清淨、升進等德是也，故云稱體，謂不失其本體故。）若夫翕，則將物化而似失其本體矣。故於闢而可以識其本來面目。（本來面目即本體之代詞。）申言之，不妨說心是宇宙實體。由是義故，雖於俗諦方面，心物平等，而攝用歸體，即融俗入眞，（眞諦依體上建立，俗諦依用上建立。攝用歸體，即融俗諦以入眞諦。）乃於心而識體，故說唯識。唯者殊特義，識者心之異名，於心識體，故稱殊特，而置唯言。斯所以異乎世間唯心之論者。彼不辨清體用而誤執心爲第一因，譬猶童稚臨洋岸，不知大海水與眾漚雖不二而有分，（「不知」二字一氣貫下。）竟謬執眾漚爲實在，此過豈得云小？若成年人知眾漚實以大海水爲體，且知眾漚皆不失水性，遂於眾漚而說此即大海水也，如是說者，亦無有過，以彼既辨清漚與水，（大海水省言水。）乃復攝漚歸水，遂於漚而目以水，是則應理，何過之有？《新論》發明體用，即心顯體，（心即是用。此言即心顯體，猶云即用顯體。）故無世間唯心論者所有諸過。如前取譬，思之可知。

準曰：哲學家有持非心非物之論者，其失云何？慕樊曰：哲學上根本殊途，無過唯心唯物二宗，諸持非心非物之論者，骨子裡或近唯物，或近唯心。格以《新論》，明體用不二而有分，雖分而不二，與言用而申翕闢成變之旨，則非心非物之論，固與唯心唯物同一根本錯誤，何須別論。

準曰：嘗聞諸師，西哲談本體，大抵視爲離自心而外在之境，不知吾人生命與宇宙大生命元是渾一不可分，吾身之主宰（主宰即心之異名，心是主宰乎身者，如《論語》言，非禮勿視聽言動，足見心是身之主宰。）即是天地方物之主宰，非可二之也。《新論》主旨在此。哲學不僅是理智與思辨的學問，尤在修養純篤，以超越理智而歸乎證量。（證量，見前。）《新論》根本精神在是，中土聖哲相傳血脈亦在是，吾儕當好自護持。

通旦曰：《新論》發揮不易變易二義，雖云依據《太易》，然經文偏就人事立言，其於形而上之理，但引而不發。〈乾鑿度〉雖標不易與變易諸義，然不過簡單數語。漢以來儒者只存其文而絕無發揮。至「乾元始物」之義，象數家釋此，便與哲理無關。義理之儒，大抵以乾父坤母爲言。理學開宗最重要文字無過〈識仁〉、〈定性〉、〈西銘〉三篇。朱子雖力尊《太極圖說》，然實際無甚影響。〈西銘〉乾坤父母之說，宋以來言《易》者，大抵不出其範圍。父母一詞的意義，本謂萬化之源。然所謂萬化之源一語，又看如何說法。在見到體用不二義者，有時不妨說此語。而未了體用不二義者如說此語，則其含義自別。因爲彼可以將萬化之源與依據此源而起之萬化析成二個，譬猶父母與其所生子女究是個別，不可合而爲一也。在先儒書中，涉及形上之理時，總覺其於體用不二義尚有滯礙在，即〈乾鑿度〉談不易與變易，似與《新論》意思亦不全相似。《新論》雖以《易經》，爲宗主，而其根本大義，（體用不二。）實擴前聖所未發。玩宰翁來函，亦此意也。

準曰：《新論》主張哲學當融會各方各派思想，不可以門戶之見自囿，（《新論》中卷〈功能章〉有一大段文字發明斯意。）此甚重要。師近訂定黃海化學社附設哲學研究部《簡章》第一章課程條下附記，略明中、印、西洋三方學術思想之優點，須觀其會通，甚有深意。

慕樊曰：《新論》談體，取佛氏之空寂、道家之虛靜、《大易》之剛健與生化融而爲一，（詳《新論》語體本中卷。）此自有形而上學以來，無此盛事。本體固是寂靜，（佛家宗派雖多，然印以三法印，莫有外此，若異此者，不名佛法。三法印畢竟會歸涅槃寂靜一印，三藏無量義悉入此中。中土道家之虛靜亦與佛氏同符，佛之徒輕視道家，未免門戶見太甚。雖佛道人生觀不必同，彼此造詣淺深容有異，然二家對於本體寂靜的證會則有符契處，不容否認。此則師所嘗言者也。）而亦何嘗不是剛健與生化？佛氏必將生滅與不生滅橫截成二片，其談眞如（即本體之名。）只是不生滅，不許言生；只是無爲，不許說無爲而無不爲。（《易》之太極，老子之道，皆本體之目。老曰「道生之」，又曰「道生一」云云，又曰「道常無為而無不為」；《易》曰「太極生兩儀」，皆未嘗於本體只言寂靜而不言生化也。唯道家不言剛健，此其與儒家異處。佛氏談體乃偏彰空寂，此不獨異儒，而與道亦有異。蓋道家原出於儒，究與佛不同根底也。）道家亦不免耽虛滯靜，（故不言剛健。）此皆與儒者本原處相隔礙。夫於本體，證到空寂，則其人生態度亦傾向空寂去，而末流將不勝其弊。於本體證到剛健與生化，則其人生態度亦傾向剛健去，而免於委靡。實則本體元是亦空寂亦剛健。（言剛健即攝生化，故生化不別言。）空寂者，言其無迷暗，無方所也；剛健者，言其生生之盛，升進無墜也。（本體是生化無窮竭，而確不是盲動的。）吾人證得本體亦空寂亦剛健而自我實現之，觀空而不住於空，（佛家大乘修法空觀，於一切法無所執著，蕩除迷惑，是之謂空。然亦不可住著於空。若持空見，妄計一切皆空，便成大病。）體健而克盡吾性，則德盛化神，維皇建極矣。（皇者大義，嘆詞也。建極，立人極也。極者，至極無上之稱。人能實現其固有之本體而不至於物化，是乃遊於無待，與極為一，更無有出其上者，是謂人極。）

準曰：由大用流行之翕勢言，（大用流行亦可云大化流行。）則所謂自然界之每一事物或每一現象，實即翕的動勢之跡象而已。（參考《新論》中卷〈功能章〉及下卷〈成物章〉。）師嘗云化跡者是也。（化者造化。翕的動勢即大化流行中之一方面，其異乎另一方面之闢勢者，則以其有成物之傾向而已。此翕的勢用甚大，不可究詰，故以造化形容之，謂若造作變化也。跡者跡象，造化之行，宛爾有跡，故云化跡，俗所謂事物，即此化跡也。）科學研究所及，似猶不越化跡範圍。至於翕闢二勢或大化流行之神妙與其真際，（真際謂大化之所由成，即指本體言之也。）殆非科學所能過問。師嘗言，眞理當由證量得之，孫穎川先生極同意。

通旦曰：《新論》下卷〈明心章〉談根義處，實是一大發明。心爲形役之故，於此乃有說明。陽明所云「隨順軀殼起念」，亦須參研及此，而後可得一解釋，否則人皆有本心，胡爲隨順軀殼起念乎？《新論》發明根義，最極淵微。昔者林鄧二君讀《新論》後，猶疑人生何故起惡。

殊不知萬惡只是心爲形役，而心何故爲形役？則《新論》談根義處已說得明白。惜乎讀者不深體之也。

因宰翁與師談《新論》之信，吾儕不免觸發一番議論，未知有當宰翁意否？孫穎翁嘗言，《新論》理趣幽博，宜作一提要，以便讀者。先生曰：提要最難作。《大學》是六經之提要，《中庸》是《易》、《春秋》之提要，佛家《心經》是《大般若》之提要，《百法》、《五蘊》、《顯揚》並是《大論》之提要，（《瑜伽師地論》亦名《大論》。）此事豈易言哉？準問：宰翁函云《示要》更成熟，不知宰翁何所措？師曰：《新論》經五年，不是一氣呵成，處境又極窘束，殊未能暢達，然今不及修改，年力衰，世亂益劇。又曰：《示要》發揮剛健等意義，確然立人極，純粹儒家精神，宰翁或指此。然《新論》究是根本，孫穎翁亦云《新論》最重要。

通旦問：今佛門居士，多推尊宜黃大師說教文中以龍樹般若之學是唯智學、無著世親法相之學是唯識學，分別最精。師意云何？師曰：大師此文作於衰暮時，似不必以是爲準。識者，虛妄分別之異名。論有明文，空宗如不辨清妄識，何能得智？有宗說明妄識而畢竟歸於轉八識成四智，本與空宗同歸，何得說一唯識一唯智乎？夫言唯智自無悖，但恐聞者忽略照察妄識之工夫，則爲害不淺。言無著世親純是唯識，卻恐二公未服在，彼若只一直唯識去而不知歸趣於智，則未免魔道矣。須知龍樹無著二家之學，不可以唯智、唯識對破爲二途。唯識之論未嘗不歸於智，般若蕩一切執，豈其不解唯識乎？大師昔年亦嘗說空有同歸，其晚年之論猶不必爲定論也。

與友人

兩接廢名信，知雅意甚盼吾籌立書院聚講，將來得一人算一人等語。此事吾計之已久，非籌募充足基金不可。以書生而與汙賤豪商語，則與虎謀皮，適自取辱，固須號呼於權勢之途。然衰世顯達豈知有國家民族危亡之可痛？又豈知學風士習之所繫者爲何如？吾若欲得其匡助，則非可僅以大義相勖，以骨氣自持，必習於善柔，樂與周旋，夷爲清客，甘作爪牙，相與既久，彼或可資之以成一機構。講學其名，實供利用，如斯行徑，枉尺直尋，猶不足云，只是自投於糞溷耳。天下無生人之氣久矣，余設出此，適以助長昏亡之氣，將何以對越先聖賢乎？吾明知大學教育迷亂不堪，故抗戰八九年中，嘗欲本民間講學之風，籌設一哲學研究所，而世既滔滔，天亦夢夢，卒無可圖成。去夏，吾不欲北旋，而重遊久經厭倦之蜀土，以就友人之約者，亦冀聚人之效，略償萬一。然友人厚意雖可感，其卓識雖可敬，惜彼所主持之學術機關，其基金僅可支持，而吾欲聚人講學，在如斯物價之下，實無可爲，自是始有復還北庠之意。少時讀《孟子》「我亦欲正人心」一語，不感何種意味。三十而後，深歷世變，始知此言直抉本根。萬化生於人心，人心正則萬事萬物莫不一於正，人心死則乾坤息尚何事物可言？中國至於今日，人理絕，人氣盡，人心死，狼貪虎噬，蠅營狗苟，安其危，利其災，樂其所以亡者，天下皆是也。舉一世之人而皆喪其心，所冀能反諸本心者，士大夫耳。上庠教者學者皆士大夫也。設問此輩終日終夜所孳孳者何事？除爲其一身名聲與地位及溫飽而外，其胸際果有揭然而存、惻然而感、念念與斯人痛癢相關否？其有玩心高明、萬理昭晰之一境否？或則憤政俗之弊，動激昂之情，投足黨團，高自標舉，隨順時風眾勢所趨，以改造之英自負，而是否出於惻怛之誠，公明之識，沉毅之勇，則稍有識者當知不類。如萍無根而生，如蓬依風而轉，如菌因腐而發，終於魚爛而亡，一任強者宰割。自清季以來，士大夫無眞識定力，無實肝膽，狂昏浮亂，以迄於今，而莫知所底，吾痛心久矣。說者或謂今學校之教，重知識而無德行之涵茹，此說雖是，而未深悉時弊也。方今學者何足以言知識？理工諸科，吾誠門外漢，文科法科之得失，老眼未曾花也。《易》曰：「君子以言有物而行有恆。」故觀其言行而其有無知識可知矣。試一檢時下論撰，其不爲浮淺混亂者幾何？惜乎八表同昏，無有能辨之者耳。余兒時聞庭訓曰：凡觀人文字，須逐字按去，若是有根據之言，重按亦不可搖奪；浮詞亂語，一按即覺其無一字也。然「按」之一詞，亦未易言，非自身具有眞識力，如何下手去按？此自昔所以多海上逐臭之夫，而衰世尤甚。先公此言，極其宏富，余小子自幼迄今，終身思之，覺意味日深一日。今之大言炎炎者，吾誠難發見其中果何物事。夫言之無物，由中無眞見也。胸無眞見，即出言浮亂，而欲其行之有恆，不可得也。恆之爲言，恆於公而不雜以私也，恆於明而不雜以暗也，恆於健而不雜以偷也，恆於敦厚而不雜以涼薄也。一有雜，即失其眞常之體而不恆。世俗不了恆義，第以爲恆久而不已耳。若僅以此名恆，則恆作惡者，亦可謂恆乎？行有恆，必本於言有物，故言有物一語極重要。有物之言，斷未有無恆之行。行而無恆，必其言之本無物也。今人言不成言，而欲其行之成行，何可得乎？正學亡，大道廢，胥一世之人而無言行可按，種類可幸存乎？余年逾六十，復何所私冀？唯於人類之愛，自莫切於其近者，種族垂危，尤所深痛。余雖寡昧，猶期獨握天心，以爭剝復。私人講學既不可得，乃不能不遄返北庠。刻正候船東下，將由海道北行。蝸角橫爭，旅人阻梗，孤羈蜀道，我勞如何？吾自昨年體氣大衰，食量甚減，失眠甚劇，面部微胖，中虛之象，極思回平靜養。教課不得多，諸生質美者，可來私室析疑設難，引發神思，輔益情趣，是吾所望。風燭餘光，丁茲衰亂，誠不敢高言講學育才，唯願遇一二善類而相與夾持之，得以成就嘉種，遺之來世，爲幸無量。丁亥中春渝州旅次。

十力語要　卷四

此卷原為郯城高生贊非從其日記中錄出，輯為〈尊聞錄〉。首語錄，次手札，共四萬餘言。（語錄在高生日記中，當時經余稍改字句。）孝感張生立民請付印，並任校對。時余病危，幾不起，遂印五百部，稍存平生心事。計此中錄存，始自民國十三年，至十六七年止。余時年四十餘，病困殊久。初居舊京，旋養痾杭州。靜觀世變，深切隱憂，願力密持，幸未遽隕，覆覽斯錄，感慨萬端。頃諸生請輯《語要》付印，因念斯錄體式，無殊語要同，又字數無多，不必單行，遂收入《語要》，為卷之四。昔郯城高𥕢莊頗喜此中手札，謂字字出肺腑，載直方剛大之氣以行。余自問，唯與人以心相見而已。𥕢莊遇倭寇殉難，遺音宛在，無限淒愴。

中華民國三十五年十二月九日熊十力記於
黃海化學社附設哲學研究部

〈尊聞錄〉卷端原載吾手札一則，今仍存如下。

立民：錄中輪回問題，所記甚粗略。此事在吾心理上經過極曲折，極繁複。吾近來意思，只是存而不論。佛家淨信之士見此錄，必大詈我。然吾終望有善根人能發心努力現世，努力做個人，便是菩薩道。《論語》孔門弟子多問成人，可見生得五官百體不必為人，須有成人之道。吾不知成人與成佛果何異耶？十力。

十三年秋，謁先生於曹州，始稟學焉。先生曰：爲學始於辨志，志者心之所存主。心存主乎誑耀勢利，則小人之歸也；心存主乎發強剛毅，則大人之基也。是其界劃甚明，而人恆忽忽焉習熟於卑近而不之察也。汝切須內省而辨之於微，勿安於習，而貪徇物之易，以率性爲難，則辨之必明，而毋入於卑近矣。

一友說《莊子》曰：「人之生也，固若是芒乎？」芒，惑也。生與惑俱。人遇事求知，而生不可知，有知其所以生而始生者乎？先生曰：子之說非是。夫生不由知，固也，若乃知生不由知，則已是知也。

先生嘗曰：吾人窮理，觸處求解，便觸處成疑。疑復求解，困而莫捨。一事求解，關係無量，條件未具，不堪遽釋，故解待疑，其解方確。事事相關，解此一事，又引他事，展轉相引，事則無窮。求解無窮，疑亦無窮。解底範圍推廣，疑底範圍與之俱廣。

先生自言，始爲輪回論者之信徒，其初所作《唯識》書，雖於護法諸師之理論多所破斥，而對於佛家根本觀念即輪回觀念，固與護法同其宗主而莫之相悖也。《唯識》書第三稿中有一段首揭此義云：竊有古今之一大謎焉，不可不先揚榷之者。曰：諸有生物，其生也，原各各獨化，都無終始，不隨形以俱盡乎！抑宇宙有大生焉，肇基大化，品物流行，故生物稟此成形，其形盡而生即盡乎！（原注：此言宇宙者，外界之異名，乃隨俗假說耳。大生者，不必謂宗教家所立之神，凡哲學家計有外界獨存之實體者皆是也。）由前之說，則生界爲交遍；（原注：交遍者，無量生命各為獨化，同在一處，各各遍滿，而不相障礙，仍為互相聯貫之全體焉。）由後之說，則生界爲同源。（原注：計有大生之實體為一切有生所從出故。）由前之說，則有生皆無待而自足；由後之說，則有生將外藉而憑虛。（原注：如吾之生，若非自有而藉外界獨存之大生偶爾分賦者，則吾生直等於石火之一瞥已耳。謂吾生非自有而索源於外矣。外源之有，吾又何從徵之哉？）前說佛家主之，後說世間多持之。吾嘗徘徊兩說之間，累然而不釋也。轉復寧息推求，曠然自喻，吾生之富有，奚由外鑠？（原注：《易》曰「富有之謂大業」，言乎生活力之深固與盛大也。）息騎驢覓驢之妄，（原注：吾之生也，獨化已耳。不自明而尋來源於外，非騎驢覓驢而何？）悟懸的投矢之非，（原注：納群生於虛立之大原，與投眾矢於故懸之鵠的，有以異乎哉？）遂乃印持前說，略無猶豫。事不可以物徵，理實在乎自信。據此則先生對於輪回說之堅持可見矣。一日忽毀其稿，悵然曰：吾書又須改作矣。時居北京西郊萬壽山大有莊，腦病已劇。值寒雪，驅車入城就醫，余隨侍。林宰翁來視。先生曰：吾打破輪回觀念矣。宰翁曰：尊書那段文字說得恁地好，如何又打破了？先生佛然曰：且莫說閒話，吾急待商量。今若依據佛家而言生命，則一切有情之生命各各無始無終，即各各有迴脫形骸之神識。輪回之義以此建立。若誠爾者，則植物與下等動物將有神識焉否耶？設許有者，則復生現象如何解釋？（復生者，謂如某種生物若切斷其體為數段，則每段皆成獨立之生機體，此名復生。）何者？一物之生命既無始無終，即有獨立之神識，則將其機體割去一部時，其所割去之部應不得自成一生機體。以每一物之神識，必不隨機體割裂而分化故。設云無量神識遍滿宇宙，當將某物之機體割去一部，即時另有神識附著其間，故仍別成一生機體者，此則視神識之發見過於忽然，誠難印許。佛家雖不許植物有神識，然其謂胎卵溼化四生皆爲有情，則固許下等動物有神識也。既許下等動物有神識，則下等動物中有復生現象，將如何解釋耶？吾以此對於輪回之信仰完全失其所據，兄能釋此難否？宰翁笑曰：新生，復生，（新生謂如結胎而生者是。）同是忽然。吾人於新生不謂無神識，乃致疑於復生之不當另有神識何哉？此事要信只合篤信下去，不信亦由人。仔細推求，極是自苦。因此事萬不可以理智解決也。先生曰：不妨細理會。宰翁曰：吾夙昔對此極苦過心來，情感上總覺信得及，亦足安慰，理智推求，又沒證據。初與兄會面，猶好提出此問題，亦頗憶否？年來將此付之不問，問了終無答案，何必慮問？又吾儕有一日之生，盡一日之人道，亦不必待有輪回而後安慰也。先生曰：言有輪回，不過將我之生命上推之至於無始，下推之極於無終。誠如其說，則長劫輪回，不知曾幻作許多眾生身，是即有無數之我。若無輪回，則我獨出長劫中之某一期，更無第二之我。如是則我之價値，豈不再重大？我之生活意義豈不更優美？宰翁笑曰：誠然，誠然。

吾因先生變更輪回觀念，恐其《唯識》書不復作，乘間致問。先生曰；將另造《新唯識論》也。復問：近來主張如何？曰：只是方便顯示本體。（本體無從直揭，故須方便。）問：或言先生之學，乃融會貫穿於此土三玄及梵天般若之間，然歟？先生曰：亦說得似。又曰：唯識更張，是一大事，若精力不虧，得就此業，極於眞理有所繫也。又問：般若之旨，可得聞歟？先生曰：此難爲汝言也。般若只是破執，然徒在知解上做工夫亦不相干，須是自見本心。禪家實通般若。不了禪而學般若，不會有入處。但對汝說此，亦是閒言語。然汝且置之腦中，將來若能進而用力於禪家與般若，好自理會，或於吾今者之說有默契也。不然者，吾終是閒言語。

暑假隨師南下，寓杭州西湖法相寺。師病中不得執筆，猶時運思。一日問之曰；師昔不主衆生同源說，今若作《新唯識論》將如何？師曰：吾舊宗護法唯識，則以實體爲交遍，而非是一體。由今思之，此不應理，只是一體，哪得多元？吾今者仍持同源說也。復問同源之說可徵乎？曰：此固可於生物學上舉其徵，如柏將森哲學是已。我卻不用拿生物學來做根據。我是直接反求諸心，見得此意。記得我少時看王陽明《大學問》，自以爲解得。由今思之，當時確是以不解爲解，如今倒是眞解得。〈大學問篇〉云：「大人之能以天地萬物爲一體也，非意之也，其心之仁，本若是其與天地萬物而爲一也。豈唯大人，雖小人之心亦莫不然，彼顧自小之耳。是故見孺子之入井，而必有怵惕惻隱之心焉，是其仁之與孺子而爲一體也。孺子猶同類者也，見鳥獸之哀鳴觳觫而必有不忍之心焉，是其仁之與鳥獸而爲一體也。鳥獸猶有知覺者也，見草木之摧折而必有憫恤之心焉，是其仁之與草木而為一體也。草木猶有生意者也，見瓦石之毀壞而必有顧惜之心焉，是其仁之與瓦石而為一體也，是其一體之仁也。雖小人之心亦必有之，是乃根於性而自然靈昭不昧者也。」詳此，則同源之義有明徵矣。所謂與萬物而為一體之仁者，仁即源也，我與萬物所同焉者也，是無形骸之隔，物我之間故痛養相關也。否則根本互不相通，見孺子入井乃至見瓦石毀壞，其有惻隱與顧惜之心也哉？至理只在當身，大乃由之而不著焉，習矣而不察焉。道在邇而求諸遠，事在易而求諸難，所以為學者之大患也。吾乃今日於此見得眞切有味，同源之說，無復疑矣。復問：師今日見地，果自陽明入乎？曰：難言也。謂吾自陽明入，不若謂吾自得而後予陽明之言有深入也。程子曰：「吾學雖有所授，而天理二字卻是自家體認出來。」古今幾人會得此意？

問：先生初不主同源說，以謂著由其說，則吾人生命將外藉而憑虛，（引見前文。）今日意思云何？先生曰：我昔時極是錯誤，如今自不是那般意思。問：近來意思可得聞歟？先生曰：這道理好難說。在人情計度，則以為說到同源，好像是外於萬物而別建立一個公共的大源，叫他做宇宙實體，我與一切人和物都從他分賦而出生，如大海中幻起許許多多的浮漚一般。（每一浮漚是大海水所分賦的，所以浮漚自己不實，乃外藉大海水而暫時幻現者。）所以我底生命不是我元來自具自足。舊稿外藉而憑虛之說蓋即此意。如上所說，若道那般話竟是麼，則已墮入邪見，不可救藥了。欲道那般話不是呢，我也沒有好語言來說明我今者之所謂是，以別於那般話之不是了。因爲語言是實際生活的工具，是表示死物的符號。這道理是迴超實際生活的，是體物不遺而畢竟非物的，如何可以語言來說得似？雖復善說，總不免把他說成呆板的物事了。大抵同源云者，雖已承有萬物公共的大源，而他（謂公共的大源。下皆準知。）畢竟不是外於萬物而別爲空洞獨立之一物，他是遍爲萬物實體無有一物得遺之以成其爲物者。萬物皆以他而成其爲萬物，我固萬物之一，即亦以他而成其爲我。所以我與一切人和物雖若殊形，而語及實性則是渾然一體。（性者體之異名。）一體故無內外，無內外故，亦無彼此。無奈人生來便把形骸執著了，（執即是惑。）易言之，即起我執了。（此處吃緊。）既執有我，同時即妄分別有與我對待之一切人和物，於是內我而外人，內我而外物，則忽爾有內外矣。我也，人也，物也，互相對待，即忽爾有彼此矣。從茲已往，封畛釐然，遂不能返會到本來一體上去。若是除去計我之執，這內外彼此等疆界便一齊打破，立時了悟本來一體，並無奇怪。即如前舉漚海喻，只是把浮漚分別執之爲一個一個，即妄執有漚之相，遂以爲無量漚外有大海水，所以成邪見。若是不執漚相，便於無量漚而洞見舉體是大海水，了無內外彼此可以分劃，這豈不是正見麼？所以吾今者之見與昔日那般話，所辨只在毫釐。總之，吾人若能破妄執，返會到本來一體上去，即是安住於實體。（安住者，自守而不遷之意，非謂我與實體為二，以我安住在他裡面，此須善會。吾人由妄執故，遂物化而失其本體，便是遷了，安住則反是。）到此，自本自根，尙何外藉之有？尙何憑虛之有？若不了此，拋卻自家無盡藏，將弱喪而不知歸，此等人生活浮虛，直是救他不得。

問：人生設有輪回，似亦足慰。先生曰：吾學在見體。人能安住於實體，超越個體的生存，即沒有爲達個體生存之目的而起之利害計較，易言之，即不爲生存而生存，如此無恐怖，無掛礙，何待有輪回爲之安慰？輪回觀念卻是要求個體恆存的觀念。宰平先生昨又說，這便是要求自我生存的不斷，即所謂計常老見。吾亦曰：佛家言無我，其實大有我在。

問：人情總難拋卻個體觀念，若無輪回，則個體的生命等於曇華一現，奈何？先生曰：個體本是實在的，如我和你在此是分明顯現著，哪是夢幻泡影的？問：其如死後沒有何？先生曰：是須談三世義。（過去、現在、未來。）三世說有便都有，說無便都無。說無者，謂過去已滅故無，現在不住故無，未來未生故無。若爾三世都無，輪回亦是虛立。說有者，謂過去實有於過去，現在實有於現在，未來實有於未來。如此則汝個體的生命實有於現在世中，是亙古不磨的。準此以談，死後有無不必與輪回有關。

先生曰：自省思慮不易放下，或發一問題不得解決，即留滯胸中，左右思維，旁求之事事物物，冀得其徵。然理之至者非可離於事物而求之，更非可泥於事物而求之。人但知不可離事物而求理，惡知其不可泥事物而求理哉？吾嘗因一疑問，多端推徵，往復不決，心力漸疲，而遊思雜慮乘之以起。然有時神悟煥發，不慮而得。亦有推徵既倦，不容不休，久之措心於無，忽爾便獲。更有初機所遇，本無差謬，後漸推求，轉生疑惑，旋因息慮，偶契初機。總之，窮理所病，唯一泥字，泥則神累而解不啟。泥者全由吾人在現實生活方面所有知識，早於無形而深遠之途徑中組成複雜之活動體系，爲最便於現實生活之工具。此工具操之已熟，故於不可應用之處，亦陰用而之不覺，此所以成乎泥而爲眞理之賊也。

「易有太極」，太極即乾元也，非更有爲乾元之所從出者各太極也。乾道進進也，變動不居也，生生不息也，故謂之元。坤實非元，其體即乾也。

乾爲神，坤爲器。（以在人者言之，形體器也，屬坤；心則神也，屬乾。）神者固器之體，器成則神即器而存，故不可離器而求神。凡有質，皆器也，即皆神之運行也。然器有畛域，神則無畛域。一器別具之神與宇宙統體之神，實不可得而分隔也。昧於此者，乃以器之有畛域而疑神之亦有畛域，此神我神識諸說所由作也，是大惑也。器成而礙，不能不毀。然器有成毀，無斷滅，如花有凋謝而花之類不絕。神者，萬物之統體，乃生生無熄，時時捨其故而更新也。一器之成也，即資於統體之神而成其體焉，既成則猶息息資於統體之神以相續，及其頑鈍而不能復資於神以續成，則毀矣。故器之既毀，而猶冀有個別之神不隨此器俱毀者，則未知此器未毀已前，雖若有別具之神，而實即是統體之神。固不可以器之成其個別而疑神之亦爲個別矣。神必著見而成乎器。宇宙未有蕩然無器之一日也，然執器者，則昧乎神。

老氏言「玄牝」，與《易》言太極義通。

《論語》記孔子「五十而知天命」。又曰「五十以學《易》，可以無大過矣」。足徵孔子到五十知命，故其治《易》也，實足以發明此理，無復過誤也。子貢曰：「夫子之言性與天道不可得而聞也。」非聞之而眞有得者不能出此言也。然則夫子固嘗言性與天道，子貢既聞之而有得矣。今考之《論語》罕載性道之言，豈其絕無紀述歟？以理推之，當不其然。蓋性與天道之談，別載《易傳》故也。〈繫辭〉等作，當是孔子親筆，七十子或有附益耳。自夫子讚《易》而後《易》始爲哲學思想之書，故求孔子學者必於《易》。

莊子深於《易》者也，實孔學志支流。（莊子談變化極精，直自《易》出。）

一友極能注意自家生活，然未免失之緊迫。時或追尋人生有無意味，或自苦究何爲而生。先生慮其成病也，乃語之曰：在生活上追求意味，此是由於有我之私無形在裡面作祟，務須放下一切追求，不然，被他糾纏到死，不得解脫。若問何爲而生？此問無理。生豈有所爲乎？有所爲者，是人意之私，不可以推求生理也。至生活之安定不安定，此大須注意。汝之本心自是安定，如何而有不安定耶？吾不欲向汝深談理道，但勸汝自見本心，順本心而行即安，違其本心即不安。若問何謂本心？則汝不須窮索，我責汝飽食終日無所用心，汝即時羞惡起來，只此羞惡之端是汝良知，是汝本心，是汝生理，亦是天地之根。汝自見得透，自信得過，便隨順行去，日用間吃飯、穿衣、看書、散步、應事接物，乃至臨難處危，一一順此本心行去，平平穩穩。《禮》所謂「臨財毋苟得，臨難毋苟免」，《論語》所謂「居處恭，執事敬，與人忠」，陽明所謂「事父便知孝，事兄便知弟，皆此心也」。誠如是，尚何危殆不安之有耶？又吾每教汝看書，汝便自較量云看了某書，強索些空洞知識，毫無趣味，是於吾生活有何干係？汝這種見地大是謬戾。須知汝心不是一件事物，而亦不離開事物以獨存。事事物物都是仗托汝心而成其爲事物，汝心復是仗托事物而現起，方名爲心。一物之理未究，一事之理未窮，汝便將自家元來廣大底心剝蝕了，狹小了，如之何其可哉？空洞也，沒趣味也，無干係也，都是喪心之病，猶不悟耶？

陳聚英初見師，請示看何書。師語之曰：且勿遽說看何書。汝欲堂堂巍巍做一個人，須早自定終身趨向，將爲事業家乎？將爲學問家乎？如爲學問家，則將專治科學乎？抑將專治哲學或文學等乎？如爲事業家，則將爲政治家乎？或爲農工等實業家乎？此類趨向決定，然後萃全力以赴吾所欲達之的，絕不中道而廢。又趨向既定，則求學亦自有專精。如趨向實業，則所學者即某種實業之專門知識也；趨向政治，則所學者即政治之上專門知識也。大凡事業家者所學必其所用，所用即其所學，此不可不審也。如趨向哲學，則終身在學問思索中，不顧所學之切於實用與否。荒山敝榻，終歲孜孜，人或見爲無用，而不知其精力之綿延於無極，其思想之探賾索遠，致廣大，盡精微，灼然洞然於萬物之理，吾生之眞，而體之踐之，充實以不疑者，眞大宇之明星也。故寧靜致遠者，哲學家之事也。雖然，凡人之趨向，必順其天才發展。大鵬翔乎九萬里，斥鷃搶於榆枋間，各適其性，各當其分，不齊而齊矣。榆枋之間，其近不必羨乎遠也；九萬里，其遠不必驕於近也。天付之羽翼而莫之飛，斯乃不盡其性，不如其分，此之謂棄物。吾向者欲以此意爲諸生言之，又懼失言而遂止也。汝來請益，吾故不憚煩而言之。然吾所可與汝言者止此矣，汝能聽與否，吾則以汝此後作何工夫而卜之也。若猶是昏昏懂懂，漫無定向，徘徊復徘徊，蹉跎復蹉跎，歲月不居，汝其虛度此生矣。

有柳君者問曰：先生屢教人於學問或事業求一成，得毋功利之見耶？先生曰：是何言哉！功利者，有所爲而爲也，學問與事業之期成，則人自充實其生活之力量，只盡己而已，豈有所爲而爲哉？先儒云：盡己之謂忠。凡人無一成者，只是不忠。

學人即以學問爲其興趣，作事者即以事業爲其興趣，努力於學問或事業之場，勤奮增愉快，愉快增勤奮，此謂嘉興美趣，此謂豐富之生活。若人求學作事而有競名趨勢逐利等念，則是有所爲而爲之，即心溺於鄙細，便沒興趣，而淪於枯槁之生活，是可哀已。

劉念僧問：聲生論師說聲從緣生已便是常住，此何所據？先生曰：以今日留聲機驗之，聲生家言，似有相當理由。然格以大乘之義，則留聲機中之聲亦非常住，只是剎那剎那，生滅相續。（此聲於前剎那生已便滅，後剎那有似前聲相續而起，非前聲能住至後。）俗不了此，乃計常住，故聲生說畢竟不符正理。

附記：念僧，四川涪陵人。與同縣鍾伯良、石砫張俶知、巴縣王平叔同學，皆有超俗之趣。伯良、念僧教學誠切，視諸生如子弟。今皆逝世。

先生曰：人謂我孤冷，吾以爲人不孤冷到極度，不堪與世諧和。

事不可意，人不可意，只有當下除遣。若稍令留滯，便藏怒蓄怨而成爲嗔痴習氣，即爲後念種下惡根，永不可拔。人只是自己對於自己作造化主，可不懼哉！偶見師於案頭書紙云：說話到不自已時，須猛省而立收斂住。縱是於人有益之話，但說到多時，則人必不能領受而自己耗氣已甚。又恐養成好說話之習慣，將不必說不應說不可說之話，一切縱談無忌，雖曰直率，終非涵養天和之道，而以此取輕取侮取忌取厭取疑於人，猶其末也。吾中此弊甚深，悔而不改，何力量薄弱一至是哉？

漱師閱同學日記，見有記時人行爲不堪者，則批云含蓄爲是。先生曰：梁先生宅心固厚，然吾儕於人不堪之行爲，雖宜存矜憐之意，但爲之太含蓄，似不必也。吾生平不喜小說，六年赴滬，舟中無聊，友人以《儒林外史》進，吾讀之汗下，覺彼書之窮神盡態，如將一切人及我身之千醜百怪一一繪出，令我藏身無地矣。準此，何須含蓄？正唯恐不能抉發痛快耳！太史公曰：不讀《春秋》，前有讒而不見，後有賊而不知。亦以《春秋》於讒賊之事無所不言，言無不盡，足資借鑑也。吾惡惡如《春秋》，不能爲行爲不堪者含蓄，故與梁先生同處多年而言動全不一致。汝儕亦各自行其是可也。

一日，師聞人言，將買雞而殺之。師曰，買已殺者可也，取一生物而殺之，不必也。其人曰：此不澈底之殺生也。師默然久之曰：設責吾不澈底戒肉食，則吾唯有自承其罪，拊胸沉痛而已。若以不澈底殺生爲可非笑者，此何忍聞？使殺生而可澈底做去，則人之類其絕久矣。留得一分殺生不澈底之心，即宇宙多一分生意。願與世人共策勵也。

一友讀李恕谷書，師過之。某因問先生對恕谷有無批評。先生曰：吾看船山、亭林諸先生書，總覺其惇大篤實，與天地相似，無可非議。他有時自承其短，而吾並不覺他之短。看李恕谷書，令我大起不快之感，說他壞，不好說得，說他不壞，亦不好說得。其人馳騖聲氣，自以爲念念在宏學，不得不如此。然船山正爲欲宏學而與世絕緣。百餘年後，船山精神畢竟流注人間，而恕谷之所以傳，乃附其師習齋以行耳。若其書則不見得有可傳處。然則恕谷以廣聲氣爲宏學者，毋亦計之左歟？那般虜廷官僚，胡塵名士，結納雖多，惡足宏此學。以恕谷之聰明，若如船山絕跡人間，其所造當未可量，其遺留於後人者當甚深遠。恕谷忍不住寂寞，往來京邑，揚譽公卿名流間，自荒所業。外托於宏學，其中實伏有馳騖聲氣之邪欲而不自覺。日記雖作許多懇切修省語，只是在枝節處留神，其大本未清，慧眼人不難於其全書中照察之也。恕谷只是太小，所以不能如船山之孤往。吾於其書，覺其一呻一吟、一言一語，無不感覺他小。習齋先生便有惇大篤實氣象，差可比肩衡陽昆山。凡有志根本學術者，當有孤往精神。

師語雲頌天曰：學者最忌懸空妄想，故必在周圍接觸之事物上用其耳目心思之力。然復須知宇宙無窮，恃一己五官之用，則其所經驗者已有限，至妄想所之，又恆離實際經驗而不覺。船山先生詩有云「如鳥畫虛空，漫爾驚文章」。此足爲空想之戒。故吾儕必多讀古今書籍，以補一己經驗之不及，而又必將書籍所發明者反之自家經驗而辨其當否，若不爾者，又將爲其所欺。

頌天可謂載道之器，惜其把知識看輕了，他也自責不立志，卻沒理會志非徒立，必見諸事。少年就學時，則窮理致知是一件大事，此卻靠讀書補助，於此得著門徑，則志氣日以發舒。否則空懷立志，無知能以充之，畢竟是一個虛餒的漢子。吾觀汝儕平日喜談修養話頭，而思想方面全未受訓練，全未得方法，並於無形中有不重視之意，此吾所深憂也。觀頌天昨日所書，仍是空說不立志，而於自己知識太欠缺，毫不感覺。充汝輩之量，只是做個從前那般道學家，一面規行矩步，一面關於人生道理也能說幾句懇切語、穎悟語，談及世道人心，亦似惻隱滿懷，實則自己空疏迂陋，毫無一技之長。尤可惜者，沒有一點活氣。從前道學之末流只是如此，吾不願汝儕效之也。

先生戒某君曰：吾一向少與汝說直話，今日宜披露之。汝只是無眞意。有眞志者不浮慕，腳踏實地，任而直前，反是則昏亂人也，庸愚人也。汝於自家身心，一任其虛浮散亂而不肯作鞭辟近裡工夫。頌天知爲己之學，而汝漠然不求也。嘗見汝開口便稱羅素哲學，實則汝於數學、物理等知識毫無基礎，而浮慕羅素，亦復何爲？汝眞欲治羅素哲學，則須在學校切實用功，基本略具，始冀專精。爾時近於數理哲學，則慕羅素可也，或覓得比羅索更可慕者亦可也。爾時不近於數理哲學，則治他派哲學或某種科學亦可也。此時浮慕羅素何爲耶？汝何所深知於羅素而慕之耶？君子於其所不知，蓋闕如也，至其所篤信，則必其所眞知者矣。不知而信之，驚於其聲譽，震於其權威，炫於社會上千百無知之徒之展轉傳說，遂從而醉心焉，此愚賤汙鄙之尤。少年志學，寧當爾哉？天下唯浮慕之人最無力量，絕不肯求眞知。吾不願汝爲此也。汝好名好勝，貪高騖遠，不務按步就班著工夫，一日不再晨，一生不再少，行將以浮慕而畢其浮生，可哀也哉。

先生一日立於河梁，語同學云：哥儕生於今日，所有之感觸，誠有較古人爲甚者。古之所謂國家興亡，實不過個人爭奪之事耳，今則已有人民垂斃之憂，可勝痛乎？又吾人之生也，必有感觸而後可以爲人。感觸大者則爲大人，感觸小者則爲小人，絕無感觸者，則一禽獸而已。曠觀千古，感觸最大者，其唯釋迦乎？以其悲願，攝盡未來際無量眾生而不捨，感則無涯矣。孔子亦猶是也，「鳥獸不可與同群，吾非斯人之徒與而誰與？」何其言之沉切也！「老者安之，朋友信之，少者懷之」，程子謂其量與天地相似，是知孔子者也。

爲學，苦事也，亦樂事也。唯眞志於學者，乃能忘其苦而知其樂。蓋欲有造於學也，則凡世間一切之富貴榮譽皆不能顧，甘貧賤，忍澹泊，是非至苦之事歟？雖然，所謂功名富貴者，世人以之爲樂也，世人之樂，志學者不以爲樂也，不以爲樂則其不得之也，固不以之爲苦矣。且世人之所謂樂，則心有所逐而生者也，既有所逐則苦必隨之。樂利者逐於利，則疲精敝神於營謀之中，而患得患失之心生，雖得利而無片刻之安矣。樂名者逐於名，則徘徊周旋於人心風會迎合之中，而毀譽之情俱，雖得名亦無自得之意矣。又且所逐之物必不能久，不能久則失之而苦益甚，故世人所謂樂，恆與苦對，斯豈有志者所願圖之乎？唯夫有志者不貪世人之樂，故亦不有世人之苦，孜孜於所學而不顧其他。迨夫學而有得，則悠然油然，嘗有包絡天地之概。斯賓塞氏所謂自揣而重，正學人之大樂也。既非有所逐，則此樂乃爲眞樂而毫無苦之相隨，是豈無志者所可語者乎？

有張君者，謂佛家教人禁欲。先生曰：此大謬之言也。欲可禁乎？欲能禁而絕乎？人心者，非頑然一物，其間前念方滅，後念即起，遷流不息，亦如河海之流而無窮也。今欲人欲之不起，唯務抑之遏之，不知欲之起也無已，抑之遏之亦無已，是非如治水之壅塞其流，終將使之決於一旦，滔天而不可挽乎？吾意佛家教人，不應如此。蓋不在禁欲，唯務轉依。轉依者，轉移此心之傾向也。知欲之不可禁，唯移此心之傾向而令其依於善，則念念向上，將邪欲不禁而自伏除。譬之治水者，順流疏決以就正道，則流既暢而泛濫之禍自免也。他日，先生又曰：儒者亦有把欲看作是天理之敵人而必欲克去之者，此亦大錯。夫欲曰人欲，則亦是人之欲也。人之欲，其可盡去乎？使人之欲而可盡去，除非人不生也。人既有生，便不能無人欲，如何盡去得？大抵人欲所應去者，只是不順理之欲。吾人見得天理透，（只是良知不汩沒耳。）使天理常作得吾身之主，則欲皆從理，而飲食男女莫非天理中事矣。

佛以大雄無畏，運其大悲，見種種顚倒痴愚眾生，種種苦惱逼迫境界，都無憤激，都無厭惡，始終不捨，而與之爲緣，盡未來際，曾無息肩，其悲也，其大雄無畏也。吾儕憤世嫉俗，不能忍一時之亂，幽憂愁苦，將荒其業，此實淺衷狹量之徵。故知抱悲心者，必先養大雄之力。不能大雄無畏而徒悲，則成爲陰柔鬱結，而等乎妾婦之量已。

社會只是各種勢力匯聚而相激相蕩，這邊勝了，那邊便負，難道他好壞。好壞之見，出於自家主觀。遇著利害衝突的方面，以主觀而判斷他底好壞，如何靠得住？人類不齊，智愚、善惡、廉汙、靈蠢種種差別，萬不能盡納於至善之境。然而聖哲之心，總期一切人趨歸至善，要其用力之方，則亦只就當躬所及接者，積誠以動之，其所不接者，以心量涵之而待其自感，有效與否，要自不計。

凡人言動間，自覺俗情流露，自知慚愧，此則無害。若自己流露於不覺而爲他人所覺者，則他人代爲慚愧而自己反不知，斯可畏耳。人非力學，難言去俗。知識道德高一分，俗情方去一分。

人生本來是好的，絕沒有夾雜一點壞的，其所以有不好者，因爲他梏於形，囿於習，才與宗宙隔絕，把本來的好失掉了。

人生在社會上呼吸於貪染、殘酷、愚痴、汙穢、卑屑、悠忽、雜亂種種壞習氣中，他的生命純爲這些壞習氣所纏繞，所蓋覆。人若稍軟弱一點，不能發展自家底生命，這些壞習氣便把他底生命侵蝕了。浸假而這些壞習氣簡直成了他底生命，做他底主人翁，其人縱形偶存，而神已久死。

凡人當自家生命被侵蝕之候，總有一個創痕。利根人特別感覺得。一經感覺，自然奮起而與侵蝕我之巨賊相困鬥，必奏廓清摧陷之功。若是鈍根人，他便麻木，雖有創痕，而感覺不分明，只有宛轉就死於敵人之前而已。

馮炳權問：每聞人說，有時心中理欲交戰，豈一念中理欲並起而交抗耶？先生曰：一念無理欲並起，乃是前後念迭起，人不之察，以爲仍是一念中事耳。如初念本循理，次念計較生，即欲之動也；又次念或不以從欲爲然，此即天理偶現；又次念或憚於從理，即欲復熾。如是理欲迭起，至最後一念，或理勝欲，或欲勝理。常人心情，大抵如是，但念之起滅甚速，彼往往以多念爲一念也。

凡人敬愼之畏不可無，怯弱之畏不可有，自審有一分怯畏，須將根拔去。

聖賢自有至情。大奸雄亦復多情。奸雄如不多情，何能收籠群倫爲之效命哉？其多情，非盡僞也，盡僞必不能使人。曹操既貴，不忘死友之女，〈祭喬玄文〉，感懷知己，一往情深，其他吊舊老詞，亦令百世下讀者可歌可泣，豈可以僞爲哉？特不能率性以治情，其情日以流於雜妄，故不得爲聖賢耳。以是知人未有無情而足爲人者也，唯昏惰人乃斫其情。

智大者必富幽情，探賾索遠，極深研幾，解悟所至，情味俱永。情薄則無以資解之深到。

爲學最忌有賤心與輕心，此而不除，不足爲學。舉古今知名之士而崇拜之，不知其價值何如也，人崇而已亦崇之耳，此賤心也。輕心者，己實無所知，而好以一己之意見衡量古今人短長，譬之閱一書，本不足以窺其蘊，而妄曰吾既了之矣，此輕心也。賤心則盲其目，輕心且盲其心，有此二者，欲其有成於學也，不可得矣。

先生嘗自言，當其爲學未有得力時，亦曾盲目傾仰許多小大名流，言已而微笑。予因問曰：先生對昔日所盲目傾仰者，今得毋賤之惡之耶？先生曰：只合憐他，賤惡都不是。

潘從理問：有某君者，言任事者必愚，智深者利害分明，即不肯任事。先生曰：不知某君所謂智者爲何如之智？其所謂愚者爲何如之愚也？仲尼謂甯武子愚不可及，武子之愚，非世俗所謂愚。以其不作一己利害計較，對凡人之小慧而言，乃假說爲愚，所謂正言若反也。武子之愚實乃超出俗情，無私無礙，神全而鑑無不周，故可任重而不疑，履危蹈難而不避。若乃世俗愚失，直任凡情衝動，於事理毫無了別，但憑其血氣方剛，因緣時會，亦得奮躍以有功。漢高所謂功狗，正謂此輩。然名之爲功狗，則功不由己，而當歸諸發蹤指示者亦明矣。發蹤指示者人也，大智者也。高帝但以之許蕭何，近之矣。亡友劉子通曰：大事業家之頭腦與大哲學家及大科學家之頭腦一般複雜，只應用不同。可謂知言。若不辨乎此，將以武子之愚與諸兵子之愚並論，自非無目，孰有睹大明而擬諸爝火之微茫也哉？

世俗所謂智者，大抵涉獵書冊，得些膚泛知識，歷練世途，學了許多機巧。此輩元來無眞底蘊，無眞知見，遇事只合計較一己利害。其神既困於猥瑣之地，則不能通天下之故，類萬物之情，只是無識之徒。凡人膽從識生。今既無識，便無膽，如何做得大事？

唯不計利害，才能看得利害分明。常人計較利害，其神已昏，哪得分明？不計利害底人，亦有差等。略言之，仁人以至誠任天下之重，死生以之，更計甚利害？（諸葛公便是此等人。光武宋祖亦近於仁。）次則英雄豪傑，雖無仁人之至誠，要其大體上總是趨向正路坦途，不過功名心重。所謂伯者一流人，他卻富於責任心，敢以身任天下之重，故亦將死生置之度外，所以不眩於利害，神解超脫，明燭萬幾，漢高、唐太、明祖輩，皆此類也。蕭何、張子房之徒，亦其次也。（唐太宗是晚周以後第一有大規模有大雄圖底人物。即漢高、明祖初舉事時，亦俊偉不易及，迄成功後，血氣衰而慮患又深，始多敗行。然明祖卻狹小，不敢望漢高。）

中國古來之道德信條，其繫於人心者，常使賢者不忍干，不肖者不敢犯，蓋數千年來所積之勢力中於人心意深如是。乃近日歐風東來，舊有之道德信條，國人視之廢然無足重，遂使不肖者有所藉口，公然冒大不韙而不顧，是其不敢之情絕，浸假習僞以爲正，而賢者不忍之心亦將窳乎無存。樊籬決而人欲肆，天下滔滔，日趨於禽獸而不知，可無痛乎？令人動口說舊道德不足保存，此緣不辨道德與倫理之分，故無知而橫決。夫倫理有隨時制宜者，可云有新舊。如夫婦之倫，古者丈夫擄掠婦女爲淫樂而已，無所謂匹偶之重也。後聖制禮以明人道，始尊伉儷，此隨時制宜，有新舊之異也。古者有朋友一倫，師弟之誼，未聞特異。中世聖人隆道術而尊師教，遂著在三之義，此又制時之宜而新舊異也。至於人權明，帝制革，而君臣之倫以廢，今日居官任職，長屬之分，必不可擬於古之君臣。舉此數例，以徵倫理實分新舊。若夫道德則異是，乃貞於性而通萬變以不易焉。如忠之爲道德也，古者以之忠於君，今可謂其舊而不適用乎？毋自暴棄，所以忠於己；執事敬，所以忠於識務；爲國民爭得平等自由，所以忠於民眾；爲人類倡明眞理，所以忠於人類。準此以談，忠之爲道德也，其可謂古之所以事君者，今不宜存乎？先儒云：發己自盡之謂忠。如此訓忠甚好。「發」字大有力，兼生發與發散兩義。而所謂己者，言乎己之所存也，發己者，發其所存也，本乎己所固具之良知良能，與凡學之所得，知之所及，思之所通，心之所信，當其不得不發，（如草木底生力發不自己一般。）沛然發之而無所餒。易言之，直是盡他一己生得與繼長底整個的生活力，油然暢發，極充實而無所虛、無所僞，無所餒，所以謂之忠也。忠之道德，如有一息之絕於人，則人類滅矣，此何所謂新舊之異耶？（曾子任重道遠，死而後已。諸葛鞠躬盡瘁，死而後已。都是發己自盡，都是個忠。）一友問曰：大哉先生之說忠也！然曾子曰「爲人謀而不忠乎」？爲人謀者，不必盡關巨計，遇一細事，亦矜矜求忠耶？先生曰：汝誤矣。吾所謂患者，只是自家生活力充實不已，而其著見於日用酬酢者，自然隨其所感，無巨無細，而莫非充實不已之全體流行，絕無些子虛餒。這個體段，已是內外融一，元來不曾立心在事上去較量；於事無較量，即不以事爲外來；事既非外，則心亦不名爲內，這便是內外融一的全體，讓他隨在迸發，渾是個忠。若不到此境界，自然要在事上去較量巨細，才於事起較量，卻已內外隔礙，辦不得忠來。即在他認爲巨計，勉強做得濟事，亦是依仿揣摹，貌似忠而實不由乎忠也。然初學且未要說到內外融一，最好學曾子底三省。曾子只是把他認爲要緊的三件事時時警醒此心，存之於豫，久存而熟，即便擴充得開。問：曾子卻以忠爲三省之一，與先生言忠自不同。曰：義有廣狹，盡可會通。交友之信即忠也，傳習亦忠也，至萬善皆忠也。

賴典麗云：嘗聞諸先生曰，吾人做學問是變化的，創造的，不是拉雜的，堆積的。此如吾人食物，非是拉雜堆積一些物質而已，食後必消化之，成爲精液，而自創新生機焉。若拉雜堆積之物則是糞渣而已。學問亦然。若不能變化創新，則其所謂學問，亦不過糞渣的學問而已。

附記：典麗，川人。肄業國立清華大學。性行敦篤，天資穎悟，不幸短命，師甚惜之。

先生因事責某友，遂誡同學云：對人不可隨便看作無意思無主張。被人作如是看者，亦不宜輕受。凡人隨時隨事總要有力量，一言一行不可苟且，有苟且便當知改，不如是而能成人者，未之有也。來此其學，大家醜處錯處，不妨公開，互相磨勵，以底於成。人未至聖，孰能無過？在相諒相戒而已。

先生昨在曹州，因一事誤疑梁漱溟先生，大怒。梁先生亦不辯。先生蓋久之而後自知其誤，以告陶開士先生。開翁曰：疑而不匿，悟而能改，觀過知仁矣。

天下有眞愚人，無眞惡人，所以無明是萬惡之首，（佛家説無明，即愚之異名。）此意深微，千古幾人眞會得？他要説會得，只是他底會得。問：不見古今惡人都是愚人。先生曰：如袁世凱不爲華盛頓，卻學朱溫，你道他是大惡是大愚？聞之豁然有省。

「惡莫大於俗，俗莫偷於膚淺」，這是船山眞知實見語，只此求解人不易。（清末以來，許多名流以其膚淺的知識胡亂鼓吹，胡亂倡導，真正造惡不細。梁任公頗自承有些誤人，亦是不可及處。）

先生遊圓明園故址，吾隨侍。先生語我曰：昔余不信人生有自由，因爲一個人在未生已前，早經旁的東西把他底生命規定了。你若不信，試想你底一切知慮、情感及行爲，哪有一點一滴不受社會上學藝、政教、風俗、習慣與其他各種固有的勢力底陶鑄？易言之，你底整個的人生都是社會造就的，社會是一個鴻爐，也是一個造化主，他在你未生已前，早先安排了種種模型，使你生來便投入模型中，你底種種活動，無非依著這模型做些塡實工夫，如此說來，人生哪得有自由？問：先生今日意思如何？先生曰：如今又覺得人生眞自由，何以故？自由是相對的名詞，在限制之中，而有自強自動自創，以變更不合理的限制底餘裕，這才叫自由。若是無限制，又從何見出自由？社會底種種模型，固然限制了我人底生命，但是我人如果不受他底固定的不合理的限制，盡可自強起來，自動起來，自創起來，破壞他底模型，變更他底限制，即是另造一個新社會，使我和我底同類都得展擴新生命。如此豈不是人生有大自由麼？又曰：中土聖哲是主張人生有自由，如《易》與《中庸》說聖人範圍天地、曲成萬物及位育參贊等功用，你看他主張個人自由的力量多麼大！晚近諸儒也嘗道個人有轉移風會的能力和責任，亦是主張自由。我們若是把個人屈服於社會，使得大家湊成一副死機器，便與宇宙變動不居的生機大相違戾，是大不幸的事。

問：若極端主張個人自由，莫亦有弊否？先生曰：且如汝一身五官百體，哪可有一部分失掉他的作用？社會元來是複雜的，是千差萬別的，不是單純的，各個人任他底意志和思想技能自由的充分發展，即是各方面都無欠缺，成功一個發育完全的社會，如何不好？又曰：如果抹殺了個人的自由，則社會裡之各分子，其最大多數變成機件，將由一部分特殊勢力崛起而擺弄之，芻狗萬物，莫此爲甚。又曰：社會每爲暴力劫持之，以輘轢個人，使個人敢怒而不敢言，是極悲慘事。

問：先生既主張個人自由，卻讚許聖人曲成萬物及儒先轉移風會等說，在聖人或哲人有如此偉大底功用，誠哉其自由矣，而被曲成、被轉移者，得毋爲芻狗耶？先生曰：就人底本性說，元無差別。然人之形則各自天成而不能齊等，（天者自然之謂。）故智愚仁不肖各因形限，（如智愚即由腦筋襞積繁簡分。）千差萬別。人類中，大智大仁不常出，下愚極不肖亦不必過多，唯中材居大多數耳。無論人類若何進化，這種差等係根據於造化無心而法爾不齊之生理以成區別，終是無從去掉的。（法爾猶言自然。）若以爲將來進化時代之愚不肖比於現在之愚不肖有進焉，則理之所可。設謂將來進化時代，其人皆大仁大智，一味平等，而無所謂中材及愚不肖者，是非痴人說夢乎？據此以談，則總總人類之中，竟未得有泯除差等之一日，而所謂愚不肖或中材之人即皆賴有聖哲爲之曲成焉轉移焉，此事理之所固然而無容疑也。要其所以曲成之轉移之者，其道如何？則《中庸》一語盡之曰「以人治人，改而止」。朱子《集注》曰：「君子之治人也，即以其人之道，還治其人之身。其人能改，即止不治。蓋責之以其所能知能行。」《語錄》曰：「人人本自有許多道理，只是不曾依得這道理，卻做從不是道理處去。今欲治之，不是將他人底道理去治他，又不是分我底道理與他，他本有此道理，我但因其自有者，還以治之而已。」又曰：「未改已前，是失卻人道。既改便是復得人道了，更何用治他？」朱子解釋此義極爲精審，準此，則所謂曲成之轉移之者，不是以一己私意去作弄他或宰制他，只是以其人自有底道理還以治其人之身，能改則止。如此，何曾芻狗萬物？若是以己意去作弄他宰制他，使得他沒有自己，那才是芻狗他了。至如被曲成被轉移者，雖藉他人提撕扶助，而確是以自力尋得自有底道理而自踐之，及其成功，與聖哲無殊，這是多大的自由，又何曾做過芻狗來？問：人既限於形，何以治之而能改？先生曰：人底本性元不因形之偏而有差失。（先生又云：形之所以成其為形者，性也。形既成矣，便是性之所表著，而形不即是性。然性自在形中，與相默運。離形無別性在。如稻禾之所以成其為稻禾者，以穀核中一點生機也，稻禾既成矣，便是生機之所發見，而稻禾不即是生機。然生機自在稻禾中，與相默運，離稻禾無別生機在。形性之分極難會，故強取譬以明之。）只要人能努力，他底本性是好的，是可以改其愚不肖而進於仁且智的，形自然限他不得。雖中材已下之人，很容易安於暴棄，難得不受形限，所以須要有人治他。問：人既有形限，何以得相感通？先生曰：形雖有限，性是一體，不曾爾我性上可分疆界，一體如何不感通？先生又曰：歷史上底英雄思想，是以一己私意或野心去作弄或宰制他人，這才叫做芻狗萬物，是進化時代所不應有的。

問：極端的個人自由主義恐流於爲我而不知有社會，如何？先生曰：社會即各個人的總體，個人與個人之間無形地默默地有一種鉤鎖，所以聚總得攏而成功一個社會。這鉤鎖就是人的天性，（或曰本性。）元來無形骸之間，無爾我之分，社會賴有此鉤鎖作他成立的根本條件。雖則許多學者底眼光裡不肯承認有此鉤鎖，然這道理不因人的承認才有，亦不因人的不承認便無。我也不說社會所以成立，除此根本條件外，再不得有其他的條件。人生來有實際生活，利害問題非常重要，也是驅率他去做合群的勾當。所以利害問題亦是社會成立的條件之一，但不是社會成立的根本條件。（如稻禾之成，須具種子、水土、空氣、日光、人工等條件，而種子獨為根本條件。故根本條件之意義極嚴格。）然而許多學者的眼光只看利害，不曾思量有超越利害的天性，這樣隳棄人生之所固有，低減人生之無上價值，生心害政，適足陷社會於混亂或分崩的慘運。話到此，似牽遠了。我以爲個人只要不汩沒他底天性，儘管自由，絕不至流於爲我之私，害及社會。須知自由便順著他底天性去發展，所以他底生活力充實，不受任何逆理的阻遏。至如爲我之私，正是生活力欠充實才落到小已底利害上作計較，這是因爲不自由才顯現出來的。故汝所慮個人自由其流爲我，絕無是處。

先生曰：印度外道有說植物有生命、有知覺，佛家力破之。實則外道所說近是。一友曰：佛家戒傷生，設許植物有生命，便非絕食不可。此其所以不許之故歟？先生笑曰：莫須有此意。又曰：佛家不肉食自好。若謂植物有生命，將亦不可食，則未免太不近理。天下事哪可推類至盡？

推到盡頭，便沒行處。又曰：植物供動物滋養，也是造化之妙。（先生徐曰：不是有造化者。）問：人食動物，畢竟不合歟？先生曰：看他和人一般感覺痛癢，似不應食之。且人食動物之習慣，自是從獸性遺傳得來。

今人都不感覺他底本心陷溺已深的痛癢。

今人都失掉了本心，只一味逞嗜欲，（奢淫無度，貪求無厭。）使意氣。（安其危，利其災，樂其所以亡者。）

問：昨聞先生講唯識，說人各一宇宙。此理初聆之似茫然，後來靜思得之，卻甚平常。如甲乙二人同時比肩並立看著一杯子，實則甲看的是甲底杯子，乙看的是乙底杯子，因甲和乙雖同時站在一列的空間，但左右底距離已不同，而各人神經感觸的速率亦不同，光線的接觸互相差殊，所以甲乙兩人的杯子實在不爲一個。只此便是人各一宇宙底道理，先生以爲如何？曰：這段話自是，卻須知吾所謂人各一宇宙，是據染識分上說。（此識受了染汙故名。）染識便各不相通，所謂人心不同如其面者即此。若論清淨本心，便是一體流通，哪得互相隔障，成許多宇宙？且如稷思天下有飢者，猶己飢之也；禹思天下有溺者，猶己溺之也。汝道禹稷是與天下人爲各一宇宙否？

一友問：佛書言，成佛則五官可以互用，似太神話。先生曰：理亦平常，何神之有？且如眼之爲官利於視，不利於聽；耳之爲官利於聽，不利於視。官之有所利，有所不利，非天然也。只是生物發達到能用視聽的時候，因色聲關係於他的實際生活太密切，所以專用眼視色，專用耳聽聲，同時眼耳兩官亦遂各如其所專用而構成之。實則眼有視能，即有聽能乃至觸能；耳有聽能，即有視能乃至觸能：鼻舌身官以此類推。

林宰平先生曰：希臘至今二千年，一個心物問題鬧得不休。先生曰：盡未來際，還鬧不休。宰翁去，一友問：先生對心物問題有解決否？先生曰：吾自有解。曰：可得聞歟？先生曰：俟《新唯識論》出，讀過此書，方好商量。問：先生既已解得，剛才卻與宰翁説永遠鬧不休，何故？先生曰：豈只我今日解得，古來自有多少人解得，卻有一般不得解的人還在那邊狐疑、猜想，胡亂地鬧個不休。我自信我解得了，卻不敢必人之相信。問：哲學家談本體者，其説紛紜不定，足見本體並沒有客觀性的實在，只憑各人腦筋杜撰出來。先生曰：哲學家杜撰另是一事，本體卻是實在的。然而不是一物，未可説爲客觀性；不依想立，亦未可説爲主觀性。哲學家用知識去探尋本體，畢竟我們知識的能力可否得著他，這裡大是疑問。如果因爲知識得他不著，便道他不是實在的，這樣未免太粗心了。又曰：哲學家若徒用知識去推度實體是如何如何，自然錯誤了。又曰：説到實體，元無內外可分。把他看作外面底物事從而推求他，自不相應。雖始學不能不在知識路上轉折幾番，要未可長自誤，卻須做鞭辟近裡切己工夫，到深造自得、居安資深、左右逢源的時候，才忽然見得自身有一個主宰，（不是神識的意義，勿誤會了。這個意義，向深處説，便深之極，若就淺處説，亦復尋常，只人不肯居下流一念，便是這主宰發見。）渾然與物同體，（不見天地萬物是外，不見己身是內，此內外兩無，不是以意為之，直是事實如此。且如開眼見著山河草木，他元不離眼見，故非外。既無外，則無內。）健行不息。（實體即是健行不息的，天以此而成其為天，地以此而成其為地，一切有形無形的物事，皆以此而成其為物事，乃至孔子亦以此而成其為孔子，所以「發憤忘食，樂以忘憂，不知老之將至」。孔子是見得他底實體，自然如此。尋常人只是物化了，把他底實體汩沒了，和他道孔子這般生活，他也不理會。）所謂「等閒識得東風面，萬紫千紅總是春」者，差可形容。這種眞理，是人人固有的，只爲百姓日用而不知，學者求知而每不得其用力之要，故能自知而自信者亦寡矣。「不識廬山眞面目，只緣身在此山中。」汝計爲沒有客觀性的實在者，亦有以也。（立民案：此段卻是東土哲學正法眼藏。）

一友問：哲學家每有反對知識者，尊意云何？先生曰：哲學不應取反知主張。生物進化至人類，知識才發達，如欲反知，是將率人類而爲混沌氏，未見其可也。張立民因問云：昔嘗聞先生曰，哲學科學各有領域。科學站在經驗的範圍內，把一切事物看作客觀獨存的，用理智去摹準他，（率循他底定律法則等等而甄明之，猶如摹繪準確不妄。）剖析他，所以是純粹知識的。哲學所有事者，要在剝削經驗界的一切雜染而證會實體，（證會者，蓋吾之良知即是實體。良知炯然自如，便云證會。此知無分別相，不於實體作外想故，所知能知是一事而不可分故，故陽明指良知為實體，此體是自明的故。）斯則知識在所必擯，以知識從經驗界發生，是行於物理世界的，不得冥極實體故。（冥極實體者，謂若證會實體時，即已蕩然離一切相，無內無外，無我無物。蓋通物我內外，冥會一源，至極無待，故言冥極。）雖世有主張哲學是綜合各科學的原理進而爲實體之探討，故亦是知識的云云，然而爲此說者不辨哲學科學之異趣，卻把實體看作外界物事，用知識去推尋，如何能證會得實體？極其能事，不過竊取各科學底材料，以意穿鑿，而組成一個系統，自圓其說，著之文字，號爲一家之學而已。這段話乃我所舊聞諸先生者，今乃謂哲學不應取反知主張，然則今是而昨非歟？先生曰：言說隨機，異其詳略，未嘗是今而非昨也。夫冥極實體，廓然無物，此蓋明智之極詣，絕非知識所臻。於此言之，反知可也。而學者不到此詣，便不信有此詣，輒在知識窠臼宛轉自足。人生徒淪陷於經驗界，恆物化而不得超脫，乃困而不求通，迷而不知復。則且聞人言有迥超知識之明智境地，而即詆之以爲神祕，其以反知爲大駭，固其所也。記得李延平稱道呂與叔《中庸解》一段甚好，頗足發明這個道理。呂云：「謂之有物，則不得於言；謂之無物，則必有事焉。不得於言者，視之不見，聽之不聞，無聲形接乎耳目而可以道也。必有事焉者，莫見乎隱，莫顯乎微，體物而不可遺者也，此不可求之於耳目，不可道之於言語。然有所謂昭昭而不可欺、感之而能應者，正唯虛心以求之，則庶乎見之。」學者且熟玩這段話。大抵學者一向爲知識蔽塞，無緣識得這個道理，卻要教他莫將知識來推度這裡。須知這裡正是不可求之於耳目，不可道之於言語，哪是知識所及的物事？我所謂反知者，就是在這裡說反知，然而我底反知也便止於這裡。所以，反知有個限度，不同老莊極端反知的。何故不可極端反知？現在要把這意思說明。我們須知，本體非他，即是吾人固有的明智。說到明智，似乎已是作用，不得目以本體。然作用即是本體之顯，故於此而說爲體。宗門云作用見性是也，此義深長，姑勿論，今直談明智。這個明智固是渾然虛明，無知而無不知。無思，無爲，寂然不動，故謂無知。能發萬善，能肇萬化，能應萬感，故謂無不知。如此說來，好似只返求諸固有的明智而已一切具足，何待要後起的經驗得來底知識去填補他？（黃梨洲譏朱派學者拿靠外來聞見以填補其靈明。）殊不知才作如是解，便已墮入偏見去，說明智無不知者，只道他有這個功能。若是我們孤守這個智，正使保聚凝攝，令其常惺惺而卻不向經驗的世界裡去徵驗推度許多事物之理，如此無所事於知識，不審明智對於這許多事物之理自然會知道否。明智雖有其無所不知的功能，而辨析事物之理畢竟要靠經驗得來底知識，這是毫無疑義的。所以極端反對知識是大謬特謬的主張。不過吾人若不曾識得明智而徒事知識，則不免玩物喪志之病。若已見得明智，即一切知識也是明智固有的功能所應物而發的，易言之，知識便是明智之用了。他日，先生又語予云：孫卿批評莊子，說他「蔽於天而不知人」，可謂一語道破。莊子才於本體有所見，便玩弄光景去，（莊子言天，即謂本體。）卻未將這個道理融浹到人生日用裡來。知識不可得著本體，莊子於此見得甚徹，此其明之所在，亦即其蔽之所在。人生在經驗的世界內少不得知識，如果孤恃著固有的明智，不去窮盡事物之理，即本體上亦有障塞不可通行處，這便是他不知人。（晚世物理明而人道亦多新發見，皆知識所創獲，否則猶如塞陋之世，將視貧之受制於富、女之受抑於男為人道之當然，豈非斯人明智的本體尚有所障塞而不可通行者乎？）問：陽明反知否？曰：陽明言致良知。他下一「致」字，是要致之於事事物物的，如此卻未棄知，只是由本及末。（智是大本，將這智推致之事物上而得其理，便成知識，而此知識卻是末。）不過陽明弟子便失掉師門宗旨，都走入反知路向去。聰明者爲狂禪，謹厚者亦只務踐履而憚於求知。這是王學底大不幸事。

哲學大別有兩個路向：一個是知識的，一個是超知識的。（超知識的路向之中也有二派：一極端反知的，如此土道家是；一不極端反知的，如此土晚周儒家及程朱陽明諸儒是。）西洋哲學大概屬前者，中國與印度哲學大概屬後者。前者從科學出發，他所發見的眞實，只是物理世界底眞實，而本體世界底眞實他畢竟無從證會或體認得到。後者尋著哲學本身底出發點而努力，他於科學知識亦自有相當的基礎，（如此土先哲於物理人事亦有相當甄驗。）而他所以證會或體認到本體世界底眞實，是直接本諸他底明智之燈。易言之，這個是自明理，（這個理是自明的，故曰自明理。）不倚感官的經驗而得，亦不由推論而得，所以是超知識的。又復應知，屬於後一路向底哲學家，有用邏輯做他底護符。（如佛家大乘空有兩宗都如此。）更有一意深造自得而不事辯論，竟用不著邏輯的。（中國哲學全是如此。）

莊生云：「知止乎其所不能知，至矣！」（此謂本體是知之所不知處，知即止於此而不可妄求也。）這話說得好。「吾生也有涯而知也無涯，以有涯求無涯，殆矣！」此話易引人入惰廢，殊醜差。

李笑春問：王陽明言心即理，此義如何？曰：伊川首言性即理也，至陽明乃易其詞而唱心即理之論。其時爲朱子之學者則宗朱子《大學格物補傳》而主理在物，非即心，以詆陽明。於是陽明益自持之堅，以與朱派之學者相非難。實則朱子《格物補傳》亦宗伊川。伊川嘗說在物爲理，陽明卻道這話不通，要於在字上添一心字，說心在物爲理才是云。原來伊川言性即理，自與認識論無關。（伊川謂性即實理，便就本體說。）後來陽明說心即理，才涉及認識論。而他卻嚴密有組織。他說心之發動名意，意之所著處爲物，既無心外之物，焉有心外老理？照他底說法，物是與心俱在的，不是離心獨存的。（《語錄》時見此意。）心寂則物與之俱寂，心起則物與之俱起。心寂時有分別，心即是渾然純一的理，同時令物成爲有此純一的理底物。心起時有分別，心即成功了這一起底分殊的理，同時令物成爲有此分殊的理底物。（立民案：這段話引申得煞好，不可粗讀過。）所以他不許外心而求物理，因爲在物之理即是心，除了心便沒有理。陽明壁壘森嚴，雖不肯作理論的文字以發表其思想，而我們由他底《語錄》中可考見他底哲學是有精整偉大的系統的。他底學說雖不免有缺憾，而朱派的攻擊都是糊塗地亂嚷，全不中他底病。在他底哲學上不許物離心獨存是當然的，但物只不離心，而仍非無物，他底極端的心即理說未免太過。沒有心，固無以見物之理，然謂心即理，則理絕不因乎物，如何得成種種分殊？即如見白不起紅解，見紅不作白了；草木不可謂動物，牛馬不得名人類，這般無量的分殊，雖屬心之裁別，固亦因物的方面有以使之不作如是裁別而不得者也。而陽明絕對的主張心即理，何其過耶？又講哲學者，應該認定範圍。物不離心獨存，此在哲學另是一種觀點。若依世間底經驗說來，不妨承認物是離心獨存的，同時不妨承認物自有理的。因爲現前事物既不能不假定爲實有，那末不能說他是詭怪不可把捉的，不能說他是雜亂無章的，他自有定律法則等等令人可以摹準辨析的，即此定律法則等等名之爲理，所以物自有物之理而非陽明所謂即心的。伊川在物爲理之說，按之物理世界，極是極是，不須陽明於在字上添一心字。心不在而此理自是在物的。陽明不守哲學範圍，和朱派興無謂之爭，此又其短也。吾今日因汝之問而答之嘵嘵不已者，則以心即理與理在物直是朱子陽明兩派方法論上之一大諍戰。主心即理者，直從心上著工夫而不得不趨於反知矣。主理在物者，便不廢致知之功，卻須添居敬一段工夫，方返到心體上來。朱學以明體不能不有事於格物，主張甚是。王學力求易簡直捷，在哲學上極有價値，惜不爲科學留地位。

立民問：先生嘗言明智雖是人固有的，卻因形拘習囿，錮蔽甚深，不得顯發。然立民以爲明智之存乎人者，固未嘗有一瞬之或熄，似不當謂其絕無顯發時也，如太陽爲陰曀所蔽，然陰曀中亦非絕無陽光者。先生曰：此說固是。然陰曀中底微陽與皎日較，這個差別太遠了。顯發云者，如皎日麗天，更無些子蔽障。（取喻不能盡符。陽光顯發之後，仍屢有蔽障起，若明智顯發，則不再受錮蔽矣。）陰曀中底微陽不曾顯發，畢竟是陰曀世界。明智乍動於錮蔽之中，如夢寐不相接續，如何說得顯發？佛說衆生無始已來顚倒，凜凜可畏。只爲將固有的明智錮蔽了，所以如是顚倒。

立民問：知識的來源自是先天底理性的活動力，先生純歸之經驗，何也？曰：先天底理性的活動力，本不可否認，他當然是明智的功能，沒有他，不會成功知識。我非不解此事。然而我以知識來源歸之經驗者，此必有故。汝試設想，若把我們底日常經驗剝奪得乾乾淨淨，空剩下先天底理性的活動力，看他會發生知識否？須知經驗的材料喻如模型，（材料謂所經驗的，詳後注。）知識便依著這模型摹寫出來。沒有經驗的模型，哪能憑空製造知識？至於先天底理性的活動力，可以說是摹寫的畫師，不過畫師摹寫底時候，他底自身也沒入模型中去了。易言之，他也化作模型了。（所以絕不是明智之本然。）在理論上，經驗似應分能所，（能經驗的，可說即理性的活動力；而所經驗的，就是客觀事物底自相或共相。此即前云經驗的材料。）而事實上，則能隨所轉，直是有所無能。或曰：吾人對於經驗的材料，不過是一種意義，（此言不是事物底自相共相親現於腦際故也。）何不可說經驗唯是能知？殊不知這種意義完全物化了，（謂此意義全現似物之相，即其自身已物化。）畢竟是所非能。總之，知識是從經驗而發生，並隨經驗擴張而滋長，若乃理性的活動力，固埋沒於經驗的所有的模型之中，不曾超脫於其外，所以說經驗是知識底唯一來源。問：知識既是從經驗得來的，是不能超物的，如此豈不爲明智之障？曰：這個障是事勢所不能免的。人底理性何曾甘埋沒於經驗界？不過他在實際生活方面，不得不順應周圍底事物，元來只合恰恰順應，卻因順應而遂埋沒於其中，便是人生底大不幸了。然而人自有本來的明智，只要錮蔽不過於深重者，便時有一種曠觀游履高明，能照見他底知識是物化了的，是限於經驗界的。這個曠觀就是明智的詐現，只惜暫而不常，不是明智顯發的境地。若涵養有素，常得明智現前，則不妨於經驗界極盡其知識之能事，而亦自有超脫的氣味。

先生曰：《論語》君子無終食之間違仁，造次顚沛必於是，這是何等精進的工夫！何等充實的生活！人不宜妄自菲薄，要振作起來亦無難事。立民因問仁即明智否？曰：仁智不二．只是本心顯現。從其無私說爲仁，然其不惑說爲智，其實一也。

笑春問明智與良知說不異否？曰：本無異旨，彼此見到眞處，何堪立異？然吾不仍良知之說而言明智者，則亦有故。良知一詞，似偏重天事，明智則特顯人能。《易》曰「聖人成能」，這個意義非常重要。人只要自成其爲人之能，（此語吃緊。）不可說天性具足，只壹意撥除障蔽就夠了。先儒以爲良知本來自足，但把後天底染汙滌盡，而其本體之明自然顯現。（宋明儒者都是偏於這般主張，此與晚周儒大不同處，當別論。）我也承認天性是具足的，是無虧欠的，無奈人之生也，形器限之，他既限於形，就難把他具足的性顯現出來。你看自然界，從無機物到生物，乃至從動物到人類，從人類到其間底聖智，一步一步漸漸改造他底形，解放他底形之限，完成他自己底能，才得顯現他底性。如果沒有成能工夫，從何處見性來？老實說，成能才是成性。性之顯乎人者具足與否，就看其人成能之小大強弱。成能小而弱者，其性分便虧損；成能大而強者，其性分便充實，（此中言強者，不是強暴之強，乃日進於高明而不退墜之謂。若強暴之強，正是顚倒退墜，正是弱也。）這是從自然界底進化可徵明的。先儒多半過恃天性，所以他底方法只是減，明道說，學者今日無可添，只有可減，減盡便沒事。此雖明道一人之言，實則宋明儒大概都作這種工夫。他們以為只把後天底染汙減盡，天性自然顯觀。這天性不是由人創出來。若如我說，成能才是成性，這成的意義就是創。而所謂天性者，恰是由人創出來。此非我之私見，上稽晚周故籍，《易》曰「聖人成能」，又曰「成之者性也」，又曰「成性存存，道義之門」，乃至孟子言性善而主擴充，荀卿言性而曰「善者偽也」，（偽，為也，非虛偽。）都可與吾說相印證。夫天性是固有的，何可說由人創得？且是具足的，又何待人創得？不知固有具足云者，原夫人之所以生之理，初非有待於外而誘焉自生，不謂之固有具足焉不得也。若乃當其有生而即性以成形，形既成矣而日趨於凝固，性且受範於其所成之形而流行或滯，則形有餘而性若不足矣。況復人有是形，而其惑也忽與形俱起，則又聽役於形體以與物相靡，目靡於色，耳靡於聲，口靡於味，意念靡於貨財等等，由此而物化，將他固有具足的天性剝喪了。雖剝未至盡，也不過保留一線殘餘，如草木摧折之餘，僅有一點萌蘖。所以《大易》立乾坤，以陽顯天性，以陰顯形體，陽數奇，陰數偶，陽少陰多。蓋人生總受限於形體，形累日甚，結果把他所以成是形者之天性剝喪到最少甚或等於零了。人只有一副頑固的形，他底天性、本心、明智，不過是殘餘的萌蘖，（所以唯物論者不承認有心了。）吾人若不積極的利用這點萌蘖去努力創生，若火始然，若泉始達，而徒消極的減去染汙之足為害者，則安可望此萌蘖之滋長盛大，若火勢燎原，若泉流洋溢成江海乎？減的工夫亦不可少，然一味注意減則不可。或問：宋明諸大師豈徒用力於減而不知創者乎？

曰：此固難言。若全不解創，他如何生活得下去？即以其文言考之，自有時說到創的意思。不過他們底根本主張總是偏於滅的。所以他們的末流不免空虛、迂固抑或狂廢，絕少話氣。吾儕今日求爲己之學，只有下創的工夫。凡言創者，皆有所依據憑藉以爲創也，不是突然憑空撰出甚物事而始謂之創也。汝自有殘餘的天性底萌蘗幸未斬絕，此便是汝所可依據憑藉以爲創者。這個萌蘗如絲之端緒，握著這端緒，便創出無限經綸來。若不去創，則端緒雖具，也沒有經綸。創只要不懈怠。若問何得不懈怠，且思如何是懈怠。當知懈怠即無心也。（心者即前所說萌蘗，無心即無這萌蘗。）才覺得心亡失，沒感發，沒新機，即已物化而成乎槁死，便努力振作，直從枯木生華、死灰發燃一般，將令新新不竭，有施於四體不言而喻之樂矣。故夫人之有是天性也，本心也，明智也，自人創之而已。若過恃固有具足而徒以滅除物欲爲功，則夫物欲者亦斯人生生之具，豈其皆惡害而皆可滅哉？縱滅到至處，亦非體天立極之道。故吾之爲學也，主創而已，此乃吾所切驗而亦徵之孔孟遺訓以得其符者也。故吾言明智，與陽明良知說有不同者。彼以良知爲固有具足，純依天事立言，而明智則亦賴人之自創，特就人能言也。故陽明可以說草木瓦石有良知，而吾不能謂草木瓦石有明智也，此其與陽明異也。然吾之說明智又有與陽明不異者何也？明智之端緒，即斯人殘餘的天性底萌蘗。此在陽明謂之良知。（陽明言致良知，蓋亦見其為萌蘗，故言致也。後來他卻說向深處去了。）故據端緒而言，亦可曰明智與良知殊名同實也，吾不能與陽明異也。昔者陽明自謂見到良知「爲千古之一快」。（見《書魏師孟卷》。）以其理之至近而神，故人恆易忽而難悟也。（近故易忽，神故難悟。）嗚乎！人有生而顧昧於其所以生之理而不知求之，有亡其雞犬則知求之，是獨何心哉？（立民案：宋已來儒者，用功多著意於消極方面。先生揭明形之累性而歸於創性，卻不須絕欲以見性，真發前賢所未發。）

先生常教人努力向上。立民因問曰，如何是向上？曰：且思如何是向下？夫過徇軀殼之欲以喪其心者，是謂向下。（軀殼之欲，未即是惡，未即成喪心之害，而其終於惡，終於為喪心之害者，則以過徇故耳。過徇者，自溺而無節，亦必損人傷物以求逞無饜之欲，乃以自戕其生理而不覺也。）則不累於軀殼而有以識其本心萌蘖處，常使之展擴得開者，斯爲向上。學者未遽識得本心，且努力將自家胸量放開。（放開胸量，才識本心。）又曰：須是本心作得主，則欲皆從心而一裁於義以莫不至當。（戴氏言欲當為理，卻未省欲如何當。）

本心雖是一點萌蘖，擴充得開，天地變化，草木蕃。

一日，先生語同學曰：日常用力，涵養得凝聚清肅氣象，即見萌蘖的心息息滋長。

一人問：誰見得？曰：心自見。曰：刀不自割，指不自指，如何心自見？曰：刀不自割，指不自指，所以心自見。其人益惑。先生曰：汝道心是頑然一物否？

李笑春問：先生所言本心，心理學家卻不承認，奈何？曰：本心者，生生不息的實體也，是人之所以生之理也，是人之一身之主也，人人固有之而不能自發見之。昔者朱子蓋亦辛勤用力，年三十七而後稍有以自明，〈與張欽夫書〉曰：「驗之於日用之間，則凡感之而通，觸之而覺，蓋有渾然全體應物而不窮者，是乃天命流行生生不已之機。雖一日之間，萬起萬滅，而其寂然之本體則未嘗不寂然也。」又曰：「而今而後，乃知浩浩大化之中，一家自有一個安宅，正是自家安身立命主宰知覺處。」（先生曰：此言一人之心自是一個完整的實體，無有虧欠，切莫誤會到神我或神識上去。）又曰：「通天下只是一個天機活物流行發用，無間容息。」又曰：「即夫日用之間，渾然全體，如川流之不息，天運之不窮耳。」朱子懇切言之如此，學者以其言而反之於己，抑其粗心浮氣而驗之於操存之間。當不難自見之而自信之矣。然此所謂心既即本體，自屬哲學範圍，殊與心理學不相涉，其不能承認也固宜。問：先生言心主乎身，然自心理學觀之，則所謂心者，似是腦筋底副產物，何其相反太甚耶？曰：心底發見，固必憑藉神經系統，未可即以心作用爲腦筋底副產物也。腦筋只是物質已耳，心力何等靈妙。深廣的思想，精嚴的論理，幽邃的情感，這些形容不到的神祕，豈是一塊物質產得出來？尤可異者，愚夫愚婦都知道他不過數十寒暑底生涯，而他總有充盈的生意，作無窮無盡的計畫。許多學問家、事業家、藝術家等等相信天地終歸毀壞，人類一切偉大莊嚴的創造將與天地同毀，然而他並不以此灰心，仍努力創造不已，滿腹無窮無盡的希望。這種古怪，又豈是物質發生底？如果物質是這樣玄之又玄，眾妙之門，那末物質眞是大神，便不成爲物質了。人人有個心爲他一身底主宰，這是絕對不容疑。心理學家預先拿定神經系統以爲說明心作用底根據，而用治物理的方法來甄驗他、分析他，結果自然把心作用講成物質作用了。學問殊塗，須各認他面目，不要作無謂抵觸。

友人或疑明智之說。先生曰：明智者，元來只是萌蘗的心底一點微明，卻因日常存養工夫精純不懈的長養，他底勢用便逐漸增盛以至圓滿無虧。如西沉之日漸升自東，初小如盤，漸達中天，大明遍照，這不是無而忽有、儻然突來的東西。人人有這家珍，只是不曾發掘，所以不敢自信。又曰：吾人亦間有絲毫不假推度、直下明白那事理的時候，這也可說是明智的詐現，只不得繼續。（這個就是前所說底微明。尚未成功為明智，卻也不妨叫做明智，因為明智便是從他擴大的。）記得象山《語錄》有云：「某昔見人，一見便知其是不是，後又疑其恐不然，最後終不出初一見。」王船山《易傳》說人底初念是最明瞭的。章實齋也說，道理有最初突然識得，及經多番思考，轉益昏眩，後來還覺入識最初，終不可易。他三人所說底話，我自家也覺得如此。那個最初之知，以是創起，（初念之動，故云創起。）或距創起不遠，過去憶念未甚參入，亦無粗動推想，直是明白純淨，燭理照境，自爾分明。這個相貌，不妨強說爲明智底相貌，只未擴展得開，故不能繼續。或曰：佛家根本智亦是這個否？曰：佛家似說得高玄，不欲援擬。又曰：我已說過最初之知了，還要附說一句，你們要得到那最初之知，須先理會得自家嘗有個初念沒有。若是清明在躬底人，他底心是念念皆新，即念念皆初，所以神解明利，對於已前未發見底或種道理，或種事情，如今碰著了。就在最初碰著底一會兒，把他迎刃而解。這個最初之知，就是由他念念皆初，故能如此。至若一般人底心，念念是舊習纏縛，即沒有初念，哪得有最初之知呢？言已，聞者悚然。（立民案：末段難得解人。）

先生語立民笑春曰：日常每覺得精神散漫，即沒有心在，只是完全物化了。所以收斂精神是爲學切要工夫。這工夫雖少不得靜坐，然而好用思想底人，靜坐反不妙。才坐著，腦筋裡便有許多思慮紛紛跳躍起來，不由人制伏得。我嘗以此爲苦，始知靜者不是討個靜境便得。往往靜室瞑目端坐底人，實住在甚囂塵上底世界。後來轉向動中理會靜的意思，始有入處。每日把靜坐的時間改用之於動，或臨流觀水，或登高蒼茫望天，漸覺思慮澄清，煞有滋味，時有所悟，卻不曾勞索，從此確信《大易》變動不居底道理，可以應用無窮。學者如果屏動求靜，便成大錯。須知靜者只是動之靜，動而不紛不亂之謂靜也，絕不容有屏動之靜也。周濂溪說，「動而無靜，靜而無動，物也；動而無動，靜而無靜，神也」，這話極透，卻向你們道，還要解釋。濂溪意謂，物件是死的東西，如使他動時，他只是動，便沒靜；如使他靜時，他只是靜，便沒動。至若動而無動，則是即動即靜也；靜而無靜，則是即靜即動也。此動靜合一之妙，非可以物推測，乃神之不可度思者也。然而我要解釋的卻是動靜字義。物底動，是依使他動底力之大小，經歷若干時間，通過若干空間，才叫動。物底靜，是依地心吸力使他安止於其所占據的空間而不移，才叫靜。至若以神言動靜，則此動靜兩字與在物上說底動字靜字，其意義完全不同。凡字底引申義與本義，往往有絕對的不相侔者，此語言演變之勢也。這動字靜字都不含有時空的意義，更沒有旁底力使他動靜，他就是自己如此而即動即靜、即靜即動的，所以謂之神。動以言其非固定的物事，直是變化不窮；靜以言其極變化不窮而又有則而不可亂也，（順自然之則而不亂故靜。）只此謂之神。這神不是宗教上底神，蓋即形容吾心之妙而已。若乃動靜乖分，隨有所滯，則是喪其心而失其所以神，故下同乎物耳。又曰：記得張東所敘陳白沙先生爲學云，自見聘君歸後，靜坐一室，雖家人罕見其面，數年未之有得，於是迅掃夙習，或浩歌長林，或孤嘯絕島，或弄艇投竿於溪涯海曲，捐耳目，去心智，久之然後有得焉。蓋主靜而見大矣，白沙即於動中得靜。

問：儒先言變化氣質，大抵從偏處下自克之功，先生以爲然否？曰：如令自克，亦未必佳，何不從他偏處引令向上？如偏處在剛，（此屬血氣之剛，不是道義之剛。）也是他體質上底一種長處，正不須消磨，只使他利用這偏長底剛去進德修業便佳。若偏處在柔，亦是他生來底長處，叫他矯拂這柔去學剛強，卻恐失其故步，亦不濟事，盡教他努力德業，成就一個溫柔敦厚底人，豈不甚善？總之，先儒處處有減的精神，所以對於氣質偏處，要克要矯，這樣極有弊。

問：好名心極難克去，如何？曰：好名心底本質就是個好美，正是天性底發見，不容說壞得。「見賢思齊焉，見不賢而內自省也」，這個才是眞好美的心，亦即是眞好名的心。如此直須擴充，豈容克去？若失不務實而求炫於外者，這不是能好名底人，只是庸凡卑屑人，力量不足，虧乏於內，誑耀於外，遺個正是一種虧空的表現，跡似好名而實不知好名者也。好名近於知恥，知恥由於有力，故曰知恥近乎勇。

窮理到極處，說爲不可名，卻已名了他；說爲不可道，卻已道了他；說爲不可思議，卻已思議了他。

問：《易》曰「不疾而速，不行而至」，何義也？先生以手上下指之曰：天地空中一大物也，你以爲他是漸長底麼？實則他是刹那刹那、別別頓起，就和那電光一閃一閃似的了。他起得這般速，卻不曾著力，故曰「不疾而速」。他才起就是至了。常識以爲凡言至者，必行而後至，（行者，歷如乾時，通過如乾空間之謂。）他這個頓起，元不曾有所經行，不可夾雜時空底觀念去推想他，故曰：「不行而至」。莊子曰；「變化密移，疇覺之歟？此蓋神之不測也。」

先生欲俟《新唯識論》成書後，次爲書評判佛學。大抵先勘定佛家根本主張，而後其系統雖博大，而無不可窮其蘊也；其條理雖紛繁，而無不可究其歸也；其議論雖圓妙，而無不可測其向也。先生嘗言，唐已後言佛者，務爲八面玲瓏，而實陷於浮泛亂雜。茲舉其根本迷謬之點。佛家主張有迴脫形骸之神識，因欲超生，（超生見《慈恩傳》。）推其歸趣，本屬非人生的，而佛者之徒則恣爲圓融之論，以謂不捨世間。不知佛氏固亦不捨世間，要其義則以成佛已後須度眾生云爾，豈即人生主義之謂耶？於此主旨，一有模糊，則其他言說莫不可任意圓融，四通八達，此言佛者所以爲有識者所厭棄也。夫各家學說自非絕對無相通處，吾亦豈不云然？但系統不堪紊亂，未可以節取之同而忽其全體之異。若乃博涉諸家之後而融會貫穿於無形，此正古人所謂別有會心之境，如動植等養料入口後，經胃消化而成爲體中精液，斯則自有創新，而非雜取各家陳言以爲比附勾通者所及喻也。今日言古學者，無不樂爲浮亂，而佛學尤甚。且佛家之弊，不自今始，唐已下則皆然矣。先生蓋深惡之，殆欲一掃其弊。

次爲書論述中國哲學思想，大抵以問題爲經，家派爲緯。問題則隨時代而有初民先發及後來繼續進展，抑或向不經意而後應境創發，皆一一窮其所以焉，則此土哲學之根柢與其進展之序，大端可睹矣。先生嘗言，凡人思想，大抵先具渾淪的全體，而後逐漸明瞭，以及於部分之解析。故哲學發端，只是一個根本問題，曰宇宙實體之探尋而已。方其探尋不獲而欲罷不能，孜孜求進，卻因此一個根本問題而劈分無數問題來。若其人善疑，富於勇氣，不肯輕捨者，則其所劈分之問題必愈多，及夫析理入微，豁然大通，才把元來一個根本問題解決了。到此便見得道理平鋪地，顯現地，不勞探尋，前此直是枉費氣力；然欲不枉費，卻沒奈何。又曰：哲學家談實體者，各有所見，仁智淺深，千差萬別，此等差別，不須厭棄，直大可玩味。各人所見，雖錯誤亦必有其所以錯誤之故，須理會得來。又曰：凡人對於實體之探尋，其動機則有二：一曰求眞之欲，主乎知也；二曰人生之感，發乎情也。情之至而眞知出，則足以究極眞理而踐之不貳。至其失也，則易以接近於宗教，（如佛家大乘學，實哲學上最高之詣，而不能脫宗教思想。）否則亦流於偏重倫理觀念。（如中國哲學若三玄，可謂致廣大，盡精微矣，然其言無不約之於人事。即程朱陸王諸大師，其思理亦莫不廣淵深邃，蓋亦博涉物理事變而後超然神解，未可忽視。然而彼等絕不發抒理論，只有極少數深心人可由其零散語錄理會其系統脈絡及其精微之蘊而已。蓋彼等不惟不作理論文字，即其語錄亦只肯說倫理上底實踐工夫，此等精神固甚好，然未免過輕知識，則有流於偏枯之弊。）若乃純粹主知者，則又徒逞空洞的和形式的理論與浮泛的知識，而毫不歸宿於人生所日用踐履之中，則吾不知人間學術必於科學外而另有所謂哲學者，其本務果何在也？故私懷嘗謂中國他無見長，唯有哲學比於西人獨爲知本。誠當捨己之短，求人之長，抑宜以己之長，救人之短？又曰：時人好言方法，後生唐摹而卒莫知所運用。余以爲學者須自發問題，不徒能發之已也，若旋發旋失，與不發等，直須一發便成爲問題，不容放下。如此認眞，則解決問題之方法自出，否則日日空言方法，終不於自家相干。然則先生之書雖未及作，而玩其自得之辭，可知其於此土先哲必有獨見而不容已於言者矣。

又次爲書略論中國文化，依據歷史，不侈空談，大旨期於復活晚周精神而擴大之，冀將有所貢獻於世界。凡先生所苦心自得，欲布之書，以俟來者。意念誠摯，固非外人所及喻。近年病苦，忽患腦部及背脊空虛，時覺思想滯塞，以此鬱鬱，恆悼所志將不獲申。是秋復病疫，臥德國醫院。先生慮將不起，因友人來省視，先生與語，以不及著述爲懼。立民曰：學之顯晦，亦有其時，任之可也。先生曰；此理吾亦了然。吾即著書，天地間何嘗增得些子？吾不著書，天地間又何嘗減得些子？

問；偏重知識底人，他底生活上亦自有意味，何必如先哲所謂涵養本原而後爲是耶？先生曰：無知識底田夫野老，他底生活或者比富於知識底學問家更好得多。然則我們何不推尊田夫野老，去從他遊，而還在這裡講甚涵養工夫？須知這個道理是人人固有的，只是一般人行不著、習不察耳。譬如醉人也同醒人一般舉手動足，卻於自家舉動不著不察。在他醉時，並不自覺得昏迷之苦，及一旦醒來才知自憐了。又曰：這道理不可向不見底人開口，須你自家有個見處，才好商量。人只是被許多知識錮閉，不曾超脫得開，易言之，即被許多見網籠罩住，（見網者，見即是網故。）無緣見得本來面目。

一人言於先生曰：科學尙實驗，佛家道理何嘗不經實驗？先生曰：安得出此鄙言！若單言佛家道理不由虛構，他自有實驗的工夫，此話卻不妨說。若必以之與科學的實驗比並爲言，則吾不知何所取義。他兩個底實驗明明不同，毋庸較量。如說牛羊吃草，人卻也吃飯，這個比並語有何意味？今人多有這般胡亂話，此病不小。

問宗教。先生曰：人類思想由渾而之畫。宗教在上世，只是哲學、科學、文學、藝術等等底混合物，後來這些學術發達，各自獨立，宗教完全沒有領域了。如今還有一部分人保存著他底形式，只是迷信神與靈魂，和原人底心理一般，這也無足怪。天地間有進化的現象。亦有保持原狀的現象，如生物進化到人類，卻還有原生物存在。問：宗教何以是哲學等等底混合物？曰：宗教底神與靈魂便屬本體論上底一種說法。後來哲學進步，則談本體者始有唯心或唯物或非心非物等說法，故哲學實自宗教出來。宗教底解釋事物，大抵歸於神的創造，這個即果求因的觀念便是科學思想底發端。宗教有事神底種種儀文，如祭器等莊嚴具及舞蹈，即藝術底起源。宗教有讚頌禱祝之詞，則文學自此始。如上所說，宗教是哲學科學等等底混合物明白無疑。

鐘伯良治中國文化史。先生語之曰：漢魏及李唐兩次大變端，極須注意。漢魏之際是中國文化寖衰而將變底時機，李唐之世是印度佛化統一中國成功底時期。兩漢承周秦餘烈，民德不偷，（是時民俗任俠尚義，故武帝衛霍能用之以夷胡虜。）國力極盛。（北逐強胡，西通西域，西南拓地亦復廣遠。）推跡政治，則地方制度之良，吏治之美，饒有民治精神。器不楛惡，工藝足稱，商旅遠涉異域，不避險難，可謂盛矣！獨以大一統之故，天下習於一道同風，朝廷又開祿利之塗以獎經術，於是思想界始凝滯而少活動，則衰象已伏於此時矣。又自光武宏獎名教，士大夫皆思以氣節自見，始於激揚，終於忿矜，氣宇日以狹小。晚周先民各用其思而莫不淵廣，各行其是而莫不充實，不尙眾寵，不集一途，浩蕩活潑，雄於創造之風，於斯盡矣！夫標名教而使人矯拂天性以奔赴之，歷久則非人之所能堪也。故曹氏父子興，始倡文學，恣情欲，尙功利，求不仁不孝而有治國用兵之術者，其爲漢氏之反動思想也甚明。文學者，本以搖蕩情感，倡之者既主於邪僻，絕無深根寧極之道，則率一世以爲猖狂混濁，逞獸欲而失人性者，勢所必然，而莫之能禦也。故五胡乘中夏無生人之氣，得入而據之，以恣其殺戮，所以招致者漸也。故夫中國文化自兩漢盛時已伏衰象，迄於曹魏而破壞遂不堪矣。是時中國民性固已稍頹，然奮厲之氣猶有存者。則魏晉間文學披靡之餘，乃復有上探晚周思想，玄言宏廓深遠，名、數、禮典、音律、醫術，精擅者亦眾，工藝復極其巧。魏馬鈞爲木人，能令跳丸擲劍，緣絙倒立，出入自在；嘗試作指南車，又爲發石車，飛擊敵城，使首尾電至；又作翻車灌水，更入更出。鈞巧若神變，惜未盡試所作，傅玄序而嘆之。（見《魏志．杜夔傳》。）又魏世爲陵雲臺，先平眾木輕重，無錙銖相負，揭臺高峻，常隨風動搖，終無傾倒。（見《世說．巧藝篇》。）略徵一二事，足見當時製造已極精矣。至其社會政治思想，則盛倡自由。鮑生之論，則爲無政府主義者導先路。郭象《莊注》亦曰：「伯夷之風，使暴虐之君得恣其毒而莫之敢亢也。」（見〈讓王篇〉。）向秀明治道之極在於物暢其性，而惡夫爲治者之自任而宰物，其言閎深，異乎嵇康輩只爲憤辭者矣。（郭象《莊注》原出向秀。）漢世帝制之勢已高嚴。自漢已降，而奸雄草竊迭起不窮，生靈塗炭，慘酷已極，此自由之聲所爲疾呼。然內亂未弭，五胡又乘之，眞人道之大厄也。要之六代衰亂，實漢氏之結果，而曹魏亦助長焉。中國文化在漢世頓呈凝滯不進之狀，思想界已僵固而無活氣，空以名教寵章牢籠天下，其積弊之深，必將發泄於後，固事理所必至者。曹操雖反名教，然彼實生於思想涸竭之世，而純爲名教陶鑄之人物，値漢德衰，不能明白以自樹立，乃僞託文王之跡，故雖富於機智，而識見不能超特，局量不能寬宏，氣魄不能偉大，畢生精力盡耗於猜忌與掩飾之途。其卑小如是，比於新室，已不足當僕圉。及司馬氏效之，其細益甚，故石勒小胡猶得竊笑於其後。識者觀魏晉開基，已卜世運升降之機矣。（魏晉已下，大領袖人物遂不多見，故民質日以脆弱。）是時所幸者，則思想界承兩漢積衰之後，而忽呈奇偉之觀。自玄家逮於眾藝，紛紛崛起，辨物理，達神旨，浸淫返於九流，是《易》所謂窮則變之兆。蓋中夏民族本偉大之民族也，所資者深，所蘊者厚，宜其剝極而必復也。此轉變之機勢雖經胡塵蹂躪，不少衰息。延及隋氏，遂一南北而紓禍亂。迄乎初唐，威武廣被於四夷，文教普及夫群蠻，固泱泱大風也。此豈一二君相之力驟致於一旦者？蓋六代已來，哲人藝士之努力所蘊蓄於社會者，深且大故也。夫自漢魏之際肇始變化，爰及隋唐，國力既盛，宜其文化日益發展，不至夭殤。然而初唐之盛未幾，社會復歸混濁，政治亂於武夫。六代已來之學術造端雖宏，至此而一切斬焉絕跡，此何以故？則印度佛教思想正於初唐之世而告統一中國之成功，是以舉中國之所固有者而盡絕之也。此治中國文化史者所萬不可忽視之一大變也。佛法東來，本在季漢之世。僧徒多來自西域，初亦不能盛行。唐窺基法師《唯識述記序》：「在昔周星閟色，至道鬱而未揚；漢日通暉，像教宣而遐被。多覿蔥右之英，罕聞天竺之秀。音韻壤隔，混宮羽於華戎；文字天懸，昧形聲於胡晉。」據此可想見推行之困難矣。及羅什來華，以其精通三藏，又門下多材，盛事翻譯，玄風始暢。然猶乘三玄餘焰，附之以彰，未能獨旺也。蓋佛法東來，得饜乎國人之心者，雖原因不一，而主要之因則以玄家喜談形而上，（三玄於形而上之理只是引而不發，魏晉玄家才偏重及此耳。）極與佛家接近，故迎合甚速也。如遠公著《法性論》曰：「至極以不變爲性，得性以體極爲宗。」羅什見論而嘆曰：「邊國人未有經，便暗與理合，豈不妙哉？」遠公故玄家，而特歆淨土，以逃於佛，其理解固未嘗得力於佛也，羅什之言可證。又僧肇著《般若無知論》，羅什覽之曰：「吾解不謝子，文當相揖耳。」肇公此論，亦不出玄家見地。當時玄家既接近乎佛，而佛者亦樂援玄以自進，故佛法未遽獨盛也。時國內釋子，頗多艱苦卓絕，隻身渡窮塞，犯瘴癘，履萬險，求法天竺者甚眾，然發生重大影響於祖國者，蓋亦罕見。及唐玄奘西渡，研精群學，在印土已有大乘天之稱，回國已後，而太宗以英偉之帝，竭力讚護，於是聚集英俊，大開譯場，高文典冊，名理燦然，沃人神智，況復死生問題，足重情懷。則自漢魏已來，緩兵進攻於中國思想界之佛法，至此得玄奘與太宗之雄略，大張六師，一鼓作氣，遂舉中國而統一於印度佛化之下。自此儒道諸家，寂然絕響，此蓋中國文化中斷之會也。佛法既盛，不獨士大夫翻然景從，而其勢力直普遍齊民，愚夫愚婦莫不向風而化，禱祀殷勤，蓋社會觀感所繫，不在學校而在寺宇，不在師儒而在僧徒矣。漢魏之際，方變而上復晚周，萌芽驟茁，遽折於外來之佛教，此固當時華梵間不可思議之遇合，不可阻遏之潮流。（佛法急圖東展，而中國之玄學與其環境又恰與之應合。）然佛教徒亦未免過於傾向外化，而將固有學術思想摧抑太甚。如佛道論衡，詆毀老莊，其詞多頑鄙不足一笑。僧徒既不習國學，又妄以褊心嫉異己，此所以造成佛教大一統之局。由今觀之，不得不謂爲吾國文化史上之大不幸也。夫佛家雖善言玄理，然其立教本旨，則一死生問題耳。因怖死生，發心趣道，故極其流弊，未來之望強，現在之趣弱，治心之功密，辨物之用疏，果以殉法，忍以遺世，（六代僧徒多有焚身殉法者，然莫肯出而救世。）淪於枯靜，倦於活動，渴望寄乎空華，（求生西天。）盲修絕夫通感。近死之夫，不可復陽，此猶有志苦修者也。若夫托僞之流，競權死利，患得患失，神魂散越，猶冀福田，拜像供僧，誦佛修懺，其形雖存，其人已鬼。復有小慧，稍治文學，規取浮名，自矜文采，猥以微明，涉獵禪語，資其空脫，掩其鄙陋，不但盜譽一時，抑乃有聲後世，蘇軾、錢謙益、龔自珍皆是此流，今其衣缽授受未已也。至於不肖僧徒，游手坐食，抑或粗解文辭，內教世語，胡亂雜陳，攀援勢要，無復廉恥，等諸自檜，亦無譏焉。是故自唐已來，佛教流弊普遍深中於社會，至今方蔓衍未已。民質偷惰，亦有由來。凡在有知，宜相鑑戒。然則佛法可絕乎？曰：惡！是何言？昔者佛法獨盛，故其末流之弊愈滋，今則勢異古昔，扶衰不暇，而可令其絕乎？佛家卓爾冥證，萬事一如；（事事皆如，故曰一如，所謂一葉一如來也。）蕩然無相而非空，寂然存照而非有，智周萬物，故自在無掛礙，悲孕群生，唯大雄無恐怖，（雖悲而無怖於險難。）仰之莫測其高，俯之莫極其深，至哉佛之道也！是故會通其哲學思想而滌除其宗教觀念，則所以使人解其縛而興其性者，豈其遠人以爲道也哉！

中國文化既被佛家傾覆了，直到兩宋時代，大儒輩出，才作中國文化復興運動。他們都推本於晚周底儒家，定孔子爲一尊，卻無形地踵了董仲舒、漢武帝底故步。魏晉人上追晚周，派別卻多，（後人提及六朝，便以清談家了之，而不肯細察當時學術流別。）宋人比之似覺規模狹隘，然而他們所以宗主儒家，也有道理。儒家有兩個優點：一是大中至正，上之極廣大高明而不溺於空無，下之極切實有用而不流於功利。二是富於容納性，他底眼光透得遠大，思想放得開闊，立極以不易爲則，應用主順變精義，（儒家根本思想在《易》。）規模極宏，方面盡多，善於採納異派底長處而不專固，不傾軋，他對於道家法家等等都有相當的攝受，這也是不可及處。（《大學》格物的主張與名家不相忤，荀子言禮治亦有法家影響。周禮言政治經濟也有法家精神。《易・繫傳》談治理，大致在輔萬物之自然，絕不自任以宰物。儒家各派都守這個原理，是與道家相通的。）我和宰平在北海快雪堂曾談到儒家這兩個優點，他也和我同意。所以宋儒特別提出儒家來做建設中國文化底基礎，他們在破壞之餘，要作建設事業，自然須有個中心勢力，不容如魏晉思想那樣紛歧。因此宗主儒家尚不算他們規模狹隘之徵。

自佛教入中國已來，輪回之說普遍於社會，鬼神和命運的迷信日益強盛，（佛教分明是多神教，不過他底說法很巧妙。他把旁底神教如大自在天等極力撥倒，所以人說他是無神論。殊不知人家底神打倒了，他底神又出來。試問十方三世諸佛非多神而何？又如人人有個不死的神識，非多神而何？所以信佛教者必信鬼神，其教義固如是。若乃三世因果之談，則為世俗命運觀念所依據，這個影響極壞。）人生屈服於神權，沉淪於鬼趣，僥幸於宿定，（貪求世間利樂者，則妄計命運或可坐致。人情僥幸大抵如此。）這不能不說是佛教之賜。（三百篇是中國先民底思想的表現，都是人生的、現世的，無有迷於神道者，如二〈南〉於男女之際及凡日常作業、習勞之間寫出和樂不淫與仁厚清肅勤厲之意，表現人生豐富的意義、無上的價值。孔子曰：「人而不為〈周南〉、〈召南〉，其猶正牆面而立也歟？」其得力於是者深矣。故迷信鬼神之風，非吾先民所固有也。古時雖重祭祀，特由慎終追遠與崇德報功，以致其仁孝不容已之心耳。戰國迄漢世方士始假神怪以騙人主，然民間不必被其風。自佛教東來，而後迷信普遍於社會。）幸有宋諸先生崛起，倡明儒家之學，以至誠立人極，（《通書》闡發此旨。）形色不得呵爲幻妄，日用壹皆本於眞實。（念慮之微，事為之著，無往非至誠所發見。）原吾生之始，則此生非用其故，（若有神識，則是故物傳來。）是生本創新，而新乃無妄而皆誠。故君子至誠無息，以其日新而日生。迄夫形盡於百年，則雖生隨形盡，而曾有之生、曾有之誠，其價值則亙古常新而不以百年盡也，又何待有個別的實物遺於當來而後爲快乎？（神識即個別的實物。）若果有之，則生生者將皆用其故而莫或創新，造化亦死機爾。豈其然哉？是故杜絕神怪以至誠建人極，道盡於有生，（未知生焉知死。）知止於不知，（生何自來？此不可說，所謂不知也。然已曰不知，豈真不知哉？故冥會於斯而存誠以踐形，則生之所自，即生是已，知至此而止矣，何必以私意推求，妄執有個別的實物若神識者，以為吾生之所自哉。）物我同乎一體而莫不各足，（物各足於其性。）顯微徹夫一實而無有作僞。（仰不愧，俯不怍，至誠塞乎天地。）飲食男女，凡生人之大欲，皆天則之實然。循其則而不過不流，故人欲即天性而不可醜惡。尼父曰，「道不遠人。人之爲道而遠人，不可以爲道」，至哉斯言乎！自周張二程諸儒崛興，紹宣聖之緒，而後知人生之尊嚴而不可褻侮也，人生之眞實而不爲幻化也，人生之至善而不爲穢濁也，人生之富有而無所虧欠也。（本性具足，故發為萬善而通感不窮。）故鬼神既遠，人性獲伸，這是諸儒莫大的功勞。然而他們卻有短處，現在不妨略爲說及。他們涵養本原的工夫，雖說紹述孔氏，卻受佛家禪宗影響太深，不免帶著幾分絕欲的意思。實則欲亦依性故有，不一定是壞的東西，只要導之於正便得。如孟子教齊宣王好色好貨，都可推己及人，使天下無曠夫，無怨女，及使百姓同利。這欲何嘗不可推擴去做好的？如果要做絕欲工夫。必弄得人生無活氣，卻是根本錯誤。或謂今人縱欲已極，正要提倡絕欲以矯之。不知講學唯求其理之眞而已，如何存得一個矯弊的意思？（矯又成弊。）侯鳥獸之風息，人道反諸正，將皆投諸眞理之懷抱而何至縱欲無已乎？我輩服膺儒先，不要漫無揀擇。他們因爲主張絕欲，故用功亦偏於主靜。如伊川見人靜坐便嘆其善學。靜坐本是他們共同的主張，後來李延平更看得重要，嘗曰：「學問之道，不在多言，但默坐澄心體認。天理若見，雖一毫私欲之發，亦退聽矣。久久用力於此，庶幾漸明，講學始有力耳。」在他們底理論，動靜是一致的。所謂即動即靜，即靜即動的，他們根本不承以是廢然之靜。這個理論我也未嘗否認。不過道理是很古怪的，往往差之毫釐，謬以千里，這個差謬大須注意。靜中同然不是沒有動，但吾人才多著意在靜，便已把日常接觸事物底活動力減卻許多。（此語吃緊。）所以他們雖復高唱格物致知，而其弟子已沉禪悅而憚於求知，他們雖復不忘經世致用，而卒以養成固陋偷敝的士習。因爲他們把主靜造成普遍的學風，其流弊必至委靡不振，這個是不期然而然的。後來陳同甫、葉水心一輩人才起來反抗他們底學說。同甫思想雖粗，卻甚可愛。那時候確少不得同甫一派底功利思想。（同甫云：「禹無功何以成六府？乾無利何以具四德？如之何其可廢也？」）同甫和朱晦翁辯論底幾篇書極有價值，最要緊的是兩個意思：一是反對他們尊古卑今而否認進化的思想。二是反對他們自信未免於狹，而又把道理說得太高，所以誤視三代已下底人都是盲眼。同甫是個文學家，只惜氣力太虛浮，畢竟振作不起來。水心思想較同甫精細，而不及同甫開張，他是一個批評家，頗似漢王仲任之流，然本領不大，雖博辯而無宏規足以自樹，故雖有一時摧陷之功，終亦不能別關生路。總之，周程諸儒雖復樹立儒家赤幟，而實受禪宗影響太深，未能完全承續儒家精神。雖則學術不能不受時代化，亦不能不容納異派底思想，而他們卻於儒家有未認清處，所以骨子裡還是禪的氣味多。他們主靜和絕欲底主張都從禪家出來的。這兩個主張殊未能挽救典午以來積衰的社會。因爲群眾是要靠士大夫領導的，而當時士大夫都去做絕欲和主靜底工夫，玩心無形之表。用超世的眼光看他，誠然超越人天，大可敬服；用世間的眼光看他，不能不說是近於枯槁了。

問：宋明儒絕欲工夫卻能保持非功利的生活，於此見得人生無上價值，似未可反對也。先生曰：此須識我立言意思。我不是生張縱欲的，但用功去絕欲，我認爲方法錯誤。只要操存王夫不懈，使昭昭明明的本心常時提得起，則欲皆當理，自不待絕了。如果做絕欲工夫，勢必專向內心去搜索敵人來殺伐他。功力深時，必走入寂滅，將有反人生的傾向。否則亦好執意見以爲天理。因爲他一向孤制其心，少作格物的工夫，結果自非拿他底意見來做天理不可。宋明末葉底理學家都是好鬧意見，至國亡而猶不悟。舉一個例子，如吾家襄愍公，清乾隆帝常思之曰，明朝不殺熊廷弼，我家不得入關。可見襄愍在當時是關係中國存亡底一個人。而黃宗羲《明儒學案》上良知大家鄒元標等就是甘心亡國以殺害我襄愍公底主要犯。元標頑鈍不足責，宗羲以遺老自命，於此事亦爲元標文其奸，可見宗羲把意見做天理了。（宗羲最不光明，〈原君篇〉係竊人之說以為己說。）孔孟都沒有教人絕欲。孔子舉克己復禮之目，曰「非禮勿視，非禮勿聽，非禮勿言，非禮勿動」，只是教顏子在視聽言動間操存此心，不流入非禮處去便是了。這工夫何等切近！何等活潑！至於孟子教人集義以養浩然之氣，（集義便是致知，便於事事物物知明處當。）分明不是離事物而孤求之心。只集義養氣，則欲不待絕而自無違理之欲。所以我覺得宋明儒底方法不對，還是上求之孔孟爲好。（以上評宋明儒絕欲實太過，理學諸儒尚未至絕欲。但節欲工夫不可無耳，欲不可絕而不可不節也。令仍存舊說者，志吾過故。十力記）

一人言：世界終有末日，人類終當傾向佛家寂滅之說。先生曰：汝見一切人都死否？其人曰：自古皆有死。先生曰：人當死時，他底世界還存在否？其人默然。先生曰：汝底世界底末日已不遠，何不早去求寂滅？時座中有李君者言曰：佛家寂滅卻不是斷盡了也，先生恐亦多饒舌。先生斥之曰：我不解寂滅的意義，汝卻會解得？寂滅本是汙染斷盡，不是教本體也都空了。然而他這個境界切不可和宋儒人欲淨盡，天理流行之說一般理會。他卻是超脫輪回而證得佛果底境界，易言之，便是非人生的境界。我們本人生主義底眼光看去，他這個寂滅恰似斷盡了之謂也。所以儒先反對佛家寂滅，亦有道理。

先生登杭州南高峰，慨然曰：六代雖衰亂，猶能產出唐太宗如許偉大局量、偉大材略底人物。（太宗即位已後，本大公之心，求人共治，不私不忌。當時本無甚人才，他卻善陶鑄而用之，又能謙虛而盡人之善，故能創一代盛治。）唐季迄五代雖復凌夷，而宋祖出於其間，其寬和謹畏，猶可敬服，所以收拾五代昏亂之局。兩宋迄元，中夏鮮雄才，然明祖奮起，猶能安定神州。不圖今日如此衰耗。余因問：伊川卻痛詆太宗何也？先生曰：伊川極狹小，用一孔之見衡人。孔子稱管仲以仁，許齊桓以正，便是大氣象。伊川又不取《禮記．儒行篇》，不知此正是儒者精神。所謂俠者，即是儒之分派。伊川卻要士大夫都奄奄無生氣便好。

近來社會上有一種流行的議論，以爲政界底領袖人物必定是狡詐險譎卑劣的，否則不能任天下事。如歷史所載聖帝明王，實則沒有如他所頌諛的那樣明聖。遠者勿論，即如漢唐宋明諸祖，哪個不是狡譎卑劣的東西？這般議論，我時聞諸相識之口。他們全是根據衰世底頑猘以推論歷史上成功底人物，而敢於武斷政界領袖必定出於狡詐險譎卑劣的。這樣不僅是推理的錯誤，而實有生心害政之憂。因爲這般議論既流行於社會，即已無形的成了社會底信條。而狡狠卑劣之狗盜一旦因緣時會而盜據領袖的地位，將依據此信條而以無所不爲者，爲事勢之當然，乃至凶於國，凶於家，災及其身而猶不悟其失。又凡屈服於狗盜之下者，亦將依據此信條而視狗盜之狡詐險譎卑劣爲彼應有盡有之長技，毫不足怪，因甘受宰割而不思反抗。這是何等可憂的事？須知人群不能一息離政治而生活。（吾嘗說，世界將來進化到無政府時代，仍不能說無政治。因為人群相生相養，總要有一種組織，這種組織就叫做政治。）在群品未進，政制尚低，倚望領袖底時代，而居領袖地位底人如果只要狡詐險譎卑劣而不必需要道德，則政治何得不敗壞？人群亦何所賴以維繫？故孔子刪《書》，稱述二帝三王之德業，蓋乃信而有徵，不僅欲爲後人樹之模範也。老莊目擊列強殘民以逞，因極詆前王，無所許可，是徒憤於時主，故武斷一切，斯與今人議論同一錯誤。儒者何嘗不非桀紂、輕五伯？然率不泯賢聖之績。若謂人主皆壞物，則是天下眞可以無道馭之，非教猱升木而何？漢唐宋明諸祖所以開基致治，自非偶然。漢高欲易太子，及老衰將死，謀實行之，卒因四皓而不果。失其衰竭之餘，猶敬服善類，顧畏天下清議而毅然取消其生平深藏之一念而不敢恣，此豈恆人所可能者？唐太宗勵精圖治，求諫以防私意之漸，周諮以悉閭閻之情，陸宣公奏議多述其行事，故當時國威之隆，文化之盛，後莫能繼，其領導功不可忘也。宋祖寬仁，嘗一日罷朝坐便殿，不樂者久之。左右請其故。曰：「爾謂爲天子容易耶？適乘快指揮一事，故不樂耳。」其兢兢業業，不敢有恣肆，類如此。明祖能率吾民以脫離蠻族壓制，功德不細，然以不學之故，卒流於狹小，其立政規模便差，然晚世頑獼之所爲，又明祖之所不屑爲也。

某君云：先儒言人者天地之心，此即人類中心觀念。自達爾文進化論出，其說已不能成立。先生曰：汝未之思也。人類中心觀念本不可搖奪，只是舊的解釋錯誤，自達氏進化論出，乃予以新解釋耳。今站在進化的觀點上說，自然界從無機物而生物，而動物，而人類，層層進化，人類進至最高級，他漸減卻獸性而把宇宙底眞善美發展出來。易言之，宇宙底眞理在人類上才表現得完足，所以說人者天地之心，所以人類中心觀念得進化論而益有根據。

同學請說〈克己復禮〉一章。先生曰：人方越乎禮，即此便是己。克己則已復於禮矣。故克己復禮是一回事，卻分做兩層來說，意義才完足。下文請問其目，並沒有分別是克己之目，抑是復禮之目，可見克復是一回事，不可打做兩截了。這章書，先儒解得很糟，今將字句一爲分疏。伊川說：「須是克盡己私，皆歸於禮，方始是仁。」實則克之義爲勝，元來不含盡義。（《朱子語錄》：「聖人下個克字，譬如相殺相似，定要克勝得他。」此云相殺，便與伊川言盡者同。）己字，朱子訓爲「身之私欲」，伊川說爲私意，愚謂意欲未即是私，必意欲爲習所移、物所引而流於邪僻，方是私意私欲。記者詞雖略，然證以下文非禮勿視等言，則可反會得非禮之視聽言動便是意欲爲習移物引而流於邪僻，只此叫做私意私欲，只此謂之己。克己者，只是此心恆時操存而不放逸，有以克勝乎這個己，令他不得乘隙而起，故名克己。不是待他起來方克殺去，（朱子克殺之云，必是起了方殺。）亦不曾說向寂滅處去，要照察這個己的根苗將他克殺淨盡。（伊川說克盡己私，勢必除斷欲根而入於寂滅。）夫子指出克復的條目就是「非禮勿視，非禮勿聽，非禮勿言，非禮勿動」，分明教顏子在視聽言動間著工夫，不要流入非禮處去，這工夫就是個操存，極切近，極浩瀚。若如程朱之說，勢必收視返聽，向心窩裡搜殺敵人，令其淨盡。孔子分明沒有說到此。（此條不妥。向心窩搜殺敵人，此工夫不可無。復禮之說，宜參考卷二〈答李景賢〉。十力再記。）

佛化東來，經過三期變化。初期以附會中國固有者，爲吸收之便利，六朝人托於三玄，以此也。如肇公《般若無知論》，純以道家爲骨子，而傅以佛典中語耳。《物不遷論》可謂極有價值之創作，文約義深，廣大備矣，然亦原本《大易》，不必盡從佛典來也。次期極端求佛家眞面目。奘公西度而後，廣出諸經論，大乘空有兩宗，巨典略備，學人研尋，始有準繩，不事附會。三期求華（儒道。）梵（佛家。）融和而別爲創造，禪宗首啟其機，至宋明儒而此種運動益劇，然其結果不必好，因吾儒底人生態度參不得佛家意思故。

清季學人都提倡王船山民族主義。革命之成也，船山先生影響極大。然船山民族思想確不是狹隘的種界觀念，他卻純從變化上著眼，以爲中夏文化是最高尚的，是人道之所以別於禽獸的，故痛心於五胡遼金元清底暴力摧殘。他這個意思，要把他底全書融會得來，便見他字字是淚痕。然而近人表彰他底民族主義者，似都看作是狹隘的種界觀念，未免妄猜了他也。他實不是這般小民族的鄙見。須知中夏民族元來沒有狹隘自私的種界觀念，這個觀念是不合人道而違背眞理且阻礙進化的思想，正是船山先生所痛恨的。

船山志在中夏文化之復興，而以蠻族暴力與印度佛教思想視爲有一致排斥之必要。

邱希明先生曰：孟氏有言，《春秋》作而亂臣賊子懼。彼已公然冒大不韙而爲亂賊，豈以文士搖筆而加誅貶爲懼耶！先生曰：太史公云，不知《春秋》，前有讒而不見，後有賊而不知。可謂達聖心者。聖人所以作《春秋》，蓋明著讒賊之詭謀穢術，使其纖悉畢露，盡人知之，然後其技無可售，其奸不得逞。孟氏所謂亂賊懼者，殆亦此意，特辭略耳。《春秋》文成數萬，其指數千，今之所傳，蓋非其本。夫子當時已不便筆之於書而散爲口說，公穀之徒蓋多傳之，順展轉授受，不能無變易耳。道家刺前王、非禮而薄仁義，則取王者所假託以號召天下之美幟而毀之已耳，其劇烈過《春秋》。蓋儒道二宗並深詳人間黑暗，勿使得匿。不得匿故不得逞也。夫非以摶擊爲快也，是其惻隱之仁，堅貞之志，聰睿之慧，足以爲大宇之智炬，人類之福音，非晚世曲謹小儒所及測也。希明先生曰：大哉言乎！史遷已後，未有達斯旨者。朱元晦作《綱目》，書莽大夫揚雄死，悻悻而施筆伐，何嘗於前聖作史之本意哉？先生曰：子云《劇秦美新》，意存諷刺，故懼而投閣耳，其心則猶可諒也。

附記：邱先生名蘗，字晞運，一字希明，江西宜黃人。詩文有奇氣。孤峻，修諸苦行。少與歐陽竟無大師同稟佛法於石埭楊文會居士。後復皈依竟師，通大小乘學，兼綜世典。民二十八年夏卒葬四川樂山烏尤寺山下。

明季王船山、顏習齋、顧亭林諸巨儒，都是上溯晚周儒家思想而不以宋明諸師底半傾佛化爲然，這個精神極偉大。吾儕當繼續努力。

手札

與林宰平

上午寫一紙未郵。午後得來書，甚喜！大端清得，弟未以之自喜，謂不欲改混亂。此語半是半不是。十力並無眞實力量，只是感情作主，此等藥石之言，非吾兄誰肯發者？弟正在此處自省耳。感情所以易動者，習氣鼓於中故也。多一分習氣，便減一分力量。吾兄之所云，誠有以也。矜勝則悟至而不能實體之以使理為己有，憤甚則悲心乍動而易間，無以擔蒼生之罪福。此弟所時以自懼，而世人豈識之哉？連年隱念時艱，終徘徊審顧，不敢輕圖天下事，仍決意作學人者，此意兄或未窺也。即就學問方面言，弟亦勉強自持。唯識舊稿，輟而弗出，亦恐出後則無心於改造矣。凡此勉強而不輕試之念，唯自察其力量之有未實，而徐徐求所以充實之耳。混亂之在根本者，（指習氣言。）弟確已發見，而未始不欲改之。兄言不欲改，此半不是也。混亂之形於枝節者，弟確不欲在此處對治。兄言不欲改，此半是也。弟邇來為學，自信不拘文字而求道理，誠有其可自信，而不必自喜。兄或未察也。敝書十二葉小注，諒兄弗肯同意。午節在北海白塔下嘗言之。此意自是弟所珍重，雖一世詆為頑固所不敢辭。

與梁漱溟

胸中時若有千言方語急欲迸發，才把筆則已呼喚不出，靈機鼓動，氣力不足以申引暢發之也。賤體太虧，如何如何。

眞正人生之感，不是凡夫所有。其感是悲情，不是凡情。如來當初出家之感與其最後成佛時情感，仍是一般，所謂徹始徹終也。如當初一感未眞，哪會幾年工夫便爾成佛？我往者之感，兄向者之感，頌天近者之感，都是凡情。不過此等凡情大不易得，蓋由外緣有所引發，回向眞處。但是向眞不是眞機勃爾自露，猶如浮雲裡透露日光耳。此等情機發動，若得著路，便一直向上，生機不絕，不遇著路，則宛轉間，不激而狂，必流於萎。頌天昨秋已來，憤鬱不解，如尙聽其自然，必萎敗矣。

連年病廢，心情昏亂。昨與子老及某輩緘，偶述近況及已前所經，頗露窘苦難堪之狀。已發而悔。繼思之，此又何足深悔？平生心事皎如白日，只堪自信，何須求諒於不相干之人？然子老自足知我，未堪一例抹煞也。世事至此，已如船山所云，害已成而不可挽，挽則橫流。在此惡勢周流六虛之會，於此於彼，形式雖殊，惡流則一。即有善良加入一方，恆隨流轉，勢不自由。

唯有超然靜立乎惡流之外而隱有所持，雖哀矜而不容驟挽，藏之於愼密而持之以悠久，則造化在我，而默運於無形矣。此力之所志而實未能逮，終必顚連倒跌而強起以疾赴之者也。吾兄今日自居局外，但盡友誼，可謂得宜。任潮、眞如與吾儕夙抱原自不同，即其經過以言，亦只好努力始終撐拄其間，結果只是做一日和尚撞一日鐘，成敗利鈍不能計爾。

手示敬悉。公開二字，是我生來之良能。然我慢之重，亦積習太深。黃河萬里，拖泥帶水而行，本素所自喻。然今且將老矣，又病矣，病益爲拖帶之緣。今欲自行克治，尤以養好此病爲先著，否則一切修養說不上。黃梅前身見四祖，四祖以其年老乏精力，囑再來。此雖神話，然修養精力好才辦得，自可於此故事中會意也。頌天得力處當有之，但恐易緣時又復故態。此事大不易言，須此心從事上磨練得勿忘勿助，方是到家。若現在養病期間，屛除一切外誘，借典冊警惕，引發靜氣，才得一段清明，此未足據。吾年來病困，兼以時事刺激，引起心緒惡劣，然屛棄書籍已久，靜觀萬事萬物之變，亦時有所得，倉卒不能言也。

昨訊有欲言未意，終覺不捨。承示頌天函，似有念念不遷之說，眞自欺語也。尼父七十不逾矩方是不遠之實，後生談何容易？又引先儒收放心之談而云只不放便收。不知吾儕有生已來，此心便嘗放失而不覺，對治已放，故說收。終古是收字工夫，豈容掉以輕心，高談妙悟？吾所努力，唯欲先做到不自欺一段工夫，以圖復我久放之心。凜然求孟氏所謂視民如傷、望道未見老念，看吾心眞實有此痛癢否？不此之務而高言禪悅，猥以浮明，托於竊似，居以不疑，此晚世狂禪與陸王末流，所以獲罪而不自逭也。此片務轉頌天。

與嚴立三

凡人心思若爲世俗浮淺知識及膚濫論調所籠罩，其思路必無從啟發，眼光必無由高尚，胸襟必無得開拓，生活必無有根據，氣魄必不得宏壯，人格必不得擴大。力一切言論總是要人反省，承認自家無知，必將平日所習見習聞於世俗名流之一切浮泛知識、膚濫理論剝得乾乾淨淨，才可由此努力，以接近善知識，而深研眞實學問。力所以說話便好罵人，全是悲心行乎不容已，非吾兄所疑爲褊心嫉俗之謂也。然力亦只是口頭便及之，卻絕不於文字上批評時賢，此正不敢不自重之意，賢者察之。（立三名重，湖北麻城人。他日有暇，當為作傳。力記。）

答友人

去家難，兄其有細人之情耶？否耶？吾以兄之所難為細人之情也，恐局外高談，而不了兄之處境，則將謂棄其骨肉，是而可忍，孰不可忍哉！足下若自謂非細人之情也，則須返檢念慮之微，其果有妻子之私而願為之鞠躬盡瘁歟？抑實逼處此，且任坦蕩之懷，盡所得為，毋相棄，亦毋過慮歟？又於家人兒女外，此心更有痛癢相關處歟？明明在上，赫赫在下，鳶飛戾天，魚躍於淵，何拘何礙？而以有生之年，盡於禽犢之愛，古今眾生，皆如此矣。吾不敢謂兄其然，吾不敢信兄之不盡然。弟秋節後，為侄輩亦大有所苦。若瑣瑣奉告，又太累耳，不如無言。

與彭雲谷

別來，時於從理處藉悉近況。得來書，更諗其詳。吾無以教子，唯即前所欲譚而未盡者鄭重明之。所謂人群，所謂社會，無實物也，只是無量勢力摩蕩運行而已矣，質言之，只是變而已矣。此意在寧時已略談一度。吾儕一方在萬變中旋轉，而行乎其不自知，推於其不容已，固若機械矣。一方又爲變化之原動力，而於萬變之大流中，恆得以吾之力左右其間，故吾人又有自由而非純然機械也者。先世仁人任士，毅然惻然，以擔荷天下轉移風會爲己任，豈唐大無稽，侈陳志事哉？誠有其實效也。吾子若識得此意，固將履變化之途而充惻隱之仁，裕宏毅之智以期於不撓不惑。《傳》曰：「取法乎上，僅得乎中；取法乎中，斯爲下矣。」吾與子語上而不語下，幸勿妄自菲薄。居常總宜留心體察人情事變，尤當抽暇讀書，藉作指導。讀書又略分兩面：一關於應用之知能，若政治經濟種種問題，非有精研則不能致用。一關於立己之德慧，欲自培植，必資觀感，故須留心偉人文集，若近代曾、胡及前世陸宣公、諸葛武侯、王陽明、熊襄愍、楊椒山、張江陵之倫，其仁心誠意之所昭宣，精神毅力之所流布，明慧剛斷之所垂示，莫不散在簡篇，可以探索。苟能會心於文字之外，則德慧之薰發，有不知其所以然者。《易》曰「君子多識前言往行以蓄其德」，《論語》「溫故而知新」，皆此意也。足下勿以作事不暇讀書自諉。曾文正在軍中，猶日必讀史寫字，足下事務縱繁瑣，較彼身為大將者，整暇冗忙之相去，豈可以道里計哉？《記》曰「君子不使其躬儳焉如不終日」，今人無論做事或閒居，皆令其身心惰散，無安頓處，即「儳焉不可終日」之謂也，曾有志士而忍如此？吾與人相與無久暫，以平等心，說老實話，吾子其熟察之也。

答陶闓士

得贊非轉到惠書，知又被火。天下遭際之奇，固有如是古怪者耶？審觀書辭，雖在艱困中，不曾改其坦蕩之度，足徵學有得力處也。船山《俟解》有云：「堂堂巍巍，壁立萬仞，心氣自爾和平，如強壯有力者，雖負重行赤日中，自能不喘，力大氣必和也。」王龍溪家爲火焚，其往來書牘言之不置。平生講良知，至此躁氣浮動，其所謂良知者，非良知也。吾謂龍溪大抵未能破除迷信，以謂失火殆由神譴，此亦與佛家業報之說相通。在凡夫中無所主，平日自省不切，自勘不明，故未能自信而炫於禍福。若夫中有主而自修密、自知明者，則不邇於神道矣。子疾病，子路請禱。子曰「丘之禱久矣」，自了自信，堅固熾然，不可搖奪，細人何足測其情哉？來書業重天譴之云，弟以爲不須作此說。火能爲炎，物理之常，何得有天？何所謂譴？平叔頃在此，並主兄出門教學，聞見較闊，心機較活，壽命較易延長。弟已五年不回家，中心藏之，何日忘之？一兄一弟兩姊皆窮病。欲濟其厄，不獨無力，縱設法解其困，又恐以此害之。鄉間得一飽者，幾能免於匪禍乎？今之世變，往代所無，不知古人處此，更有何道？愴然獨念，亦只有付之無可奈何，知其無可奈何而安之若命，莊生先獲我心歟！爲吾兄計，若拳拳手足而不忍遠離，徒以憂鬱厚自傷損，終無補於彼，何若珍重擔當道義之身，屏絕家鄉煩苦，出門因聲氣應求而廣善以延其生理？若有大心，當知得失取捨，仁者慎勿自誤。

毀人不當，於人無干，自形其陋；譽人不當，於人無干，自彰其淺。譽人不當者，復有過不及之殊。彼其實不足，而吾譽之太甚，斯過譽也；彼其實有餘，而吾譽之不稱，斯又不及之譽也。過與不及，皆君子之所恥，以其識淺不足以衡人故也。孟子自命知言，他是何等識力？伊川輩論人，便往往差誤，何況今日凡夫眼孔瑣瑣如蚊者乎？

與梁任公

祕魔岩傾談方樂，適爲遊客所阻，未免敗興。唯識書經北大印至四十五葉，頃託宰兄轉致，便中省覽，幸有以教也。書中談變義處，宰兄初嘗有疑，以爲心法可云刹那生滅，色法或不爾。如此見解，正是滯跡，不知色法亦是變化密移，唯有新新，都無故故。力與宰兄議論數番，渠近亦見得此理。不審先生於此有疑否耳？

與陳眞如

前囑看各書，不審實行否？自來擔天下大事者，必有渾含之氣象，深沉之思慮，廣大之規模，整暇之情致。老弟書詞嘗露褊急浮淺態度，此殆心不自主而爲事所牽也。弟本樸實人，才略殊不足，唯當裕之以學。《傳》曰「物有本末」。爲學有本，發皇志願此其本也。志不虛大，願不虛立，日用云爲動靜語默之際，須時時有心在。覺得浮，便收拾；覺得躁，便鎮攝；覺得有一毫虛僞便皈誠；覺得有毫葸顧忌便發強剛毅。心也者，與萬物萬變相酬酢者也，不於此處加培養，縱有知識技能，亦不濟事。願留心陽明之學，作一番立本工夫，或堪投大遺艱。吳康齋詩曰：「佇看風急天寒夜，誰是當門定腳人？」唯心定而後腳立得定耳。（贊非案：先生此札似在十三四年間。其後真如先生有與先生論良知書略云：良知之在於人人之心，是斷無不知是，非斷無不知非。知是知非，既人人之所同，其為周遍顯易如此，宜乎人生日用所踐履之中無不能順其良知之本然者，而實乃不爾。蓋人恆放失此良知之心而莫或操存，則失其所以易矣。放失者，非謂其遽泯滅也，謂其錮蔽之深而不得發見也。既不得發見，則失其所以顯矣。錮蔽者，以人各有其習氣，即各有其僻執，如是而人各以其習氣或僻執者為心，則千差萬別，所謂人心不同如其面，而所同然之良知之心遂致汩沒，則失其所以周遍矣。由是乃知良知雖至周遍顯易，而其致知之功實天下之至難能至難行也，非有真實切己之志，則不足與言此學云云。先生得此書，謂其把致良知致字看得吃緊，甚善。故附存之。）

與或人

《新唯識論》須從頭另造，原稿可就者甚少。吾十年來精力盡萃此書，在此歐化時代，唯物思潮洶湧之際，吾所爲者，極不合時宜。然掉背孤行，以亢乎往古來今而無所悔，則吾志也。

夫學必博求之而後大，實踐之而後深，後生何敢妄自矜持？來函疑余孤寂，尤不相干。八寶莊嚴，宗廟之美，百官之富，吾既皆備，何孤寂之有哉？若乃宇宙無量，群生異習，咸其自己。不齊故齊，莊義葳蕤，吾所夙契者矣。然曠懷言理，固自爾爾，至誠通物，恆欲云云。斯理之玄，古今聖智莫能自解，尼父欲無言，又曰：吾黨小子，莫知所裁，此何心哉？佛說吾是如語者、實語者、不誑語者，反復自明，唯恐人之不見信，是何心哉？愛我若慈父，教我若嚴師。晉世清流，用譏儒者，不知此正儒家眞切處也。吾病劇矣，性不絕人，來無不談，能虛能受，馳驅坦途，不受不虛，彼自有以，吾亦任彼。洪河載舟，堂坳載芥，用法眼觀，同其有載，何所判於大小哉？吾有事在，夏令不宜吾病，愛我者不來。

與或人

護法《唯識論》近於機械，此說固是，然出於足下之口，則全不相干。凡反對古代大人物之說者，必始也於其人之苦心孤詣與其學說之大綱眾目，一一理會清晰，且咀嚼有味，興高采烈，直與其人之思想合而為一。到此境矣，忽然百尺竿頭，頓不滿於前之所欣，則此反對為有價值，而亦無負於古人，自己方是眞得力，眞受用處，此何易言哉？今人粗心浮氣，才了人家一二皮毛，便已開口批評，試問自己有何見地？胸中有何生涯？寡淺不若堂坳，且欲蕩芥為樂，以測大海泛舟之事，此可哀而不足鄙也。此習不戒，將欲入學，吾未前聞。

足下一向少作眞實工夫，故於物情事理猶欠分曉，只落在世俗拘礙與惰散路徑去，此吾所為深憂者也。吾昔所期望於子者甚遠，不幸今已墮落而無一成。以吾年來函牘提撕，而子之狹陋褊淺如故，毫未有感發興起，然且以良民自許。良民者庶民也，庶民者禽獸也，飢則思食，渴則思飲，血氣旺則思排泄，此外無感觸，無蘊蓄，故於禽獸無別也，此豈大丈夫所願為者乎？凡暴棄已甚之人，只有反而自覓其心。諸葛武侯〈誡外甥書〉曰，「使庶幾之志，揭然有所存，惻然存所感」，此非大菩薩不能為此語，非志希大菩薩者不能如實了解此語。此未可以了解文字者了解之也，須灼然發見自己淵深惻隱，包絡天地，孕育群物，廣大無邊，不可思議者心體，乃識得此中理趣。凡夫心靈，一向汩沒，昂然七尺之軀，息息與物為構，即是一塊硬物質，與許多硬物質相攻取，孟子所以謂之物交物也。若此烏知所謂「揭然有所存，惻然有所感」者乎？此吾子所以萬劫沉淪也。

答湯錫予

細勘佛家神識之義，明是個體輪轉，不必爲之作圓妙無著之說，以避人攻難。世俗靈魂觀念蓋亦與此相近。無論陳義精粗，其爲死後猶有物，均也。力嘗不契此說，欲主大化流行之義，以功能爲萬物之統體，而無所謂個人獨具之神識。唯人生所造業力，則容暫時不散，如此世俗幽靈之事實，所以不盡無耳。

答張俶知

吾向者望人亦太過。望人過者，其失望愈多；失望愈多，則內將無以自堪而外將輕人以至乎絕人，斯人已皆病矣。吾每見人，與之言，刺刺不休。言之無效，又自苦。且多言損氣，嘗引起身體上之疾病。率是以往，恐遂自損其生，而此道一線之幾，更屬何人？念此不寒而慄。繼自今，唯務澹放天懷，自得而不必私之於己，愛人而勿流於沾滯之情。太和涵攝，人己相得於無形，此道也，吾所未能而勉企也。

吾自兒時多病，嘗起怕死之念。三十左右，此念又經一度熾然。大約此念起時，能轉一新方向，便可無虞，所謂死中得生也。若此念牽纏而不能放於日新自得之場，其死必矣。吾望共學諸子，時以一種新銳之氣，互相感召，將必有開拓無窮之新生命。

答馬乾符

與子別後，訊問極稀，胸間總少閒適趣味，無所足告耳。來書每欲屏事以養心，此大不可。心非是孤孤另另獨立之一物，事之著見，即心之著見也。屏事而求心可乎？靜坐，事也，只任昭昭靈靈之心而靜坐，即事即心也。讀書，事也，只任昭昭靈靈之心而讀書，即事即心也。教課，事也，只任昭昭靈靈之心而教課，即事即心也。吃飯穿衣，事也，只任昭昭靈靈之心而吃飯穿衣，即事即心也。一切仰觀俯察，純任昭昭靈靈之心以通萬象之感。是故天下莫非事也，即莫非心也，惡可屏事而求心乎？酷熱寫此，不能盡意。

來書收到。日常涵養工夫，切忌收斂太緊，總宜時時有活氣，坦然直往。不怕有壞念起，只要覺得，便當下斬斷，切勿隨順。至於求知之功，不蘄捷獲，不厭煩瑣，不憚強探，循序無躐等，析理無籠統，眞積力久，不患不忽然貫通也。（贊非案：乾符先生，太原人。天資甚高，自勵極切，不幸短命死矣，先生深痛惜之。）

示張立民

立民昨談，現在從不知天高地厚傲然自足裡，忽然起了一個空虛與恐慌，此中是生死關頭，能向上求進便生，否則死。此段話大有意思，中外古今學者，殆無不經過從不知天高地厚傲然自足之中忽起空虛與恐慌，然後向上求進以成就其人格與學問者。唯在空虛與恐慌之階段卻甚危險，非有大量，即不能向上求進以生，只有陷於空虛恐慌以死。你既感覺到此，便須萬分努力，生死之機，自操而已。

凡人若非下愚，中資已上，即各有天才。世間各種學問，其難易標準，唯隨學人之天才而定。有某種學問，自一輩人看來若絕非難事者，而卻有他方面底大聰明人硬不了解。又有某種學問，在許多人看來以爲神祕奇怪，而卻有人看得易入。故人之爲學，必自審其天才近於何學，不可胡亂於幹去，亟須留意也。古人有言，士別三日，便當刮目。或曰，一日千里。此皆實話。唯擇其天才所近而努力焉，自有此效。汝雖欲治哲學，卻未知汝天才近乎哲學否？且哲學派別亦複雜，又宜自度天才近於何派。佛學須神解卓特。章太炎謂爲貴族之學，可謂知言。世人喜談佛法，猥以糊塗，托於玄妙，有識所厭也。

凡科學上之大發明家，皆屬上智，不消說得。然其理既經發明之後，則凡在中資皆可循其方法，一步一步經實驗與推理而逐漸了解，但患不肯用笨工耳。若哲學家所窮究者，其理不離乎事事物物，而實不滯乎事事物物，故非神解卓特，則未有不終其身子膚泛支離的知識中，而無以窺眞理之奧也。

與黃存之

凡人當時時有策勵振作氣象，不可有一毫瞢懂散漫，此在自己留心反省也。健行者，生命之本然。吾人才有一息不上進，便化於物，而瞢懂散漫矣。每日須常有清明意趣，超然神解，直湊單微。有所不能究了，則懸爲疑問，隨時隨地研索。讀書必返諸自家經驗，有所抉擇。如不爾者，雖讀萬卷書無益也。（存之，北平人。篤實好學。惜年事不永。）

答王平叔黃艮庸

平叔懷鬱而有疾，時或強力掙扎而不能有恆，激發興趣則怡悅進趣，操之過急又忽焉傷沮，此大可慮也。艮庸今年來訊，屢表疾痛。以子懷抱清簡，未更世務，此行盡目所見，盡耳所聞，皆刺心事，固不能無悶苦也。人間世本來如此，知之而不能無憂，憂之而不可或過。顏之推曰：「楊朱之徒，世謂冷腸；墨翟之流，世謂熱腹。腸不可冷，腹不可熱。要當以仁義爲節制耳。」此言極有理趣。

附記：平叔，四川巴縣人。少有奇氣，穎悟甚高，聞梁漱溟講學北庠，走京師從之遊。旋問學於余。素行脫略，觸及世事，輒慷慨泣下。合浦陳真如與為至交，約居幕府，多所讚畫。余方期其有成，不幸短命。十力記。

示郝心亮李敬持

讀書必心有所存，然後於古人精意之流於文字者，能觸目而起深切之感。或遇指著自己病痛處而側然傷，怵然懼，惶然羞；或遇觸發平日所絕不能窺，抑或略窺而不能深透底道理，忽焉不覺手之舞足之蹈。如此方是能讀書者。汝儕且漫讀書，須先理會此心。

與高碉莊

大作看過，其中精透語雖不少，然以云論，則難言也。若不作論文看，尚有可取。倘欲名論，便沒意趣。梵天論體，博大深沉，包羅萬象。吾土周秦諸子，其文皆論，一本眾幹，枝葉扶疏，方之梵制，蓋無讓焉。賈生〈過秦〉，稱名爲論，實則當列雜文之儕。自爾已來，作者不興，鴻論遂絕。韓愈之徒，思理短淺，適比牧豎，雜文薄有氣勢，妄自驚寵。後來迂儒小生，無知逐臭，更相崇尚，始開古文之宗。單篇鄙制，竟冒論名。吾嘗以爲中土學術思想，自唐已下，日就堙塞，推求其故，雖不一端，而文體劣陋，實乃最大之因。《語》曰「工欲善事，必先利器」。文字者，發表學思之利器也。累世之人，相習於油腔滑調之古文，詞無容納，議乏條貫。方其舉筆，不必平日夙有問題，實事求是，精以周察，廣以總攬，深以達微，率爾吐詞，繳繞字句之間足以尸文宗、傳後世，夫誰不願爲如此者乎？故古文風行，而晚周六代盛唐學術思想之盛，曠乎其不可聞焉！（盛唐儒家無人，而佛家乃如日中天。）韓愈輩蟻智羊膻，實始作俑，此罪不可逭也。吾兄志正而好學，宜深唯流俗之所以失。學未成熟，有所偶獲，隨時筆札，勿庸襲名爲論，必力戒苟且，而後可幾於大人之學矣。酷熱甚倦，不能多陳。

附記：磵莊，山東郯城人。貧苦好學，胸懷高曠。初聞梁漱溟講學北庠，通函請益。漱溟介之晤余，問《大易》及佛學唯識論。余以《新唯識論》稿本與之，欣然有得。蔡孑民先生荐之審計部。復參宜黃大師，亦時請益丹陽呂秋逸。其為學不拘門户，參訪無虛日，與吾通信，月必數至。晚而篤好船山，思傳其學。民國二十七年，倭寇陷郯城，磵莊攜夫人投水死。次子佩經從之死。佩經與兄贊非俱從吾遊甚久。佩經沉靜有慧，好哲學。其死也，余有喪子之慟。一門偉烈，可謂盛矣！十力記。

示高贊非

汝與某生年事相懸，不能以同門之故而妄作兄弟稱呼也。昔見一後生致函長者，自稱以弟，乃曰忘形。不知人倫有禮，忘形而不容泯分。心情無礙，是謂忘形。先後無序，則爲泯分。忘形故宇宙太和，泯分即社會混亂。末俗滅禮，不可不知。

昨與伯良、從理談及交遊間稱謂之宜頗關禮數，今以示子。先進後進，相爲嬗續，人道所以弗替也。凡有齒長於我，雖不必有盛德可稱，而其行己亦無虧辱者，則我宜以先進禮之。縱彼謙光下逮，不以長者自居，而在我切不可有一毫苟且，當呼彼以先生，而自稱名焉。如此不亢不卑，分之宜也。今後生無恥，苟遇無名無勢者，不顧齒德懸殊，輒以同等稱之，此自形其汙賤也。魏晉人恣爲通脫，交遊略無少長分際，然卒甘臣妾於胡虜。

後進守分而不敢犯，先進亦忘分而不敢亢焉。故長者對年少稱之以兄，而自稱曰弟也。即在姻戚，除舅甥等直接親屬外，自餘尊長對卑幼，書函皆可自稱弟而呼彼以兄也。長不凌幼，下同而相濟，人道之和也。

同志曰朋，同道曰友。古人朋友之義極爲嚴格，所以預在五倫。晚世朋友之交，或不必志與道之同符也，往往因同學同事等關係而情感投契，誼均手足，始終無間，此亦人情之至，人道之樂耳。朋友互相稱以兄，禮也。然有初交即序齒，而長者對年少直以弟畜之，則親極而文殺也。

朋友之義，繫於兩人相與之際。然推恩好以上禮其親、下逮其子者，情之隆也，義所予也。然上禮必有辨，友之親，齒在父行，德又可尊，則以父執視之，稱為世伯可也。忽齒德而不親，則同人道於牛馬。齒德二者，若缺其一，則不得用伯父之稱，相見以賓禮遇之可也，與友函問，曰尊大人可也，毋自褻也。今人訂交，向友問其親，輒不辨其德，遽稱曰老伯，此所恆見也。稱之者，愛敬不自中心，受之者又何以自安？市道也，不可行。

凡往來相識而實不必有朋友關係者，只宜泛稱彼以先生而自具名焉，似不必遽作兄弟稱呼。

示高佩經

讀書時須自得。吾有解處，卻是眞解；吾不解處，是眞不解。如此方是能讀書人。若似解似不解，一任含糊過去，則不治之病也。

與鄧子琴宋莘耕張詩言

每見青年問學，開口必曰方法，此極可惜。須知學問方法必待學成而後能明其所以。至求學時代，則全仗自家一副精心果力暗中摸索，方方面面不憚繁難，經歷許多層累屈折，如疑惑、設計、集證、決斷、會通、類推等等，其間所歷困難與錯誤，正不知幾許，窮年屹屹，而後有成。一旦豁然，回思經歷，方自見有其所循之方法可舉於告人者。然亦略舉大端而已。至其甘苦隱微，終不能揭示於人，莊子斫輪之說是也。今日後生開口便問方法，至於自家是否具有眞實心力，則一向怠慢，不會反省。譬如懦夫，自無能行之力，空訪路途，其能舉步否耶？吾每遇人詢吾學方法，皆默然不答。彼昧吾旨，轉相誚訕，吾亦任之。世間妄人可教誡耶？又在京時曾與諸君談及讀書，冗忙苦未盡意，今且重申。凡讀書者，須有主觀方面之採獲，有客觀方面之探求。先言主觀。讀書胸中預有模範，（如作屋者，棟粱未建，基局已定，是謂模範。）有計畫。則任讀何書，隨在有足供吾之觸類而融通者。若無模範，無計畫，而茫焉讀古今人書，讀一書即死守一書之文義，讀兩書即死守兩書之文義，是謂書蠹，何關學問？次論客觀。某一學派之大著，必自有其獨到之精神，必自有其獨立之系統。讀者既有其主觀之採獲，遂謂得彼之眞，窺彼之全也，如是必以主蔽客也。故必屏除一己所觸類融通者，而對彼之宏綱眾目為純客觀之探求，方見吾與彼之異及吾與彼並其他諸家之異，益徵理道無窮，宇宙無量，而免於混亂或管窺之誚矣。讀書不即是學問，而學問必有待於讀書，此意自是二三子所知，願各努力而已。吾來杭，忽忽二十余日，每夜分十二時大咳不已，略無佳趣，此病不知何日得轉機也？

附記：張詩言，江蘇無錫人。豪邁不可一世。於西洋哲學，獨推德國人能深到。嘗欲貫穿中德之間。不幸短命死矣。十力記。

與侄非武

非武：汝尙在做夢乎？不看新舊書，不作日記，汝知識全無，長成一副小流氓樣子，汝將來何以立身？何以吃飯？吾教汝課外暫將《曾文正公集》、《資治通鑑》各買一套，苦心攻讀，請雲谷講。於此二書，通其文字，解其義理，則於持身涉世之常經，審事察變之弘軌，皆可以資興發矣。現在之世事，根據過去之世事演變得來，不能鑑古，何足知今？凡古代大人物之精神流露於其著作中，後人讀古書而默會古代大人物之精神，則於不知不覺之間感懷興起，力求向上，不甘暴棄，而以與小人或禽獸爲伍者爲最痛心事。使心胸開拓，魄力偉大，日用間，事事是精心毅力流行，則已上追古代偉大人物，而與之爲一矣。吾最恨汝好修飾，柔弱委靡，成女人模樣。吾見汝面，則痛不能言。汝在雲谷處，讀書不懂，盡可請問，雲谷斷不至厭煩，斷不至疏外。書中典故，雲谷縱有不了處，而典故所表示之意義，雲谷自可按索上下文而得之。無論如何，雲谷總足以教汝，汝當虛心請教，謹守規矩。我家幾世治學守禮，若至汝而墜，眞傷心事也！吾思汝父一生行善，將何以報之乎？吾兄弟六人，汝父居長，六爺早逝，五爺又已逝且十年。汝親兄弟六七人，汝兄居長，未讀書。自汝而下，大者十歲八歲，小者二三歲，目前窮困已極，衣食爲難，皆有不能讀書之勢。吾又病夫，精力短促，念先人之遺芳，睹子侄之零落，吾心戚戚有餘痛也。吾先文學府君，孤寒勵學，講程朱學於舉世陷溺八股之代，以作紳士、行敲詐爲子弟及生徒戒，至今鄉人誦其風範。吾平生恭守先訓，幸未有大辱也。吾長兄仲甫處士，初治宋學，繼讀《金剛經》而好焉，即戒肉食，體弱不堪素食，憔悴以死。此眞難行之事，吾愧吾兄也。吾仲兄及諸弟皆以貧故不能學，仲兄深達物情，四弟天資較鈍，五弟六弟皆有大聰明，發言卓特，惜以貧苦早喪。蓋嘗嚴冬衣被不完，體力受創，故死之速也。吾年來若稍服暖衣，則默念亡弟，中心飲泣，不敢告人。汝習奢侈，不了吾心之痛，何其喪心若是哉？汝年亦二十零耳，已往之失不足校，及今改行，足成完人。吾年十六七，便以革命從戎，狂野不學。三十左右，因奔走西南，念黨人競權爭利，革命終無善果，又目擊萬里朱殷，時或獨自登高，蒼茫望天，淚盈盈雨下，以爲禍亂起於眾昏無知，欲專力於學術，導人群以正見，自是不作革命行動，而虛心探中印兩方之學。自恨前此一無所知，至遇人不敢仰首伸眉，其衷懷之愴痛甚深也。余信學問之事不由天啟，不由人授，唯自心之誠，發不容已，將夙昔習染痛切蕩除，而胸無滯礙，則天地萬物之理自爾貫通，而不知其所以。古人所謂至誠所感，金石爲開，至此始信其非妄語也。汝其念哉。及今憤發，其成就可限量哉！但患汝不發眞心耳。吾所欲爲汝說者，萬千心事，但恐汝難了解。又病體未健，不能多寫，姑止於此。《傳》曰「我欲托之空言，不如見之行事也」，故上述先德，下道吾之歷練，冀汝有所感焉。人之異於物者，以其能感也，汝而不感，則草木禽獸矣，余復何言！亦已焉哉！

與文德揚

入院已來，覺得如何？汝好用思，病困，亟須減省。學問成否，姑置度外。天下道理無窮，盡古今哲人所知者而通計之，亦不過爾爾。學者唯本其平平淡淡，落落實實之心，而盡力所及，不迫不倦以求知，切勿慕學問家之名。火之所以自尊自樂者，唯其在已有實得於心者而已。

與鄧子琴

昨臺城之遊，子琴問吾不令贊非治哲學之故。適吾病困，不耐說話。念此意不可終祕，聊裁數行，以酬前問。吾嘗言，哲學思想，夫人而有之也，不待學也。哲學則不必夫人而能之也。學之不善，不唯自害，亦社會上之臭穢物也。人生而有知，非草木之頑然，非土石之塊然，即其對於宇宙人生，莫不有相當之解釋，而隱然自視其生活為有價值、有意義。七八齡之牧童，登高而發其天籟，靜心聆之，則哲學思想於是乎在，而且比學人所推度者為純實而無妄。故曰哲學思想夫人而有之也，不待學也。至若條達綜貫其思想以為哲學，此則天才睿智之事，必其仰觀俯察，近取遠觀之餘？知顯而不昧於隱，索隱亦必據夫顯，析微而不暗乎大，窮大亦必盡其微，跡邇而以推之遠，致遠要不泥乎邇，極天下之至有而蕩其執，有而無也，（無者，無迷執也。）會天下之至變而貞於一，變亦常也，體神化不測之妙於日用踐履之中，無所襲於古今，無所異於庸眾，而自巍然為宇宙眞理之擔負者，如是則可謂能治哲學者已。今世學子，徒終日搜求中外哲學書籍而攻讀焉，辨析其文字，推明其論證，空襲糟粕，都無精英，治哲學愈久，聞見愈駁雜，思想愈糊塗，此輩胸羅雜亂知識，生活上既無根據，又不能練習世事以濟時用，故此類哲學家，實社會上之穢臭物也。今者禽獸橫行，民無死所，稍有人心，仰視天，俯視地，何以爲懷？與其馳逞於雜亂知識之中而無當於哲學，何不樸實頭地求一材一藝之長，期效用於社會？贊非者，爲當世之哲學家自無不足，而吾不忍其爲此。子琴若得吾不忍之心焉，則亦愼擇所學也夫。

與胡炯

爲人之道，志必欲高，而腳必欲低，兩者不可任失其一。志欲高者，不暱於世間榮華，而嘗存乎遠大，不爲物引，不爲境移，超然萬物之表。腳欲低者，審才智之所堪，得自處之善道，盡性安分，循實而行。唯有超然之志，故無出位之思焉。

答或人

名物度數，固亦有賴於考據之學。至於玄覽而妙物爲言，（不限於一部分之事理故。）深造而歸於自得，則其學必有在於考據之外者。先生又舉陳蘭父調和漢宋，則與力意殊不必合。蘭父雖潔行，通聲律，要自於思想界無能爲役。若簡竹居先生者，力固欽其高誼，惜未見其書。

與佘越園

來教敬悉。尊書（龍游縣志。）創見極多，而物價表尤爲可貴。任公序稱卓識有過實齋章氏，無溢美也。然弟猶思路貢芻蕘，則以爲縣志之作，宜於地方政治制度有專篇爲系統之論列，稱之爲政制考。如鄉鎮區市各有長，由民間公選，稟請縣官札委，其行政組織，釐然不紊。又時因公共利害，有紳耆會議之舉，更有許多不成文之公共規約，並當詳訪而著之此篇，爲言自治者鑑觀焉。愚者千慮，或有一得，願兄俯察。比得來書，倉猝寫報，未能盡意。

《政制考》名稱不甚妥，弟亦有此感想。唯典制二字，復有未能包舉者。定名之不易也如是夫。近欲改名《治法考》，未知尊意云何？如猶不可，須再熟思也。且縣志所當注意者，不獨地方行政組織及各種會議並一切公共規約而已，如人民對於貪官汙吏及政府苛稅用暴力抵抗或採和平辦法以相拒絕者，各縣時有其事，修志者務須博採詳徵，紀載其事之本末。又如時平則有豪強兼併之酷，（如侵占田地及放債苛息等等。）世衰則有流民暴亂之慘，亦不可不分別調查詳確，悉心記注。凡此都須各爲作考，（但名稱尚待酌。）使留心經濟問題者得以覽焉。其他或更有當措意者，倉卒不能細也。

與胡展堂

逕啟者。黃梅宛君思演，年十五六，補博士弟子員。始遊江漢，頗治船山梨洲諸大儒書。又窺世變，苦思焦慮，密圖改革。辛亥已前，曾在漢口規設《商務》、《大江》諸報，灌輸革命思潮，鄂軍兵士人手一紙，受影響至深。故武昌首義，易於反掌。至今峙立舊督署前之紀念豐碑起義烈士劉堯澂及前駐漢軍政分府詹大悲，並該報主筆，自餘有功之人，鮮不與該報有關係者。而蕩盡家產，以創辦《商務》、《大江》諸報之宛思演，竟始終不爲世所知。元二之交，袁世凱叛形未著，舉世且爲所欺。思演與張芸天樾等早識朱温，乃就漢口規設《震旦民報》，持讜論，昌正氣，大揭袁逆陰私，並力攻附逆之黎元洪。張方遇害一案，世凱除異己，爲盜國計，跡已著矣，天下方瞶然莫之抗，獨《震旦報》聲其罪。黎元洪以是封閉《震旦》，芸天憤鬱下世，思演遂潛跡田里，絕足城市，忽忽將二十年矣。家資既盡，妻子窮餓，甘之如飴。最近世變愈劇，黃梅地方糜爛，士人不堪立足，思演益無生理。在思演誠能安命，而社會待遇仁賢，要自不宜冷酷。竊謂湖北省立圖書館盡可添設指導員一名，備閱覽者之詢問，月薪定爲二百元，聘請思演充任。思演堅苦卓絕，其身長隱，其名長晦，求之前世，蓋介之推陳仲子之倫。圖書館本學人聚集之所，思演常在其間，可為士林矜式，其所補益甚大。為此函請臺端函屬湖北教育廳長將此議提出省政府，為省立圖書館增加此項薪俸。唯他人不得援例加入，以杜浮濫之弊。事屬養賢，義關諷俗，敢瀆高明，尚希垂察。

與韓佯生

吾子自離北庠，一意田居，絕無向外馳逐念頭，此正爲學有得力處，堪勵末俗，何慰如之？今日青年都不耐處鄉間，紛紛出門圖祿利，乃大可慮耳。吾連年病苦，頃來杭州，暫寓西湖香山洞，亦無客中飄泊之感，不足勞念。

峰頭夕照，松濤怒號，此境奇絕，使人樂而不能言其樂也。吾子山居，想常得此佳趣。

答友人

所舉時人移述唯物思想之小冊子，暇時當購閱。弟固喜留心反對方面之議論者。大抵學問家各欲完成其系統，則不能不偏，而宏通者，則嘗留心偏見之減除，而於自家系統之中，勢又不能泛濫，則唯有愼重立言之分際，常留餘地以處人，此其所以爲通也。小智者則務在某種學問底系統之下拾其膚表，而持之以武斷一切，此正今日俗子之蔽。弟之《新唯識論》，雖從印土嬗變出來，而思想根柢實乃源於《大易》，旁及柱下漆園，下迄宋明巨子，亦皆有所融攝，囊括萬有，要歸於認識本心，而此所謂心，固與西洋唯心論者之心截然不爲同物。此意未可以簡單言之也，更難爲不知者道也。（此學不能向禽獸講，亦難為一般人講，唯中材而能有志者乃可期之共學耳。）吾有生，而固有所以生之理，此理在日用間流行不息，即所謂主乎身而不爲形役之本心。昧於此者，則失其所以爲人。賢兄長此紛擾於世俗知識之中，於本原處更沒理會，此大可懼耳。弟近數年來，對於佛家思想追求益切，故於其根本主張即所謂輪回問題者，深心參究，不肯放鬆。蓋於此沒理會而徒籠統談些玄理，（佛學家者大抵如此。）抑或於法相唯識之統系與條貫及夫一名一義之微，無不條達綜明，要皆是在文字言說中頭出頭沒而已，謂已參透眞理而約之於己，則誰欺乎？其欺天乎？前語蒙君文通云：輪回問題不可看輕，當知輪回雖就染識而言，要其斷染而得淨識，仍是不斷。佛家固無有對於個人之生命而持斷見者，否則何所事於修證乎？不修證而染識的個體生命尚存，修證而染識斷，更無所有，則彼亦何取於是乎？明乎此，則知佛家始終主張有迴脫形骸底個體生命。是故本此以言實體，則實體不是一元的，而是交遍的；（《金剛經》說，非一合相。）本此以言人生趨向，則是傾於寂滅，易言之，即是非人生的。（彼所謂十地菩薩，便已不是人底生活，何況成佛？此義須另詳。）此略舉大義而言也，要其全盤思理，皆從其根本主張而出發，所以我對於那個根本主張，特別苦心參究，而最終之結果，則仍表同情於儒家底人本主義，以此為大中至正而無賢智之過焉。此年來心事所略可言者，殘病中運思不能細，筆語不足達意，唯兄察之。

又頑軀表面並無病容，唯腦部及背脊仍感空虛，迄未恢復。中醫切脈，皆云命脈若有若無，以為難久。（唯左手脈尚好。）然弟一切不計，且清心寬養，好自振作，看後效何如。若壽命果得延長，則信乎心理的勢力可以起生理的廢墜也。（立民案：此一首係先生最近答友人者，乃於印刷中加入之。十九年夏記。）

附錄周通旦記

先生云：第一次世界大戰，梁任公、湯濟武諸人都無先見之明，獨嚴又陵謂德國必敗，且預言戰後世界必有一番群眾運動，吾國地大人眾，如非自覺自主，則國覆種奴之痛，殆難免云。第二次大戰，當倭人肇禍時，英美皆置若罔聞，美且以資源助倭弗輟，吾儕頗引爲憂。其時胡適之於《獨立評論》有一文，謂美人性情，刺之亦不易動，及刺之過深，必一動而不可禦。爾時閱者多不注意，後乃果驗。竊嘆適之與又陵同一前識。

先生當抗戰時，盛稱汪大紳《繩荀》之論。其文曰：賈子之論秦也，秦以強兼天下，二世而亡，（雖併六國，僅後六國十五年而同亡耳。）非強之辜，強而不審於本末之辜也。古之天下，未有不得之強失之弱者。強者百治，以喜則懷，（執政者所喜樂，必其利於國而顧及人民之生活者，故民懷之。）以怒則威，以令則行，以禁則止，以守則完，以攻則破，以禮樂則雍，以政刑則肅。弱者百亂，以喜則狎，（執政者害國病民，其所喜樂，人皆以狎邪視之。）以怒則離，以令則梗，以禁則匿，以守則削，以攻則疲，以禮樂則飾，以政刑則玩。得失之數可睹矣。詳此所說弱者之象，恰是吾國今日狀態。

汪子又曰：強於本者植，強於末者折。強於本者，開無盡之藏，塞無隙之竇，強於末者，盡其藏矣，隙其竇矣，此本末之效也。秦之強，本耶？末耶？刑賞農戰，強之具也；（今日強者所持以號召之工具與其挾持群眾之嚴密組織及其生產績效並軍備等等，亦皆強之具也。）道德仁義，強之本也；（今之強者全不用此。）剛決刻急，強之末也。強之具，藏之深則愈完，暴之深則速敗。剛決刻急，所以暴之也。（觀德與倭之事，已有明徵。而強者不知戒。）道德仁義，所以藏之也。（今之強者不知此義。）古者藏刑賞農戰於道德，道德威；藏刑賞農戰於仁義，仁義張。（吾三代盛時皆然，此後如文景休養而武帝收功，隋文唐高休養而太宗收功，皆非僅從事於強之具者。）秦孝公商鞅知有強之具，不知有藏，以強立強，勢已易竭。（德倭皆以強立強，而不得不竭也，猶不監諸。）始皇李斯更從而暴之，暴之不已而具竭。（強之具既暴而無藏，何能不竭？希特勒之亡其國，猶呂政李斯也。）蓋其始也，以強立國，以民力立強，以刑立民力。（此刑字義寬。凡今強者之法制、威令與組織等等，凡所以驅策、鼓舞與挾持融眾之具，皆刑也。德、倭強時，皆以刑立民力。凡強者罔不如是。）其繼也，以強竭強，以民力竭民力，以刑竭刑。其卒也，以強敗強，以民力敗民力，以刑敗刑。（宜深玩。）強之所由立者刑，並民力於農戰；（刑字注見上。秦以刑威，並民力於農戰。今之強者以刑威並民力於生產與戰備。其事同也。）所由竭者刑，並民力於恣睢；（向者德倭之民恣睢已甚。）所由敗者刑，並民力於昏虐。（人人習於殘酷、侵略、猜刻、爭鬥，全無理性。）立於孝公商鞅，竭於始皇李斯，蓋失其本也久矣，此藏之不深之禍也。余觀汪子論秦之得失，而實通億萬世，舉大地上凡有國者之得失，皆已燭照而數計之，未有能外其定則者也。德、倭之事既驗，後有爲德、倭者，可知也。以強立國，以民力立強，以刑立民力，古今之強者嘗以此致一時之強。而其繼也，以強竭強，以民力竭民力，以刑竭刑，終於以強敗強。以民力敗民力，以刑敗刑。凡古今強者所以毀人國而卒自毀者，罔不如是。人類何故如斯昏愚、慘毒，豈不痛哉？其愚且慘之端，實在其妄冀以強立國。將以強立國也，自不得不以民力立強。將以民力立強也，自不得不以刑立民力。凡強者所以驅策、鼓舞與劫持民眾之一切具，皆刑也，（雖有所持之美名，亦成幌子，而變為強之具，易言之，變為刑。）皆所以立民力也，而終無可逃於以強敗強，以民力敗民力，以刑敗刑之歸宿。古之秦，今之德、倭，非其明效大驗歟？繼今之爲國者，若壹意以強立國，則其得失之數可知。昔者子貢問爲國之政於夫子，子曰：「足食足兵，民信之矣。」子貢曰：「必不得已而去，於斯二者何先？」曰：「去兵。」子貢曰：「必不得已而去，於斯二者何先？」曰：「去食。自古皆有死，民無信不立。」大哉聖言！眞千古治術之大準也。一切生產皆足食之政，一切軍備皆足兵之政，此與以強立國者未始有異，而其與強者天壤懸隔處，則歸本民信是已。信者，誠信。孟子曰：「誠者，天之道也。（誠只是實理，生天生地，生人生物，只是一誠。）思誠者，人之道也。」（人稟實理而生，必思所以存其誠、盡其誠而後乃盡人道合天德，否則不成為人。）民皆盡其誠信而遠於狡變、猜疑、凶暴等等惡性德，則人極立而太平之休可致也。以民信言於足食足兵之後者，倉廩實而武備修，然後教化可行，所以異乎後世迂儒之論。朱子《集注》釋民信，以民信於君上爲言，此則帝制思想誤之。下文「自古皆有死，民無信不立」，則信乃人之所以立，即謂人必存其誠信，盡其誠信，始得樹立爲人，否則不成爲人。此「立」字與〈雍也篇〉「仁者己欲立而立人」之「立」同。朱注殊失聖意。夫曰「自古皆有死，民無信不立」，則是以誠信立國，而與以強立國者根本截異。以誠信立國，則不待以民力立強，而實以誠信結集民力，自無不強，而不至為凶狡、猜刻、暴戾之強。刑措弗用，民力充實，無待驅策，更無可劫持，民皆自由於誠信之中。食足而將導養其靈性於美善的創造，非可淪溺於食之中以厚自利而食人也。兵足則以禦強暴侵略，非以殺人而動兵也。故以誠信立國者，將率人類而皆暢其天性。以強立國者，將率人類趨於自毀。二者覺與不覺之分，善惡之辨，得失之數，吉凶之應，昭然判矣。今日世界人類所急需者，孔子之道。惜乎吾國人莫之究，而外人又無從傳習六經四子也！

後生有為文妄攻《新唯識論》語體本者，徐君以示通旦。取閱未竟，則皆摘字摘句而議之，不解上下文意，不究立言根底，又且以膚淺知識為依據而詆毀玄義，迷离倒妄，不可究詰。因乘間言之於先生。先生笑曰：哲學本不可為一般人言，必有穎悟而又能虛懷窮理者，始可會吾意耳。凡著書者如期庸俗之共喻，則其書無著可也。老氏曰「下士聞道大笑之，不笑不足以為道」，此至言也。《春秋》之義，微者不責，賤者不書，任之可也。

丁亥秋通旦記

大家講堂 013

十力語要

作　　者—— 熊十力
發 行 人—— 楊榮川
總 經 理—— 楊士清
總 編 輯—— 楊秀麗
叢書企畫—— 蘇美嬌
封面設計—— 姚孝慈
出 版 者—— **五南圖書出版股份有限公司**
地　　址——台北市大安區 106 和平東路二段 339 號 4 樓
電　　話——02-27055066（代表號）
傳　　眞——02-27066100
劃撥帳號——01068953
戶　　名——五南圖書出版股份有限公司
網　　址——https://www.wunan.com.tw
電子郵件——wunan@wunan.com.tw
法律顧問—— 林勝安律師事務所　林勝安律師
出版日期—— 2021 年 3 月初版一刷
定　　價—— 650 元

國家圖書館出版品預行編目資料

十力語要 / 熊十力著 . -- 初版 -- 臺北市：五南圖書出版股份有限公司，2021.03
面 ; 公分 . -- (大家講堂 ; 13)
ISBN 978-986-522-432-5 (平裝)

1. 熊十力　2. 學術思想　3. 現代哲學

128.6　　110000098